AF633246

प्रेम पियाला जिन पिया

(विश्वप्रसिद्ध लेखकों के प्रेम-प्रसंग)

प्रेम पियाला जिन पिया

पुष्पा भारती

वाणी प्रकाशन ग्रुप
भारतीय ज्ञानपीठ
वाणी प्रकाशन : भारतीय ज्ञानपीठ की पुस्तकों के एकमात्र प्रकाशक एवं वितरक
Email : sales@vaniprakashan.in

पेपरबैक पहला संस्करण : 2024

लोकोदय ग्रन्थमाला : ग्रन्थांक 706

प्रकाशक
वाणी प्रकाशन ग्रुप
4695, 21-ए, दरियागंज, नयी दिल्ली-110 002
फ़ोन : 011-23273167, 23275710
ईमेल : sales@vaniprakashan.in

ISBN : 978-93-5775-344-9

प्रेम पियाला जिन पिया
(संस्मरण)
पुष्पा भारती

© प्रकाशक

PREM PIYALA JIN PIYA
(Memoirs)
by Pushpa Bharati

मुद्रक : आर. टेक ऑफ़सेट प्रिंटर्स, दिल्ली-110 032
आवरण : गौरी त्रिपाठी

Price : INR. 325

पुस्तक के विषय में जो कुछ कहना था वह तो पहले संस्करण की भूमिका में कह ही दिया है। तो भला दूसरे संस्करण की भूमिका में क्या लिखा जाए ! सोचते-सोचते याद आयीं भारती जी की वे पंक्तियाँ जो उन्होंने 'गुनाहों का देवता' के नये संस्करण पर लिखी थीं। उन्होंने लिखा था—"मेरे लिए इस उपन्यास का लिखना वैसा ही रहा है जैसा पीड़ा के क्षणों में पूरी आस्था से प्रार्थना करना। और इस समय भी मुझे ऐसा लग रहा है जैसे मैं वह प्रार्थना मन-ही-मन दोहरा रहा हूँ, बस..."

अब अपनी बात बताऊँ—सन् 60 के दशक में लिखी थीं मैंने ये कथाएँ। एक एक कथा लिखते समय मैंने सैकड़ों बार खुद से अन्तरंग साक्षात्कार किया था। और अपने समर्पण और प्यार को और भी शिद्दत से जीने की राहें पायी थीं। 'शुभागता' लिखी तो खुद को बेनवेनुटा (मागदा) में पाया, रिल्के के खतों में भारती जी के दसियों खत दिखाई दिये। 'जलपंखिनी' लिखी तो लीडिया के बौराये प्यार और परेशानियों को मैंने अपने ऊपर ओढ़ लिया। चेखव का गम्भीर, थिराया हुआ लगाव बेहद जाना पहचाना लगा। 'हज़ारहा परछाइयाँ : एक हक़ीक़त' लिखी तो जाने कितनी बार भारती जी की उँगलियों को अपने रूखे बालों में सरकते फिसलते महसूस किया और बराबर सोचती रही—कैथी के अडिग विश्वास और सम्पूर्ण समर्पण को मुझे भी अपने जीवन में रूपायित करना ही होगा। 'फूली री यह डाल फलेगी क्या !' लिखते समय दसियों बार आँखों से बह आये आँसू पोंछे और सोचती रही—काश कुछ ऐसा होता कि मैं मर्लिन मनरो को समझा पाती कि पगली जाने किन जन्मों के पुण्यों से तुझे एक इतने बड़े लेखक का प्यार मिला है, अनमोल खजाना है यह—इसे सहेज कर जी ले। ये लेखक होते ही असाधारण जीव हैं, सिर्फ़ बिना शर्त प्यार दे देकर ही इन्हें समझा जा सकता है—देना और सिर्फ़ देना सीख ले तो निर्व्याख्या आनन्द पा जाएगी री नादान छोकरी! जनम जनम की भटकन मिट जाएगी। 'नरक से लौटी आत्मा के प्यार!' दॉस्तोवस्की! हे परमात्मा, परकाया-प्रवेश यही तो होता होगा। जाने कितनी बार मैं खुद अन्ना के भीतर जा बैठी, जाने कितनी बार अन्ना मुझमें समा गयी, कभी वह मुझे अपनी प्रतिरूप लगे, कभी अपनी सगी!

कितना कुछ पाया और सीखा है मैंने ये कथाएँ लिखकर। खुद अपने भाग्य

पर इतरायी भी हूँ कि इन सब स्वधर्मी चरित्रों की सारी खूबियाँ मिलाकर भी थोड़ी पड़ेंगी—मेरे प्रेमास्पद की बेशुमार खूबियों और अथाह प्यार के समक्ष!

ooo

अब इस पुस्तक के नये नाम की बात। ये कथाएँ 'शुभागता' नाम से पुस्तक रूप में पहले छप चुकी हैं। जब नये संस्करण की बात आयी तो सोचा कि इसका नाम बदल देना चाहिए, क्योंकि इस नाम से अन्दाज़ नहीं होता कि पुस्तक की कथावस्तु क्या है। तलाशने लगी नया नाम। कई नाम सूझे पर मन कहीं टिका नहीं। इसी तरह की मेरी दूसरी पुस्तक का नाम है 'ढाई आखर प्रेम के'—ऐसा ही वज़न चाहिए था मुझे—तो भटक गयी ढाई आखरों की गलियों में; भटकते भटकते जिस शायर की तमाम पंक्तियाँ बार-बार दिल और दिमाग़ से टकराती रहीं—वह हैं बेमिसाल शायर गुलज़ार! गुलज़ार के बारे में आपको कुछ बताने के लिए उन्हीं की लिखी पंक्तियों को यहाँ-वहाँ से उठाकर अपनी बात कह रही हूँ।

गुलज़ार! जो कोरे कागज़ पर एक नाम लिख देते हैं और सोचते हैं नज़्म तो मुकम्मल हो गयी! क्योंकि इस नाम से बेहतर कोई गज़ल, कोई नज़्म और क्या होगी भला!...कोई भिखारन उनके कटोरे में चाँद की कौड़ी डालकर उन्हें और भी भिखारी बनाकर चली जाती है। जो किसी से कहते हैं कि लबों से चूम लो, आँखों से थाम लो और सोचते यह हैं कि इसी की कोख से जनम लेने पर जो पनाह मिले तो सदियों की भटकन मिट जाए। कैसे हैं वह कि होठों पर हर पल प्रेमास्पद का नाम तो रहता है पर जिनकी आवाज़ में दरारें पड़ गयी हैं। और मज़ा यह कि जनाब ने खुद किसी की आवाज़ अपने कानों में पहन रखी है।

और तो और वे सुबकती हवाओं के बैन भी सुन लेते हैं, किसी की रूह को महसूस ही नहीं करते—देख भी लेते हैं। किसी का हाथ छू कर उसकी हथेली पर अपना घर बना लेने की कुव्वत रखते हैं। पर उन्होंने इक बार बुना था एक रिश्ता—और नज़र आने लगीं उसकी सारी की सारी गाँठें। रात भर सर्द हवा चलती रही...रात भर बुझते हुए रिश्ते को तापा किये और किसी बावले किसी पीर किसी औलिया की मानिंद कह उठे—

दिल हाकम दरबार लगावै—
दिल आपै दरबारी!
पंख न कोई, धुआँ न कोई—
उड़ति फिरै चिनगारी
दिल आपै दरबारी!

और बस, इसी चिनगारी की रोशनी में पहुँच ली मैं उस हाकिम के दरबार में अपनी फ़रियाद लेकर! –भाई, मेरी इस किताब के लिए नया नाम सुझाइए। जानती थी कि मेरे परिचय के दायरे में केवल यही शख़्स है जो मेरी मुराद पूरी कर सकता है। मोतियों से भर दी उन्होंने मेरी पेबन्द लगी झोली–मेरी 'शुभागता' को नया नाम दे दिया–'प्रेम पियाला जिन पिया'!

और लो, यह नाम मिलते ही अब यह किताब मेरी रह कहाँ गयी? इससे छलकती बूँदें तो हो गयीं आप सबके नाम और यह किताब हो ली भाई गुलज़ार के नाम।

क़ुबूल कीजिए भाई!

–पुष्पा भारती

विश्व विख्यात लेखकों को हम बहुधा उनकी रचनाओं के माध्यम से ही जानते हैं। उन रचनाओं की साहित्यिक स्थिति को लेकर काफ़ी वाद-विवाद भी होते रहते हैं। वह क्षेत्र समीक्षक का क्षेत्र है। इन कथात्मक लेखों में मैंने उस क्षेत्र में प्रवेश करने की चेष्टा नहीं की है। मैंने उन कृतियों को, उनके कृतिकारों को एक दूसरे दृष्टिकोण से देखना चाहा है। उनके निजी जीवन में वे कौन से रागात्मक सम्बन्ध या घटनाएँ थीं जो उन कृतियों के सृजन में सहायक हुई या जिन्होंने कुल मिलाकर उस रचनाकार के समूचे व्यक्तित्व और दृष्टिकोण को प्रभावित किया।

समय-क्रम की दृष्टि से इनमें से सबसे पहले मैंने डिकेन्स की कहानी लिखी थी। उपन्यासकार के रूप में चार्ल्स डिकेन्स भारतीय पाठकों के लिए न केवल अत्यन्त पठनीय रहा है वरन् निम्न मध्यवर्ग का जीवन चित्रित करने में उससे हमारे अनेक प्रख्यात कथालेखकों ने प्रेरणा भी ग्रहण की है। अनुपलब्ध प्रेयसी के प्रति उसका अत्यन्त छायावादी लगाव और कल्पनाएँ ऐसी थीं जो शरद चन्द्र के पाठकों को बहुत जानी-पहचानी हुई लगेंगी। लेकिन वर्षों के बाद जीवन के कटु यथार्थ से उनकी टकराहट और उसका मनोरंजक परिणाम इतना रोचक लगा कि उसने पहली बार इस बात का उत्साह जगाया कि साहित्यिकों के नेपथ्य जीवन की कहानी लिखूँ।

दूसरी कथा अँग्रेज़ी कथाकार एच.जी. वेल्स की है। आज वेल्स की चर्चा उतनी नहीं रही। लेकिन एक ज़माने में अपने विश्व इतिहास और विज्ञान-सम्बन्धी उपन्यासों के कारण एच.जी. वेल्स बहुत अधिक पढ़ा जाता था। अन्तरिक्ष में स्थित ग्रहों से पृथ्वी का यातायात सम्बन्ध स्थापित होगा, इसकी जितनी सजीव कल्पना उसने अपने उपन्यासों में की थी वह आज सत्य होती नज़र आ रही है। उसके प्रकाण्ड पाण्डित्य और प्रखर बौद्धिकता के पीछे जो रचनाशील व्यक्तित्व था

वह हार्दिक और मानसिक आवेगों से कितना आक्रान्त था, इसकी जानकारी सचमुच ही बहुत रोचक है।

इन दो कथाओं को लिख लेने के बाद मुझे एक पुस्तक याद आयी जिसे मैंने बहुत पहले न केवल पढ़ा था वरन् उससे इतनी प्रभावित हुई थी कि उसका एक टूटा-फूटा अनुवाद भी कर डाला था। रूस में एक सम्भ्रान्त वृद्धा ने अपने संस्मरण लिखे 'चेख़व—मेरे जीवन में'। चेख़व की मृत्यु के बहुत-बहुत वर्षों बाद यह पुस्तक प्रकाशित हुई। लेखिका लीडिया एवीलव विवाहिता थी, दो नन्हे प्यारे बच्चों की माँ थी, जब अपनी बहन के यहाँ चेख़व से उसकी भेंट हुई थी। अपने प्रिय लेखक के प्रति प्रशंसापूर्ण श्रद्धा कब और कैसे अत्यन्त सूक्ष्म सुकुमार प्रेम में बदलती चली गयी, इसका बहुत भावात्मक विवरण लीडिया ने अपने संस्मरणों में दिया है। उन संस्मरणों में न केवल लीडिया के अकलुष प्रेम वरन् चेख़व के अत्यन्त सन्तुलित मर्यादित और विवेक से अनुशासित हृदय की मार्मिक झलक मिलती है।

चेखब के सम्बन्ध में लीडिया एवीलव की कहानी ने ही वह मनोभूमि तैयार की जिसमें मैं रिल्के और बेनवेनुटा की कहानी लिख सकी। दो महायुद्धों के बीच जिन पाश्चात्य कवियों का काव्यसृजन विश्व भर में चर्चित रहा है उनमें रेनर मारिया रिल्के का नाम अग्रणी है। उसकी कविता जितनी सुकुमार है उतनी ही सूक्ष्म। वे कविताएँ इतनी वैयक्तिक हैं कि रिल्के का अध्ययन करने वालों के लिए यह अत्यन्त आवश्यक रहा कि उसके जीवन के उतार-चढ़ाव से सम्बद्ध कर उन कविताओं को समझने की कोशिश करें। उन जीवन अध्ययनों में अनेक नाम थे लेकिन कहीं भी उस अज्ञात पियानो वादिका मागदा वॉन हैटिनबर्ग का नाम नहीं था जिसने एक आत्मकथात्मक पुस्तक प्रकाशित की। उस पुस्तक में रिल्के के जीवन का एक बिलकुल नया अध्याय उद्घाटित हुआ। अब तो मागदा हैटिनबर्ग के नाम रिल्के के लिखे हुए पत्रों का संकलन भी अलग से छप गया है। वे तमाम कविताएँ, जो रिल्के ने बेनवेनुटा के लिए लिखीं, वे भी उसके विभिन्न संग्रहों में संकलित हैं।

मेरी रुचि इस तरह के लेखन में पूरी तरह रम चुकी थी कि इसी बीच एक ऐसी घटना घटित हुई जो सारी दुनिया में चर्चा का विषय बन गयी। वह थी विश्वसुन्दरी मर्लिन मनरो की दुःखद आत्महत्या। मर्लिन मनरो ने प्रख्यात अमरीकी नाटककार आर्थर मिलर से विवाह

किया था। मृत्यु के बाद मर्लिन मनरो का पूरा जीवन व्यापक चर्चा का विषय बना और उसी चर्चा में आर्थर मिलर से उसके विवाह और बाद में विच्छेद का विवरण भी बार-बार आता रहा। कुछ ही दिनों बाद आर्थर मिलर का नया नाटक 'आफ्टर द फ़ॉल' रंगमंच पर प्रस्तुत हुआ जिसमें उनके सम्बन्धों के आन्तरिक तनावों की गहरी छाया थी। मर्लिन मनरो केवल एक विश्वविख्यात रूपांगना ही नहीं थी, एक प्रकार से वह बीसवीं शताब्दी के समकालीन जनमानस में व्याप्त सैक्स-सिम्बल भी बन चुकी थी। समाचारपत्र, सिनेमा, टेलीविज़न जैसे इतने व्यापक और त्वरित सम्प्रेषण के माध्यम विश्व-सभ्यता के इतिहास में कभी नहीं रहे। इसलिए अपने ही जीवनकाल में समस्त संसार की इतनी बड़ी जनसंख्या में रूप वैभव की जीवित प्रतिमा बन जाना शायद किसी अन्य सुन्दरी को नसीब न हुआ होगा। लेकिन एक ओर प्रेस, सिनेमा और टेलीविज़न के दृश्य माध्यमों द्वारा करोड़-करोड़ लोगों से अत्यन्त अन्तरंग रूप में जुड़ जाना और दूसरी ओर निजी जीवन में अकेले-अकेले और बहुत अकेले छूटते जाना यह एक विचित्र नाटकीय स्थिति थी जिसका जीवन्त साक्षी आर्थर मिलर जैसा महान नाटककार रहा। इसीलिए यह कथा एक अतिरिक्त महत्त्व रखती है।

इस संकलन का समापन दॉस्तोवस्की के जीवन की विचित्र कथा से किया गया है। केवल इसीलिए नहीं कि कथा-साहित्य में दॉस्तोवस्की संसार का सबसे गहरा और शायद सबसे बड़ा लेखक है बल्कि इसलिए भी कि आधुनिक मानस में जितने संकटपूर्ण तनाव विविध क्षेत्रों में आज उभरकर आये हैं उन सबको उस मनीषी द्रष्टा ने इस शताब्दी के आरम्भ होने के पहले ही न सिर्फ़ भोग लिया था बल्कि अन्तर्मन की गहनतम गुफ़ाओं में धँसकर उनका भरपूर विश्लेषण करने की कोशिश की थी। मनुष्य में आदिम मानस और आधुनिकतम मानस कितने विचित्र ढंग से एक-दूसरे में गुथे हुए रहते हैं। देवत्व के क्षण में भी पशुता और पशुत्व के क्षण में भी देवत्व कहाँ जीवित रहता है, इसकी मार्मिक अनुभूति दॉस्तोवस्की के कथासाहित्य में ही मिलती है।

ऐसी विलक्षण कथा प्रतिभावाला मनीषी साहित्यकार अपने वास्तविक जीवन में कैसा था। क्या उसने स्वयं उन क्षणों को जिया था। क्या वह अमानुषिक पापों से लिप्त नारकीय पशु था या सुख-दुःख में अनासक्त समदर्शी! या इन दोनों से पृथक् कुछ और! इसके पूरे

विवेचन के लिए बहुत बड़े अध्ययन की ज़रूरत है। लेकिन इस कथा में उसके जीवन के तीन प्रणय-प्रसंगों के सन्दर्भ में ही इस अनोखे रहस्यमय विलक्षण प्रतिभा व्यक्तित्व की झलक देने का प्रयास किया है।

इस संकलन को प्रकाशित कराने में मुझे आदरणीय भाई (श्री लक्ष्मीचन्द्र जैन) से जो प्रेरणा और प्रोत्साहन मिला है उसके लिए मैं उनकी अत्यन्त आभारी हूँ।

16 जून, 1969

— पुष्पा भारती

रजनीगन्धा के उन फूलों के नाम!...

अनुक्रम

शुभागता (रिल्के–बेनबेनुटा) 17

जलपंखिनी (चेख़व–लीडिया) 53

और उस दोपहर डोरा मर गयी (चार्ल्स डिकेन्स–डोरा) 85

हज़ारहा परछाइयाँ : एक हक़ीक़त (एच.जी. वेल्स–कैथी) 99

फूली री यह डाल फलेगी क्या! (आर्थर मिलर–मर्लिन मनरो) 114

नरक से लौटी आत्मा के प्यार! (दॉस्तोवस्की–मारिया से अन्ना तक) 167

शुभागता

(रेनर मारिया रिल्के)

[शाम की सुनहली धूप में घुलता छाया नगर, उजले गुलाब, देवदूत, नींद से भारी पलकें और प्यार की ऊष्मा! ऐसे अनेक बारीक़ और मुलायम रेशों से बुनी रिल्के की कविता आधुनिक विश्व-साहित्य की अद्वितीय उपलब्धि है। रिल्के ने दोनों महायुद्धों के बीच की अवधि में विकसित होनेवाले अनेकानेक विश्व-प्रसिद्ध लेखकों को प्रभावित किया। जिनमें से एक बोरिस पास्तरनक भी थे।

आस्ट्रिया में उत्पन्न जर्मन भाषा में लिखने वाला महान कवि रेनर मारिया रिल्के अनेकानेक किंवदन्तियों का आधार रहा है। उसका प्रौढ़ जीवन एक गहरे अवसाद से घिरा हुआ था। पत्नी से पृथक् पुत्री से विच्छिन्न उसके एकाकी जीवन में अनेक मधुर स्नेह आये। लेकिन इस कथा की नायिका बेनवेनुटा का ज़िक्र उसके जीवनी-लेखकों या समीक्षकों ने कहीं नहीं किया। केवल रिल्के की ही दो-एक कविताओं के समर्पण और सम्बोधन में उसका नाम मिलता है।

लेकिन पिछले दिनों एक प्रख्यात पियानोवादिका मेकडोगन हैटिनबर्ग ने अपनी आत्मकथा का एक अंश प्रकाशित किया। जिससे ज्ञात हुआ कि रिल्के के अत्यन्त सुकुमार काव्यसृजन की आन्तरिक प्रेरणा वही थी। बेनवेनुटा उसका वह अन्तरंग नाम था जो रिल्के ने उसे प्यार के क्षणों में दिया था। बाद में रिल्के के अनेक पत्र भी बेनवेनुटा के नाम मिले। उन खतों का महत्त्वपूर्ण संकलन भी प्रकाशित हो चुका है।]

चमचमाती पन्नियों की लतरों और गोटे के फूलों से सजे क्रिसमस ट्री, चमकीली अबरक जड़े रुपहले सितारे, पवित्र घण्टियाँ, जगमग-जगमग रंग-बिरंगी रोशनी। चारों ओर रौनक ही रौनक। कोई खिलौने खरीद रहा था, कोई चाँदी या चमड़े के बैग तो कोई सिल्क की पोशाकें, कोई प्रसाधन की सामग्रियाँ। पर मेरा मन विकल था किसी ऐसी किताब के लिए जो मेरे लिए एकदम नयी तरह की हो, जैसी चीज़ मैंने पहले कभी न पढ़ी हो और जो मेरी उदास ज़िन्दगी को नयी ताज़गी, नयी

खुशबू दे सके। मैंने कई दूकानों पर सैकड़ों किताबें उलट-पुलटकर देखीं पर कोई जँची ही नहीं। न जाने कैसी किताब के लिए मन में प्यास जगी थी।

एकाएक चर्च की घण्टियाँ मधुर सम्मोहक आवाज़ में बजने लगीं। उनकी मीठी आवाज़ सारे बाज़ार में तैर-सी गयी। जैसे झरती हुई बरफ़ ज़मीन पर तह पर तह जमती जाए, उसी तरह बाज़ार, दूकानों और वहाँ के हर व्यक्तियों के कानों से टकरा-टकराकर वह आवाज़ सबके प्राणों में जमती, बिंधती जा रही थी। लगता था घण्टियों की आवाज़ एक पालना है जिसमें सारी दुनिया शिशु की तरह हौले-हौले झूल रही हो। और ऐसे में अच्छी पुस्तक के लिए प्यास मेरे मन में और भी तीखी हो आयी।

एक छोटी-सी दूकान का बूढ़ा मालिक हमारा पुराना जान-पहचानी था। मैंने उससे कहा, "अंकल, आज कोई बहुत बढ़िया—बहुत ही बढ़िया—किताब दो।"

उसने मुझे एक किताब लाकर दी—एक छोटी-सी किताब। मैंने उसे खोला—'टे़ल्स ऑफ़ द आलमाइटी'। लेखक का नाम देखा—'रेनर मारिआ रिल्के'। मैंने पूछा, "यह रिल्के कौन है, अंकल?"

दूकानदार की आँखों में एक चमक-सी तैर गयी। उसने बड़ी ममता से किताब पर मृदुल हाथ फेरा और बोला, "रिल्के! एक कवि। एक सच्चा कवि। एक अद्वितीय व्यक्तित्व। इस किताब में तुम्हें बहुत कुछ मिलेगा, बिटिया!"

और उसने बिना मेरी स्वीकृति लिये ही किताब रंगीन कागज़ में लपेटकर मुझे थमा दी। उसके देने का ढंग कुछ ऐसा था कि पुस्तक मुझे लेनी पड़ी।

लेकिन ऐसा क्यों हुआ कि किताब मैंने अभी खोली भी नहीं, केवल उसे पाकर ही अन्तर्मन सन्तोष से भर उठा!

घर आयी; किताब का पहला पृष्ठ खोला, पढ़ना शुरू किया। और लो, मैं सारी रात पढ़ती ही रही। नहीं, पढ़ती नहीं, पूजा करती रही। वह रिल्के—कुछ घण्टे पहले तक मैं जिसका नाम भी नहीं जानती थी—मेरे अन्तर्मन के फूल में सुगन्ध-सा बस गया। मुझे लगा जैसे इस पुस्तक ने मुझे ज़िन्दगी जीने के लिए नयी दिशा दी है, खुद को समझने के लिए नयी दृष्टि दी है।

दूसरे दिन, सारे दिन, किसी काम में मेरा जी ही नहीं लगा। वह किताब मेरे हाथ में बनी रही। दिन उसी में खोये-खोये गुज़रा। रात भी किताब में पढ़ी कहानियों के विभिन्न पात्रों के बारे में सोचते हुए ही बीती। मेरा माथा हल्का-हल्का गरम-सा हो गया था, पलकें भारी होकर कड़ुवाने लगी थीं, कनपटियों में कुछ तड़क-सा रहा था। पर मेरा मन बहुत धुला-धुला, बहुत निखरा हुआ-सा हो गया था।

सुबह घर के अन्य सब लोग चाय की मेज़ पर हँस-बोल रहे थे। पर उन सबके बीच जाने को मेरा मन नहीं हुआ, मैंने अपनी चाय कमरे में ही मँगा ली;

और कागज़-कलम लेकर बैठ गयी। जी हुआ, इतनी सुन्दर कृति के लिए रिल्के को धन्यवाद देना चाहिए। हाँ, मेरे मन में किसी भी सामान्य पाठक की तरह लेखक को मात्र धन्यवाद भेजने की ही भावना थी। उससे अधिक कुछ भी नहीं। मैंने लिखा :

"प्रिय महोदय,

...आपकी 'टेल्स ऑफ़ द आलमाइटी' ऐलेन के. को समर्पित है। उस मधुर समर्पण में आपने लिखा है कि क्योंकि जितना ऐलेन के. ने इन कहानियों को पसन्द किया है उतना और किसी ने नहीं, इसलिए यह पुस्तक उसके लिए है। यों तो जो कुछ भी मैं हूँ उसके अलावा मैंने और कुछ कभी नहीं होना चाहा। पर अब मुझे लग रहा है जैसे मानो मेरा कायाकल्प हो गया हो और मैं ही ऐलेन के. हूँ। और यह समर्पण मेरे ही नाम है। क्योंकि मुझे अडिग विश्वास है कि इन कहानियों को दुनिया का कोई भी व्यक्ति मुझसे अधिक प्यार कर ही नहीं सकता।

इस पुस्तक से मुझे कितना सुकून, कितनी दिलासा और कितनी आन्तरिक शक्ति मिली है, बता नहीं सकूँगी। मैं कवि नहीं हूँ, शब्दों पर मेरा अधिकार नहीं। मेरी हर अनुभूति पियानो की झंकार में ही व्यक्त हो पाती है। काश, इसका हर पृष्ठ एक झंकार बनकर गूँजता रहता, गूँजता रहता और उसमें मैं धुएँ की तरह घुल जाती।...

इस अद्‌भुत कृति के सृजन के लिए मेरे धन्यवाद लें।"

मुझे उनसे उत्तर की कोई आशा थी नहीं, इसलिए नीचे बिना अपना पूरा पता लिखे सिर्फ़ नाम लिख दिया था। पर समस्या तो यह थी कि पत्र भेजा कैसे जाए ? मुझे रिल्के का पता तो मालूम ही नहीं था। बहुत सोचकर; मैंने उसी बूढ़े दुकानदार के द्वारा उस पुस्तक के प्रकाशक को वह पत्र भेज दिया कि वह रिल्के के पास भेज दें।

...एक सप्ताह बाद। सर्दी के मौसम की गुनगुनी धूप का सेंक लेती हुई मैं बाहर लॉन में बैठी पियानो की एक नयी धुन के बारे में सोच रही थी कि एक एक्सप्रेस खत मेरे नाम आया। पते पर की लिखावट एकदम अन-पहचानी, भेजने वाले का नाम भी नहीं लिखा था। बस, लिफ़ाफ़े पर हरे रंग की एक अण्डाकार मोहर लगी थी जिसमें लिखा था 'पेरिस'। मुझे जाने क्या हुआ कि गालों पर सुरसुरी-सी महसूस होने लगी, कान की कोर गरम हो आयी, ऐसा लगने लगा जैसे चारों ओर फुलझड़ियाँ छूट रही हैं, झण्डे फहरा रहे हैं।

ऐसा मैंने पहले कभी महसूस नहीं किया था। बौरायी-सी मैं घड़ियों वह खत खोल ही नहीं सकी। काफ़ी देर बाद उसे खोला। अन्दर छोटे-छोटे घनेरे अक्षरों और बेगरी पाँतियों में लिखे कई पृष्ठ थे। अन्त में नाम लिखा था—'रिल्के'। मुझे सहज ही विश्वास नहीं हो पा रहा था कि यह रिल्के का पत्र होगा। फिर-फिर नाम के

उन्हीं अक्षरों को बड़ी देर तक पढ़ती रही।

आँखें मूँदे-मूँदे मैं बिना पढ़े ही उस खत को हथेलियों में पुष्प-पँखुरी की तरह दबाये रही। थोड़ी देर बाद, काँपती उँगलियों में लेकर, सीली आँखों से उसे पढ़ा :

"भली मित्र,

तुम्हारा खत मेरे लिए जैसे मेरा ही एक अंश बन गया है। कितना सुकुमार, कितना मधुर है तुम्हारा यह सोचना कि ऐलेन के. के रूप में तुम्हारा कायाकल्प हो गया है।

यों तुम्हें बताऊँ मित्र, जिसने वह कहानियाँ लिखी थीं और ऐलेन के. को समर्पित की थीं वह युवक तो अब मुझमें शेष नहीं है। तुमने उसे जितनी प्रशंसा दे डाली है शायद वह उतने का अधिकारी भी नहीं। पर एक बात है, तुम्हारा संगीत वह तो कभी सुन नहीं सकेगा। हाँ, मैं ज़रूर सुन सकता हूँ। क्या इसकी उम्मीद करूँ ? लगता है, संगीत में ही तुम्हारे प्राण बसते हैं।"

मैं खत पढ़ती रही और बीच-बीच में सोचती रही—कहीं सपना तो नहीं देख रही हूँ। आगे लिखा था :

"तुम कभी इधर घूमने आओ तो मुझे पूर्व-सूचना भेजना। तुम्हारा आना मेरे लिए बहुत सुख और श्री लेकर आएगा। तुम्हारे स्वागत के लिए मैं द्वार खोलूँगा तो लगेगा, मेरे हृदय की गहराइयों का एक पट खुल गया है।"

मीलों दूर से एक अपरिचित व्यक्ति इतना प्यारा, इतना आत्मीय खत लिखेगा, इसकी मैं पहले कभी कल्पना भी नहीं कर सकी थी। मैं पढ़ती गयी :

"एक बार की बात मुझे याद है। मैं एक होटल में ठहरा था। मेरे कमरे के बग़लवाले कमरे में कोई पियानो बज़ा रहा था। वादक मुझे दीख नहीं रहा था, पर संगीत ने मेरा सारा ध्यान अपनी ओर खींच लिया था। लग रहा था, जैसे सारी दुनिया थककर, अलसाकर, वहाँ बैठकर, दो क्षण को सुस्ता रही है। फिर मुझे ऐसा लगने लगा था जैसे मानो सारी दुनिया की अनुभूतियाँ मुझमें से होकर गुज़र रही हैं, मेरे अन्दर जी रही हैं...मर रही हैं...

अब मैं यहाँ हूँ, संगीत से बहुत दूर, पर अब एक उम्मीद भी बँधती जा रही है मन में। शायद कभी तुम्हारे संगीत के जादू में डूबने का दिन आए..."

मुझसे इतनी प्यारी, इतनी अपनायत भरी बातें पहले कभी किसी ने नहीं कीं। पर इस सबको सपना भी कैसे मान लूँ, जब ये कागज़ मेरे हाथ में हैं...मन्त्रमुग्ध-सी मैं पढ़ती रही। अन्त में उन्होंने लिखा था :

"तुम्हारे मन में जो दुर्लभ चिनगारी जाग गयी है, उस स्फुलिंग को बुझने मत देना।" और सबसे अन्त में लिखा था :

"तुम्हारे प्रति मैं कृतज्ञ हूँ, विनत हूँ।

—रेनर मारिआ रिल्के।"

ज़रूर ही नियति हमारे लिए बहुत-कुछ ऐसा तय कर रखती है जिसका ज्ञान अकसर हमें स्वयं नहीं होता, पर अनजाने में ही हमारी प्रतिक्रियाएँ उसके अनुकूल होती चलती हैं। रिल्के से मेरी कोई प्रत्यक्ष जान-पहचान नहीं थी, पर पत्रों का यह क्रम ऐसा शुरू हुआ कि फिर मुझे प्रतिदिन उनका एक पत्र मिलने लगा। कितने मधुर, कितने पवित्र और सुकुमार, कितने गहरे होते थे वे पत्र! मैं बराबर सोचती, इन्हें लिखने वाला कितना निष्कलुष और कैसा निर्विकार होगा वह कवि-हृदय!

रिल्के के पत्रों से मैंने उनकी ज़िन्दगी की बचपन से लेकर अब तक की तमाम-तमाम बातें जान ली थीं। और बड़ी बारीकी से पढ़ लिया था उन अक्षरों को भी जो लिखे तो नहीं गये थे, पर हर पंक्ति में समाये थे। वह यह कि बचपन से लेकर आज तक सब कुछ प्राप्त होते हुए भी सारी सुख-सुविधाओं के बीच, वह बहुत अकेले हैं।

उनके पिता जोसेफ़ रिल्के नोबुल घराने के थे। वे सेना के एक बड़े पदाधिकारी बनने वाले थे, पर किसी अस्वस्थता के कारण न बन सके। उनका वह सपना टूट गया। मगर जैसाकि स्वाभाविक ही था उस स्वप्न को उन्होंने अपने बेटे को सेना का बड़ा अफ़सर बनाकर पूरा करना चाहा। मिलिट्री का बड़ा अफ़सर बनने का शौक़ जोसेफ़ रिल्के को जितना अपने लिए नहीं था उतना रिल्के की माँ के लिए था। वह बड़ी पदवी, बड़े नाम और शान-शौकत की बहुत प्यासी थीं। रिल्के को अपनी माँ का झूठा दिखावा बहुत बुरा लगा करता था। बचपन में अपने पिता के लिए उनके मन में बड़ी इज़्ज़त थी।

4 दिसम्बर 1875 को रिल्के का जन्म हुआ था। बचपन का अधिकतर समय घर की चारदीवारी में तमाम तरह की वर्जनाओं के बीच गुज़रा। वर्जनाएँ इसलिए कि उनके स्वास्थ्य का ज़रूरत से ज़्यादा ध्यान रखा जाता था। परिणाम यह हुआ कि वह बहुत प्रारम्भ से ही ज़रा ज़्यादा ही बीमार रहने लगे और बेहद अन्तर्मुखी हो गये। रिल्के ने एक बार मुझे लिखा :

"आज रविवार है। आज के दिन को मैं पूजा के दिन की तरह पवित्र बना कर रखना चाहता हूँ ताकि तुम्हें खत लिखूँ। तुम्हें, जिसकी मुट्ठियों में मेरे लिए एक सुनहला भविष्य आकुल है। मेरी मित्र! मैं यह नहीं पूछता कि वह दिन कब आएगा ? पर जानता हूँ कि आएगा ज़रूर वह दिन जब यह सारा अँधेरा हट जाएगा और प्रकाश की किरण फूटेगी। जब बचपन में ही मैं मिलिट्री ऐकेडमी में भेज दिया गया था तब भी मैंने किसी से यह नहीं पूछा था कि मेरी मुक्ति का दिन कब आएगा ? मैं हर अनुकूल-प्रतिकूल परिस्थिति को जीता चला गया हूँ पर कभी मैंने अपनी नियति के प्रति प्रश्न नहीं किया। तुम्हें एक मज़े की बात बताऊँ।

बचपन में मेरी माँ मुझे लड़कियों के कपड़े पहनाती थीं। मेरे लम्बे-लम्बे सुनहले बाल थे। माँ बड़े शौक़ से मेरी चोटियाँ गूँथती थीं। रसोई के बर्तनों के जो खिलौने होते हैं वह और तरह-तरह की गुड़ियाँ मुझे खेलने के लिए देती थीं। जैसे मानो मैं माँ के लिए अपनी मृत बहन की कमी पूरी करता था। माँ मुझे सोफ़ी कहकर पुकारती थीं; मैं भी लड़कियों की तरह महीन आवाज़ बनाकर नाज़ से बोला करता था। आवाज़ बनाने में, गुड़ियों से खेलने में शायद तकलीफ़ होती थी, पर मैंने कभी किसी से कोई प्रतिवाद नहीं किया। मैंने कभी नहीं पूछा, असली व्यक्तित्व मुझे कब मिलेगा? इसी तरह यह नहीं पूछता कि वह दिन कब आएगा? पर जानता हूँ कि आएगा ज़रूर!''

उन्होंने अपनी बेशुमार यादों को पत्रों के माध्यम से मेरे साथ दुबारा जिया। उनके हर पत्र का जवाब मैंने बड़ी कृतज्ञता और विनम्रता के साथ दिया। पर मुझे इतना-इतना विश्वास और स्नेह देनेवाले रिल्के जब यह लिखते कि मैं उन्हें अपने खतों के माध्यम से अछूती खुशी, अपरिमित ताज़गी देती हूँ और जब वह मेरे प्रति कृतज्ञता प्रकट करते तो मुझसे अपना सौभाग्य, अपना वह सुख सहज ही सहते भी न बनता। दिन पर दिन मैं उनसे और-और बँधती गयी...बँधती गयी...

एक बार उन्होंने लिखा :

''प्रिय, मेरी आत्मीय, मेरी बहन, मेरी मित्र!

कभी-कभी विश्वास ही नहीं होता कि तुम वास्तविक व्यक्ति हो। कितना दयालु है वह भगवान, जिसने मेरे इन चरम यन्त्रणा के क्षणों में तुम्हें मुझ तक भेज दिया है। तुम्हारे परिचय ने मुझे बड़ा नैतिक सहारा दिया है, नयी ज़िन्दगी बख्शी है। मुझे इस दुनिया को महसूस करते अब अच्छा लगता है, इस दुनिया की हवा में साँसें लेते अब अच्छा लगता है, क्योंकि इस दुनिया में तुम हो। और तुम हो तो यह भरोसा होता है कि इस दुनिया में ईश्वर भी है। वह ईश्वर जिसे मैंने अपने सृजन के क्षणों में वैसे ही महसूस किया है जैसे तुम अपने संगीत के स्वरों में उसे पाती हो।''

उन्होंने अपना प्यार, दुलार, ममता और चरम विश्वास सब-कुछ मुझे दे दिया था। अपने खतों में उन्होंने अपने बारे में भली-बुरी एक-एक बात मुझे बतायी। कभी-कभी तो मुझे लगता कि वह खत नहीं लिख रहे हैं वरन लिख-लिखकर कुछ सोच रहे हैं, खुद से बातें कर रहे हैं। अपने खतों में उन्होंने मुझे बताया कि 1886 में वह मिलिट्री ऐकेडमी में भेज दिये गये थे। उसी के दो साल बाद उनके माता-पिता में सम्बन्ध-विच्छेद हो गया था। वह माँ के साथ थे, पर मन उनका हमेशा अपने पिता के आदर्शों पर ही चलता था। मिलिट्री स्कूल की कड़ी कसरतों और परिश्रमसाध्य अभ्यासों के कारण उनकी तबीयत बहुत जल्दी खराब हो जाया करती,

पर पिता का सपना पूरा करने की बात सोचकर वह पुनः कड़ा परिश्रम करते, फिर बीमार पड़ते, और अपनी वर्तमान ज़िन्दगी से ऊबकर वह अकेले में अपने सपनों की दुनिया बनाते और उसके खुद हीरो बनते; घण्टों दिवास्वप्न देखते-देखते बीत जाते। साथ के लड़के उन्हें हमेशा छेड़ा करते, पर वह निज में ही खोये रहते।

आखिर सन् 1891 में उन्हें उस स्कूल से नज़ात तो मिली, लेकिन एक असफल मिलिट्री जवान की तरह ही। वह कोई बड़े पदाधिकारी न बन सके। हारकर फिर उन्हें लिंज के कॉमर्स कॉलेज में पढ़ने के लिए भेजा गया। वहाँ उन्हें अपनी प्रतिभा के अनुकूल वातावरण मिला और उनकी गिनती कॉलेज के रत्नों में होने लगी। उन दिनों उन्होंने साहित्य का खूब अध्ययन किया और स्वयं भी लिखा। लेकिन बचपन से ही तमाम प्रकार की वर्जनाओं के आदी रिल्के के जीवन में अब प्रतिक्रियाएँ आनी शुरू हुईं और वह फ़िजूलखर्च आवारा लड़कों की तरह रहने लगे। तीन साल बाद ही, एक प्रेम-प्रसंग के कारण उन्हें वह कॉलेज भी छोड़ देना पड़ा। यहाँ से उनके जीवन में संघर्ष का प्रारम्भ हो गया था, पर साहित्य-सृजन की पुकार उन्हें अपनी ओर खींचने लगी थी और उसके प्रति वह सजग भी हो गये थे।

एक बार रिल्के ने मुझे लिखा था कि जब वह तमाम प्रकार के साहित्यिक प्रतिवादों में उलझे हुए थे तब बहुत अकेला-अकेला अनुभव करते थे। कुछ दिन बाद, दो लड़कियों से उन्हें बहुत मानसिक सान्त्वना मिलने लगी थी। एक तो थी चित्रकार पाउला बैकर, दूसरी थी मूर्तिकार क्लारा वैस्थोफ़। उन्होंने स्वीकारा था कि वह उन दोनों के बीच चुनाव नहीं कर पा रहे थे कि कौन उनके लिए उपयुक्त है। बाद में जब पाउला ने किसी और से विवाह कर लिया तब रिल्के को निर्णय लेना सहज हो गया और उन्होंने भी सन् 1901 में क्लारा से विवाह कर लिया। पहले वर्ष वह दोनों काफ़ी खुश रहे। दिसम्बर में उनकी बेटी रूथ का जन्म हुआ। पर धीरे-धीरे रिल्के का मन उखड़ता गया। विवाह के साथी को वह एकाकी क्षणों के अभिभावक के रूप में पाना चाहते थे, पर उनका एकान्त धीरे-धीरे बढ़ता ही गया, और वह क्लारा से अलग हो गये।

वह जितना-जितना अपने निजी जीवन के बारे में लिखते उतना ही उनके लिए मेरा मन और-और कोमल होता जाता। क्यों ऐसा होता है कि ऐसा आदमी जो सबके प्रति इतनी सहज आत्मीय भावना रखता है, हर एक को क्षमा कर देता है, वह इस दुनिया में बहुत ग़लत चश्मों से देखा जाता है। जितना ईमानदार आदमी होता है। उतना ही अकेला क्यों पड़ता जाता है? पर साथ ही, मुझे बड़ा सुखद सन्तोष होता यह जानकर कि कम-से-कम मेरे पत्र उन्हें कुछ-न-कुछ सुख और सहारा देते हैं। एक बार उन्होंने लिखा था :

"मेरे हृदय की प्रतिरूप! मेरी मित्र! मेरी बहन!

तुम्हारे लिए मेरे मन में कितनी पवित्रता, कितने प्रकाश, कितने माधुर्य का समन्दर भरा पड़ा है। आज मेरे मस्तिष्क की, मेरे हृदय की ज़िन्दगी में यदि कोई सच्चाई है तो इसीलिए कि वह तुम्हें पाकर सार्थक हो गया है। मेरे मन के अपरिमित विस्तार के चारों ओर तुम्हारे हृदय की विशालता का और भी बड़ा वृत्त खिंच गया है और मैं उसमें सिमट आया हूँ !"

कभी-कभी मैं सोचा करती कि क्या इस हद तक उन्हें प्रभावित करना उचित है ? हर व्यक्ति को अपनी नियति का निर्माण अपने हाथों से करना चाहिए। मुझे लगता कि इस उद्यम में मैं रिल्के के लिए बाधक बन रही हूँ। मैंने महसूस किया कि अब मेरी उनके प्रति ज़िम्मेदारी भी बहुत बढ़ गयी है। कभी-कभी भविष्य के प्रति बड़ा डर भी लगने लगता। पता नहीं, इतने कोमल व्यक्ति की इतनी वायवी और गहरी भावनाओं को मैं सदा सहेज भी सकूँगी या नहीं? वह मुझे अब बहुत भरोसे, बहुत दुलार से बेनवेनुटा (शुभागता : जिसका आगमन जीवन में शुभ को लेकर आए) कहकर पुकारने लगे थे। धीरे-धीरे मैंने भी सारे ऊहापोह त्यागकर मन में दृढ़ संकल्प कर लिया कि हृदय की इस गूँज को कोमल से कोमलतर, पवित्र से पवित्रतर, बनाती ही जाऊँगी। और उनके लिए सही मायने में 'बेनवेनुटा' बनकर ही अपनी ज़िन्दगी को अर्थ दूँगी।

यह मैंने उनके लिए कोई बड़ा भारी त्याग नहीं किया था। बरसों पहले मेरा अपने पति से विच्छेद हो चुका था। दुनिया तो सिर्फ़ चारों ओर से छेदना ही जानती है; उसने अपना धर्म पूरा किया। मुझे सिर्फ़ मेरा पियानो ही सहारा देता था; उसके स्वरों में डूबकर मैं सब-कुछ सह जाने की ताक़त बटोरती चल रही थी। वरना मैं बहुत अकेली पड़ गयी थी और एक बहुत बड़े शून्य में जीती जा रही थी। रिल्के के विश्वास और समर्पण ने मेरे मन को एक उद्देश्य दे दिया था; ज़िन्दगी को एक सुनिश्चित दिशा दे दी थी। उनके स्वास्थ्य, उनके मानसिक सन्तोष और उनकी साहित्यिक प्रगति के लिए मेरे मन में जो ज़िम्मेदारी की भावना आ गयी थी उसने मेरी बेसुरी, बेमानी ज़िन्दगी को प्रार्थना के से स्वर प्रदान कर दिये थे। मेरी खुद की ज़िन्दगी उनको लेकर बड़ी पवित्र, बड़ी पूजामयी, बड़ी आस्था-सम्पन्न हो गयी थी।

एक बार उन्होंने लिखा :

"अबोध बच्चे की-सी आत्मा वाली, प्यारी-सी बिटिया! मेरा मन बहुत आकुल है तुम्हारी उँगलियों का स्पर्श अपने थके बोझिल माथे पर महसूस करके उस स्पर्श की छाँह में कुछ पल विश्राम लेने को! तुम्हारे पियानो के स्वरों में विगत की सारी कटुताओं को धो डालने को। कभी-कभी सोचता हूँ, वह दिन जब आ जाएगा तो उसके बाद क्या मुझे जीवित रहना चाहिए? अपनी सारी ज़िन्दगी की खोज को

तुम्हारे रूप में पाकर क्या मुझे सुख से मर नहीं जाना चाहिए? बेनवेनुटा! मेरा मन क्यों इस क़दर समर्पित है तुम्हारे लिए? बोलो, कब मैं तुम्हें देखूँगा ? कोई कार्यक्रम बनाओ।"

उनकी आज्ञा मेरे लिए परमात्मा का आदेश था। मैंने लिख दिया : फ्लोरेंस, ल्यूसर्न या जेनेवा कहीं भी मिल सकती हूँ। और तय हो गया कि हम जेनेवा में मिलेंगे। लेकिन दूसरे ही दिन मुझे समाचार मिला कि एक संगीत सम्मेलन में अपना पियानो का प्रोग्राम देने मुझे बर्लिन जाना है।

इस बीच मैंने लगातार तीन रात एक ही सपना बार-बार देखा। मैंने देखा, मैं एक भूरे रंग की चौकोर मीनार पर खड़ी हूँ। चारों ओर पानी ही पानी है—निश्चल शान्त पानी। जहाँ मैं खड़ी हूँ, वहाँ उस मीनार की पत्थर की दीवार में तीन बड़ी-बड़ी खिड़कियाँ हैं। एक खिड़की समुद्र की ओर खुलती है, दूसरी पहाड़ों की ओर; और तीसरी जहाँ खुलती है वहाँ से आज का आधुनिक जीवन दीख रहा है। उस मीनार के पास एक 'गेट वे' है; उसमें से गिरते-पड़ते दलित स्त्री-पुरुषों और बच्चों का एक विशाल जुलूस गुज़र रहा है। सब धीरे-धीरे चुपचाप खामोशी के साथ किन्हीं अनजानी अन्ध गुफाओं की ओर चलते चले जा रहे हैं। मौत का एक अधिकारी अपनी नाव में खड़ा उस जुलूस को देख रहा है। एक बार उसने अपना मुँह घुमाया तो मैंने देखा, उसकी आँखों में नक्षत्र दमक रहे थे।

जब-जब नया खेवा आता था, मुझे एक घण्टी बजानी होती थी। घण्टी में से आवाज़ निकलती थी : "कब? कब?" और उदास भीड़ चुपचाप गुज़रती जाती थी। जो खिड़की समुद्र की ओर खुलती थी उसमें से अचानक मैंने देखा, कि बहुत-बहुत सारे जहाज़ मीनार की तरफ़ बढ़े चले आ रहे हैं। उस जहाज़ पर जो सैनिक हैं, उनके शिरस्त्राण धूप में चमक रहे हैं। वह बड़ी दूर से मौत की घाटी पर धावा बोलने आये हैं। लेकिन ज्यों ही वह नज़दीक आये कि एक बहुत विशाल काली दीवार उनके और मीनार के बीच में अचानक उठ आयी। उनके शिरस्त्राण गिर पड़े, अस्त्र-शस्त्र छितर-बितर हो गये और फिर पूर्ववत् मौत की खामोशी चारों ओर व्याप गयी। जुलूस उसी तरह गुज़रता रहा।

पर एकाएक मैंने देखा कि जो खिड़की आधुनिक जीवन की ओर खुलती थी, उसमें से कुछ हलचल दिखाई दे रही थी। एक गली थी जिसमें साइकिलें, मोटरें और बड़े शहर की-सी तमाम चहल-पहल थी। इसी भीड़-भाड़ में एक छोटा बच्चा सड़क पार करना चाह रहा था। उसकी नन्ही-नन्ही बाँहों में एक गुड़िया थी। वह उसे थपकी देता हुआ सड़क पार कर रहा था कि अचानक भयंकर तेज़ी के साथ अन्धड़ की तरह दो काले घोड़े दौड़ते हुए आये और बच्चे को धक्का मारते हुए निकल गये। बच्चा ज़मीन पर गिर पड़ा। तमाम लोग उसकी ओर दौड़े, किसी ने

उसे गोद में उठाया तो मैंने देखा उसका सारा शरीर क्षत-विक्षत हो गया है; जगह-जगह से बुरी तरह खून बह रहा था और वह अपनी गुड़िया को और भी कसकर छाती से चिपकाये था। उसके नन्हे मरणासन्न मुख पर मैंने देखा हँसी बिलकुल सूरज की तरह चमक रही थी। मौत का अधिकारी उस ओर घूमा। ऐसा लगा कि वह अपनी नाव और अपने मृतकों की भीड़ को जैसे एकदम भूल गया। वह उधर देखता गया, देखता गया और मैंने देखा कि उसकी नक्षत्रों वाली आँखों से झरझर आँसू चूने लगे।

एकाएक घण्टी आपसे आप बजने लगी। और वह सब, जो मौत की गहन घाटी में चले गये थे, उस अन्धगुहा से हँसते-मुस्कराते वापस आने लगे। स्त्रियाँ, पुरुष, बच्चे—भीड़ की भीड़, सब खिले चेहरों से गाते चले आ रहे थे—"देखो-देखो, एक नन्ही-सी जान ने सारे संसार को मुक्ति दे दी है।"

लगातार तीन रातों तक सिर्फ़ इसी सपने को देखते-देखते मैं घबरा गयी थी; यह सपना मन पर इस क़दर हावी हो गया था कि बिना रिल्के को लिखे मेरा मन हल्का नहीं हो सकता था। मैंने उन्हें पूरा सपना लिखकर भेज दिया।

जिस दिन मैं बर्लिन के लिए जाने वाली थी—उसके एक दिन पहले मुझे रिल्के का प्यारा-सा खत मिला। और वह वृत्त जो 'टेल्स ऑफ़ द आलमाइटी' पढ़कर शुरू हुआ था, रिल्के के इस खत से पूरा हुआ। उन्होंने लिखा था :

"प्रिय, तुम्हारा सपना जानती हो क्या था? यह 'टेल्स ऑफ़ द ऑलमाइटी' की एक सबसे बेहतरीन कहानी थी। लेकिन यह मेरी किताब में नहीं मिलेगी। क्योंकि मैंने इसे लिखा नहीं। पर यह है वही कहानी और तुमने उसका सपने में सृजन किया है। कितनी गहरी, कितनी सूक्ष्म दृष्टि है इस स्वप्न की!"

...पता नहीं, कौन है वह व्यक्ति, कैसा है वह व्यक्ति, जिसे मैंने आज तक देखा भी नहीं है, पर जिसकी कल्पनाएँ मेरी आँखों में सपने बनकर आ रही हैं। जिसकी कहानियों के सूत्र मेरे शरीर की नस-नस में बिछ गये हैं, उन्हीं में से मेरा मन सपनों में नया सृजन करता चल रहा है। मेरे चेतन, अवचेतन मस्तिष्क को इस क़दर प्रभावित करने वाला कैसा होगा वह! कब उससे मिलूँगी, कब उसे देखूँगी? और जब उसे देखूँगी तो कैसा होगा वह क्षण? कहाँ बहा ले जाएगा वह मुझे?...

बर्लिन में मेरा प्रोग्राम था। मैं वहाँ अपने एक मित्र परिवार के साथ ग्रूनवाल्ड में टिकी थी। ये लोग बहुत ही धनी हैं किन्तु उनके सारे घर की सजावट में धनिक वर्ग में प्रचलित चमक-चमक नहीं थी। बहुत ही सादे और कलात्मक ढंग से

एक-एक कमरे की सजावट की गयी थी। घर में क़दम रखते ही चारों ओर से सुख, शान्ति, सादगी और प्यार की बयार आगन्तुक को शीतलता प्रदान करती। सारे घर में प्रसिद्ध कलाकारों की कलाकृतियाँ बड़े क़रीने से सजाई गयी थीं। पर मेरे विशेष आकर्षण का केन्द्र था उनके खूबसूरत बाग़ के एक कुंज में रखा पियानो। अपनी मित्र फ्राड बर्टा डैलब्रुक जैसी स्त्री मैंने तो दूसरी कोई अपनी ज़िन्दगी में देखी नहीं। जहाँ बैठ जाएगी ऐसा लगेगा कि खुशियों के फूल झर रहे हैं, हँसी की हिलोरें उठ रही हैं। एक नन्हा-सा दीया जैसे चारों ओर रोशनी बिखेरता है वैसे ही मेरी यह सुकुमार सखी अपने चारों ओर सुख और शान्ति विकीर्ण करती रहती है। उसके पास जाकर मुझे हमेशा से बहुत शान्ति मिलती रही है। इस बार जब मैं वहाँ गयी तो मैंने उससे रिल्के के बारे में बहुत-सी बातें कीं। रिल्के के कुछ खत भी उसे दिखाये। एक दिन रात को खाना खाने के बाद फ्राड ने मुझसे बड़े इसरार से कहा कि उसे कोई अच्छी चीज़ पढ़कर सुनाऊँ। सब बच्चे तो सोने चले गये। बचे हम तीनों। सारे कमरे की बत्तियाँ बुझा दी गयीं, परदे खींचकर गिरा दिये गये। एक कोने में केवल एक लैम्प जलता रहा जिसके ऊपर लगे शेड के नीचे मैं ऐसे लेट गयी कि केवल मेरी किताब पर रोशनी थी, बाक़ी सारा कमरा अँधेरा था। अजब-सा भावुक वातावरण बन गया। मैंने उन दोनों को माल्टे लॉरिड्स ब्रिग में से कुछ चीज़ें पढ़कर सुनायीं।

काफ़ी रात गये भरे-भरे मन से हम अपने-अपने बिस्तरों पर जाने को उठे। मन में जाने कैसा क्या घुल गया था कि सोने की इच्छा ही नहीं हो रही थी। मैं और फ्राड एक खिड़की पर खड़े बड़ी देर तक पेड़ों की शाखों के पार टिमटिमाते तारों का खेल देखते रहे। अचानक मैंने देखा फ्राड एक बहुत दमकते-से नक्षत्र की ओर एकटक देखकर कुछ सोच रही है। थोड़ी देर में वह बोली, ‘‘काश! यहाँ रिल्के भी होता! जब से तुमने उसके बारे में बताया है मैं उसी की बात सोचती रही हूँ। शायद उसके अकेले सूने मन को यहाँ कुछ राहत और सुख मिल सके।’’ फ्राड से तो उस समय मैंने कुछ नहीं कहा, लेकिन मैं सारी रात सोचती रही—सचमुच जेनेवा से कहीं बेहतर होगा कि हम पहली बार इतने प्यारे, इतने निश्छल और आत्मीय लोगों के बीच मिलें। मैंने रात ही में बैठकर रिल्के को खत लिखा और अपने इस बहुत प्यारे परिवार और इस घर के एक-एक कमरे, एक-एक खिड़की, इसके बाग़ के तमाम फूल-पत्तों के बारे में खूब विस्तार से लिखा और रिल्के से अनुरोध किया कि वह यहीं आ जाए।

रिल्के का उत्तर आया—‘‘प्यारी बिटिया, तुम्हारा पत्र मिला। मैं तुरन्त जवाब नहीं दे सका उसका कारण मेरी व्यस्तता नहीं बल्कि यह है कि तुम्हारा खत मैं पूरा का पूरा एक बार में पढ़ ही नहीं सका। कुछ पंक्तियाँ पढ़ता और इतना-इतना

डूब जाता कि आगे पढ़ ही नहीं पाता। इसी तरह बीच से तोड़-तोड़कर उसे पढ़ता रहा। फिर एक बार पूरा पढ़ा, दो बार पढ़ा, तीन बार पढ़ा, बार-बार पढ़ा। अकसर ऐसा होता है न कि जिस समय तेज़ हवा चल रही हो, उस समय किसी सूने तट पर समुन्दर किनारे जाओ तो जी होगा सारी की सारी हवा मुँह खोलकर साँसों में भर लो और जब ऐसा करना शुरू करो तो लगेगा अरे अब तो साँस ही नहीं ली जा रही! वैसा ही होता है तुम्हारे खत के साथ। जी होता है पूरा का पूरा एक साँस में पढ़ जाऊँ। मगर पढ़ने लगो तो एक-एक लाइन साँसों में इस क़दर भर जाती है कि...बेनवेनुटा प्रिय! मैं तुम्हें कैसे बताऊँ कि तुम्हारी भाषा के जादू ने मुझे शब्दों को प्यार करना सिखा दिया है। ऐसा लगता है कि खतों के माध्यम से हम एक-दूसरे से बातें करते हैं वैसे ही जैसे धरती और नक्षत्र की बातें होती हैं। मैं तुमसे कुछ इस तरह बँधता चला जा रहा हूँ कि मेरे अन्दर से बार-बार यह आवाज़ आती है कि मुझे तुम्हारे लिए कुछ करना है—कुछ मौलिक सृजन करना है जो तुम्हारे योग्य हो, जिसे लिखकर मैं तुम्हारे प्यार के प्रति अपनी कृतज्ञता को कुछ अभिव्यक्ति दे सकूँ। नियति की सुकुमार अर्थ हो तुम। तुम्हें शब्द दे सकूँगा क्या? अरे लो मैं यह सब क्या लिखने लगा...तुमने लिखा है कि मैं बर्लिन आ जाऊँ। ठीक है, मेरे हृदय की पवित्रता की प्रतिरूप! अपने प्रथम मिलन की स्थली जो तुम चुनो वही हो सकती है, होनी चाहिए, होगी। मुझे विश्वास है कि बर्लिन में एक-दूसरे से मिलकर हम लोग बहुत कुछ कर सकेंगे। बहुत कुछ वह जो सबसे पृथक् है...जो हमारा अपना है...केवल हमारा। ओह बेनवेनुटा! तुम्हारे चतुर्दिक् एक दिव्यता है। तुम्हारा संगीत, तुम्हारे शब्द, तुम्हारा आह्लाद, तुम्हारे अन्तर की पवित्रता, सब कुछ जो भी है उसे मैं केवल एक शब्द ही दे सकता हूँ—दिव्य! और इसीलिए तुमसे मिलने के लिए मैं प्राणों में जो ताक़त बटोर रहा हूँ उसे अपने बचपन की स्मृति की प्रकाश-किरणों से बुन रहा हूँ। मेरे बचपन की आस्थाएँ, वह भोले विश्वास, वह मनोरम कल्पनाएँ, वह सहज उमगाव, वह पवित्रता, वह सादगी ही मेरे पास ऐसी निधि है जिसे लेकर मैं तुम्हारा स्वागत करूँगा।...''

और एक दिन तार आ गया—''कल—रेनर''

चौबीस घण्टे बाद वह यहाँ होंगे...मुझे याद है मैं बेइन्तिहा नर्वस हो गयी थी। अपनी उत्कट आकुलता को किसी तरह थपकी देकर शान्त रख सकूँ इसके लिए शाम को मैं एक पार्टी में चली गयी। वहाँ भी मेरा मन नहीं थिराया। रात हुए जब अपने कमरे में लौटी तो बत्ती जलाने का मन नहीं हुआ या कहूँ जाने क्यों हिम्मत नहीं पड़ी। अँधेरे में टटोलती हुई अपनी मेज़ तक गयी। आशा के अनुकूल वहाँ एक लिफ़ाफ़ा रखा था। मैं जानती थी यह रिल्के का ही हो सकता है। अपने

प्रथम मिलन के पहले का उनका आखिरी खत। हमेशा की तरह बेसब्री से मैंने उसे खोला नहीं। आहिस्ते से उसे अपनी अँजुरियों में दबा लिया और आँखें मूँदकर बैठी रही। पर वह निरर्थक मौन नहीं था मेरा। आँखें मूँदे मैं चुपचाप निःशब्द प्रार्थना करती रही थी। अपनी पूरी आस्था से धन्यवाद देती रही थी उस परमात्मा को जो बहुत दयालु है। थोड़ी देर बाद कमरे की खिड़की खोली—बाहर सारा बाग़ सोया पड़ा था। जाने कैसे ख्वाबों में डूबी-डूबी-सी ठण्डी हवा का एक झोंका आया और मेरा रोम-रोम सिहर उठा। खिड़की बन्द की तो लगा जैसे रिल्के ने मेरे लिए तमाम-तमाम फूल भेजे हैं और उनकी गमक से सारा कमरा महमहा रहा है। मन में जाने क्यों पहली बार लाज की सुरसुरी-सी महसूस की। बत्ती जलायी और लो रिल्के के खत में भी फूलों ही फूलों की बातें थीं...कैसा रहस्य है यह प्रभु! उन्होंने लिखा था, "सुहृदया, तुम्हारी मेज़ पर पीले ट्यूलिप्स रखे होंगे। मैं फ्रैंज़िस्का ब्रुक के पास गया था कि तुम्हें कुछ गुलाब भेज दूँ। पर वहाँ पहुँचकर बिना कुछ ऑर्डर दिये ही वापस आ गया। जानती हो क्यों? मुझे क़तई समझ में नहीं आया कि फ्रैंज़िस्का को कैसे बताऊँ कि मैं कौन-से गुलाब तुम्हारे लिए भेजना चाहता हूँ। उसकी दुकान में जितने भी गुलाब थे क्या वह मेरी कल्पना के गुलाब थे? नहीं, वह 'मेरे गुलाब' नहीं थे...उन लाल-पीले फूलों को तुम तक भेंजकर होता भी क्या? तुम तक पहुँचकर जो महक सकें वह शब्द-फूल तुम्हें भेज रहा हूँ मेरी दिव्य मित्र! तुम्हारे हृदय की प्रकाश-किरणों से ही तो मेरे शब्द-फूलों में रंग भर जाते हैं न!

"तुम्हें कल देखूँगा, बेनवेनुटा, मेरे आज के ये बेगाने हाथ कल तुम्हारी अँजुरियों में शरण पा लेंगे। बेनवेनुटा, ऐसे समय व्यक्ति को क्या करना होता है? किसी को वह रात, जिसके बाद प्रतीक्षित प्रभात आने वाला है, कैसे गुज़ारनी चाहिए? आज की सारी रात मैं प्रार्थना करूँगा!—रेनर"

शाम का झुटपुटा था। किसी सवारी पर जाने की इच्छा नहीं हुई। मैं पैदल चली जैसे कोई भक्त तीर्थयात्रा को निकला हो। एक गली, दूसरी गली, दसियों गलियाँ पार करती हुई मुहल्ले पर मुहल्ले पीछे छोड़ती हुई आखिर मैं अपनी मंज़िल पर पहुँची—"मारबरगर स्त्रासे—4" दरवाज़े पर प्लेट लगी थी "हॉसपिज़ डॅसवेस्टैन्स। थोड़ी देर मैं वहीं ठिठकी खड़ी रही, फिर मारे घबराहट के द्वार का सहारा ले टिककर खड़ी हो गयी और कॉलबैल बजायी। एक नौकरानी बाहर आयी। मैं बौरायी-सी उसकी ओर बस देखती ही रह गयी। कण्ठ से आवाज़ ही नहीं फूट रही थी कि उससे पूछ सकूँ—रिल्के आये हैं क्या? अन्त में वह लड़की बोली—"कहिए, आपको किससे मिलना है? महाशय रिल्के से?" मैं कुछ नहीं बोल सकी। शायद वह समझ गयी और उसने कहा—"तीसरी मंज़िल पर कमरा नं. 24।" बस मैं एक के बाद एक सीढ़ियाँ चढ़ती एक ही साँस में ऊपर पहुँच गयी। यह लो, यह तो सामने

ही 24 नम्बर का कमरा दिख रहा है। फिर मैं पगलिया की तरह कमरे के सामने ही खड़ी रही...खड़ी रही। एकाएक ऐसा लगा जैसें नीचे की सीढ़ियों से कोई आ रहा है। मुझे होश आया—मैंने घण्टी दी। अन्दर से आवाज़ आयी "कौन है?" ओह! एक क्षण को लगा अब खड़ी नहीं रह सकूँगी। यह वही आवाज़ थी जिसे सुनने के लिए मेरे कान व्याकुल थे। मेरी श्रद्धा, मेरे आदर, मेरे प्यार की आवाज़...जिसे सुनने के लिए कब से मैं विकल थी।...अन्दर गयी मैं।

ऐसा लगा जाने कितने कोहरे और बादलों को चीरकर मैं यहाँ तक पहुँच सकी हूँ। सबसे पहले कोने में हरी शेड का एक लैम्प दिखाई दिया, उसके बाद दिखे अपने सामने खड़े रिल्के। पतले-दुबले ताम्रवर्ण के...बहुत सौम्य। वह अपनी नीली-नीली आँखों से मेरी ओर देख रहे थे। ओह, इतना चमकता हुआ, इतना अलौकिक, इतना दिव्य चेहरा मैंने अब तक किसी का नहीं देखा था। मन की श्रद्धा पर सौगुनी मोटी पर्त और चढ़ गयी।

"बेनवेनुटा, बेनवेनुटा...तुम आ गयी..." मुझे लगा इस आवाज़ को सुनने के बाद मैं कुछ कर ही नहीं सकती सिवाय इसके कि आँखें मूँद लूँ और इसे सुनती रहूँ आखिरी साँस तक, बस सुनती ही रहूँ?...

हम दोनों ही कुछ नहीं बोले; सिर्फ़ एक-दूसरे का हाथ थामे खामोश बैठे रहे। मैंने पहली बार जाना कि बिना एक भी शब्द बोले कितनी-कितनी बातें की जा सकती हैं।

अन्त में वह क्षण भी आया जब वह तन्मय मौन टूटा। हमने हरे मखमल के सोफ़े पर बैठकर दुनिया भर की बातें कीं। और मुझे लगता रहा कि ये मनुष्य नहीं हैं, कोई देवपुरुष हैं जो किसी चमत्कार से पृथ्वी पर आ गये हैं।...मेरी दृष्टि की परिधि में आ गये हैं...

हमारे सारे दुःख-दर्द जैसे एक-दूसरे को देखकर ही धुल-पुँछ गये थे। जैसे एक नयी ही सृष्टि का सृजन हो गया था हमारे लिए...और समय थम गया था हमारे चारों ओर!...जब मैं वापस आने लगी तो बोले, "कल फिर मिलोगी न?" उनकी आवाज़ में जो चहक थी उससे मुझे उनके सबसे पहले खत की एक पंक्ति याद आ गयी : "तुम्हारे स्वागत के लिए मैं द्वार खोलूँगा तो लगेगा मेरे हृदय की गहराइयों का एक पट खुल गया है—"

जब घर पहुँची तब तक सब सो चुके थे। मैं चुपचाप अपने कमरे में चली गयी। कमरे में जाकर सबसे पहले मैंने बत्ती जलायी और सीधी एक बड़े आदमक़द शीशे के आगे जाकर खड़ी हो गयी। बड़ी देर तक खुद को देखती रही। मुझे लगा मेरे चेहरे का नया संस्कार हो गया है, इस पर नयी पवित्रता आ गयी है। मैंने अपनी इन सांसारिक आँखों से एक दिव्यात्मा के दर्शन जो कर लिये हैं।

मेरे हाथों में रिल्के का पत्र था जो उन्होंने मेरे पास आते हुए गाड़ी में लिखा था और यहाँ आकर मेरे पहुँचने के पहले उस कमरे में पूरा किया था जहाँ मैं गयी थी। बहुत डूबे-डूबे कृतज्ञ मन से मैंने उसे पढ़ा। उस खत में अन्त में मेरे लिए एक कविता थी–

"बहा मैं पवन-सा आह सब कुंजों के आर-पार
उठा मैं हर छत से बनकर धुएँ का गुबार
परिपाटी ने दी जहाँ दूसरों को सुख-सुविधा
किसी विचित्र परिपाटी-सा मैं रहा अलग-अलग-सा
दे डाले डरते-डरते हर बार हाथ मैंने अपने
किन्हीं और हाथों के भाग्य विधायक कसाव में
आतुर क्षण जब कोई हर हृदय लगा अपनी कहने
रीत गया मेरा ही अन्तर उस बहाव में।
प्रिये तारे की राह निहार भर सकने को
चाहिए हमें जगह धूल में पग धरने को
विश्वास पनपता है दूजों के विश्वास से ही
देना कुछ और नहीं, है पाये को लौटाना भर ही।
रात नहीं माँगती कुछ मुझसे,
पर मैं चाहता उससे, दर्शन नक्षत्र जड़े आकाश का!
क्षणभंगुर हूँ स्वयं और चाहना मेरी सनातन!
कहाँ मिलेगा आश्वासन मुझे मेरे आधार का?
बढ़ता आ रहा है क्या अँधेरा मेरी डगर में
ऊष्मा तुम्हारी थोड़ा और अगर मैं पा लूँ
समय-समय आ जाएगा कि रख दूँ हल्के से
अँजुरियों में तुम्हारी, हाथ अपने ठिठुरे से!
पाऊँ वह शान्ति जिसे पाये बीते जाने कितने बरस
जान पाओगी इस अन्तराल का अर्थ क्या?
अजनबियों में एक अजनबी जबकि व्यर्थ था।
आह आज खिंच आता हूँ घर की ओर बरबस!"

सोने जाने के पहले मेरे मन में केवल एक विचार था कि अगर इस समय मृत्यु भी आ जाए तो मुझे वह नष्ट नहीं कर सकती। अब मैं पूर्णकाम हूँ! सम्पूर्ण परितुष्ट !...

सुबह भोर की वेला में जब मैंने खिड़की खोली तो देखा बाग़ में लॉन पर छिटकी

बर्फ़ गल चुकी है। सब्ज़ लॉन पर, छाये आसमान पर सुबह खिली हुई थी। आसमान का रंग अजब पीला-पीला, नीला-नीला-सा था। गेट तक जो एक पगडण्डी गयी है उसके दोनों ओर पीले रंग के ढेर फूलों के पौधे बिछे पड़े थे। ऐसे में रिल्के का ख्याल मन को चौगुनी ताज़गी से भर गया। सुबह का नाश्ता करने के बाद पगडण्डी के पार जो निगाह गयी तो उन पीले-नीले फूलों पर से फिसलती हुई मेरी दृष्टि गेट के पास खड़े रिल्के पर जाकर टिक गयी। और ऐसा लगा जैसे बरसों से हर सुबह वह वहाँ इसी तरह आकर खड़े होते रहे हैं इस इन्तज़ार में कि कोई उनकी पुकार पर खिंचा चला आएगा।

मैं उनके स्वागत के लिए आगे बढ़ी। उनकी नीली गहरी आँखों में और सारे चेहरे पर अमित सन्तोष और सुख बिखरा पड़ा था। पर मेरी दृष्टि ने तुरत एक दूसरी चीज़ भी पहचान ली। बहुत ऊँची लहरदार तान लेने के बाद एक कसकभरी मीड़ लेकर यदि स्वरों को छोड़ दिया जाए तो जैसा दर्द चारों ओर बिखर जाता है वैसा ही था रिल्के के चेहरे का भाव। हर्ष और विषाद की मिली-जुली ऐसी तस्वीर क्या और भी होती होगी?...

उन्होंने किंचित् संकोच से कहा—"अभी अन्दर नहीं चलेंगे। मैंने एक-दो मकान छोड़कर यहीं क़रीब ही एक कमरा देखा है। बहुत सुन्दर है। सोचता हूँ उसे किराये पर ले लूँ। क्या तुम..." मैंने तुरन्त कहा—"हाँ, हाँ, चलिए अभी देख लेते हैं।" चलते हुए वह बोले—"मीठे-मीठे सपनों की तरह वह कमरा भी कहीं खो न गया हो।" और मैंने देखा कमरा सचमुच बिलकुल ख्वाबगाह था। खिड़कियों पर पड़े जाली के सफ़ेद परदे पता नहीं किस लोक में उड़ाये ले जा रहे थे। रिल्के बोले—"यहाँ कुछ काम कर सकेंगे। खूब पढ़ेंगे तुम्हारे साथ, खूब गप्पें मारेंगे और. .." कहते-कहते रुक गये और मेरी ओर ससंकोच देखने लगे। मैं उनका मतलब समझ गयी, मैंने कहा—"और संगीत के सुरों में डूबेंगे। बीथोवेन, बाख, शुमान. ..और वह सब-कुछ जो सुन्दर है..." खुशी की लहर दौड़ गयी उनके चेहरे पर, बोले—"ठीक-ठीक...ठीक मेरे मन की बात कही तुमने—लेकिन कैसे होगा यह सब?"

"क्यों नहीं होगा? मैं अभी जाती हूँ आइबाख के यहाँ। उनकी एक बहुत बड़ी फ़र्म है, वहाँ बहुत अच्छे पियानो होते हैं। उनसे कहूँगी एक यहाँ भेज दें।"

रिल्के जैसे बिना सुने ही स्वरों में डूब गये। खिड़की से हटकर मेरे क़रीब आये। बोले—"तुम सब-कुछ कितनी सहजता से सोच लेती हो जैसे साँस ले रही हो, आँखें मूँदे सो रही हो"—मेरी उँगलियों के नाखूनों को दुलार से सहलाते हुए बोले—"जानती हो मेरी एक खास आदत रही है—बचपन से लेकर आज तक दुनिया की तमाम चीज़ों के प्रति अचरज करने का मेरा स्वभाव रहा है। गिरजाघर की ऊँची बुर्ज़ियों

को देखकर मैं अचरज से भर जाता हूँ, आसमान के सितारों को देखकर मुझे बहुत अचरज होता है, अपनी खुद की ज़िन्दगी के प्रति मुझे बड़ा अचरज है पर केवल एक तुम हो जिस पर मुझे क़तई अचरज नहीं होता...तुम्हारी सम्भावनाएँ अनन्त हैं। मेरा तो सारा दृश्य संसार ही तुममें सिमट आता है। विनत हूँ लेकिन तुम्हें कैसे बताऊँ कि संगीत के लिए मैं बिलकुल अनाड़ी हूँ...''

''उसके लिए आपको कोई अथक उद्यम थोड़े ही करना है! बस संगीत में विश्वास रखिए और शान्त मन से उसे सुनिए। यह तो कर सकेंगे न!''

''देखो, कर सकता हूँ कि नहीं। मुझे याद नहीं पड़ता कि मैंने तुम्हें बताया है या नहीं। मैं केवल गिरजाघर का संगीत ही बर्दाश्त कर सकता हूँ। बाक़ी और कोई संगीत मेरे मन को छू नहीं पाता। गिरजाघर में तो ऐसा लगता है जैसे स्वर छत और मीनारें पार करते हुए सीधे ईश्वर तक जा रहे हैं क्योंकि वह संगीत ईश्वर को समर्पित रहता है। अच्छा, तुम बताओ, तुमने तो संगीत की पशुता और संगीत के देवत्व दोनों को महसूस किया होगा...तुम्हें कैसा लगता है वहाँ?''

''नहीं, यह तो कुछ नहीं बता सकती, हाँ मैं पियानो बजा सकती हूँ। और आप बस केवल सुनिएगा।''

फिर हम लोग गये, आइबाख के यहाँ से एक बहुत बढ़िया पियानो लाये, और रिल्के के उस ऐण्डरसन रूम में उसे एक कोने में बड़े प्यार से सजा दिया। रखने के बाद अपने कमरे में चारों ओर निगाह घुमाकर रिल्के बोले—''इस कमरे को 'थ्री इन वन' कहेंगे—पढ़ना, आराम और संगीत!''

मेरी ज़िन्दगी का सबसे प्रिय और स्मरणीय दिन आया जब मैं पहली बार उन्हें सुनाने के लिए पियानो के सामने बैठी। मेरे मन में यह बात गहरी जमी हुई थी कि अपने व्यक्तित्व का सर्वश्रेष्ठ मैं इन्हें संगीत के माध्यम से ही दे सकती हूँ। रिल्के बोले—''मुझे याद है एक बार तुमने लिखा था कि तुम्हारे लिए सबसे मधुर क्षण वह होते हैं जब हॉल की बत्तियाँ गुल हो जाती हैं—संगीत निर्देशक का संकेत मिलता है और तुम्हारी उँगलियाँ पियानो के स्वरों पर थिरकना शुरू कर देती हैं। तुमने लिखा था उस समय तुम्हारे सामने केवल पियानो के स्वर बिखरे रहते हैं। बेनवेनुटा, इस समय तुम्हारे सामने पियानो के स्वर हैं और मुझे लग रहा है मेरे सामने मेरी ज़िन्दगी फैली है। मुझे पूरा विश्वास होता जा रहा है कि मेरी मानसिक ज़िन्दगी की बेतरतीबी अब व्यवस्थित होने जा रही है।''

मैंने कुछ जवाब नहीं दिया। पियानो की चाबियाँ ऐसे उठायीं जैसे मैं पूजा करने जा रही हूँ। एक बहुत कोमल और सादी राग मैंने बजायी। न जाने कौन-सी अदृश्य शक्ति कभी-कभी हमारा बड़े विचित्र ढंग से साथ देने लगती है। मैंने ज्यों ही पियानो बजाना शुरू किया, मेरे स्वरों के साथ ही बाहर के पेड़ पर बैठी कोयल

भी बराबर कुहुकती जा रही थी। उसकी कुहुक से संगीत में अजब रहस्यमयता-सी बिंध गयी। मैंने काफ़ी देर तक खूब डूबकर बजाया। संगीत समाप्त हुआ और लो वह कोयल भी एकदम खामोश हो गयी। मैं आँखें मूँदे चुप बैठी रही। मैंने महसूस किया रिल्के मेरे पीछे आकर खड़े हो गये हैं। अपनी उँगलियों से मेरे बाल सहला रहे हैं। थोड़ी ही देर में मैंने पाया कि मेरे बालों पर से कुछ बूँदें ढुलक कर मेरी गोद में गिर गयी हैं—अरे तो क्या रिल्के के आँसू हैं ये? आँख उठाकर देखा—स्तब्ध थे वह, स्तब्ध थी रात, स्तब्ध था उनका कमरा, स्तब्ध था सारा आलम—बस केवल उनकी आँखों से झड़ी लगी थी।

हम एक-दूसरे से कुछ बात नहीं कर सके। मैं जब वापस आने लगी तो रिल्के ने अपनी दोनों हथेलियों में मेरा चेहरा थामकर मेरे माथे को चूम लिया। मुझे लगा इस क्षण मेरी ज़िन्दगी को परमात्मा के शत-शत आशीष मिल गये।

रविवार को महान संगीतज्ञ बुसोनी ने हम दोनों को अपने घर खाने पर बुलाया। विक्टोरिया लुई प्लाज़ में 11 नम्बर का उनका मकान जैसा है शायद वैसी ही जगह को स्वर्गिक कहते होंगे। चारों ओर का़ही मखमल के परदों की सैरिंग के बीच बुद्ध की एक विराट् स्वर्ण-प्रतिमा सारे कक्ष को अतीन्द्रिय शान्ति प्रदान कर रही थी। एक ओर काँच की अल्मारियों में संसार के समस्त देशों की संस्कृति और दर्शन पर पुस्तकें लगी थीं। एक छोटी अल्मारी में हौट्टमैन बाल्ज़ाक़, गेटे, आरिऔस्तो, दान्ते आदि का सम्पूर्ण साहित्य सजा था। और एक रैक में प्रायः सभी महत्त्वपूर्ण पत्र-पत्रिकाएँ रखी थीं।

बुसोनी ने रिल्के का हार्दिक स्वागत किया। उन दोनों को हाथ मिलाते देखकर मुझे ऐसा लगा जैसे दो पृथक् संसार एक-दूसरे से हाथ मिला रहे हैं। दोनों में पहले तो बहुत औपचारिक बातें होती रहीं। मौसम की, खाने की, देश-विदेश की, राजनीति की। उसके बाद मॉसल प्रूस्त की एक नयी किताब को लेकर बहुत बहस होती रही। फिर रिल्के बुसोनी से संगीत की ऐस्थेटिक्स के बारे में बहुत-सी बातें पूछते रहे। अन्त में बुसोनी के विशेष अनुरोध पर रिल्के ने श्रीमती बुसोनी की बहुत प्रिय लगने वाली अपनी कविता ''सौंग ऑफ़ द सी'' पढ़कर सुनायी।

> ''सागर की आदिम उसाँस
> रात के समय समुद्री बयार कि...''

वह ऐसे पढ़ रहे थे कि लगता था समुद्र क़दमों के पास ही थपेड़े ले रहा है।

> ''विशुद्ध अन्तरिक्ष
> अज्ञात अन्तराल से हरहराता टूटता...''

कलम के उस धनी के पढ़ने के ढंग में भी एक अजब जादू-सा था, सब मन्त्र-मुग्ध-से उन्हें सुनते रहे।

वहाँ से लौटने के बाद हम सीधे ऐण्डरसन रूम में आये। उनके हाथ में मेरी स्वरलिपियों की एक कॉपी थी। वह उस पर कुछ लिखना चाह रहे थे। मुझे घर जाने की जल्दी थी। पानी बरस रहा था। मैंने कहा, "देखिए तो कम्बख़्त पानी बरसे ही जा रहा है।" खिड़की से बाहर देखते हुए बोले, "नहीं तो, पानी कहाँ बरस रहा है? वह देखो एक कुत्ता बिना छाता लगाये जा रहा है।" मैंने देखा सचमुच एक कुत्ता भीगता हुआ सड़क पार कर रहा था। और लो मेरी कॉपी में एक पंक्ति टाँक दी गयी—"एक कुत्ता बिना छाता लगाये जा रहा है।"

जितना महान है इनका कवि रूप उतना ही बच्चों जैसा मन है। इनके मन के भोलेपन को जितना ही देखती इनके लिए और अधिक ममता मन में उमड़ती जाती।

बहुत खुशनुमा बन आयी थी ज़िन्दगी, बड़े प्यारे-प्यारे दिन गुज़र रहे थे। हम घण्टों झील के किनारे धूप खाते, जंगलों में मारे-मारे भटकते, घूमते, हँसते, गाते, पढ़ते-लिखते, दुनिया भर की बातें करते न अघाते। मैंने अच्छी तरह ग़ौर किया था कि इन चन्द दिनों में ही रिल्के की हँसी में दूसरी ही उन्मुक्तता आ गयी है। चेहरे पर सुर्ख़ी दौड़ गयी है, बदन ज़रा भर-सा आया है। मन-ही-मन मैं भगवान् से प्रार्थना करती—"हे ईश्वर, अब इन्हें ऐसा ही खुश रहने दे। बहुत तकलीफ़ें तो झेल चुके अब तक ये!"

बर्लिन-प्रवास की अवधि समाप्त हुई। अब हम लोगों का प्रोग्राम पेरिस जाने का था। ऐण्डरसन रूम अब छूट जाएगा, सोच-सोचकर मन बड़ा उदास हो जाता था। पता नहीं कौन अपरिचित उसमें आकर रहने लगेगा। भला वह क्या क़दर जानेगा हमारे उन क्षणों की जो इस कमरे में हमने साथ गुज़ारे हैं। यहाँ से पियानो उठ जाएगा। और पियानो के साथ ही वह संगीत भी इस कमरे से चला जाएगा जिसने हमें अलौकिक तन्मयता में डुबा-डुबा लिया था। ऐण्डरसन रूम से बिछुड़ने की तकलीफ़ के साथ ही साथ मन में एक दहशत भी थी—रिल्के ने अपने शुरू के खतों में लिखा था, वह नगर जितना ही खूबसूरत है उतनी ही यन्त्रणाएँ उन्हें उस शहर में मिली हैं। बेहद तकलीफ़ और मानसिक व्यथा के दिन गुज़रे हैं उनके वहाँ। मैं डरती थी कि रिल्के वहाँ जाकर उदास न हो जाएँ।

बुसोनी और मेरा एक सहयोगी जोसेफ़ भी स्विटज़रलैण्ड होकर पेरिस जा रहे थे। म्यूदाँ में रोदाँ से मुलाक़ात कर सकूँगी, इस बात की उत्सुकता भी थी मन में। रिल्के ने मुझे रोदाँ के बारे में बहुत-सी बातें बतायी थीं। वह दोनों अभिन्न मित्र थे। लेकिन दोनों का स्वभाव, दोनों के विचार और आदर्श तथा दोनों की जीवन-पद्धति एकदम एक-दूसरे से विपरीत थी। आखिरकार दोनों में झगड़ा हो ही गया। इस झगड़े से रिल्के के मन पर बहुत गहरी उदासी छूट गयी थी क्योंकि

झगड़े की जड़ में मात्र ग़लतफ़हमी थी। झगड़े के बावजूद रिल्के रोदाँ की कला की बहुत इज़्ज़त करते थे। उनके लिए वह कहा करते थे कि रोदाँ का एक अकेला मस्तिष्क परमात्मा के बहुत विराट् आरकेस्ट्रा की तरह है जिसमें अनगिनत वाद्य एक साथ बजा करते हैं। रिल्के अकसर रोदाँ के बारे में बड़ी मज़ेदार बातें बताया करते थे। एक बार उन्होंने मुझे बताया था कि वह और रोदाँ प्रति दिन दूर-दूर तक टहलने जाया करते थे। अकसर रोदाँ रुक जाते और बातों को बीच में ही छोड़कर अपनी क़मीज़ के बायें कफ़ पर पेंसिल से कुछ लिखने लगते। घूमते-घूमते उनका यह नोट्स बनाने का ढंग बड़ा विचित्र था! घर जाते और क़मीज़ उतार कर अपने कमरे के एक कोने में फेंक देते। दूसरे दिन फिर दूसरी क़मीज़ की बाँह पर नोट्स बनाते। बेचारी श्रीमती रोदाँ की मजाल नहीं थी कि इन क़मीज़ों को धुलने के लिए दे सकें। किसी दिन फ़ुर्सत से रोदाँ महोदय बैठते और सारी क़मीज़ इकट्ठी करके वह नोट्स चुन कर एक नोट बुक में उतार लेते तब क़मीज़ें धुलने जातीं। कहते हैं उनकी "ले कालेद्राले द ला फ्रांस" के बहुत से अध्याय इसी विधि से लिखे गये हैं।

रिल्के से सुन-सुनकर रोदाँ के लिए मेरे मन में बड़ी इज़्ज़त जाग गयी थी। उनसे मिलने का मन करता था। वहाँ जाकर अगर कहीं रिल्के को उनकी कटु स्मृतियों ने घेर लिया तो?...पर जिस दिन हम ऐण्डरसन रूम से बिदा लेकर पेरिस के लिए चलने वाले थे, रेनर ने इतनी प्यारी बात कही कि अपना भय मुझे बहुत व्यर्थ लगने लगा। उन्होंने कहा—"अपने घर से जिस कमरे में मेरे परम एकाकी और चरम यन्त्रणा के क्षण बीते हैं, उसी कमरे के लिए मेरा मन अब एक विशेष संवेदन से उमगता है—जानती हो क्यों? बेनवेनुटा मुझे वह कमरा अब बहुत प्रिय है क्योंकि उसमें बैठकर मैंने तुम्हें खत लिखे हैं—तुम्हारे खत पढ़े हैं। वह खत जिनमें मेरे जीवन का समस्त सुख समाया हुआ है—मेरे भविष्य के स्वप्न सँजोये हुए हैं..."

और मुझे लगा ये बहुत बड़े हैं—बहुत बड़े। मैं भी कैसी पागल हूँ जो वैसी छोटी-छोटी चिन्ताएँ करती थी।

यह तय हुआ कि पहले म्यूनिख फिर इन्सब्रुक होते हुए ज़ूरिच, बर्न, बन्सले घूमकर तब पेरिस पहुँचेंगे।

पेरिस जाने के लिए हम गाड़ी में सवार हुए। रिल्के का मन बहुत उछाह में था। वह मुझसे कह रहे थे, "बेनवेनुटा, पता नहीं कैसे मेरी बातें तुम तक पहुँच जाती हैं क्योंकि मैं जानता हूँ कि जब मैं तुमसे बात कर रहा होता हूँ तो वह मन में अन्दर की किसी चीज़ का बाहरी अभिव्यक्ति पाना नहीं होता; वरन् बोलकर स्वयं अपने ही अन्दर और डूबना होता है। तुमसे बात करके मेरे हृदय में कुछ

और विकसित हो जाता है। माँ की कोख में बच्चा दिन-ब-दिन जैसे विकास पाता रहता है न वैसे ही...'' इतने गहरे डूबकर तो वह बातें कर रहे थे कि इतने में चाय लाने वाले एक छोकरे ने उन्हें 'योर एक्सलेंसी' कहकर पुकारा। बस फिर क्या था उनका बच्चा मन सातवें आसमान पर चढ़ गया। जनाब का मूड बिलकुल शाही हो गया कि इतने में पास की सीट से एक छोटी-सी बच्ची आयी और सीधी रिल्के के पास जाकर बोली, ''मेरा नाम लॉटी है। आपका नाम क्या है?'' जवाब मैंने दिया, ''बेबी, ये छोटे से यीशू को जानने वाले अंकल हैं। इन्हें बहुत-सी कहानियाँ आती हैं।'' बस फिर क्या था, बच्ची मचल गयी कहानी सुनने को। रिल्के ने उसे अपनी गोद में बिठा लिया और उसे अपनी ''टेल्स ऑफ़ द ऑलमाइटी'' की एक कहानी सुनाने लगे। मेरे मन के आगे वह दिन घूम गया जब मैं क्रिसमस के दिन बौरायी-सी घूम रही थी और उस पुस्तक को खरीद कर लायी थी फिर सारी रात पढ़ती रही थी ! ...बच्ची कितने ध्यान से कहानी सुन रही थी। सच-सच स्वीकारूँ तो उस समय मुझे ऐसा लग रहा था जैसे मानो इस बच्ची के रूप में मैं ही हूँ। कहानी जैसे ही खत्म हुई तो उस बच्ची की माँ बोली, ''बहुत-बहुत धन्यवाद महोदय! आप तो कवियों की सी बातें करते हैं। आपको चाहिए कि यह कहानी लिख डालें। मैं सोचती हूँ अगर आप इस ओर ध्यान दें और मेहनत करें तो शायद लेखक बन सकते हैं।'' रिल्के शरारत से मुसकराये और बोले, ''अरे नहीं, आप भी कैसी बातें करती हैं!'' लेकिन वह महिला तो जैसे रिल्के को लेखक बना देने पर उतारू थीं। बोलीं, ''नहीं नहीं, मेरी तो यही राय है कि आप लेखक बन जाइए और बच्चों के लिए कहानियाँ लिखा करिए।'' रिल्के बोले, ''अच्छा, आप की बात का खयाल रखूँगा।'' मैं ही जानती हूँ कि उस दिन मैं अपनी हँसी कितनी कठिनाई से रोक पायी थी।

म्यूनिख स्टेशन आया। हम उतरे। शहर में आये। वहाँ रेनर मैरीन बाद होटल में ठहरे और मैं नाइम्फ़बर्ग में अपनी बहन मेरिया के पास टिकी। वहाँ मेरा अधिक समय अपनी बहन के साथ गुज़रा। फिर म्यूनिख से टाइरॉल होते हुए हम इन्सब्रुक पहुँचे। वहाँ गर्मी ज़रा ज़्यादा थी। वहाँ से कुछ दूर एक जगह मुझे अपने एक मित्र से मिलने जाना था। रिल्के की तबीयत ज़रा ढीली-सी थी इसलिए मैंने सोचा उससे मिलने जाना टाल दूँ। लेकिन उन्होंने मुझे ज़बर्दस्ती वहाँ भेजा। पर मेरा मन इधर ही अटका था। वहाँ जाने पर जब पता चला कि मित्र कहीं बाहर गये हुए हैं तो मैंने भगवान को धन्यवाद दिया और जल्दी-जल्दी होटल वापस हुई। वहाँ आकर क्या देखती हूँ कि रिल्के अपने कमरे में बिना कपड़े बदले ही दीवान पर लेटे हैं। क़रीब से जो उनका चेहरा देखा तो मैं धक्-से रह गयी। एकदम ज़र्द पीला पड़ा था जैसे किसी ने सारा खून चूस लिया हो। वह बड़ी तकलीफ़ से कराह रहे थे।

कोई कहता कि डॉक्टर बुलवा दें तो एकदम सख़्त ना कर देते थे। मैंने किसी तरह अपनी घबराहट पर क़ाबू किया और उनके सिर पर बर्फ़ के पानी में भिगो-भिगोकर ठण्डी पट्टियाँ बदलने लगी। वह फ्रेंच में पता नहीं क्या-क्या अण्ट-शण्ट बड़बड़ा रहे थे। धीरे-धीरे उनकी तकलीफ़ कम हुई तो उन्हें एक प्याला चाय और दवा पिलायी। उसके बाद वह सो गये। सोते समय वह कितने कमज़ोर लग रहे थे। आज मैंने पहली बार उन्हें ऐसा देखा था और महसूस किया था कि इनके सुन्दर शरीर में किस क़दर घुन लग चुका है। हे ईश्वर! शरीर तो इनका कमज़ोर हो ही गया है, इनके मन की ताक़त दिन-दूनी रात-चौगुनी बढ़ती रहे!

स्विट्ज़रलैण्ड घूमने के बाद हम पेरिस गये। वहाँ सजीले सपनों की दुनिया जैसे साकार हो उठी। नॉत्रन्दाम, नुई लेरिस के उद्यान, लूव्र, वहाँ की नदियाँ, वहाँ के पुल सब-कुछ बेहद स्वप्निल था।

और अन्त में मैं वहाँ गयी जिसे अपनी कल्पनाओं का पूजा-घर कहूँ तो ठीक रहेगा। यानी रिल्के के कमरे पर गयी। उन्होंने ताले में जब चाबी डाली तो मुझे लगा मेरे लिए जैसे एक नयी ज़िन्दगी का द्वार खुलने जा रहा है। ताला खोला, पूरा कमरा मुझे बहुत परिचित-सा लगने लगा। रिल्के के खतों से उस कमरे की जो तसवीर मेरे दिमाग़ में खिंची थी, कमरा ठीक वैसा ही था। वह रोदाँ वाली मेज़, किताबों से सज़ा रैक, मेज़ पर रखा हरे शेड का लैम्प, वह फ्रिलदार परदे सब-कुछ मेरा पहचाना था जैसे! अमिट प्यार और कृतज्ञता की भावना से मैं हर चीज़ को अपनेपन के भाव से देख रही थी। मन की पुलक सारे तन पर छाने लगी और मैंने अपने में डूबकर आँखें बन्द कर लीं। दो क्षण बाद मैंने अपने कन्धों पर रिल्के का स्नेही हाथ अनुभव किया; वह कह रहे थे—"तुम जानती हो न कि अब मैं तुममें जीता हूँ; तुम कहीं भी रहो तुम्हारे प्यार ने मेरे मन को जिस स्तर पर ऊर्जस्वित कर दिया है, मेरा वह समर्पण तुम्हारे इर्द-गिर्द डोलेगा।"

उनकी बात का भला मैं क्या जवाब देती! मेरे मन में जाने कैसी कुलबुलाहट हो रही थी। बड़ी मृदुलता से उनके कमरे की हर चीज़ को छूती डोली मैं। उनकी स्याही की दावात, उनका ब्रीफ़केस, डेस्क, कुरसी यहाँ तक कि उनके कमरे की दीवारें भी! एक दीवार पर लगी ईसा की मूर्ति...सबको मैं बड़ी ममता से छूती रही जैसे हर चीज़ मेरे आशीष की प्यासी है। मेरा रोम-रोम रिल्के को धन्यवाद देता जाता था और उनकी हर चीज़ को आशीष। हम एक-दूसरे से कुछ बात नहीं कर सके। बड़ा भरा-भरा खोया-खोया मन था। मैं लौट आयी अपने होटल के कमरे में। चलते समय रिल्के ने एक पैकेट मुझे दिया—आकर खोला उसमें एक किताब थी—"गेटे की एक बच्चे से खतोकिताबत" उसमें कई लोगों के नाम लिखे थे; जिन्होंने कभी उसे पढ़ा होगा। सबसे अन्त में रिल्के ने सुन्दर अक्षरों से सजाकर

मेरा नाम लिखा था। ओह! कितने-कितने ढंग आते हैं उन्हें प्यार देने के!

एक दिन मेरे पास तार आया कि बुसोनी आ रहे हैं और दूसरे ही दिन एक प्रोग्राम देना है। अपने सारे कार्यक्रम रद्द करके मैं तैयारी में लग गयी। दूसरे दिन सुबह रिल्के बोले, "बेनवेनुटा, प्रोग्राम के समय यदि एक खूबसूरत-सी युवती मेरे पास आए तो तुम उससे मधुरता से बोल देना।"

"अरे इसमें ऐसे कहने की क्या बात है? कौन है वह?"

"मार्था है! पर तुम्हें यह बताना मुश्किल है कि वह कौन है। तुम उसे खुद ही देख लेना।" वह बोले।

मेरे अधिक पूछने पर सिर्फ़ इतना बताया कि एक ग़रीब लड़की है बहुत भावुक, बहुत खूबसूरत, बहुत समझदार लेकिन परिस्थितियों के चक्र में फँसकर एक गर्हित जीवन बिताने वाली बेबस इन्सान है। मैंने ऐसी लड़कियों के बारे में केवल उपन्यासों में पढ़ा था। रिल्के से उसकी बातें सुनकर मेरे मन में करुणा के साथ-साथ दहशत-सी भी समा गयी। बेचारी एक रूसी आदमी के साथ रहती है। वह शराब पीकर उसे खूब मारता है, आजिज़ आ गयी है पर उसे छोड़ भी नहीं सकती। रिल्के के पास कभी-कभी किताबें लेने आती है। रिल्के ने बताया, "मेरी पूरी संवेदना उसके साथ है लेकिन यह समाज वाले कभी किसी चीज़ को पवित्र चश्मे से देख ही नहीं सकते। उड़ाने लगे कि मैं तो उसे प्रेम करता हूँ। यहाँ तक कि प्रिंसेज़ मेरी तक यही शक करने लगी थीं तो मैंने फिर और किसी से उसके बारे में कोई बात नहीं की। क्यों मैंने ठीक किया न?"

"ठीक तो किया। लेकिन यह प्रिंसेज़ मेरी कौन हैं भला?" मैंने उन्हें छेड़ते हुए कहा। तो बोले, "अरे गज़ब! क्या मैंने इनके बारे में तुम्हें कभी नहीं बताया ?" फिर उन्होंने बड़े दुलार से उनके बारे में मुझे बताया। "उनका असली नाम थर्न डण्ड टैक्सिस है। वह अधिकतर अपनी स्टेटों में घूमती रहती हैं। दुइनो नाम की उनकी एक स्टेट तो बहुत ही अद्भुत है। उतनी खूबसूरत जगह मैंने अपनी ज़िन्दगी में दूसरी नहीं देखी। इसके अलावा वह जगह जैसे शोक-गीतों का भण्डार है। काश, मैं वह सब लिख सकूँ। तुम्हें वहाँ ले चलूँगा कभी।"

बुसोनी के साथ मेरे कई दिन बहुत व्यस्त गुज़रे। इतने व्यस्त कि थोड़ी शिथिलता भी छोड़ गये। जिस दिन सब प्रोग्रामों से छुट्टी मिली उस दिन शाम को रिल्के मेरे कमरे में आये और मुझे घण्टों अपनी नयी कविताएँ सुनाते रहे। 'दी इनसाइड ऑफ़ दी रोज़', 'दी पैन्थर', 'दी राउण्ड अबाउट्स', 'वेनिस', 'दी रोमन फाउण्टेन्स' आदि बहुत प्यारी-प्यारी कविताएँ सुनने के बाद मेरी सारी शिथिलता जाने कहाँ काफ़ूर हो गयी। और मन उनकी भाषा के जादू में और-और जकड़ गया। उस दिन मैंने यह भी महसूस किया कि जिसके दिल में बहुत पवित्र और गहरा

प्यार लहरें लेता है केवल वही रिल्के के काव्य का मर्म ठीक-ठीक समझ सकता है।

उस दिन हम लोगों में तय हुआ कि रिल्के मुझे कविताएँ सुनाया करेंगे और मैं उन्हें संगीत सुना-सुनाकर उनके मन में संगीत की गहरी समझ जगा दूँगी। दूसरे ही दिन रिल्के ढेर-ढेर सारे गुलाब लेकर मेरे कमरे में आये। सारा कमरा गमक उठा, मन-प्राण उस सुगन्ध से सिंच गये। और फिर हर शाम मैं उन्हें घण्टों संगीत सुनाती। वह मुझे कविताएँ सुनाते—कभी अपनी कभी अपने प्रिय कवियों की। मैंने एक बात ग़ौर की कि एक बार की सुनी चीज़ को तो वह आराम से बैठकर सुनते रहते हैं लेकिन अगर एक भी नयी लय बजा दूँ तो वह बेहद ध्यान से उसे सुनेंगे मानो सब-कुछ उन्हें सीख लेना है। साथ ही एक और अजब बात थी अगर कहीं मेरा मन उनके लिए कुछ अतिरिक्त मृदुल हो आता और मैं उसे संगीत में अभिव्यक्ति देती तो वह विशेष टुकड़ा उनके मन को एकदम छू लेता और वह कहते, 'इसे एक बार फिर', हे भगवान्, यह कैसा रहस्य है! मैं अपने मन को कोई भी भाषा दूँ, यह कितने सहज ढंग से उसका एक-एक आखर पी लेते हैं।

यह सब तो था लेकिन मेरे मन में धीरे-धीरे एक और भावना उदित होती आ रही थी। क्या मैं इनके व्यक्तित्व पर कुछ ज़्यादा ही नहीं छा रही हूँ? इस बात से मुझे खुशी ही होनी चाहिए थी, पर मन परेशान इसलिए होता था कि रिल्के इधर कुछ लिख-पढ़ नहीं रहे थे। सारा समय तो उनका मेरे ही साथ गुज़रता था। वह रिल्के जो चरम विराग और एकान्त को अपने जीवन का सबसे बड़ा वरदान मानते थे, एकान्त के क्षणों में सौन्दर्य का सृजन करने वाले रिल्के अब अकेलेपन से घबराने लगे थे और हर समय मेरी छाँह खोजते थे। मैं कभी-कभी अपने को अपराधी-सा महसूस करती। कहीं मैं इनके व्यक्तित्व के, इनकी सृजनशक्ति के किसी अंश को नष्ट तो नहीं कर रही, मैं उन्हें कहीं से कमज़ोर तो नहीं बना रही हूँ। और मेरे मन के अन्दर ही अन्दर घुन-सा लगने लगा। मन-प्राण पर उदासी छा गयी। उनसे तो मैंने कुछ नहीं कहा लेकिन मेरे मन की भाषा एक बार मुझे धोखा दे सकती है पर उन्हें नहीं। एक दिन मुझे समझाते रहे कि मैं उनके लिए किस क़दर आवश्यक हूँ। और उस दिन बिदा लेते समय बोले, "ऊपर आसमान में देखो कितने तारे जगमगा रहे हैं। ईश्वर करे आसमान का हर सितारा तुम पर अपनी आशीष भरी निगाह रखे और तुम्हारे भोले मन की रक्षा करता रहे।"

उनके ऐसे आशीष और उनके मन का सुख मेरी अपराध भावना को बहुत कुछ समाप्त कर जाते थे पर एक दिन जब उन्होंने मुझसे कहा, "बेनवेनुटा, क्या तुम ताज़िन्दगी मेरे साथ नहीं रह सकोगी?" मैं जितनी भी देर उनके साथ गुज़ारती वे क्षण मुझे हमेशा परमात्मा के आशीष जैसे लगते थे। पर यह 'ताज़िन्दगी' शब्द

सुनते ही जैसे मुझे काठ मार गया। मैं कुछ बोल नहीं सकी। उन्होंने मेरे दोनों हाथों को अपने हाथों में थामकर उस दिन पहली बार बहुत कोमलता से अपने ओठों से लगा लिया। मेरी आँखें छल-छल बरसने लगीं।

वह बोले, "नहीं, मैं तुमसे कोई प्रतिज्ञा, कोई वचन नहीं माँगता। तुम्हें यदि कभी यह लगने लगे कि मेरी ज़िन्दगी के सुख-दुःख तुम्हारे लिए भारी पड़ रहे हैं तो तुम खुशी-खुशी अपनी राहों पर वापस लौट जाना। मैं तो सिर्फ़ इतना जानता हूँ कि शुरू से ही जिस तरह जिस स्तर पर मेरा मन तुम्हारे प्रति समर्पित हो गया है उसमें मेरी अगाध आस्था है।"

मेरी आँखों के आगे हज़ारहा सवालों की बिजलियाँ चमकने लगीं। क्या मैं उन्हें पत्नी की तरह प्यार कर सकती हूँ? क्या मैं उनके बच्चों की माँ बनना चाहूँगी ? क्या मेरा प्यार पति-पत्नी के सम्बन्धों में समा सकेगा? क्या मेरे स्वप्न केवल सांसारिक नातों की परिधि में पनप सकेंगे? और हर सवाल का जवाब एक निश्चित 'ना' में आता था। रिल्के मेरे लिए परमात्मा का आशीष हैं। उनके इर्द-गिर्द मेरा एक बहुत मृदुल सपना है जिसके तार ज़रा-सा छूने भर से बिखर जाएँगे। अगर मैं उनके साथ दुनियावी सम्बन्धों में बँधी तो यह उनके और मेरे दोनों के व्यक्तित्वों के प्रति बेईमानी होगी—क्षणिक आवेग होगा। मुझे कभी-कभी रिल्के की पहली पत्नी और उसके बच्चे का भी खयाल आता। यह ज़रूर है कि उनका विवाह बहुत बचपन में कर दिया गया था। बरसों से उन्होंने अपनी पत्नी का मुँह भी नहीं देखा था। पर जाने क्यों मुझे उसका भी खयाल हो आता था।...पर इसके साथ ही मेरे मन की गहराइयों में से एक और भारी आवाज़ उठती। रिल्के ने मुझे ज़िन्दगी जीना सिखाया है। उन्होंने मेरी उजाड़ ज़िन्दगी में नक्षत्रों की पवित्रता, फूलों की सुकुमारता भर दी है। सुख श्री और सौन्दर्य से भरा-पुरा मेरा आज का जीवन केवल उन्हीं की देन है। प्रकृति की और इनसानियत की छोटी से छोटी चीज़ से लेकर बड़ी-बड़ी बातों तक को समझने की दृष्टि उन्होंने ही मुझे दी है। मुझे इतना-इतना देने वाले वह ! क्या मैं उन्हीं की दी ताक़त में से उनकी खातिर इतना भी नहीं कर सकती कि उनकी ज़िन्दगी के अकेलेपन के बोझ को अपने ऊपर ले लूँ!

मैं जानती थी कि वह मुझमें जीते हैं...केवल मुझमें। दुनिया की कोई भी वह चीज़ जिसमें वह मुझे रियलाइज़ नहीं करते, उनके लिए बेमानी होती है! तो क्या महज़ अपने किन्हीं वायवी आदर्शों के लिए मैं उन्हें एक निरर्थक-सी ज़िन्दगी जीने के लिए अकेला छोड़ दूँगी...!

पर मैं क्या करूँ कि मेरा मन उन पर कण-कण न्योछावर होते हुए भी यही

सोच पाता है कि मैं उन्हें वैसे ही सहेज लूँ जैसे माँ अपने सिसकते बच्चे को बाँहों में समेट, आँचल में दुबकाकर कहती है, "मत रो मेरे बेटे, तुझे किस बात की चिन्ता है पगले, मैं जो हूँ तेरे पास!" पर यह बात भी तो केवल मन में ही दुहरा सकती हूँ। प्रत्यक्ष में उन्हें यह आश्वासन देना मैंने उन्हीं के हित के लिए ठीक नहीं समझा। मैं उनसे कुछ कह नहीं सकी, सिर्फ़ आँसू बहाती रही। अन्त में वही बोले, "कोई बात नहीं, रोओ मत मेरी पवित्रता! अब तक मैंने भगवान से यही प्रार्थना की थी कि तुम्हारे समक्ष खुल सकूँ पर अब मैं उसी भगवान से यह ताक़त माँगूँगा कि वह मुझे शक्ति दे कि मैं अपने प्राणपण से, अपने मन-प्राण के ज़र्रे-ज़र्रे से तुम्हें वैसा ही प्यार दे सकूँ जो तुम्हें भर सके, तुम्हारे मन को अलौकिक सुख दे सके !"

बरसों बाद मैंने महसूस किया कि उस दिन कुछ था जो मुझमें मर गया! जिसे मैं फिर कभी पा नहीं सकी।

कुछ दिन बाद रिल्के को दिल के दौरे फिर पड़ने लगे। बहुत कमज़ोर हो गये थे वह। एक दिन मेरे पास कुछ कविताएँ लेकर आये—'दी सेवेन पोयेम्स ऑफ़ द अननोन'; सुनाते रहे। फिर थके-से मन से बोले, "अच्छी नहीं लगी?" मैंने कहा, "हाँ, शायद किसी उखड़े हुए मूड में लिखी होंगी आपने।" बस इतना सुनना था कि उनका चेहरा फक् हो गया; बोले, "व्यक्ति जब अपने जीवन के वर्तमान इष्ट के स्तर की चीज़ नहीं निर्मित कर पाता तो वह महान् कलाकार तो कभी हो ही नहीं सकता।" उनका मुँह और-और पीला पड़ता गया। टूटे-टूटे स्वरों में बोले, "बेनवेनुटा, अब मेरे पास है भी क्या जिसे लेकर लिखूँगा। मेरी ताक़त..." उनका वह चेहरा देखते नहीं बनता था। मैं एकदम सहम गयी। रोम-रोम जैसे पुकार उठा कि अपना सब-कुछ इनके चरणों में समर्पित कर दूँ। दूसरे ही क्षण विवेक ने कहा, "इन्होंने मेरा नाम बेनवेनुटा रखा है—शुभागता—क्या मैं सचमुच इनके लिए शुभागता हूँ?" और यह विचार जागते ही मैंने साहसपूर्वक कहा, "रेनर, मुझे लगता है, मेरे कारण तुम्हारा समय बहुत नष्ट होता है। इसीलिए तुम कुछ लिख-पढ़ भी नहीं पाते हो। मुझे भी इन गरमियों में कम-से-कम दस-बारह बड़े प्रोग्राम देने हैं। हम दोनों को ही अपने-अपने काम-काज में लगना चाहिए।"

"अच्छी बात है", उन्होंने कहा और हँसते हुए बोले, "अभी पहले चार दिन से शुरू करो, कल से चार दिन तक हम एक-दूसरे से मिलेंगे—बोलेंगे नहीं।"

दूसरा सारा दिन किस क़दर लम्बा होकर गुज़रा कि मैं ही जानती हूँ। हर समय रिल्के का ज़र्द पड़ता चेहरा आँखों में घूमता रहा। शाम को मैं एकदम मन्त्र-मुग्ध-सी अपने कमरे से निकली और जिधर पाँव ले चले, उधर ही चल दी। थोड़ी देर में मैंने पाया कि मैं रिल्के के कमरे के सामने हूँ और कॉल-बेल बजा

रही हूँ। उन्होंने दरवाज़ा खोला, "क्या सचमुच यह तुम्हीं हो? तुमने मुझे माफ़ कर दिया?...बेनवेनुटा, मेरी प्यारी बिटिया...क्या तुम तक मेरी पुकार पहुँच गयी थी?. ..मैं तुम्हें पुकारे जा रहा था...पुकारे जा रहा था..."

उन्हें चक्कर-सा आ गया। एक आरामकुरसी पर सिर थामकर बैठ गये। मैं भी उनके पास ही नीचे ज़मीन पर बैठ गयी। हम एक-दूसरे से कुछ बोले नहीं। मैं दोनों कुहनियाँ उनके घुटनों पर रखे चुपचाप बैठी रही। चारों ओर निचाट खालीपन भाँय-भाँय कर रहा था। मेरे सिर पर हाथ फेरते हुए बोले, "बेनवेनुटा, सच बताओ, क्या तुम मेरी माँ, मेरी बहन, मेरी बच्ची, मेरी प्रिय, सब-कुछ नहीं हो? तुम मेरे मन की असाध्य विवशता हो। मेरे जीवन के सुख और श्री का प्रतीक हो। तुम्हारे बिना..." वह आगे बोल नहीं सके, गला भर आया। बुखार से तपती अपनी कमज़ोर गरम हथेलियों में उन्होंने मेरा चेहरा थाम लिया और बहुत करुणा, बहुत ममता से मेरी ओर देखते रहे। जाने क्या था उस दृष्टि में, उस क्षण-विशेष में कि हम दोनों ही एकदम फूट-फूटकर रोने लगे।

शाम को उन्होंने बताया कि दुइनो से प्रिंसेज़ मेरी का खत आया है। उन्होंने हम दोनों को बुलाया है। दुइनो का प्राकृतिक सौन्दर्य उन्हें बहुत प्रिय है। वहाँ उन्हें बहुत-सी चीज़ें लिखने की प्रेरणा मिली है। मेरे मन में आशा जगी कि वहाँ जाकर रिल्के ज़रूर लिखने-पढ़ने में लग जाएँगे और मैं धीरे-धीरे उनकी ज़िन्दगी से खुद को खींच लूँगी। मैंने दुइनो जाना स्वीकार कर लिया। रिल्के का जाने का मन नहीं था लेकिन मेरी ज़िद मानकर तैयार हो गये। जिस दिन पेरिस से हम विदा लेने वाले थे, मैंने अपने कमरे का सब सामान पैक करके स्टेशन भेज दिया। किराये का सामान वापस कर दिया। केवल पियानो भेजना शेष था। मैंने अन्तिम बार उसे बजाना चाहा लेकिन पेरिस छोड़ते समय मन इस क़दर उदास था कि मैं बजा नहीं सकी। पियानो बन्द कर दिया और उसके अन्दर वाले ढक्कन पर लिख दिया, "भूलना मत, तुम्हें रेनर मारिआ रिल्के के लिए संगीत प्रस्तुत करने का सौभाग्य मिला है।"

हम दुइनो के लिए चल दिये। वहाँ पहुँचे तो स्टेशन पर प्रिंसेज़ की गाड़ी तैयार मिली, उनकी कोठी पर पहुँचे। द्वार पर ही वह हमारी राह देख रही थीं। शुभ्र श्वेत केश, बड़ी-बड़ी चमकीली आँखें, बहुत ही मधुर दीप्ति वाला चेहरा! देखते ही मेरा मन आदर से विनत हो गया।

दुइनो-स्टेट इतनी खूबसूरत होगी, इसकी मैंने कल्पना नहीं की थी; देखने पर ही पता चला कि रिल्के क्यों यहाँ के पत्ते-पत्ते से प्रभावित हैं। रिल्के ने वह जगहें दिखायीं जहाँ बैठकर उन्होंने शोक-गीतों की प्रथम रूप-रेखा बनायी थी। रिल्के यहाँ आकर खुश तो थे, मगर मेरी आँखों से यह भी नहीं छुपा रहा कि वह बहुत कमज़ोर

से हो गये हैं कि कब बीमार पड़ जाएँ, ठिकाना नहीं।

एक दिन प्रिंसेज़ मेरी ने ह्वाइट-रूम में रिल्के के सम्मान में एक गोष्ठी की। तमाम राजकुमारियाँ और सम्भ्रान्त घरानों के रिल्के के तमाम प्रशंसक उस दिन आये। खाना-पीना खत्म होने पर रिल्के ने हौले-से मुझसे कहा, "कुछ बजाओगी?" मैंने कहा, "लोगों का मूड तो बड़ा मौज़ी हो रहा है। ऐसे में भला क्या बजाऊँगी?" प्रिंसेज़ मेरी ने हमारी बात सुन ली और बोलीं, "नहीं-नहीं, तुम बजाओ, मेरी कितनी ख्वाहिश है तुम्हें सुनने की।" मेहमानों में से एक सज्जन बोले, "अरे लड़कियाँ क्या खा के पियानो बजाएँगी!" मैंने देखा रिल्के की त्योरियों में उतार-चढ़ाव आये। उन्हें बुरा लगा। मुझे लगा, अगर मैं नहीं बजाऊँगी, तो इसे वह अपनी हार मानेंगे। मैं उठी। पियानो के सामने बैठते ही मेरे चारों ओर ह्वाइट-रूम की दीवारें नहीं थीं, छत के झाड़-फ़ानूस नहीं थे। आये हुए तमाम मेहमानों का अस्तित्व भी मेरे लिए समाप्त हो गया था। वहाँ थे केवल हम तीन—रिल्के, पियानो और मैं!

उस शाम मैंने बीथोवेन सोनाटा ओपस 109 बजाया। मुझे होश नहीं था जैसे ! बजाती रही, बजाती रही। बहुत देर बाद जब मैंने खत्म किया तो अन्तिम स्वर छेड़कर आँखें मूँद शान्त बैठी रही। मैंने अपने कन्धों पर किसी के हाथ महसूस किये। आँखें खोलीं तो पाया, मेरे बालों में अपना चेहरा रगड़ते हुए प्रिंसेज़ मेरी कह रही हैं, "मेरी बच्ची ! मेरी बच्ची!" उनकी छलछल आँखों में जाने कितनी ममता, कितनी कृतज्ञता समायी थी। मैं उठी, सादर उनके हाथ चूमे। रिल्के संगीत समाप्त होते ही उठकर चले गये थे। जिस व्यक्ति ने कहा था कि लड़कियाँ क्या खाकर बजाएँगी वह कह रहा था, "आह, ऐसा लग रहा है जैसे आज परमात्मा की आवाज़ सुन ली है।" मुझे रह-रहकर लग रहा था, काश रिल्के अभी न गये होते! मेरी पीठ ठोंक दी होती या कम-से-कम शाबाशी की निगाह से देख ही लिया होता! मैंने मोमबत्ती उठायी और अपने कमरे की ओर चल दी। वह सारी प्रशंसाएँ रिल्के से दूर रहकर सुनना अच्छा नहीं लग रहा था। दरवाज़े पर पहुँचते ही किसी की छाया देखकर मैं चौंक गयी। मेरे हाथ से मोमबत्ती गिर गयी। हम एक-दूसरे के सामने थे। मेरे सिर पर ममता से हाथ फेरकर बोले, "ओह मेरी प्यार! कितना अद्‌भुत संगीत था आज ! इनसान को अभी यह सीखना बाक़ी है कि इतने-इतने गहरे संगीत के जादू को कैसे सहा जाए ! मेरी मुनिया, परमात्मा कितना प्यार करते होंगे तुझे!"

रिल्के प्रिंसेज़ मेरी से बहुत दिनों बाद मिले थे। इसलिए मैं अधिकतर अकेले ही घूमने निकल जाती ताकि उन दोनों को बातें करने का समय मिल सके। प्रिंसेज़ रिल्के से इसरार कर रही थीं कि कार्लो ज़ेनो पर तुम जो लिखना चाह रहे थे वह काम इस बार पूरा कर डालो। मैंने भी उनसे यही ज़िद की। उनका ज़्यादा-से-ज़्यादा

समय पुस्तकालय में गुज़रने लगा।

हम एक-दूसरे से कभी ज़िक्र तो नहीं करते थे लेकिन मेरा मन बराबर इसी उधेड़बुन में लगा रहता था कि कब और कैसे मैं बिना उनका मन दुखाये अपने को खींच लूँ और वह भी मेरे मन की इस दृढ़ता को जानते तो थे ही!

मातृत्व जिनके कण-कण में समाया था, वह प्रिंसेज़ मेरी रिल्के को इस क़दर समझती थीं कि हम दोनों के बिना कुछ बताये ही वह समझ गयीं कि हमारे बीच कुछ कशमकश है। कोई अशुभ छाया हमारे इर्दगिर्द मँडरा रही है!

यह सोचा गया कि मैं प्रिंसेज़ के साथ वेनिस जाऊँगी, फिर वहीं से अपने घर लौट जाऊँगी। रिल्के यहीं दुइनो में रहकर लिखेंगे-पढ़ेंगे। और वह शाम भी आ गयी जब मुझे दुइनो से विदा लेनी थी...रिल्के से विदा लेनी थी। मन को किसी तरह क़ाबू में रख सकें, इसलिए रिल्के उस दिन सबको स्टीफ़ेन ज्यार्ज की कविताएँ सुनाते रहे थे। मेरी हिम्मत उस दिन पियानो सुनाने की नहीं हुई। किसी ने ज़ोर भी नहीं डाला।

चलते समय रिल्के ने मुझे एक पैकेट दिया। मैंने देखा, उसमें वह स्याही की सुनहरी दावात थी जिसे रिल्के ने माल्टे लिखते समय प्रयोग किया था। उसके प्रति मेरा बड़ा लगाव था, यह बात रिल्के जानते थे। ऐसे अद्भुत उपहार देना उन्हें ही आता था। मेरी खिड़की के पास आकर बोले, "तुमने मुझे कितना-क्या दान दिया है इसे कभी शब्द नहीं दे सकूँगा! ईश्वर ही अपने नक्षत्रों से, अपने फूलों से तुम्हें आशीष दे-देकर मेरी कृतज्ञता को शब्द दे सकता है। तुमने तो मुझे नयी ज़िन्दगी बख्शी और मैं तुम्हें कुछ भी नहीं दे सका सिवाय तकलीफ़ के...दर्द के...तुम्हारे हँसते-खेलते फूल-जैसे मन पर मैंने अपनी ज़िन्दगी की पीड़ा के पत्थर रख दिये। मैं तुम पर केवल भार-ही-भार डालता रहा। तुम्हारी खुशियों के फूल मैंने अपनी हथेलियों में लिये कि उनमें और भी सुगन्ध भर दूँ, पर मेरे हाथों में आते ही उनकी एक-एक पाँखुरी मुरझा गयी। मैंने तुम्हें अपनी ज़िन्दगी समर्पित कर देनी चाही, पर मेरी उस चाहत ने भी तुम्हारा बच्चा-मन दुखा दिया। मुझे माफ़ कर देना, मेरी शुभागता!"

मेरा तन-मन बाँस की टहनी-सा काँप रहा था। मेरे आँसू थम नहीं सके। सिसकते हुए मैं सिर्फ़ इतना ही कह सकी, "रेनर...रेनर, तुम क्यों नहीं समझते...क्यों नहीं समझते—मेरा एक-एक रोम हर क्षण तुम्हें धन्यवाद...केवल धन्यवाद देता रहता है। आह, क्या मैं अपने मन की गहराई तुम्हारे समाने बिलकुल प्रकट नहीं कर पायी हूँ...ऐसा मत करो रेनर...ऐसा मत सोचो..." ज़िन्दगी में पहली बार मैंने उस दिन उनके लिए 'तुम' शब्द का प्रयोग किया था। मेरे आँसू पोंछते हुए अपनी आवाज़ में बेइन्तिहा कृतज्ञता भरते हुए बोले, "तुम देना...केवल देना

जानती हो। ओ मेरी प्यार!" और वह चले गये!

हमलोग दोपहर में वेनिस पहुँच गये। प्रिंसेज़ अपने स्थान पर चली गयीं और मैं अपने लिए नियुक्त होटल में। वहाँ जाकर मुझे मेरे बूढ़े पिता और बहन के खत मिले। दूसरे दिन शनिवार का दिन था। बड़े ज़ोर का तूफ़ान आया। मेरा मन रिल्के के लिए बेहद चिन्तित हो उठा। हर क्षण प्रार्थना करती रही, "भगवान, उनकी रक्षा करना, बहुत कमज़ोर हो गये हैं वह!" दूसरे दिन सुबह मैं गिरजे में प्रार्थना करने गयी। पर मेरा मन वहाँ के संगीत के स्वरों में नहीं डूबा। रिल्के की चिन्ता ही दिमाग़ में घूमती रही। ऐसे मौसम में वह बहुत जल्दी बीमार पड़ जाते हैं।...

लौटकर आयी तो धड़कते हृदय से देखा, रिल्के आ गये हैं—बुखार में तपे हुए !

प्रिंसेज़ उन्हें आया देखकर खुश तो हुईं पर कुछ गम्भीर भी हो आयीं। वह बीमार थे। मैंने कुछ दिनों उनसे ऐसी कोई बात नहीं की कि उनका मन दुखे। स्वस्थ होने पर मैंने उन्हें समझाया, "जब से मेरे मन ने यह निश्चय किया है कि अब मुझे आपकी ज़िन्दगी से खुद को हटा लेना है, मेरा हर क्षण कितना उजाड़, कितना निरर्थक हो गया है, यह मैं ही जानती हूँ। पर यह भी निश्चित है कि मुझे कैसा ही क्यों न लगे, मैं अपना जी-जान लड़ा दूँगी इसके लिए कि आप लिखें-पढ़ें। आपका जीवन केवल मेरे और आपके लिए नहीं है, उसके अर्थों के बहुत बड़े दायरे हैं।" उस दिन बहुत बहस भी हुई। वह नाराज़ भी हो गये, पर मैं अपनी बात पर दृढ़ थी। और जानती थी कि यह दृढ़ता ही उनके लिए हितकर होगी। यह कठोरता ही उनके जीवन में मेरा नाम 'शुभागता' सार्थक करेगी। नहीं तो जिस तरह मेरा व्यक्तित्व उन पर छाता जा रहा है, यही स्थिति अगर अब बहुत दिन चलती रही तो मेरा शुभागता नाम झूठा पड़ जाएगा। उनकी कला, उनका लेखन दिन-ब-दिन सशक्त और प्रकाशयुक्त होता जाए, दुनिया की कोई चीज़ उसमें बाधक न बने, (भले ही वह मेरा प्यार ही क्यों न हो) यह देखना भी तो मेरा ही कर्तव्य था न!

मैंने उन्हें अपना निर्णय दे दिया, "मैं अपनी बहन मेरिया के पास जा रही हूँ। तुम्हारी वह उँगलियाँ जो कलम पकड़ती हैं, उन्हें मेरे आशीष..." मेरा गला भर आया, आगे बोल नहीं सकी, रो दी! उन्होंने ही जी कड़ा कर के कहा, "जाने दो प्यार ! तुम शायद ठीक ही सोचती हो। पर फिर अब वह घबराहट, यह कमज़ोरी कैसी? मेरी ज़िन्दगी का तो दुख-दर्द से गठबन्धन है ही, पर मैंने कभी हार नहीं मानी है न! तुम घबराओ मत! ईश्वर तुम्हें सुखी रखे!"

दूसरे दिन भोर में मुझे लौट जाना था। रिल्के के पास से उठकर मैं प्रिंसेज़ मेरी के पास गयी और उनकी गोद में पड़कर घण्टों फूट-फूटकर रोती रही। वह

मुझे प्यार देती रहीं, समझाती रहीं, "मेरी बहादुर बच्ची, तुम, केवल तुम ही इतना बड़ा त्याग कर सकती हो! मैं जानती हूँ तुमने उसे फूलों की राह चलने देने के लिए चुपचाप अपनी पलकों से सारे काँटे बटोर लिये हैं। पर बेटी, तुम्हें यही—सिर्फ़ यही करना भी चाहिए था। रिल्के को अभी बहुत-कुछ, बहुत-कुछ करना बाक़ी है। उसकी कलम पर युग-युग का अधिकार है। उसका बहुत बड़ा दायित्व है संसार के प्रति !"

उनकी बातों से मेरे मन को बहुत ताक़त मिली, बड़ा नैतिक बल मिला।

पर!...मेरे अन्दर का सारा खून जमकर जैसे पत्थर होता जा रहा था। मैं इस समय किसी ऐसी जगह पर जाना चाह रही थी जहाँ ज़िन्दगी, दुख-सुख सब-कुछ शान्त हो, जड़ हो, निस्तब्ध हो! पर कहाँ जाऊँ? कहाँ चैन मिलेगा इस क्षण मुझे ! बिना सोचे-समझे घर से निकल आयी। चलती गयी, चलती गयी...थोड़ी देर बाद मैंने पाया, मेरे पाँव मुझे एक क़ब्रिस्तान तक ले आये हैं। होश मुझे तब आया जब एक छोटी-सी फूल बेचने वाली लड़की मेरे पास फूल लेकर आयी...मैं यहाँ क्यों आयी हूँ...अरे! चारों ओर क़ब्रें ही क़ब्रें...किसकी क़ब्र पर फूल चढ़ाने आयी हूँ...? पर लड़की बड़ी आशा से मेरी ओर हाथ बढ़ाये थी। मैंने कुछ सफ़ेद फूल ले लिये !

मैं एक-एक क़ब्र के पास से गुज़रती जा रही थी। अनेक नामों की अनेक क़ब्रें थीं। मैं हर-एक के नाम पढ़ती गयी—आन्द्रियाँ विआती—गेम्या फ़ो-ताना, अर्नेस्टो क्लाटिसिनि...और भी पता नहीं कितने अपरिचित नाम! समझ में नहीं आ रहा था किस पर अपने फूल चढ़ाऊँ ? चलते-चलते मेरी निगाह एक बड़ी उजाड़-सी बिना झड़ी-पूँछी क़ब्र की ओर गयी। शायद वहाँ महीनों से कोई नहीं आया था। उस पर धूमिल अक्षरों में लिखा था, "यहाँ मेरी प्यारी पत्नी अनन्त निद्रा में सो रही है—विवाह की रात में ही वह मुझे अकेला छोड़ गयी! लड़कियो, उसकी क़ब्र पर प्रार्थना करो कि उसकी पवित्र आत्मा तुम्हें आशीष दे!"

मंज़िल पर पहुँचकर दम तोड़ दिया होगा उस बेचारी ने...जाने कैसा-कैसा लगा मन को। मेरे घुटने आप-से-आप ज़मीन पर टिक गये। मेरे फूलों को यहीं चढ़ना था। कैसी विचित्र लीला है तुम्हारी भगवान!...

शाम हुई। मुझे जाने में कुछ ही घण्टे शेष थे। रिल्के ने अपने मन पर काफ़ी क़ाबू पा लिया था। हम दोनों बड़ी देर तक अपने बड़े मधुर क्षण याद करते रहे। जब उनके लिखने-पढ़ने की बात मैंने छेड़ी तो बोले, "तुम्हें कैसे बतलाऊँ कि मैंने जितना जो कुछ लिखा है वह सब बेमानी है, छोटा है—उन खतों के मुक़ाबले में जो मैंने तुम्हें लिखे हैं...उन खतों से अधिक गहरी चीज़ मैंने कभी नहीं लिखी। मेरी सारी ज़िन्दगी का सार-तत्त्व उन्हीं में समाया हुआ है। अब तो मुझे फिर वैसी

ही बोझिल ज़िन्दगी बितानी है जैसी तुमसे मिलने के पहले बिताता था, फ़र्क़ केवल इतना पड़ेगा कि अब तुमसे अलगाव के दुःख को झेलने के लिए पहले की अपेक्षा अधिक गहराया हुआ हूँ। तुमसे मुझे अमित शक्ति मिल चुकी है।''

पर वह मेरे मन की कृतज्ञता, मेरे मन की विवशता भी जानते थे; बोले, ''पर कोई बात नहीं है, जैसे बच्चा अपनी माँ की कोख में जीता है वैसे ही मैंने तुम्हारी आत्मा में पैठकर, तुम्हारे हृदय में समाकर जो दैवी क्षण जिये हैं, बस वही हमारी ज़िन्दगी के वरदान हैं। वही हमारी ताक़त हैं।''

रात आधी के क़रीब बीत गयी थी, बोले, ''तुम्हें सुबह जाना है, आराम कर लो। मैं तुम्हें समय से उठा दूँगा।'' उठे और एक कम्बल लाकर मुझे उढ़ा दिया, फिर मेरे कन्धों को अपनी बाँह में घेरकर मेरा सिर अपने सीने पर टिकाकर मुझे थपकी देकर सुलाते रहे। मैं थकी, शिथिल उनकी बाँहों में वैसे ही सो गयी!... कितना अच्छा होता कि यह नींद अनन्त निद्रा में बदल जाती!...

सुबह आँख खुली तो मैंने पाया कि वह वैसे-के-वैसे ही चुपचाप मेरे चेहरे पर सीली आँखें टिकाये बैठे हैं। बोले, ''उठो, नहीं तो तुम्हारी गाड़ी छूट जाएगी। तुम तैयार हो जाओ, मैं भी आता हूँ।''

मेरा मन बिलकुल तरल था। ज़िन्दगी में पहली और आखिरी बार अपने हृदय की सम्पूर्ण विह्वल ऊष्मा के साथ मैंने अपने ओठों को उन्हें समर्पित किया। वह भगवान के चरणों में मूक प्रार्थना के-से क्षण मेरी ज़िन्दगी को ताक़त और कचोट दोनों दे गये!

हम स्टेशन पहुँचे, ट्रेन छूटने को हुई, हमने हाथ मिलाये, मेरी गीली आँखें उन्हें अनन्त धन्यवाद देती रहीं। ट्रेन चल दी और धीरे-धीरे वह आँखों से ओझल हो गये !

मैं बॉलज़ानो पहुँची। मेरिया अपने पति के साथ स्टेशन पर मिली। मुझे देखकर चकित रह गयी। बोली, ''हाय, क्या कर डाला तूने अपने को! किस क़दर दुबली हो गयी है!''

घर पहुँची। दरवाज़े पर ही पापा मिले। मुझे लगा मैं अपनी तकलीफ़ समेट नहीं पाऊँगी और एक चीख के साथ 'पापा' कहकर उनके वक्ष से चिपट गयी और उनकी बाँहों में बेहोश हो गयी। जब मेरी आँख खुली तो मैंने पाया, सारा घर साँय-साँय कर रहा है। सब खामोश-उदास बैठे हैं। मुझे जागा देखकर डॉक्टर चाचा मेरे पास आये, बोले, ''जानती है बिटिया, तू पूरे दो दिन और पूरी तीन रातें सन्नाकर सोयी है।'' मेरी आँखें आँसुओं से भर गयीं। वह बोले, ''हट पगली, मेरे रहते तुझे क्या फ़िक्र, तू दो दिन में अच्छी हो जाएगी।'' सबने बच्चे की तरह मेरी देख-भाल की। धीरे-धीरे मैं स्वस्थ हो गयी। मेरिया से उनकी तमाम-तमाम बातें करके मैंने

अपने मन पर रखे पत्थर के भार को ज़रा सँभालने की कोशिश की। पर सूने, उदास और बोझिल दिन काटे नहीं कटते थे, बहुत अकेलापन महसूस होता था। केवल एक शब्द 'बेनवेनुटा...शुभागता' ...मुझे थोड़ा-बहुत सकून दे जाता था। हाँ, इस रेख पर चलकर मैं बेनवेनुटा ही बन रही थी! उनके लिए शुभागता!...

समय बीतता गया। युद्ध छिड़नेवाला है, इस बात की बड़ी गरम खबर थी। सभी चिन्तित और परेशान थे कि एक सुबह निश्चित समाचार मिल ही गया। युद्ध छिड़ गया था। इतने दिनों की सप्रयास चुप्पी दम तोड़ बैठी और मैं रिल्के के समाचार जानने को एकदम पगला उठी। खत भेजने पोस्ट-ऑफ़िस गयी, पता चला, डाक-तार लाइनें ठप्प हो चुकी हैं। हे भगवान, अब क्या करूँ! मैं बिलकुल होश-हवाश खो बैठी, कुछ भी हो, मुझे रिल्के से मिलना ही है! पता नहीं, कल क्या होगा?...भूखी-प्यासी तमाम मुसीबतें झेलती मैं इन्सब्रुक होते हुए किसी तरह म्यूदेन तक पहुँची। चारों ओर सभी घबराये, विकल, पगलाये-से लोगों की भीड़ थी। कहीं कुछ पता नहीं चल रहा था। तीन दिन बाद एक सफ़ेद लिफ़ाफ़ा मिला। रिल्के के अक्षर ! प्रभु, कितने दयालु हो तुम! मुसीबतें पार करके अब वह सुरक्षित हैं।

मैं भी निश्चिन्तमना हो काम में लग गयी। युद्ध में घायल सैनिकों और आहत परिवारों तथा शरणार्थियों की सहायता के लिए पियानो के प्रोग्राम दे-देकर धन एकत्र करने लगी। एक प्रोग्राम में मुझे म्यूनिख जाना था। मैं गयी, स्टेशन पर ही एक आदमी ने स्वयं को उस कम्पनी का एजेण्ट बताया जिसके लिए मुझे पियानो बजाना था और कहा, "चलिए जहाँ आपके ठहरने का इन्तज़ाम किया गया है, वहाँ आपको ले चलूँ।" मैं उसके साथ हो ली। वह मुझे जाने कहाँ ले आया। आकर जिस कमरे में टिकाया, उसका किवाड़ वह अन्दर से बन्द करने जा ही रहा था और मैं घबराकर चीखने ही वाली थी—बाहर से किसी ने दरवाज़े पर दस्तक दी। मैंने कहा, "आ जाइए।" और यह क्या!...देवदूत सरीखे रिल्के! वह आदमी तुरन्त चम्पत हो गया। और मैं एकदम फूट-फूटकर रोने लगी। मैंने उन्हें बताया कि कैसी विपत्ति के क्षण में उन्होंने मेरी रक्षा की है आज। भरे-भरे मन से वह बोले, "इसी में तो मेरी सार्थकता है, बेनवेनुटा!"

इस घटना के महीनों बाद मैंने उन्हें बर्लिन में देखा था। पर वह अब बहुत बदल गये थे। हर समय चापलूसों से घिरे रहते। जहाँ देखो, वहाँ रिल्के जिसके-तिसके निमन्त्रण पर जाते रहते। प्रसिद्ध कवि रिल्के को अपने घर बुलाना एक फ़ैशन की बात बन गयी थी। मैं देखती थी कि रिल्के का बहुत-सा समय इन्हीं बातों में नष्ट होता रहता था। उनके जिस समय की, जिस एकान्त की मैंने रक्षा करनी चाही थी, जिसके लिए मैंने अपने निज के हृदय से उठती आवाज़ को भी एक थपकी देकर सुला दिया था और उनका भी सुकुमार मन दुखा दिया था, वही अब

यों नष्ट हो रहा था। मैं जानती थी कि यह मेरे द्वारा मिली रिक्तता ही है जिसे रिल्के यों भर रहे हैं। काश कि वह रिक्तता मेरे सपनों के अनुसार भरी जाती! कभी-कभी मुझे लगने लगता, शायद मुझसे ग़लती हो गयी, इन्हें यों अकेला नहीं छोड़ देना चाहिए था। पर...

एक साल बाद मैंने उन्हें म्यूनिख में देखा था। तब तक वह और भी बदल गये थे। तमाम लोग उन्हें अपना, केवल अपना समझने लगे थे। एक कलाकार महिला तो हर समय उनके पीछे ही लगी रहती थी। लिख भी वह रहे थे, यश भी उनका बढ़ता जा रहा था पर जाने क्यों मेरे सूने क्षणों की पवित्र निश्चिन्तता में धीरे-धीरे उनके लिए चिन्ता की स्याही घुलती जा रही थी! फिर भी मैं खुश थी। वह लिख-पढ़ तो रहे हैं! मेरे पास कभी-कभी उनके खत आ जाते। एक बार उन्होंने अपनी लिखी मेरी एक बहुत प्रिय पुस्तक 'बुक ऑफ़ आसे' भेजी। और लिखा कि यह पुस्तक तुमसे हमेशा कोई-न-कोई ले जाता रहा है, इसलिए इस बार इसे ऐसे भेज रहा हूँ कि तुम किसी को दे न सको। खूबसूरत मखमल में मढ़ी उस पुस्तक पर मेरा नाम सुनहले अक्षरों में लिखा था। दिन यों ही बीतते जा रहे थे। कभी-कभी उनके समाचार मिल जाते थे बस!

लेकिन इधर बहुत दिनों से रिल्के का कोई समाचार नहीं मिला था, उनका कोई खत भी नहीं आया था। किसी मित्र ने बताया, रिल्के को सेना में भर्ती करा लिया गया है। उन दिनों हर स्वस्थ युवक को सरकारी आज्ञा से ज़बर्दस्ती सेना में भर्ती होना पड़ता था। फिर रिल्के ने तो बचपन में मिलिट्री ट्रेनिंग भी ली थी। उनकी भर्ती का समाचार सुनकर मेरा मन बेहद व्याकुल हो उठा। उनका स्वास्थ्य यों ही खराब रहता है। वहाँ की परिश्रमसाध्य क़वायदों को कैसे सह पाएँगे वह! और फिर उनके जैसे सुकुमारहृदय व्यक्ति को वह सब करते कैसा लगता होगा, कितनी मानसिक यन्त्रणा में होंगे वह! मेरा मन चिन्तित हो उठा। बाद में सुना कि रिल्के सचमुच वह परिश्रम सह नहीं सके और बीमार पड़ गये तो उन्हें वहाँ क्लर्क का काम दिया गया है। उसके बहुत दिन बाद पता चला कि उन्हें मिलिट्री की सेवाओं से मुक्ति दे दी गयी है और वह स्विट्ज़रलैण्ड वापस लौट गये हैं। यह भी पता चला कि पेरिस में उनका सारा सामान सैनिकों ने लूट लिया है और घर की एक-एक चीज़ नीलाम कर दी गयी है। उनकी चीज़ों के लिए मैंने कई लोगों को पत्र लिखे। मेरे चाचा के मित्र प्रसिद्ध उपन्यासकार रोमारोलाँ ने इसमें विशेष दिलचस्पी ली। फ्रांस में उनके सिर पर इनाम लगा हुआ था लेकिन फिर भी अपनी जान हथेली पर लेकर वहाँ गये और कहीं कबाड़ियों के यहाँ से, कहीं किसी के घर से, किसी की दुकान से रिल्के की बहुत-सी चीज़ें प्राप्त कर लाये!

सन् 1926 की क्रिसमस की शाम को मेरी बहन मेरिया का खत आया। उसने

लिखा, "सुना है रिल्के किसी सैनिटोरियम में हैं और सख्त बीमार हैं। मेरा मन बेहद तड़प उठा। मुझे कुछ नहीं मालूम था कि कैसे हैं, कहाँ हैं। बीमारी की बात सुनकर रह-रहकर मेरा मन होता, मैं उनके पास पहुँच जाऊँ और उनके बिस्तर के पास बैठकर बहुत धीमे कोमल स्वरों में पियानो बजाकर उन्हें शान्ति और आराम पहुँचाऊँ। मेरी उँगलियों में कुलबुलाहट होती पर मैं मन मसोसकर रह जाती।

29 दिसम्बर की रात! मैं सोयी हुई थी। अचानक हड़बड़ाकर उठ बैठी। मुझे लगा, बाहर कोई बड़ी करुण आवाज़ में मेरा नाम लेकर पुकार रहा है। मैं खिड़की की ओर दौड़ी। दोनों दरवाज़े खोलकर बाहर झाँका। सिर्फ़ सर्द हवा ने आकर गालों पर थपेड़े दिये; बाहर कोई नहीं था। चारों ओर मौत की-सी खामोशी छायी हुई थी। बेहद सर्द हवा के कारण मैं खड़ी-खड़ी काँपने लगी, पर कहीं कोई नहीं दिखा। हार कर मैंने खिड़की बन्द कर दी, और हाथ जोड़कर प्रार्थना की, "जिस किसी ने भी इस समय मुझे पुकारा है, मैं उसे आशीष देती हूँ। जो भी कोई हो तुम, मैं वहीं तुम्हारे पास हूँ। ईश्वर तुम्हारी मदद करे।..."

फिर आकर मैं सो रही।

लेकिन...उन्हीं क्षणों में सैनेटोरियम के बेड पर रिल्के के प्राण-पखेरू उड़ गये...मैंने उन्हें अकेला छोड़ दिया था, ईश्वर ने मुझे इसका दण्ड दिया कि मैं जीवित थी...

मुझे उनका पत्र मिला—उन्होंने शायद मृत्यु के एक दिन पहले लिखा था। मेरी हिम्मत नहीं हुई उसे खोलकर पढ़ने की। कई दिन बाद रोते-रोते काली और भारी पड़ी हुई पलकों को सप्रयास खोलकर मैंने पढ़ा, उन्होंने लिखा था :

"...मेरे हर संघर्ष और हर विजय में दमदम दमकने वाली बेनवेनुटा, तुम्हें याद है तुमने एक बार लिखा था कि एक गीत पढ़कर तुम बहुत रोया करती थीं। शायद वे पंक्तियाँ थीं—

> हेरती रही तुम्हें हर कहीं
> जंगल में, ज्वार में, खेत-खलिहान में
> मिले ही नहीं, रहे होंगे कहीं
> छिपे मेरे प्राणों के प्राण में!

बेनवेनुटा! आज मेरा मन उन पंक्तियों को याद कर रहा है—सच मैंने तुम्हें, केवल तुम्हें ही चप्पे-चप्पे में खोजा है। परमात्मा मुझे एक बहुत ऊँचे पर्वत शिखर पर ले गये और वहाँ उन्होंने मुझे तुम्हें दिखाया! जो कुछ मैंने तुममें पाया है उसे मुझसे कौन छीन सकता है! यहाँ तक कि मृत्यु भी उसे नहीं छीन सकती..."

उनका खत पढ़कर मेरे प्राण भीतर तक चिरते चले गये। बहुत समय बाद

जब मन थोड़ा थिराया—तब मैंने उन्हें अन्तिम पत्र लिखा...उनकी मृतात्मा के नाम पत्र !

अगस्त, 1928

"रेनर!

मैं तुमसे दूर चली आयी थी। आज फिर तुम्हारे क़रीब आना चाहती हूँ। बौरायी-सी उन सभी जगहों को रो-रोकर जाकर देख आयी हूँ, जहाँ तुम्हारे साथ रही थी—वह जगहें मेरे लिए तीर्थ बन गयी हैं, उन सभी के दर्शन कर आयी हूँ। तुम्हारे घर भी गयी थी। तुम्हारे बाग़ में खिले गुलाब सिर्फ़ तुम्हारी याद करके महकते हैं...वसन्त तुम्हें याद करता है...पतझर तुम्हें याद करता है, उसकी बिखरी पत्तियों की मरमर-चरचर तुम कितने प्यार से सुना करते थे। वहाँ की प्रकृति की हर साँस तुम्हें याद करती है। वहाँ मैं बहुत देर तक तुम्हारे गुलाबों के बीच आँसू बहाती बैठी रही। सारे गुलाब मेरे साथ रोते रहे।

आखिरी दिन राट्याँ के चर्च में मैं सबसे बड़े पूजास्थल पर गयी—तुम्हारी मजार पर! उस मिट्टी को मैंने बार-बार प्रणाम किया जिसके नीचे तुम चिरनिद्रा में सो गये हो। घण्टों बैठी उन सब बातों को याद करती रही जो मैंने तुमसे सीखी थीं। मेरे व्यक्तित्व का प्रत्येक रेशा तुम्हारा बनाया हुआ है रेनर! अपने अस्तित्व के श्रद्धा-फूल तुम्हें चढ़ाती रही।

रेनर! मेरा अन्तिम शब्द भी तुम्हारे लिए वही है जो अपने सबसे पहले खत में मैंने तुम्हारे लिए लिखा था। यही एक शब्द तुम्हारी याद के साथ मेरी हर साँस में गूँजता रहता है। और आखिरी साँस तक तुम्हारे लिए उसी का उच्चारण करती रहूँगी—केवल एक शब्द—'धन्यवाद'!"

जलपंखिनी

(चेख़व)

[चेख़व को कौन नहीं जानता! क्रान्ति के पहले के रूसी साहित्य में टॉल्सटाय और दोस्तोवस्की के साथ यदि किसी लेखक का नाम लिया जा सकता है तो वह है—चेख़व। मानवीय दुःख के प्रति बहुत गहरी करुणा एक बारीक़ व्यंग्य की पैनी धार और कथा की विधा पर अक्षुण्ण अधिकार! आज भी कहानी-क्षेत्र में चेख़व अन्तिम प्रतिमान है।

आभिजात्य मर्यादाओं में बँधे हुए रूसी समाज में एक कुलवधू के मन में कथाकार चेख़व के लिए एक गहरा सम्मान है। जो धीरे-धीरे प्यार में बदल जाता है। वह प्यार अपनी जगह पवित्र है—सर्वोपरि है। लेकिन पति के प्रति निष्ठा, और बच्चों के प्रति दायित्व भी अपनी जगह अनुल्लंघनीय है। और चेख़व!...एकाकी और क्षयग्रस्त! लेकिन उत्तप्त जीवन शक्ति से जागृत चेख़व उस पवित्र प्यार को किस तरह सहेजता गया, यह सच्ची कहानी वैसी ही मार्मिक है जैसी खुद चेख़व द्वारा लिखी गयी कहानियाँ।]

चेख़व ने एक बार कहा था कि मेरी कहानियों में प्रतिबिम्बित जीवन वैसा ही है जैसे नदी के किनारे एक टूटी बोतल के काँच में प्रतिच्छायित होता हुआ आकाश का चाँद! जीवन के बहुत सुकुमार और मधुर अनुभवों को अत्यन्त यथार्थ परिस्थितियों में विचित्र ढंग से अंकित करने में चेख़व की प्रतिभा का समस्त संसार में कोई मुक़ाबला नहीं। सचमुच एक टूटी हुई बोतल के काँच में प्रतिबिम्बित चाँद की उदासी और अलभ्यतम कल्पना की अत्यन्त निकटता!

कहानीकार चेख़व ने जब नाटक लिखे तो उनमें भी इसी उदासी भरे यथार्थ का अद्भुत चित्रण किया। उनके सारे नाटकों में अन्यतम स्थान है जलपंखिनी का (दी सीगल)—रूस के फल और फूलों से लदे बेइन्तिहा खूबसूरत देहातों की एक बड़ी-सी झील! और झील के किनारे के बाग़ीचे में एक दुःखद नाटक घटित होता है। उस नाटक के प्रथम अंक में ही चेख़व ने एक तरुण नाटककार का चित्रण

किया है, जो अपना नया प्रयोग अपनी साहित्यिक माँ तथा अपने परिवार को दिखाना चाहता है। उसकी विधवा प्रौढ़ा माँ एक अत्यन्त सफल लेखक त्रिगोरिन की सहचरी है। अपने लड़के त्रेपलेव की प्रतिभा में उसे क़तई विश्वास नहीं है। त्रेपलेव भी इस बात को जानता है और शायद इसीलिए वह स्वयं भी अपने नाटक की सफलता के प्रति आशंकित है। साथ ही उसके मन में एक और चिन्ता है—उसकी प्रेयसी सुन्दरी निना इस नाटक में नायिका का अभिनय करने जा रही है। वह जानता है कि नाटक असफल रहेगा तो उसकी माँ न सिर्फ़ उसके लेखन की निन्दा करेगी वरन् निना को भी नामंज़ूर कर देगी। और फिर उससे भी ज़्यादा चुभती हुई बात तो यह है कि इस सारी असफलता का प्रदर्शन होगा प्रख्यात लेखक त्रिगोरिन के समक्ष जो न केवल त्रेपवेल से बड़ा लेखक है वरन् उसकी माँ के प्रेम और प्रशंसा का एकमात्र अधिकारी भी!

चेख़व के इस नाटक में त्रेपवेल का यह नाटक तो था ही—लेकिन इन दोनों से भी ज़्यादा मर्मस्पर्शी वह वास्तविक जीवन का दुःखान्त नाटक था जो इन दोनों नाटकों की पृष्ठभूमि में था। चेख़व के वास्तविक जीवन का यह प्रसंग लिखते हुए ऐसा लगता है मानो एक शीशे के सामने दूसरा शीशा रख दिया गया हो और फिर दर्पण के अन्दर दर्पण और उसके भी अन्दर एक दर्पण का विचित्र दृश्य झलक आया हो।

क्या त्रिगोरिन के रूप में इस नाटक में चेख़व ने अपना चित्रण किया था या त्रेपलेव के रूप में? क्या निना उसके वास्तविक जीवन की कोई सहचरी मित्र थी ? क्या उस नाटक में कई मार्मिक प्रसंग चेख़व के जीवन के अपने निजी प्रसंग हैं? लेकिन इन सब प्रश्नों का रहस्य जानने के पहले आइए, चेख़व का 'दी सीगल' नाटक शुरू करें—

परदा उठता है—

रूस के हरे-भरे देहातों में त्रेपलेव के मामा की जागीर, ऐल्म के पुराने वृक्षों के झुरमुट और बीच में झील तक जाती हुई पगडण्डियाँ! झाड़ियों में से झील दीखती है, लेकिन पूरी तरह नहीं क्योंकि अभी-अभी सूरज डूबा है और सामने एक खुला स्टेज बनाया जा रहा है। इस स्टेज पर थोड़ी देर में त्रेपलेव का नाटक आरम्भ होगा; दिन ढले की झिल्ली की झंकारें और बनते हुए स्टेज की कीलें ठोंकने की आवाज़ें एक साथ आ रही हैं।...और तब आता है त्रेपलेव—स्टेज का निरीक्षण करते हुए! उसकी योजना है कि यह सारा दृश्य ही नये नाट्य-प्रयोग का असली दृश्य होगा और परदा भी ठीक साढ़े आठ बजे उठेगा जब दैनिक पंचांग के अनुसार सचमुच आसमान में चाँद उग आएगा। त्रेपलेव के हाथ में एक वनफूल है और वह चिन्तित है कि निना न आयी तो क्या होगा? दूसरे, उसकी माँ भी उसके विरुद्ध है। एक

तो वह त्रिगोरिन जैसे प्रख्यात लेखक की प्रणयिनी है और दूसरी ओर स्वयं मास्को के स्टेज़ पर असफल हो चुकी है। अँधेरा बढ़ रहा है और चाँद निकलने के लक्षण क्षितिज पर प्रकट हो रहे हैं। त्रेपलेव अपने मामा से बात करते हुए फूल की पाँखुरियाँ एक-एक कर नोचता जाता है। अन्धविश्वास के अनुसार एक पाँखुरी पर कहता है, 'मेरी माँ मुझे चाहती है' दूसरी पर कहता है 'मेरी माँ मुझे नहीं चाहती' और आखिरी पाँखुरी पर यही वाक्य आता है कि उसकी माँ उसे नहीं चाहती।

तब आती है, निना! उसकी पगध्वनियाँ सुनते ही वह उमंग में भरकर अपने मामा से कहता है, "मैं उसके बिना ज़िन्दा नहीं रह सकता। उसके पाँवों की आवाज़ तक मुझे बेहद प्यारी लगती है। मेरी जादूगरनी निना!" निना क़स्बे की एक अत्यन्त सुन्दरी किन्तु बेहद महत्त्वाकांक्षिणी लड़की है जो हमेशा किसी बड़े नगर में जाकर खूब यश अर्जित करने का स्वप्न देखती है। त्रेपलेव के नाटक में वह अभिनय तो करती है पर उसे विश्वास नहीं हो पाता कि त्रेपलेव में नाटककार की प्रतिभा भी है। नाटक करते समय भी वह बराबर सोचती है कि त्रिगोरिन जैसा महान लेखक क़स्बे में आया हुआ है और उसका नाटक देख रहा है!

परदा उठता है। त्रेपलेव के नाटक की स्टेज सामने है। झील दीखने लगती है, चन्द्रमा उग आया है और झील में उसकी परछाईं तैरने लगी है। एक बड़े-से पत्थर के ढोंके पर शुभ्र धवल-झीने वस्त्रों में लिपटी हुई निना पहले संवाद कहती है—(वह समस्त सृष्टि की आत्मा बनी है) "मनुष्य, सिंह, गिद्ध और बाज़, बारहसिंघे, बत्तकें, मकड़ियाँ, जलवासिनी मछलियाँ, तमाम प्राणी, तमाम जीवित प्राणी अपने आवागमन का कष्ट भोगकर मुक्त हो चुके...हज़ारों वर्ष से यह पृथ्वी सूनी और निःसन्तान है। बेचारा चन्द्रमा व्यर्थ शाम को अपना दीपक जला जाता है। हरे-भरे चरागाहों में सुबह-सुबह सारस नहीं बोलते और नीबू की फूली झाड़ियों में वसन्त के भौंरे गुंजार नहीं करते। कहीं भी धूप नहीं, रोशनी नहीं, सब खाली है, सब भयावह है। तमाम प्राणी धूल में मिल गये। प्रकृति ने उन्हें चट्टान में बदल दिया...जल में बदल दिया, बादलों में बदल दिया। सबकी आत्माएँ मिलकर एक हो गयीं। वह निखिल सृष्टि की आत्मा में—मुझमें सिकन्दर की, सीज़र की, शेक्सपियर की, नेपोलियन की और छोटे-से-छोटे कीड़े की आत्मा मिलकर एक हो गयी। मुझे सब याद है...सब...सब-कुछ ...और मैं अकेली हूँ। सैकड़ों वर्षों बाद कभी मैं बोलती हूँ और मेरी आवाज़, उदासीभरी आवाज़ शून्य में गूँजकर लौट आती है, कोई सुननेवाला नहीं।"

स्टेज के सामने दूसरा नाटक चल रहा है। त्रेपलेव की माँ मैडम आकार्डिन इसे ह्रासोन्मुख नाटक बताती है। और जब ज़्यादा चिढ़ जाती है तो कहती है, "अगर मज़ाक़ में किसी को पागलों का प्रलाप भी सुनना हो तो एक बार सुन भी सकता

है लेकिन जब यह कहा जाए कि यह नया साहित्य है, नये विचार हैं और नयी कला है तो इस आडम्बर को सहना कठिन हो जाता है।" त्रेपलेव आहत होकर नाटक बन्द करने का आदेश देता है। उसके चेहरे पर क्लेश, नितान्त अकेलापन और पराजय के स्पष्ट चिह्न हैं। काश कि निना स्टेज से उतरकर उसके मन को समझने का प्रयास करती। लेकिन निना को चिन्ता है कि त्रिगोरिन ने उसके अभिनय के बारे में क्या मत बनाया। त्रिगोरिन! सफल और प्रतिष्ठित लेखक त्रिगोरिन ने नाटक ठीक से देखा और सुना भी नहीं था। वह निना से पूछता है कि क्या इस झील में काफ़ी मछलियाँ हैं ताकि इस क़स्बे में अपनी छुट्टियों में झील के किनारे छाँह में बैठकर मछलियाँ फँसाने का कार्यक्रम बना सके।

ज्यों-ज्यों चेख़व का यह नाटक आगे बढ़ता है, त्यों-त्यों त्रिगोरिन और मैडम आर्काडिन, त्रेपलेव और निना की प्रणय-कहानी के साथ-साथ उस समय के साहित्य-जगत् की पुरानी और नयी पीढ़ी—पुरानी और नयी विचार-धाराओं के संघर्ष की कहानी भी सामने आती चलती है। त्रिगोरिन एक जमा-जमाया ख्याति-प्राप्त लेखक है। लेकिन उसकी ख्याति ने ही उसको जैसे भटका दिया। केवल कभी-कभी जब कोई उसके मर्म को छू देता है तब वह दूर से अपने को देखकर अपना सही-सही विश्लेषण करता है। मैडम आर्काडिन तो सिर से पाँव तक पोर-पोर उसके प्यार में डूबी थी, अतः उसकी प्रशंसा के पुल दिन-रात बाँधती रहती थी लेकिन जब एक दिन निना झील के किनारे वसन्त में फूले बग़ीचे में उससे दुनिया भर की बातें करने लगी तो उसने कहा, "सच है कि मैं सफल हूँ, लेकिन इस सफलता से क्या? मैं खुद अपने साहित्य को पसन्द नहीं करता और सबसे बुरी बात तो यह है कि मैं मानो भावोन्माद में रहता हूँ और कभी-कभी खुद नहीं जानता कि मैं क्या लिखता हूँ, कैसे लिखता हूँ। इतना जानता हूँ कि मैं इस झील को प्यार करता हूँ, पेड़ों को प्यार करता हूँ। इनका चित्रण करने में मुझे सुख मिलता है, मगर मैं नागरिक भी हूँ। अपने देश को भी प्यार करता हूँ। अपने लोगों को भी। उनके लिए भी लिखता हूँ। वे कभी अपने दुःख, कभी अपने ज्ञान, विज्ञान, कभी अपने अधिकारों की माँग पेश करते रहते हैं और मैं उनके बारे में लिखता जाता हूँ। मेरी हालत वैसी ही हो जाती है जैसे चारों ओर शिकारी कुत्तों से घिरी हुई लोमड़ी दिग्भ्रमित-सी कभी इधर भागती है, कभी उधर! अन्त में मैं पाता हूँ कि जीवन और संस्कृति बहुत आगे निकल गये हैं और मैं हाँफता हुआ पीछे भाग रहा हूँ; मानो कोई किसान देर में चला हो और उसके देखते-देखते ट्रेन छूट गयी हो फिर भी वह झूठी आशा में पीछे भाग रहा हो। अन्त में होता यह है कि मैं सिर्फ़ सुन्दर दृश्य चित्रित्र कर पाता हूँ; बाक़ी जो भी है, विचार या परिस्थितियाँ, वह सब झूठ हैं। उनके बारे में मैं जो भी लिखता हूँ, सब बिलकुल झूठ हैं।"

महान अभिनेत्री बनने की महत्त्वाकांक्षिणी निना यह सब-कुछ नहीं समझती। वह केवल इतना जानती है कि त्रेपलेव उसे प्यार भले ही करता हो लेकिन वह बड़ा लेखक नहीं है। नया लेखक ज़रूर है पर नयेपन के नाम पर जो कुछ देना चाहता है, वह प्रतीक और अस्पष्ट उपमाएँ, वह सब निना के समझ में नहीं आतीं। त्रिगोरिन बड़ा लेखक है, सफल लेखक है, लेकिन वह ज़रूर थका हुआ है इसलिए ऐसी बातें करता है। थका हुआ हो भी क्यों न, मैडम आर्काडिन जैसी कृत्रिम और ढलती हुई उम्र की प्रेमिका उसे क्या प्रेरणा दे सकती है! निना के मन में त्रिगोरिन के लिए केवल आदर ही नहीं, कुछ और भी जागता है। और तभी त्रिगोरिन को तट पर पड़ी हुई दीखती है—एक मरी हुई जलपंखिनी! उसे तुरन्त एक कहानी का कथानक सूझता है—झील के किनारे एक व्यक्ति आता है। कुछ और काम न रहने पर लगे हाथ एक जलपंखिनी का शिकार कर चला जाता है। और मान लो, झील के पास निना जैसी एक सुन्दरी पंख पसारकर उड़ने की आकांक्षा करनेवाली जलपंखिनी भी वहाँ रहती हो और लगे हाथ कोई उसी का शिकार कर ले, तो!

त्रिगोरिन इस कहानी का कथानक निना को बताता है। हँसकर कहता है, "भूलो मत कि पंख पसारकर उड़ने की महत्त्वाकांक्षिणी तुम वास्तव में एक लड़की नहीं, जलपंखिनी हो"—जब त्रिगोरिन यह कह रहा था तो उसे क्या मालूम था कि कुछ ही देर पहले त्रेपलेव इस शिकार की हुई जलपंखिनी को लाया था और निना के पाँवों के पास रखकर बोला था कि इसी तरह एक दिन मैं अपने को गोली मार लूँगा। निना ने खीजते हुए कहा था कि त्रेपलेव, लेखक के रूप में तुम सफल नहीं हो पा रहे, इसलिए तुम्हारा मिज़ाज बिगड़ता जा रहा है! तुम ऐसा कुछ क्यों नहीं लिखते जैसा त्रिगोरिन लिखता है? तुम जटिल प्रतीकों की बात क्यों करते हो? मेरे तो खाक समझ में नहीं आता। हो सकता है, यह मरी हुई जलपंखिनी भी तुम्हारे अन्तर्मन का कोई प्रतीक हो पर ऐसे प्रतीक समझ में नहीं आते।

पर कौन जानता था कि सचमुच यह एक प्रतीक ही था। चेख़व ने जान-बूझकर यह जलपंखिनी का प्रतीक रखा था—अबोध किन्तु महत्त्वाकांक्षिणी निना वह जलपंखिनी थी। अनजाने में ही जिसके पंख बिंध चुके थे। देहातों में छुट्टी बिताने के लिए आया हुआ लेखक त्रिगोरिन अनजाने में उसके पंख तोड़ चुका था। अब उसके सामने एक बहुत बड़ा सपना था—मास्को जाने का! त्रिगोरिन की प्रेरणा से एक महान अभिनेत्री बनने का। लेकिन क्या यह सपना कभी सच हो सकता है?...

वह त्रेपलेव से खिंचती गयी। त्रेपलेव में नयी विचारधाराओं का विद्रोह और तिरस्कृत प्रणय की वेदना—एक साथ मिलकर गहरी यन्त्रणा में परिणत होती गयीं। वह कटु होता गया। एक दिन जब उसकी माँ ने कहा कि वह त्रिगोरिन जैसे लेखकों

की निन्दा इसलिए करता है कि उसमें स्वयं कोई प्रतिभा नहीं है, तो वह उबल पड़ा। "प्रतिभा! तुम सब जितने पुराने कूड़ा-कर्कट लोग हो, उनसे ज़्यादा प्रतिभा हममें से किसी में भी है। तुम अपने गलित संस्कारों और भयंकर रूढ़ियों से ग्रस्त साहित्य और कला का ठेका लेकर बैठ गये हो। अपने अलावा तुम किसी को पनपने नहीं देना चाहते। दूसरों को कुचलने के लिए गर्हित-से-गर्हित उपाय करते हो। तुम सब विश्वास के क़ाबिल नहीं।

जिस दिन यह विस्फोट होता है—उसकी माँ और त्रिगोरिन वापस मास्को लौटने की तैयारी कर रहे हैं। त्रेपलेव जानता है कि इस बीच में निना त्रिगोरिन के प्रणय-पाश में पूर्णतया फँस चुकी है, और उसकी माँ शायद इसीलिए इतनी जल्दी त्रिगोरिन को मास्को वापस ले जाने की तैयारी कर रही है।

त्रिगोरिन दूसरे कमरे में निना से विदा ले रहा है। निना नहीं जानती कि वह त्रिगोरिन जैसे बड़े लेखक से क्या कहे। त्रिगोरिन बार-बार उस दिन की याद करता है जब वह पहली बार झील-किनारे निना से मिला था और उसे जलपंखिनी का कथानक सूझा था। पर निना कुछ कहती नहीं, एक सुन्दर-सा मैडेलियन (पदक) विदा-चिह्न के रूप में उसे देकर चली जाती है।—मैडेलियन पर लिखा है, त्रिगोरिन के कहानी संकलन का नाम—'दिन-रात' पृष्ठ 121, पंक्ति 11।--उसकी किताबें पैक हो चुकी हैं लेकिन फिर भी वह दौड़कर अपना कहानी-संग्रह खोजता है। पृष्ठ निकालता है, लाइनें गिनता है। ग्यारहवीं लाइन है, "यदि तुम्हें कभी मेरे जीवन की ज़रूरत पड़े तो आना और उसे ले जाना। वह तुम्हारा है।" एक अबोध ग्राम-किशोरी का यह अनूठा समर्पण उसे बेतरह उद्वेलित कर जाता है। मैडम आर्काडिन चतुर, मजी हुई और अनुभवी स्त्री है। त्रिगोरिन की कमज़ोर इच्छा-शक्ति को एक चरम नाटकीय दृष्टि से अपने वश में कर वह उसे मन्त्रमुग्ध बनाकर अपने साथ ले जाती है।

अन्तिम दृश्य चार वर्ष बाद आता है। त्रिगोरिन और मैडम आर्काडिन फिर देहात में लौटते हैं। इस बीच निराश, कटु और विद्रोही नया लेखक त्रेपलेव धीरे-धीरे प्रतिष्ठित हो चुका है। मास्को में लोग उसकी चीज़ें पढ़ते हैं, प्रशंसा करते हैं, उसके बारे में जानने को उत्सुक हैं। स्वयं त्रिगोरिन उसके प्रशंसक-पाठकों की अगणित कहानियाँ लेकर आया है। लेकिन त्रेपलेव बिलकुल अकेला है। वर्षों पहले झील में किनारे की जलपंखिनी बिना पंख फड़फड़ाये हुए मास्को की तरफ़ उड़ गयी थी। वहाँ त्रिगोरिन के पास रही, एक बच्चा हुआ और जाता रहा। फिर उसके बाद निराशा ...और फिर ग्रामों और क़स्बों की छोटी नाटक-कम्पनियों में अभिनय! त्रेपलेव ने सब सुना। जिस दिन इन सबके आने की धूमधाम है, उसी दिन अकस्मात् त्रेपलेव के कमरे पर एक दस्तक सुनाई देती है। त्रेपलेव लिख रहा है—"एक दिन था,

मैं नये रूप के लिए, नयी शैली के लिए इतना आग्रह करता था। लेकिन अब लगता है कि सवाल नये या पुराने साहित्य-रूप का नहीं है बल्कि असल बात यह है कि लेखक को रूप और शैली के बारे में चिन्ता ही नहीं करनी चाहिए। जो लिखे, वह सिर्फ़ इसीलिए कि यह उसके हृदय से उपजा है।" और इसी समय दरवाज़े पर दस्तक सुनाई देती है। द्वार पर है वर्षों बाद लौटकर आयी हुई थकी-निराश जलपंखिनी-सी निना! एक बार त्रेपलेव का मन पूरी तरह उमग आता है। कहीं भी गयी हो, कुछ भी किया हो, लेकिन अब निना वापस लौटी है। वह कहता है, "मैंने तुम्हारे खत फाड़ फेंके, लेकिन मैं जानता था, यह मेरे वश की बात नहीं है कि तुम्हारे प्यार से मुक्त हो सकूँ। तुम मुझसे दूर गयीं और यश मेरे पास आया। मेरी चीज़ें छपने लगीं और मेरी यन्त्रणा और भी बढ़ गयी। मैं नितान्त अकेला हूँ। किसी का प्यार मेरे मन को तृप्त नहीं करता। चारों तरफ़ कहीं उष्णता नहीं; और मैं जो कुछ लिखता हूँ, वह नीरस है, कठोर है, निराशा से भरा हुआ है। निना, मैं तुमसे प्रार्थना करता हूँ, तुम रुक जाओ या मुझे अपने साथ ले चलो।"

निना चौंक उठती है। उसे निःसन्देह नाटक का वह पहला दिन याद आता है जब बाग़ीचा फूलों से लदा हुआ था, चाँद झील पर तैर रहा था और सृष्टि की आत्मा बनकर, पत्थर के ढोंके पर बैठकर उसने काँपते हुए अपने जीवन का पहला संवाद बोला था–

"हज़ारों वर्षों से यह पृथ्वी सूनी और निःसन्तान है। बेचारा चन्द्रमा व्यर्थ शाम को अपना दीपक जला जाता है। हरे-भरे चरागाहों में सुबह-सुबह सारस नहीं बोलते और नीबू की फूली झाड़ियों में वसन्त के भौंरे गुंजार नहीं करते!"

वह यह सब याद करती है। याद करती है, एक जलपंखिनी की महत्त्वाकांक्षा थी महान अभिनेत्री बनने की; याद करती है कि एक व्यक्ति त्रिगोरिन आया देहात में खाली वक़्त बिताने, कोई और काम न होने पर बैठे-बिठाये उसने जलपंखिनी के पंखों को तोड़ दिया। लेकिन वह यह भी जानती है कि त्रेपलेव का प्यार जैसा भी हो, पर वह उसे ग्रहण नहीं कर सकती। त्रिगोरिन ने भले ही उसे नष्ट कर दिया हो लेकिन उसके मन में प्यार त्रिगोरिन के लिए ही उपजा था। अब किसी के लिए कुछ नहीं है, केवल धैर्यपूर्वक उसे अभिनय में लगना है। धीरे-धीरे उसी कला को आत्मसात् करना है, वही उसका एकमात्र रास्ता है!

वह चली जाती है!

जाते-जाते दुःख भरे स्वरों में त्रेपलेव विदा देता है–"तुमने अपना रास्ता पा लिया, तुम अपनी दिशा जानती हो। मैं अब भी स्वप्नों और टूटे हुए बिम्बों की भयानक बाढ़ में हाथ-पाँव मार रहा हूँ। नहीं जानता कि मेरा अभिप्राय क्या है? मेरी आस्था कहाँ है?"

निना चली जाती है—मैडम आर्काडिन के आने के पहले—क्योंकि मास्को-प्रवास के बाद मैडम आर्काडिन उसकी जानी दुश्मन बन चुकी हैं। थोड़ी देर बाद शाम को सब चाय की मेज़ पर बैठे हैं। त्रेपलेव का इन्तज़ार है। सूरज अभी-अभी डूबा है लेकिन नीबू की झाड़ियों में भौंरे अभी गुंजार कर रहे हैं। बाहर से गोली छूटने की आवाज़ आती है, कोई आकर चुपके से कहता है—“मैडल आर्काडिन को किसी तरह यहाँ से उठा ले जाइए—बाग़ में त्रेपलेव ने अपने को गोली मार ली है।”

चेख़व का यह नाटक न केवल विचित्र रूप से सफल और सशक्त लगता है वरन् पता नहीं क्यों, हर आलोचक को इसे पढ़ने के बाद बार-बार ऐसा लगता रहता है कि चेख़व के निजी जीवन से इसका बहुत घनिष्ठ सम्बन्ध होना चाहिए। आखिर इसमें चेख़व का व्यक्तित्व किस पात्र में प्रतिबिम्बित हुआ है? क्या वह त्रिगोरिन था? इसमें कोई सन्देह नहीं कि चेख़व की सफलता और शोहरत लगभग वैसी ही थी जैसी त्रिगोरिन की थी। लेकिन त्रेपलेव का जो संघर्ष था, वह चेख़व के अन्तर्द्वन्द्व के अधिक निकट पड़ता था। 'मास्को आर्ट थियेटर' के जन्मदाता निमिरोविच डान्शैन्को का कहना था कि वास्तव में त्रिगोरिन के रूप में चेख़व ने अपने मित्र—लेखक पोटापेन्को को चित्रित किया है। चेख़व ही त्रिगोरिन है—यह भ्रम शायद इसलिए भी हुआ कि वह प्रख्यात वाक्य, जो उस मैडेलियन से सम्बन्धित है, (यदि तुम्हें कभी मेरे जीवन की ज़रूरत पड़े तो आना और उसे ले जाना। वह तुम्हारा है।) वह स्वयं चेख़व की ही एक कहानी में आता है। दूसरा प्रश्न है—निना कौन थी? कई लोगों ने यह माना है कि निना उसकी बहन मेरी की एक सखी लीडिया मिज़िनव थी। लीडिया मिज़िनव बहुत सुन्दर थी। वह सचमुच चेख़व को प्यार करती थी। यह भी सच है कि जिन दिनों वह मैलीखोवो में रहता था तब लीडिया मिज़िनव चेख़व के मित्र पोटापेन्को से भी मिली थी। पोटापेन्को के प्रति आकर्षित भी हुई थी और कुछ दिनों बाद पोटापेन्को से उसे एक सन्तान भी हुई थी और उसके बाद वे अलग हो गये थे। बहुत दिनों तक यह माना जाता रहा कि लीडिया मिज़िनव ही निना हो सकती है।

लेकिन बाद में एक विचित्र बात का पता चला। वास्तव में पोटापेन्को और लीडिया मिज़िनव का प्रणय-प्रसंग 'सीगल' नाटक के प्रकाशन के बाद हुआ। सन्तान और विच्छेद तो और भी तीन वर्ष बाद! फिर यह रहस्य और भी गहरा हो गया कि वास्तव में कौन थी निना? क्या रहस्य था उस पदकवाली घटना और उस समर्पण भरे वाक्य का? उस वाक्य का, जो चेख़व की कहानी में भी आता है और नाटक में भी! कौन था जिसने इस वाक्य के माध्यम से अपना सर्वस्व अर्पित करने की बात कही थी?

०००

सन् 1904 में चेख़व की मृत्यु हुई। अड़तीस वर्ष तक तमाम आलोचक और रिसर्चस्कॉलर इस समस्या को सुलझाने की कोशिश करते रहे। अड़तीस वर्ष बाद सन् 1942 में ज्ञात हुआ कि एक भद्र महिला लीडिया एवीलव अपनी मृत्यु के बाद एक अप्रकाशित पाण्डुलिपि छोड़ गयी है। उस पाण्डुलिपि में उनके निजी जीवन के संस्मरण हैं। शीर्षक है–"चेख़व इन माई लाइफ़"! संस्मरणों की शुरुआत हुई है सन् 1889 में, जब वे चौबीस वर्ष की थीं और चेख़व अट्ठाईस वर्ष के। चेख़व की पहली कहानियाँ अभी-अभी प्रकाशित हुई थीं और वे उन कहानियों को पढ़कर चेख़व से मिलने के लिए अत्यन्त आतुर थीं। उनका विवाह हो चुका था और एक दिन जब पीटर्सबर्ग की ठण्डी शाम धीरे-धीरे आकाश को धूमिल बना रही थी, उन्हें उनकी बड़ी बहन की छोटी-सी चिट मिली–"चेख़व हमारे यहाँ आये हैं; देखना चाहो, तो तुरन्त चली आओ।" पति के लिए खाना मेज़ पर लगाकर, बच्चे को पालने में सुलाकर, धाय को उसके पास बिठाकर वे अकेले चल पड़ीं–चेख़व से मिलने! उनके गाउन के दोनों छोर शाम की हवा में इस तरह उड़ रहे थे मानो जलपंखिनी के फड़फड़ाते हुए पंख! कैसे होंगे चेख़व? क्या बात करेंगी वे? बीच में बच्चे की नींद खुल गयी, तो? लेकिन कुछ भी हो, उन्हें तो जाना ही है...

उन्होंने अपने संस्मरणों में लिखा है–'चेख़व हमारे यहाँ आये हैं! देखना चाहो तो तुरन्त चली आओ!' यह चन्द शब्द मैंने सैकड़ों बार पढ़ डाले...पढ़ ही नहीं, पी डाले, बूँद-बूँद पी डाले! हज़ारों फूलों का सत्त, इत्र एक बूँद भर ही होता है न, वैसे ही केवल यही अक्षर ही नहीं, दुनिया भर के सारे अक्षर इस समय मेरे लिए सिर्फ़ एक शब्द में सिमट आये–'चेख़व'! बहन की भेजी छोटी-सी चिट एक बड़ा कॅनवस बन गयी जिस पर मेरी कल्पनाओं के चेख़व का चित्र उभर आया! आँखों में सिर्फ़ एक आकृति तैरने लगी–चेख़व की! कानों में सिर्फ़ एक शब्द टकराने लगा–चेख़व! सारी चेतना-शक्ति अपने अतीत और वर्तमान सबको भुलाकर भविष्य के सिर्फ़ एक नन्हे से क्षण में जाकर अटक-सी गयी–वह क्षण जब मैं अपने प्रिय लेखक को देखूँगी। शायद हर साहित्य-प्रेमी, पाठक-पाठिका का कोई-न-कोई प्रिय लेखक ज़रूर होता होगा और उसे देखने की इच्छा भी उसके मन में ज़रूर होती होगी। पर ऐसा क्यों था मेरे साथ कि जिसकी लालसा मन में जाने कब से सँजोये थी, आज जब अप्रत्याशित ही वह क्षण आया तो मन अजब तरीके से घबराने लगा ! कैसे होंगे वे? क्या बातें करूँगी मैं उनसे? वह मुझसे कुछ बात करना पसन्द भी करेंगे या नहीं?...

अच्छी तरह याद है मुझे–सन् था 1889, महीना था जनवरी का और तारीख

थी चौबीस, जिस दिन मैंने पहले-पहल चेख़व को देखा था। मेरी बहन के घर का हॉल बड़े-बड़े साहित्यकारों और पत्रकारों से भरा था, बीच में टहल-टहलकर चेख़व कुछ कह रहे थे। दरवाज़े पर ठिठकी खड़ी मैं मन्त्र-मुग्ध-सी उन्हें देखती ही रह गयी। वह जो कुछ बोल रहे थे वह अक्षर मेरे कानों से टकरा तो रहे थे पर मुझे सुनाई नहीं दे रहे थे। मेरे प्राणों की सारी शक्ति तो जैसे आँखों में समा गयी थी। थोड़ी ही देर बाद मैंने देखा, उनकी निगाह मुझ पर पड़ी। वह ठिठक गये और अपने मेज़बान यानी मेरे बहनोई की ओर देखने लगे। मैंने देखा उनकी निगाह में प्रश्न तैर गये थे। मेरे बहनोई सर्जी उनका सवाल समझ गये और मेरी बाँह थामकर उनके पास ले गये, बोले, "आइए, इनसे आपका परिचय कराऊँ, ये हैं मिस फ्लोरा, यहाँ मेरे संरक्षण में ही हैं।" चेख़व ने आगे बढ़कर मुझसे हाथ मिलाया। मुझे लगा उनकी निगाह में कुछ अजीब-सा था। शायद है कि मेरा नाम फ्लोरा उन्हें कुछ अजब-सा लगा हो। असल में उन दिनों मेरा रंग बिलकुल चम्पई था और मैं लम्बी-लम्बी दो चोटियाँ गूँथा करती थी। इसलिए सभी मुझे दुलार से फ्लोरा कहा करते थे।

सर्जी कहते गये, "इसे आपकी सारी कहानियाँ ज़बानी याद हैं। कौन-सी किताब के किस पृष्ठ पर कौन-सी कहानी छपी है, यह तक इसे याद है।" फिर एक आँख दाबकर शरारत में बोले, "इसने आपको सैकड़ों खत लिखे होंगे मगर पागल है बेहद, उन खतों को अजीब राज़ बनाये है। न किसी को दिखाएगी न जिसके लिए लिखे हैं उस तक भेजेगी ही।" और एकाएक मेरे कन्धे पर हाथ रखकर बोले, "क्यों एक आध भेजा भी था क्या?" और मैं मारे लाज के गड़ी जा रही थी। अन्दर से खोज भी रही थी। सर्जी को इतने लोगों के बीच में यह क्या सूझा है! पर सच कहती हूँ, मुझे बिलकुल याद है, सर्जी की बातें सुनते समय चेख़व की आँखें कुछ मुँद-सी गयी थीं, थोड़ी-सी देर के लिए वह बिलकुल काठ की मूरत जैसे लगने लगे थे। गले में लटकती उनकी टाई तो सचमुच ऐसी ही लग रही थी कि जैसे किसी प्रतिमा के गले में झूल रही हो।

अपने बहनोई की ओर क्रोधभरी दृष्टि से देखकर चेख़व की ओर मुखातिब होकर लड़खड़ाती ज़बान से सर्द स्वरों में केवल इतना ही कह सकी, "आपसे मिलकर बहुत खुशी हुई।" अपनी भावनाओं के मुक़ाबले में कितना छिछला वाक्य कहा था मैंने!...क्यों सिर्फ़ इतनी सादी, इतनी हलकी-सी ही बात कह सकी उस दिन मैं! और कुछ बोली क्यों नहीं अपने प्रथम परिचय के उन क्षणों में!...

उन दिनों वह अपने नाटक 'इवानोव' का अभिनय कराने के लिए पीटर्सबर्ग आये थे। नाटक खेलने वालों की अभिनय-क्षमता से उन्हें कोई शिकायत नहीं थी

पर उनको दुःख यह था कि उन लोगों ने उनके सारे पात्र अपने अनुकूल बना लिये। और चेख़व को यह क़तई पसन्द नहीं था कि उनके नाटकों के पात्रों का व्यक्तित्व कहीं से काटा-तराशा जाए! वह इस नाटक के प्रदर्शन की असफलता की कल्पना पहले से ही कर चुके थे और इतने अधिक चिन्तित हो गये थे कि खाँसते समय उनके मुँह से खून भी आने लगा था। उस दिन अपनी उस स्पीच में उन्होंने बड़ी दृढ़ता से ऐलान किया कि ''मैं कसम खाता हूँ कि रंगमंच के लिए अब कभी नाटक नहीं लिखूँगा।''

भाषणों के बाद खाने की मेज़ पर चेख़व मेरे पास ही बैठे। सर्जी उनसे बताते रहे कि फ्लोरा बहुत अच्छी कहानियाँ लिखती है। इसकी कहानियों में सामान्य रट से कुछ पृथक् एक मौलिक सूझ रहती है। चेख़व ने मेरी ओर देखा और इस तरह मुसकराये जैसे बहुत दिनों के बिछुड़े दो मित्र मिल रहे हों और एक-दूसरे की उपलब्धियों की प्रशंसा सुनकर मगन हो रहे हों। जितनी देर भोजन चलता रहा, हम लोग इधर की, उधर की तमाम साहित्यिक चर्चाएँ करते रहे। उस दिन की बातों में से एक बात तो ज्यों-की-त्यों आज तक मुझे याद है। चेख़व ने कहा था, ''जीवित-जाग्रत् प्रतिभाएँ विचारों को जन्म दे सकती हैं किन्तु कोरे विचार प्रतिभाओं को उत्पन्न नहीं कर सकते। जो कुछ देखो और अनुभव करो, बस उसी को पूरी ईमानदारी और सचाई के साथ लिख दो।''

हमारी बातचीत के बीच में सामने बैठे दूसरे लोग भी हिस्सा ले रहे थे। मैं तो उस दिन बहुत ही कम बोली थी—पर चेख़व हर वाक्य इतनी आत्मीयता से कह रहे थे कि मुझे लगने लगा था कि इतनी सब बातें जैसे सिर्फ़ मेरे लिए ही हो रही हैं। पर आखिर इतना आत्मीय व्यवहार क्यों कर रहे हैं चेख़व? कहीं इसलिए तो नहीं कि ये सचमुच मुझे कोई कुमारी फ्लोरा ही समझ रहे हों। मैंने सुन रखा था कि क्वाँरी छोकरियों की ओर वह सहज ही आकर्षित हो जाते हैं। मेरे मन ने कहा—नहीं, इन्हें इस भ्रम में नहीं रखना चाहिए। मैं सोच ही रही थी कि इन्हें कैसे बताऊँ कि इतने में चेख़व ने अपने नाटक 'इवानोव' को देखने के लिए मुझे आमन्त्रित किया तो मैंने उन्हें बता दिया कि सर्जी तो यूँ ही मज़ाक़ करते रहते हैं, मैं विवाहित हूँ और मेरे एक छोटा बच्चा भी है। मैं रात को उसे छोड़कर कैसे आ सकूँगी भला ! ...इतना सुनना था कि सर्जी तो एकदम जल-भुन गये और मुझे डपटते हुए बोले, ''क्या वाहियात बकती रहती हो! बच्चे को सुला आना! वह अब इतना छोटा नहीं कि उसे तुम तीन घण्टे के लिए भी छोड़ न सको।'' और चेख़व से बोले, ''देखिए, इनकी बहानेबाज़ी मत सुनिए और इन्हें ज़रूर बुलाइएगा !''

और उस समय चेख़व ने मेरी आँखों में न जाने कौन-सी दृष्टि से झाँका था और कहा था, ''ओ हो, तुम्हारे एक पुत्र भी है। कितने सुख की बात है यह!''

उस दृष्टि में न जाने क्या था कि उसने बड़े रेशमी बन्धनों में जकड़ लिया मुझे! और मैं ऐसी बावली कि समझ भी नहीं पायी कि उस क्षण से मुझमें कुछ नया जाग गया है! किसी घटना के सच्चे अर्थों को जान लेना और उसकी ठीक-ठीक व्याख्या कर देना शायद बहुत कठिन होता है! पर सच तो यह है कि यहाँ कोई घटना घटी ही नहीं। हमने तो एक-दूसरे की आँखों में बस केवल एक विशिष्ट गहराई से देखा भर था! मगर उफ़ रे वह दृष्टि! मेरी अन्तरात्मा में न जाने कौन-सा नक्षत्र उगा गयी थी—दमदम दमकता नक्षत्र! मुझे अपने चारों ओर बहुत उजाला नज़र आने लगा था उस क्षण से!...

जब घर वापस आयी तो देखा, मेरा बच्चा ल्योवुश्का कुछ चिढ़ा हुआ-सा है जैसे मानो अब रोया कि तब रोया! मगन-मन मैंने आते ही उसके गालों को प्यार से मसल कर कहा, "ओहो मेरे एक पुत्र भी है। कितने सुख की बात है यह!" मेरा मन कह रहा था, अपनी कल्पना के परों को हवा में तौलूँ और दूर-दूर तक की उड़ान भर आऊँ!...कि इतने में माइकेल दूसरे कमरे से आये—(माइकेल मेरे पति) छूटते ही बोले, "ज़रा शीशे में अपना मुँह तो देखो, कितना सूखा हुआ है! बाल बिखरे हुए हैं। हुँ, कितना भद्दा ढंग है यह बाल बनाने का! शायद यह सब अपने उसी चेख़व को प्रसन्न करने के लिए चोंचले किये गये हैं। ल्योवुश्का यहाँ रो-रोकर जान दिये दे रहा है, उसकी माता जी किसी साहित्यिक महानुभाव के साथ आवारागर्दी कर रही हैं!"

और, मुझे लगा कि मेरी दुनिया में सुख और सन्तोष की जो रोशनी फैलने लगी थी, उसने अपने पंख सिमेट लिये हैं—सब-कुछ जैसे एक गहरे अँधेरे की पर्त के नीचे दब गया!

फिर सब-कुछ पूर्ववत् था—वही घर और वही ज़िन्दगी का क्रम!

चेख़व से प्रथम परिचय के वह क्षण—लगातार तीन बरस तक मेरी यादों में स्वयं को दोहराते रहे। अब तक मेरे दो बच्चे और हो चुके थे—लोड्या और नीना! अकसर माइकेल कहा भी करते थे, "अच्छा तो 'माता जी', अब बच्चों ने आपके पंख काट ही दिये न।" मुझे उनकी बात चुभती तो ज़रूर थी पर यह भी कैसे कह दूँ कि झूठ थी। मुझे याद है, 'रशन थाट' के सम्पादक गोल्वेज़ ने जब सुना था कि मेरी शादी होने जा रही है तब वह बहुत उदास हो गये थे और उन्होंने कहा था, "अब तुम कभी लेखिका नहीं बन सकोगी। तुम्हारी कला सूख जाएगी अब।" तब मैंने उन्हें चैलेंज दिया था कि गृहस्थी मेरे लेखन में बाधक नहीं बन सकेगी। पर सचमुच अब मेरे पंख कट गये थे! पंख ऐसे कटे कि मुझे अब उनके कट जाने की तकलीफ़ तक महसूस नहीं हो पाती थी। अगर बच्चे बीमार न होते और घर का काम

ठीक-ठीक चलता रहता तो मैं खुश भी रहती ही थी! 'खुश'! कैसा खोखला निर्जीव शब्द है यह!

पर सब-कुछ होते हुए भी न जाने क्यों मन तीन साल पहले की यादों में बँधा-बँधा रहता था! कैसे हैं ये बन्धन? कौन से पंख हैं ये जो अपनी जड़ें जमाते जा रहे हैं...माइकेल तो कहते हैं, मेरे पंख बच्चों ने काट दिये हैं...

जनवरी 1892 में सर्जी अपने पत्र की पचीसवीं वर्षगाँठ मना रहे थे। घरेलू इन्तज़ामों में मैं भी लगी थी। अकस्मात् ही मैंने सीढ़ियों पर चढ़ते हुए दो आदमियों का अक्स सामने के आदमक़द शीशे में देखा। कभी-कभी ऐसा होता है कि किसी एक दृश्य को सारी ज़िन्दगी के लिए यादों में बसा देने को एक झलक ही काफ़ी होती है। आज भी मेरी याद में ताज़ा है सुतोरिन का भद्दा-सा सिर और उसके पास ही चेख़व का किशोर मधुर चेहरा! वह अपने दाहिने हाथ की पतली उँगलियों से अपने माथे पर पड़ी एक शोख लट को पीछे कर रहे थे। अधखुली-सी थीं उनकी आँखें और होठ रह-रहकर बड़े सहज ढंग में हिल रहे थे। वह कुछ बोल रहे होंगे जो मैं सुन नहीं पा रही थी। मेरे मन में वही तीन साल पहले की सिहरन कसमसा गयी। मैं पसोपेश में पड़ गयी, पता नहीं वह मुझे पहचानेंगे भी या नहीं? उन्हें याद भी होगा या नहीं कि तीन साल पहले उन्होंने बड़ी आत्मीयता से किसी से बातें की थीं। खैर, यह तो भला वह नहीं ही जानते होंगे कि उनकी वह आत्मीयता मेरी नस-नस में बस चुकी है।

न जाने किस सम्मोहन से खिंची-खिंची मैं उनके पास गयी। अभिवादन किया और कहा, "मुझे उम्मीद नहीं थी कि आपके दर्शन होंगे!" उन्होंने उसी सहज मुसकान से कहा, "किन्तु मुझे तो थी। कहो कैसी हो? मैंने तुमसे कहा था कि अपनी कहानियाँ मेरे पास भेज देना, मैं देखकर लिखूँगा, पर तुमने भेजी ही नहीं।" मैं कुछ बोलूँ-बोलूँ कि खुद ही बोले, "लड़कियाँ बड़ी जाहिल होती हैं। मेहनत तो तुम लोगों के वश की बात ही नहीं! जबकि बड़ा लेखक बनने के लिए परिश्रम बहुत ज़रूरी होता है। खूब लिखना चाहिए और उसे फिर-फिर माँजना चाहिए, माँजते-माँजते दस पृष्ठों के तीन पृष्ठ कर देने चाहिए। तब जाकर चीज़ बढ़िया बनती है। अरे, तुम लोग तो ऊन के गोले-के-गोले बुनती-उधेड़ती हो, तुममें तो यह धैर्य और अधिक होना चाहिए!"

बहुत-से लोग आये हुए थे। तमाम बड़े-बड़े लेखक, आलोचक, कवि और पत्रकारों से घर भरा था। चेख़व मेरे साथ एक खिड़की के पास अलग जाकर बैठ गये। मैंने कहा, "हमें इस तरह अलग नहीं बैठना चाहिए, यहाँ तो सभी लोग आपको जानते होंगे।" मेरे सवाल का जवाब उन्होंने नहीं दिया और जाने कहाँ

खोये-खोये-से बोले, "क्या तुमने एक बात महसूस की थी? पिछली बार तीन साल पहले जब हम पहली बार मिले थे तो हमारा परिचय एकदम नया ही हुआ था लेकिन लग ऐसा रहा था कि न जाने कब के बिछुड़े हुए हम मिले हैं!" मैं उन्हें जवाब देने लायक़ अपने पास कोई शब्द न ढूँढ़ सकी। केवल सिर हिलाकर, आँखें झुकाकर मैंने उन्हें स्वीकार-भाव जता दिया। तो बोले, "मैं जानता हूँ, मैं जानता हूँ। ऐसा भाव एक-दूसरे के प्रति दोनों के मन में एक साथ ही उठ सकता है। मैंने ज़िन्दगी में पहली बार किसी के लिए वैसा अनुभव किया था। इसीलिए मैं उस अनुभव, उस स्फुरण को भुला नहीं सका। वह याद आज भी मेरे दिमाग़ में ताज़ा है। पर देखो तो, कितनी विचित्र है यह बात कि हम एक-दूसरे के बारे में बिलकुल नहीं जानते।"

मैंने कहा, "लेकिन यह न भूलिए कि यह इस जीवन का अलगाव नहीं है, किसी पहले जनम की बात है जो बहुत समय पूर्व भुलायी जा चुकी है! शायद कई जनम बीत गये हैं जब हम एक साथ थे।"

चेख़व का कहानीकार जैसे जाग उठा। बोले, "भला यह तो बताओ कि उस जनम में हमारा-तुम्हारा क्या नाता रहा होगा?"

मैंने जल्दी से जवाब दिया, "इतना तो निश्चित है कि कम-से-कम पति और पत्नी का तो सम्बन्ध नहीं ही होगा।" हम दोनों ही हँस पड़े। कितनी निश्छल थी उनकी वह हँसी? कितनी शिशुवत्।

पर दूसरे ही क्षण फिर वह अपनी खयाली दुनिया में खो गये। ख्वाब देखते-देखते जैसे बोल रहे हों—कहने लगे, "लेकिन हम एक-दूसरे को बेइन्तिहा प्यार ज़रूर करते थे। हम अभी किशोर ही थे...हमारी मृत्यु हो गयी थी,..एक जहाज़ टूट जाने से..." मैंने भी उनकी खयाली दुनिया में प्रवेश करके कहा, "हाँ-हाँ, मुझे भी कुछ-कुछ याद आ रहा है।" वह बोले, "अरे-अरे रुको, देखो मुझे सब साफ़ याद आ रहा है। बहुत देर तक हम लहरों से जूझते रहे थे...तुम्हारी बाँहें मेरी गर्दन में माला जैसी लिपटी थीं!" "हाँ-हाँ, मैं बहुत डर गयी थी। तभी तो ऐसा किया था मैंने। तुम जानते हो न, मैं अच्छी तरह तैरना नहीं जानती।...सचमुच मुझे याद आ रहा है, तुम्हारे डूब जाने का कारण मैं ही थी। मैं न होती तो तुम पार हो गये होते..."

"भई, सच बात तो यह है कि मैं भी कोई अच्छा तैराक नहीं हूँ। बहुत मुमकिन है कि यह हुआ होगा कि पहले मैं डूबा होऊँगा और तब तुमको भी अपने पीछे खींच लाया होऊँगा।"

"जाने दो, इसके लिए मैं तुम्हें दोषी नहीं ठहराती। और फिर सबसे सुखद बात तो यह है कि अब हम फिर मित्र रूप में एक-दूसरे को मिल गये हैं।"

"पर, क्या अब भी तुम मुझमें उतना ही विश्वास रखती हो?"

मैंने अपने स्वरों में शरारत भरकर कहा, "भला तुम्हारा विश्वास कैसे कर सकती हूँ मैं। बचाने के बजाय तुमने डूबो जो दिया था मुझे!"

"तो तुमने मेरी गर्दन क्यों नहीं छोड़ी थी?"

हम दोनों दूसरी ही दुनिया में उड़ रहे थे कि एक महोदय हाथ में प्लेट लिये हुए हमारी तरफ़ आये और चेख़व से बोले, "मैं अपनी साथी से अभी तुम्हारी ही कहानियों की चर्चा कर रहा था कि वह बहुत दिलचस्प होती हैं। बॉनबॉन जैसी मीठी !"

इस बॉनबॉन शब्द पर सब लोग बड़ी देर तक हँसते रहे। वह महोदय चले गये तो कुछ देर बाद अचानक ही मैंने याद करते हुए कहा, "मैं तुम्हारी कितनी-कितनी प्रतीक्षा करती थी...मेरा मतलब है, इस जन्म में। जब मैं मास्को में थी—अपने विवाह से पहले।"

दूने अचरज से चेख़व बोले, "भला मेरी प्रतीक्षा क्यों करती थी?"

"इसलिए कि मैं तुमसे परिचय प्राप्त करना चाहती थी। एक तो तुम्हारी कहानियों के जादू ने मेरे मन को अपने वश में कर लिया था, ऊपर से मेरे भाई के एक मित्र थे पौपोव। वह कहते थे कि तुम उनके लँगोटिया यार हो। तुम्हारी तारीफ़ें भी वह इस क़दर करते थे कि कुछ पूछो मत। उन्होंने मुझसे यह भी कहा था कि अगर वह मेरी ओर से तुम्हें निमन्त्रण देंगे तो तुम आओगे ज़रूर! मैंने कितनी प्रतीक्षा की किन्तु तुम कभी आये तो नहीं?"

"अपने उन पौपोव महोदय से, जिनसे मेरी कभी कोई मित्रता नहीं रही, न कभी मैं उनसे मिला ही था, कह देना कि वे मेरे सबसे बड़े दुश्मन हैं।" जाने कैसी गम्भीर उदासी से उन्होंने कहा।

फिर हम मास्को, पीटर्सबर्ग, गोल्तसेव और रशन थॉट के बारे में तमाम बातें करते रहे। बातें करते-करते अचानक जैसे कुछ याद आ गया हो, वे बोले, "तुम्हारी उम्र क्या है?"

"अट्ठाईस साल।"

"और मैं बत्तीस का हूँ। जब हम पहले-पहल मिले थे तो अब से तीन वर्ष छोटे थे, यानी पचीस और उन्तीस! ओहो, तब हमारी कितनी हसीन उम्र थी!..."

इतने में क्या देखती हूँ कि माइकेल उधर से आ रहे हैं। मेरे पास आकर ज़रा तीखेपन से वह बोले, "मैं घर जा रहा हूँ। तुम?"

"मैं ज़रा ठहरूँगी।" मेरा इतना कहना था कि चेख़व की ओर देखकर अजब तल्खी से वह बोले, "हाँ, हाँ, वह तो तुम करोगी ही।"

पहली बार वह चेख़व के सामने थे। मैं परिचय न कराती तो असभ्यता होती। अजब से खिंचाव-तनाव की स्थिति में ही मैंने दोनों का परिचय कराया। दोनों ने औपचारिक ढंग से हाथ मिलाये। माइकेल के मुँह पर केवल उदासीनता ही नहीं बल्कि शत्रुता का-सा भाव था। उसे देखकर मुझे कुछ बहुत अचरज भी नहीं हुआ। मगर मैंने साश्चर्य देखा कि चेख़व ने पहले मुसकराने की चेष्टा की मगर मुसकरा न सके। और एक विचित्र अभिमान के-से भाव से उन्होंने अपने सिर को झटका दिया। दोनों एक-दूसरे से कुछ नहीं बोले। माइकेल फ़ौरन ही लौट भी गये। माइकेल का रुख देखकर मैं समझ गयी कि आज घर पर हंगामा ज़रूर मचेगा। पर जितने की कल्पना मैंने की थी—उससे कहीं अधिक बवाल हुआ। चेख़व से ईर्ष्या करने वाले साहित्यकारों की भी कमी नहीं थी। उन्हीं में से किसी एक साहित्यकार नाम के छोटे दिल के महोदय ने माइकेल को जड़ दिया कि जब वह चले आये तो चेख़व ने बड़ी डींगें हाँकीं और कहा कि लीडिया को वह तलाक़ दिलवा लेंगे और उससे शादी करके ही रहेंगे। तमाम लोगों ने उन्हें सहायता का वचन भी दिया तो मारे खुशी के चेख़व ने लीडिया को कन्धों पर उठा लिया। ऐसी बेसिर-पैर की बातें सुनकर माइकेल का गरम होना भी स्वाभाविक ही था। माइकेल को तो मैंने जैसे-तैसे समझा लिया कि यह सब उनसे कम प्रतिभाशाली लेखकों की ईर्ष्या और द्वेष के कारण है। चेख़व से साहित्य में टक्कर ले नहीं पाते तो लोग अपनी खीझ इसी तरह उतारते हैं। माइकेल मान भी गये। लेकिन स्वयं मेरे ही मन में एक काँटा-सा कसका कि कहीं किसी समय शराब अधिक पी जाने पर उन्होंने कुछ अण्ट-शण्ट कहा ही तो नहीं है। यह सोचकर मैंने उन्हें एक खत लिखा। उसका उत्तर वापसी डाक से आया :

'तुम्हारे पत्र ने मुझे बड़े कष्ट और भ्रम में डाल दिया है। इस सबका मतलब आखिर क्या है? मुझमें इतना आत्मसम्मान अवश्य है कि मैं अपनी सफ़ाई में कुछ नहीं कहूँगा। किन्तु जो कुछ तुमने लिखा है, उससे मालूम यही होता है कि किसी ने मेरे बारे में झूठी बातें गढ़कर फैला दी हैं। और कुछ न कहकर मैं तुमसे केवल एक सवाल पूछता हूँ कि क्या तुम मेरा उतना भी विश्वास नहीं करतीं जितना उन लोगों का कर रही हो जो मेरे बारे में मनगढ़न्त बातें फैला रहे हैं। पीटर्सबर्ग में जो कोई जो कुछ भी कह दे उसका सहज ही विश्वास नहीं कर लेना चाहिए। और अगर उन बातों का विश्वास किये बिना तुमसे रहा नहीं जाता तो फिर जो-जो कुछ मेरे बारे में कहा जाता है, सब पर विश्वास कर लो। यक़ीन कर लो कि मेरा विवाह एक राजकुमारी से हो गया है और मेरे जितने भी मित्रों की पत्नियाँ हैं, सब मेरी प्रियाएँ हैं।

खैर अफ़वाहों के विरुद्ध अपनी सफ़ाई क्यों पेश करूँ? व्यर्थ होता है यह सब।

मैं तो तालाब में जमी बर्फ़ को अपने हाथों से काट रहा हूँ और वहीं खड़ा हूँ। मैंने खूब सोच-समझकर यह निश्चय कर लिया है कि इस जन्म में अब कभी पीटर्सबर्ग नहीं जाऊँगा।''

कैसी विडम्बना है नियति की! यह था मेरे और चेख़व के पत्र-व्यवहार का प्रारम्भ! वह अब कभी पीटर्सबर्ग नहीं आएँगे—मेरे 'सुखी पारिवारिक जीवन' में अब कभी कोई भँवर नहीं आएगी।...कभी-कभी किस्मत कैसी अजीब गलियों में भटका देती है जहाँ से निकासी का द्वार तो मिलता ही नहीं, उलटे जहाँ से प्रवेश किया था उन रास्तों को भी अथाह अँधेरा निगल जाता है। मन बेचारा सिर्फ़ पिरा ही तो सकता है न, सो पिराया करता है! पर इस दर्द की कोई सार्थकता भी होती है क्या? ...पता नहीं। सिर्फ़ इतना पता है, अब मैं चेख़व के प्रति स्वयं को पूर्णतया प्रतिश्रुत अनुभव करने लगी थी। उन्हें बराबर खत भी भेजती रहती थी। यों मैंने माइकेल को बता दिया था कि हमारे खत आते-जाते हैं पर खत मैं घर के पते पर न मँगाकर सीधे डाकघर से ही ले आती थी। कितनी प्रेरणा और कितनी शान्ति देते थे उनके खत! पर मन कितना आकुल-व्याकुल रहता था यह सोचकर कि चेख़व ने पीटर्सबर्ग न आने की कसम खा ली है। और मैं उन तक पहुँचूँ तो भला कैसे पहुँचूँ?...

एक दिन बिना किसी पूर्व सूचना के ही मेरी बहन मेरे घर आयी और बड़ी शरारत से मुसकराकर बोली, ''आज शाम को मेरे घर अकेली ही आना। ध्यान रखना, माइकेल साथ न हो।'' मैंने कहा, ''अरे, यह कैसी शर्त? क्या हुआ?'' बोली, ''हुआ कुछ नहीं। अच्छा बता, मैं क्या सोच रही हूँ? शर्त लगा ले, तू अन्दाज़ नहीं लगा सकती। एक बोरिंग कहानी है।''

''बोरिंग कहानी? क्या मतलब?''

''हाँ-हाँ, 'ए बोरिंग स्टोरी' तू ने नहीं पढ़ी?''

''पढ़ी है, मगर उससे तुम कहना क्या चाहती हो?''

''उसमें तुझे याद है—एक शैम्पेन की बोतल है, पनीर है और...''

''अरे तो तेरे यहाँ चेख़व आ रहे हैं क्या री?'' कहने को तो मैं कह गयी पर दूसरे क्षण ही लाज से दोहरी हो गयी। मुझे आज भी वह संवेदन याद है। जाने कैसी अजानी पुलक से मेरे गालों पर सुर्खी दौड़ गयी थी। मैंने अपने कानों की कोर पर कुछ गुनगुनी-सी, सुरसुरी भी महसूस की थी। इस सूचना मात्र से ही मैं स्वयं को बहुत छोटी, बहुत नयी-नयी लगने लगी थी।

शाम को जब मैं बहन के घर गयी तो देखा, वह बाहर के कमरे में बैठी कुछ लिख रही थी। उसने अभी शाम के कपड़े भी नहीं पहने थे। ड्रेसिंग गाउन लपेटे बैठी थी और आँखों में वही शरारत-भरी चमक। चेख़व अभी आये नहीं थे पर उनके

आने में मुश्किल से दस-पन्द्रह मिनट की ही देर होगी और यह अभी तैयार भी नहीं हुई। ऐसा तो पहले कभी नहीं करती थी। इतने में ही घण्टी बजी। नाड्या उसी शरारत से मुसकराकर बोली, ''अरी लीडो, मैं तो अभी तैयार भी नहीं हुई। जा, ज़रा तू ही उनका स्वागत कर, मैं अभी आयी!'' अब समझी मैं ड्रेसिंग गाउन का रहस्य। उसके सुर्ख गालों को चुटकी से मसलकर और भी सुर्ख बनाकर मैं द्वार पर गयी।

मेरे पाँवों में बड़ा अजब कम्पन हो रहा था। दिल ज़ोर-ज़ोर से धड़कने लगा था, वह अलग! ऐसा लग रहा था जैसे मानो दिल और पैरों में कोई होड़ लगी थी कि किसके स्पन्दन ज़्यादा द्रुत हैं! पर शीघ्र ही मैंने स्वयं को संयत कर लिया। परस्पर अभिवादन के बाद, पहले मैं ही बोली, ''क्यों साहब, आपने तो पीटर्सबर्ग न आने की कसम खा ली थी!''

''भई, मैं बड़ा असंयत और कमज़ोर इच्छा-शक्ति का आदमी हूँ। पर तुम कुछ घबरायी-सी नज़र आ रही हो! तबीयत तो ठीक है न?''

मैंने स्वयं को और भी सँभाला और होठों पर ज़बरन हँसी बिखेरकर कहा, ''नहीं, नहीं, मैं तो बिलकुल ठीक हूँ।''

''हाँ तो, मैं पीटर्सबर्ग में हूँ। और भी एक बात बताऊँ। तुम्हें याद है न, मैंने कभी नाटक न लिखने की कसम खायी थी, पचासों व्यक्तियों के सामने ऐलान कर दिया था कि अब कभी नाटक नहीं लिखूँगा। याद है?''

मैंने कहा, ''हाँ, याद तो है।''

तो कहने लगे, ''मैं एक नया नाटक लिखने जा रहा हूँ। उसका नाम भी अभी से सोच लिया है—सीगल!''

उस शाम चेख़व से मिलने के लिए बहुत-से मेहमान आये-गये। तमाम तरह की बातें होती रहीं पर मेरे दिमाग़ में केवल एक बात घूमती रही—चेख़व एक नया नाटक लिखेंगे—सीगल! वह कुछ लिख रहे हैं, यह सूचनामात्र ही मुझे पता नहीं कौन-सा सुख दे जाती है, फिर यह तो नाटक लिखने की बात है! नाम भी कितना खूबसूरत—सीगल! मुझे लगने लगा, मेरे भी पंख उग आये हैं...मैं एक जलपंखिनी की शक्ल में बदल गयी हूँ...अरे, पर ऐसा क्यों महसूस करने लगी मैं?...धीरे-धीरे मैंने पाया कि सारी भीड़भाड़, सारा शोरशराबा मुझे छू ही नहीं रहा है, मैं विचारों की अनोखी-सी दुनिया में जाने कहाँ उड़ती जा रही हूँ। वैसी ही मनःस्थिति में एक बड़ी हास्यास्पद बात हो गयी। मैं उनसे पूछ बैठी, ''क्या तुम अभी चेख़व से नहीं मिले? किस समय आये थे तुम?'' उन्होंने कहा, ''कौन?'' मैंने फिर दोहरा दिया, ''तुम!'' बड़ी ज़ोर से हँसकर बोले, ''अरे भई, मुझे ही चेख़व कहते हैं, और

मैं कल आया हूँ।'' मैं तो एकदम पानी-पानी हो गयी—काश, सचमुच मैं सीगल ही होती तो समुद्र किनारे के किसी चट्टान की खोह में जाकर ऐसी छिप जाती कि फिर कभी किसी को मुँह न दिखाती। क्या कहते होंगे चारों ओर बैठे लोग; सबकी हँसी के बीच मैं सिर्फ़ इतना कह सकी, ''मेरा मतलब...था।'' और यह लगा कि मैं अब रो ही पड़ूँगी तो उठकर मैं भीतर भाग आयी।

सब मेहमानों के जाने के बाद हँसते हुए चेख़व आये; बोले, ''बावली लड़की, अब शर्म छोड़ो! आओ बैठो, अपने बच्चों के हाल-चाल सुनाओ! कितनी खुश-किस्मती से अपना निज का कुटुम्ब बनता है। बच्चे दुनिया की शायद सबसे हसीन चीज़ होते हैं!''

मैंने टोका, ''तो आप विवाह क्यों नहीं कर लेते?''

''हाँ, मुझे भी विवाह करना तो चाहिए। पर तुम जानती हो कि मैं स्वतन्त्र नहीं हूँ। मेरा विवाह कैसे हो सकता है भला! पर उससे क्या, मेरे भी कुटुम्ब तो है ही। माँ है, बहन है, छोटा भाई है। मुझ पर भी सब तरह के पारिवारिक दायित्व तो हैं ही।''

फिर बड़ी देर तक चुप रहे। अकस्मात् पूछ बैठे, ''लेकिन क्या तुम खुश हो ?''

इस अचानक के प्रश्न से मैं खासी नर्वस हो गयी। काफ़ी देर तक चुपचाप पियानो के सहारे मैं टिकी खड़ी रही। और वह प्रश्न-भरी मुद्रा में मुझे देखते रहे। मुझे चुप देखकर फिर बोले, ''सच बताना, विवाह से तुम खुश हो?''

यानी कि मुझे जवाब देना ही होगा। उखड़े-उखड़े शब्दों में मैंने उनसे यही कहा, ''मैं नहीं जानती, खुशी क्या होती है? पति की दृष्टि से मेरे पति बहुत अच्छे हैं। बच्चे भी बड़े अच्छे हैं। लेकिन सबको अच्छा समझना ही तो खुश होना नहीं कहलाता।'' इतना कहकर मैं चुप हो गयी। पर मुझे लगा, मैं अपनी बात ठीक तरह से कह नहीं पायी हूँ तो फिर बोली, ''पति खुश हैं, बच्चे खुश हैं तो मैं भी खुश रहती हूँ। पर ऐंटन! धीरे-धीरे ऐसा महसूस करने लगी हूँ मैं कि ऐसे जाल में फँस गयी हूँ जिससे चाहकर भी अपने को मुक्त नहीं कर सकती। बस जो कुछ कर सकती हूँ वह सिर्फ़ इतना ही कि जैसी भी, जो कुछ भी स्थिति है उसे अधिक-से-अधिक खूबसूरती से गुज़ार दूँ। अपने मन को कैसी भी परिस्थिति में डाल लेने की आदत डाल लूँ। भूल जाऊँ इस बात को कि मेरा भी अपना कोई अस्तित्व है, कोई व्यक्तित्व है...बस तो फिर मैं खुश हूँ! बहुत खुश हूँ चेख़व! जानती हूँ, अभी मेरे मन में कुछ द्वन्द्व शेष हैं जिन पर मैं विजय प्राप्त नहीं कर सकी हूँ, उन्हें भी जीत लूँ और सिर्फ़ एक बात याद रखूँ कि मुझे अपने परिवार को प्यार करना है। शायद अपने व्यक्तित्व को यों खपाकर ही खुशी नसीब होती होगी।''

मैं तो सुध-बुध भूल गयी थी। खोयी-खोयी बोलती ही जा रही थी कि अकस्मात् मेरा ध्यान चेख़व की ओर गया। मैंने देखा, वह चिन्तित और उत्तेजित हो गये हैं। मुझे अपनी ओर देखते हुए तेज़ स्वर में बोले, "कौटुम्बिक जीवन की यही विकृति है। ऐसी अजीब स्थिति को स्वीकार करना भी अपराध है। पता नहीं, क्यों तुम औरतें घुटना पसन्द करती हो। तुम्हें इस विकार के खिलाफ़ आवाज़ उठानी चाहिए। मुझे समझ में नहीं आता कि कोई अपने व्यक्तित्व को घोंट क्यों डाले? आज घर-घर में यही हालत है। नहीं लीडिया! इन्सान को अपने व्यक्तित्व का आदर करना चाहिए। अपनी मनुष्यता पर तुम्हें अभिमान होना चाहिए। तुम नवयुवती हो, गुणी हो–देखना, कुटुम्ब तुमको कुचलने न पावे। अपने व्यक्तित्व को नष्ट कर देने की बात आखिर तुम्हारे मुँह से निकली ही कैसे?" बोलते जा रहे थे और तेज़ क़दमों से कमरे में चक्कर काटते जाते थे।

अचानक आये और मेरे सामने खड़े हो गये। बोले, "यदि मैंने विवाह किया होता तो मैं अपनी पत्नी से एक प्रस्ताव करता। जानती हो क्या? मैं कहता कि हम दोनों को साथ नहीं रहना चाहिए। ऐसा करने से हमारे व्यवहार में शिथिलता न आ पाती, वह अतिशय परिचय न होता...और यह सब वाहियात अनपेक्षित बातें न उठतीं... ।"

इतने में मेरी नौकरानी ने आकर सूचना दी कि मेरे बच्चे की तबीयत खराब हो गयी है, मुझे तुरन्त बुलाया है। मैं बातें अधूरी ही छोड़कर भागी-भागी घर पहुँची तो पता चला, माइकेल ने झूठा बहाना बनाकर मुझे बुलवा लिया था। बड़ी कोफ़्त गुज़री। पर इसी का नाम शायद परिवार की खुशी होता होगा! पर माइकेल के इस तरह बुला लेने से क्या सहज प्रतिक्रियाएँ समाप्त हो जातीं? अब मैं अपने मन का रेशा-रेशा परखकर देख चुकी...उनकी प्रेम-दृष्टि मेरे रोम-रोम को हर क्षण घेरे रहती है...और मैं विवश हूँ...मेरा वश नहीं है कि उस घेरे को तोड़कर मैं मुक्त हो सकूँ–कितनी प्यारी होती है वह विवशता भी!...

लेकिन बात केवल यहाँ तक नहीं रुक जानी थी। उस बार जब वह वापस होने के पहले मेरे घर मिलने आये तब जो बातें हुईं उनसे...उन बातों ने तो मेरे जीवन की दिशा ही जैसे बिलकुल एक पृथक् राह पर मोड़ दी–

बातें मेरी कहानियों के प्रकाशन से प्रारम्भ हुईं। उन्होंने मुझे कुछ पत्रिकाओं और सम्पादकों के पते दिये। मैंने उसी सिलसिले में उन्हें बताया कि मैं अपनी पाण्डुलिपियाँ लेकर ब्यूरासिन के पास गयी थी। यह सुनना था कि वे एकदम आगबबूला हो गये। बोले, "उस गधे के पास जाने के लिए तुमसे किसने कहा था ! अपनी इज़्ज़त को जहाँ-तहाँ क्यों बिगाड़ती फिरती हो!" स्वर में बहुत ममता भरकर बोले, "मैं हमेशा यही सोचता रहता हूँ कि वाहियात लोगों की दृष्टि से

तुम्हें किस तरह बचाता रहूँ। तुम्हें सहेज-सँभाल लेने की कितनी बड़ी साध है मेरी, तुम नहीं जानतीं। पता नहीं, तुम्हें याद है या नहीं उस मुलाक़ात की बात जब हम पहली बार मिले थे। तुम नहीं जानतीं लीडिया, मैं कम-ज़्यादा की बात नहीं करता पर इतना जानता हूँ कि उसी दिन मैंने यह जान लिया था कि संसार की कोई भी दूसरी स्त्री ऐसी नहीं हो सकती जिसे मैं वैसा प्यार कर सकूँ जैसा प्यार तुम्हें करने को जी उमगा था ! तुम कोई अनन्त सुन्दरी नहीं थीं, न तुम्हारे यौवन ही में कोई जादुई कशिश थी पर बस मुझे लगा था कि केवल यही कान्ति, यही दीप्ति, यही व्यक्तित्व है जिसे मैं वैसा प्यार कर सकता हूँ। ...उसके बाद शायद तीन साल बाद हम मिले थे—तब मुझे लगा था कि तुम पहले से बहुत अधिक सुन्दर हो आयी हो, बहुत निखर गयी हो—मानो तुम्हें कोई दूसरा ही व्यक्तित्व मिल गया हो। नितान्त नवीन व्यक्तित्व ! और मुझे लगा कि मुझे तो फिर से पहचानना चाहिए...एक नये सिरे से...नये ढंग से।''

सोफ़ा पर बैठे थे, सिर उन्होंने पीछे की ओर लटका लिया था और छत की ओर देखते हुए बस बोलते ही जा रहे थे। स्वर में जितनी कोमलता थी, चेहरे पर उतनी ही दृढ़ता! और आँखों की वह मासूमियत...उन मासूम आँखों को देखकर ही मुझे यह कहना पड़ा, ''कैसी सपनों की-सी बातें कर रहे हैं आप आज!'' और लो, उन्हें तो जैसे बिच्छू डंक मार गया हो। एकाएक उछलकर सीधे बैठ गये और बोले, ''मैं उसी क्षण से तुम्हें प्रेभ करने लगा था। तुमसे मिलूँ या न मिलूँ, प्यार करूँ या न करूँ? मेरी अन्तश्चेतना में तुम गहरे पैठ गयी थीं। मुझे तुम्हारा खयाल जाने-अनजाने बराबर बना रहा है। और मैं यह भी जानता रहा हूँ कि तुम साधारण स्त्रियों की तरह नहीं हो। तुम्हारे लिए मन में जो भी प्रेम-भावना रखी जाएगी उसे बहुत पवित्र, बहुत पूजनीय होना ही चाहिए। मैं तुम्हें स्पर्श करने में भी डरता था कि कहीं तुम कुम्हला न जाओ।'' बोलते-बोलते उन्होंने मेरा हाथ अपनी हथेलियों में लेकर दबाना चाहा पर छूते ही बोले, ''अरे कितना ठण्डा हो रहा है तुम्हारा हाथ ! जाओ, अब तुम आराम करो, बहुत थकी-थकी नज़र आ रही हो!''

पर मेरे ऊपर तो जैसे बर्फ़ की तह पर तहें जमती चली गयी थीं। मानो मैं भी एक बर्फ़ की चट्टान में बदल गयी थी। वहीं कुरसी पर बैठे-ही-बैठे मैंने उन्हें अभिवादन किया और विदा दे दी। वह बाहर चले गये तो जैसे एकाएक मेरी चेतना लौटी—अरे, चेख़व गये!...मैं दौड़ी-दौड़ी बाहरी दरवाज़े तक गयी। बेसाख्ता पुकार उठी—''ऐंटन पेवलोविच!''

उन्होंने मुड़कर एक बार मुझे देखा। माथे पर आयी अपनी उस शोख लट को पीछे किया और दूसरे ही क्षण धड़ाधड़ सीढ़ियाँ उतर गये। मैं बड़ी देर वहीं दरवाज़े का सहारा लिये खड़ी रही। एक के बाद एक तमाम विचार मेरे दिमाग़ में दौड़

रहे थे। लेकिन मैं उनमें से किसी एक को भी पकड़ नहीं पा रही थी। अरे, यह क्या हो गया है मुझे?...मेरे ही विचार मेरी ही पकड़ से बाहर होते जा रहे हैं! मैं क्या सुनूँ...क्या न सुनूँ?...क्या होता जा रहा है मेरे दिमाग़ को? ...इसे तो मैं काफ़ी क़ाबू में किये रहती थी...।

वह तो चले गये पर मेरे दिमाग़ में हज़ारहा विचारों, हज़ारहा दलीलों का अन्धड़ छोड़ गये...पर वाह रे मेरी आस्था, मेरा मन और मेरी चरम पीड़ा—सब अपनी-अपनी जगह ज्यों-के-त्यों बने रहे। दो दिन तक अजब कशमकश रही दिलो-दिमाग़ की। सैकड़ों बार चाहा, उन्हें खत लिखूँ पर दिमाग़ में बेतहाशा भागते-दौड़ते विचार कलम की नोक पर उतर ही नहीं सके—लिखने बैठती तो उँगलियाँ काँप जातीं, आँखों के आगे अँधेरा छा जाता और उस धुन्ध में केवल एक आकृति नज़र आती...माथे पर झूलती शोख लट...मासूम दृष्टि...ईमानदार दृढ़ता...लिख तो मैं सकी ही नहीं। मैंने चाहा कि उनसे मिल ही आऊँ पर अपने ही पाँव मुझे मनों भारी लगने लगे ...लगता, मुझमें इतनी ताक़त ही नहीं कि इन्हें उठाकर दो डग भी भर सकूँ! कुछ समझ में नहीं आता, क्या करूँ, क्या न करूँ? दिमाग़ की सारी ताक़त जवाब दे गयी थी! अपने मन को कुछ तो सुकून दूँ—यह सोचकर मैंने कुछ पढ़ने-लिखने में ही मन को लगाना चाहा। पर मैंने पाया कि नहीं और कुछ पढ़ भी नहीं सकती सिवा उन शब्दों के, तो उन्हीं की पुस्तकें उलटती-पलटती रही। सचमुच इससे मन कुछ थिराया। उनकी एक पुस्तक पढ़ते-पढ़ते मुझे एक पंक्ति मिली—और मेरे तन-मन में बिजली दौड़ गयी और ठीक यही बात तो उस दिन से मैं कहना चाह रही हूँ और शब्द नहीं खोज पा रही हूँ! मुझे क्या मालूम था कि बस उन्हीं के शब्दों में मैं अपनी बात कह सकूँगी...मेरी सारी उलझन को उनकी उस पंक्ति ने शब्द दे दिये—बहुत हल्की हो उठी मैं। दूसरे ही दिन एक जौहरी के यहाँ गयी और घड़ी की चेन के लिए किताब की शक्ल का एक मैडेलियन बनवाया। उसके एक ओर मैंने बारीक अक्षरों में खुदवाया : 'चेख़व की कहानियाँ'। दूसरी ओर खुदवाया : 'पृष्ठ 267, छठी और सातवीं पंक्तियाँ' इसी उम्मीद से कि चेख़व जब अपनी पुस्तक की उक्त पंक्तियाँ खोज निकालेंगे तो उनमें लिखा हुआ पाएँगे—"यदि तुम्हें मेरे जीवन की ज़रूरत पड़े तो आना और उसे ले जाना, वह तुम्हारा है।"

वह मैडेलियन 'रशन थाट' के सम्पादक द्वारा मैंने उनके पास भिजवा दिया। उसके साथ कोई पत्र, कोई सन्देश नहीं भेजा। यहाँ तक कि इस बात का भी कोई संकेत नहीं भेजा कि उन्हें यह भेंट देनेवाला कौन है। बस यही सन्तोष मन में था कि अपनी बात मैंने उन तक पहुँचा दी। लेकिन भेजने के बाद बड़ी देर तक सोचती रही कि आखिर मैंने यह क्यों नहीं बता दिया कि मैंडेलियन पर लिखी वह पंक्ति मेरे आत्मसमर्पण की अभिव्यक्ति है? क्या इसलिए कि अवसर पड़ने

पर मेरे पास साफ़ बच निकलने के लिए कोई रास्ता भी रहे। शायद मेरा अन्तर्मन जानता था कि यह सम्भव भी नहीं था कि मैं अपनी सम्पूर्ण ज़िन्दगी उन्हें समर्पित कर सकूँ। ऐसा करने का अर्थ था कि चार ज़िम्मेदारियों को एकदम बलिवेदी पर चढ़ा देना ! काश, माइकेल मुझे तीनों बच्चे दे देते और चेख़व उन्हें स्वीकार कर लेते! पर उफ़ रे! कैसी बातें सोचने लगी मैं!

प्रतिदिन ही उनके पत्र की प्रतीक्षा करती। पर समय बीतता गया उनका कोई जवाब नहीं आया और इधर मैं थी कि अपने ही विचारों का विश्लेषण करते-करते बुरी तरह थक चली थी। मैडेलियन की बात का जवाब तो दूर, चेख़व का कोई खत तक नहीं आ रहा था। दिन यों ही खाली-खाली गुज़रते गये। महीनों गुज़र गये। सर्दी बहुत बढ़ गयी थी। उस बरस पाला गिरा भी बेहद था। उन दिनों मेरा भाई ऐलेक्सी मेरे घर आया हुआ था। एक दिन वह बोला, ''तुम्हारे इस पीटर्सबर्ग के नरक में मैं तो सड़ चला। चलो, कहीं बाहर चलें।'' माइकेल ने कहा, ''अरे पागल हुए हो! इतनी रात गये इस जाड़े-पाले में कहाँ जाओगे?'' पर उसने तो ज़िद ही ठान ली—बोला, ''आज सुवोरिन के थियेटर में नक़ाबपोशों का नृत्य है, चलो न ! जल्दी तैयार हो जाओ तुम दोनों।'' माइकेल स्वयं तो नहीं गये पर आखिर मुझे उसके साथ जाना ही पड़ा। जीजा-साले में खूब प्यार भरी गाली-गलौज होती थी। माइकेल बोले, ''पागल आवाराओ, जाओ! शराफ़त तो तुम लोगों ने बेच खायी है!'' ऐलेक्सी बोला, ''हम तो जाते हैं। पंचायत के चूहे, तुम बिल में दुबके पड़े रहो!''

एक स्लेज किराये पर लेकर हम थियेटर पहुँचे। वहाँ जाकर जो दृश्य मैंने देखा, उससे मुझे तो बड़ा डर-सा लगने लगा। चारों ओर काले-काले नक़ाब-ही-नक़ाब नज़र आ रहे थे। पुरुष भी अपने सिरों पर विचित्र आकृतियों वाले हुड लगाये थे। सब-कुछ बड़ा भोंडा-सा और अमानवीय-सा लग रहा था। एक बार पहले भी माइकेल के साथ मैं ऐसे नृत्य में आयी थी। मुझे याद है, तब इस नृत्य का मेरे मन पर बड़ा बुरा स्वाद छूट गया था। मैंने ऐलेक्सी से कहा, ''मुझे अकेले छोड़कर इधर-उधर मत जाना।'' काफ़ी देर तक वह बेचारा मेरे साथ ही बोर होता रहा। एकाएक बोला, ''ज़रा अपनी दाहिनी ओर तो देखो।'' और शरारत से मुसकराकर बोला, ''क्यों, अब भी अकेले छोड़कर इधर-उधर न जाऊँ?'' मैंने देखा—चेख़व! अरे मुझे क्या मालूम था कि यह अप्रत्याशित सुख आज मुझे मिलने वाला था! घर पर मैं बच्चों के साथ लोटो खेल रही थी। उसी के दो अखरोट मेरी जेब में पड़े थे। एक मैंने अपने मुँह में डाल लिया ताकि वह मेरी आवाज़ न पहचान सकें और उनके पास जाकर कहा, ''हलो प्रिय, यहाँ तुम मिल जाओगे, इसकी तो उम्मीद ही नहीं थी। कहो, कैसे हो ?'' उन्होंने ज़रा बारीक़ी से मुझे देखते हुए कहा, ''नक़ाबपोश! क्या

तुम मुझे जानती हो?"

मैं आवेश और अतीव सुख से काँप-सी रही थी। नक़ाब के भीतर की कम्पन भला उन्होंने क्या महसूस की होगी। पर पता नहीं क्यों, बिना मेरा उत्तर सुने ही चुपचाप उन्होंने मेरा हाथ पकड़ा और नृत्य करते हुए लोगों के गोल में जा मिले। नैमीरोविच डैन्शैंको हमारी तरफ़ आकर बोला, "ओहो, चेख़व, तुमने अपने लिए संगिनी चुन भी ली। मान गये भाई, तुम्हारा जवाब नहीं।" वह चला गया तो चेख़व कुछ चिन्तित-से होकर बोले, "देखो, अगर कोई तुम्हें नाम लेकर पुकारे तो ज़ाहिर मत होने देना। ध्यान रखना कि यहाँ कोई पहचान न ले।"

"लेकिन क्या आप स्वयं भी जानते हैं कि मैं कौन हूँ?" मैंने देखा मेरे सवाल को सुनकर वह मुसकराये और बिना उसका कुछ जवाब दिये ही बोले, "जानती हो, मेरा नाटक शीघ्र ही खेला जानेवाला है। मालूम है तुम्हें?"

"हाँ, सुना तो है। 'सीगल' खेला जानेवाला है न?"

"हाँ, क्या पहली रात को तुम आओगी देखने?"

"निश्चित रूप से!"

"तो वायदा करो कि उसकी हर बात बड़े ध्यान से सुनोगी। मैं तुम्हारी बात का उत्तर स्टेज पर से दूँगा। बस तुम यह ध्यान रखना कि तुम्हें हर बात ध्यान से देखनी और सुननी है। भूलोगी तो नहीं?"

उन्होंने मेरा हाथ बड़ी मृदुलता से अपनी हथेलियों में दबाकर थपथपाया।

"पर आप किस बात का उत्तर देंगे भला?"

"मैं तुम्हारी बहुत-सी बातों का जवाब दूँगा। तुम ध्यान से सुनना, बस!"

"पर महोदय, प्रिय! आप मेरा मज़ाक़ तो नहीं उड़ा रहे। भला मैं कैसे समझ पाऊँगी कि कौन-से शब्द मेरे लिए हैं। और सबसे बड़ी बात तो यह है कि आप यह जानते भी नहीं कि मैं हूँ कौन, और मेरी बात का जवाब देंगे...क्या खूब! अच्छा यह तो बतलाइए कि मैं हूँ कौन?"

"तुम खुद ही समझ लोगी वहाँ कि मेरी कौन-सी बात तुम्हारी किस बात का जवाब है।" फिर बोले, "तुम्हें 'सीगल' शीर्षक पसन्द आया?"

"बहुत-बहुत पसन्द आया।"

बोले, "सीगल! उफ़, अजब निराशा से चीखती है वह! उसकी करुण आवाज़ सुनकर किसी का भी मन गहरी उदासी से भरे बिना नहीं रह सकता।"

मैं बोली, "पर आज रात इतने उदास क्यों हैं आप?"

"नहीं नक़ाबपोश, मैं उदास नहीं हूँ।"

मैंने फिर वह उत्तर वाली बात छेड़ दी, "मगर आप मुझे नहीं, उसे उत्तर देंगे जिसका भ्रम आप इस समय मुझमें कर रहे हैं। कौन है वह? बताएँगे मुझे!"

"तुम!" बड़ी दृढ़ता से उन्होंने कहा।

और, मैंने जो कभी नहीं किया था, वह इस समय किया। उनके कन्धे पर सिर रखकर बोली, "मैंने तुम्हें प्यार किया है...तुम्हें...केवल तुम्हें ही!"

वे बोले, "क्या आवारापन की बातें कर रही हो नक़ाबपोश! मैं तुम्हें नहीं जानता, तुम कौन हो।" मैं समझ गयी कि मेरे इस व्यवहार से उनके मन में सन्देह हो सका होगा कि यह मैं नहीं हो सकती। तुरन्त बोली मैं, "आप यह जानते नहीं पर आप तो कहते थे कि मुझे स्टेज से उत्तर देंगे।"

"मैंने तो यों ही कह दिया था। यदि तुम वह लड़की नहीं हो जिससे मैं वह बात करना चाहता हूँ तो तुम उस प्रसंग को समझ ही नहीं पाओगी।"

मैंने देखा, ऐलेक्सी मुझे खोज रहा है। चेख़व से मैंने विदा माँगी। विदा देते समय वह फिर बोले, "नाटक ध्यान से सुनना।"

तो क्या वह मुझे सचमुच पहचान गये? क्या सोचते होंगे मेरे बारे में? मुझे वैसा अभद्र व्यवहार नहीं करना चाहिए था। मन बहुत पछताता रहा।

मैं और माइकेल हमेशा हर नाटक की पहली रात को ज़रूर जाया करते थे। एक दिन माइकेल ने मुझे सिर्फ़ एक टिकट लाकर दिया और बोले, "चेख़व की चहेती शैतान! यह लो, इसे पाने में मुझे बड़ी तकलीफ़ हुई है। स्टालों की मिली ही नहीं, ड्रेस सर्किल की है।"

"और तुम्हारी टिकट?"

"मुझे एक ज़रूरी मीटिंग में जाना है। फिर चेख़व कौन बड़ा भारी नाटककार है जिसके लिए मैं ज़रूरी काम छोड़कर नाटक देखने जाऊँ।"

मैं अकेले ही गयी। सच तो यह है कि इस नाटक में अकेले आना मुझे चौगुना सुख दे रहा था। मन में विलक्षण भावभरी जिज्ञासा थी—मेरी किस बात का क्या उत्तर देंगे वह? या हो सकता है, वह मुझे पहचान ही न पाये हों। किसी और का भ्रम मुझमें कर रहे होंगे। सैकड़ों स्त्रियों से तो परिचय है उनका। पर उन्होंने कहा तो बड़ी दृढ़ता से था कि मुझे ही उत्तर देंगे। अजब घबराहट हो रही थी मन में। थियेटर पूरा भरा हुआ था। उनकी बात से इस क़दर कान्शस हो गयी थी कि लग रहा था—सब घूम-घूमकर मुझे ही घूर रहे हैं। ऐसे में कहाँ हैं चेख़व! उनकी तो बहुत बड़ी साध है कि हर वाहियात दृष्टि से मुझे बचाते रहेंगे। मैंने चारों ओर उनके लिए दृष्टि दौड़ायी। देखा, दाहिनी ओर दूर खड़े किसी को कुछ समझा रहे हैं कि हॉल की बत्तियाँ गुल हुईं। नाटक प्रारम्भ हुआ। काफ़ी देर तक मैं बड़े ध्यान से देखती रही। पर ईमानदारी की बात बताऊँ—बड़ी कोशिश करने पर भी मैं उसके सूत्र पकड़ नहीं पा रही थी। सारी बातें बड़े बे-सिर-पैर की लग रही थीं। फिर भी

मैं हर शब्द बड़े ध्यान से सुनती जा रही थी। निना ने अपना स्वकथन प्रारम्भ किया—"मनुष्य, सिंह, गिद्ध और बाज, बारह-सिंघे, बत्तकें..." और बस आगे के सारे शब्द शोर-गुल में खो गये। यों यह बात तो मैं काफ़ी देर से महसूस कर रही थी कि दर्शकों में दो दल हैं। एक दल जिस समय प्रशंसा करता होता, दूसरा दल उसी समय फुसफुस करने लगता। अब धीरे-धीरे यह सीमा आ गयी कि प्रशंसात्मक शब्द गालियों के शोर में खो गये। अंकसमाप्ति पर परदा नीचे गिरा। एक ओर तो प्रशंसात्मक तालियाँ बजने लगीं, दूसरी ओर तमाम लोग चेख़व को धिक्कारते हुए बरामदे में निकलने लगे। मुझे क़तई समझ में नहीं आ रहा था कि यह सब हो क्या रहा है। कोई कहता—"चला है प्रतीकात्मक प्रयोग करने! यह सब मूर्खता है और कुछ नहीं।" तो कहीं से यह भी आवाज़ सुनाई दे जाती—"पुरानी सड़ी-बासी परम्पराओं से यह आदमी किस तरह मुक्ति दिला रहा है! कैसी सुन्दर और सरल होती है इसकी बिम्ब-योजना!" पर दूसरी तरह के वाक्य ज़्यादा ज़ोर से, ज़्यादा मात्रा में सुनाई दे रहे थे। "ये चेख़व अपनी कहानियों तक ही सीमित क्यों नहीं रहता?"

"इसने दर्शकों को समझ क्या रखा है?"

"बड़ा अहंकारी है, कितना असावधान होता जा रहा है।"

"आखिर लेखक का एक सामाजिक दायित्व भी होता है। इसे क्या हक़ है, हमारे धैर्य की इस तरह परीक्षा लेने का?"

ऐसे ही सैकड़ों वाक्य मेरे कानों पर चोट करने लगे। हे ईश्वर, क्या यही सुनने के लिए मैं यहाँ आयी थी?...वह तो कहते थे, मैं तुम्हारी बहुत-सी बातों का जवाब दूँगा...तुम ध्यान से सुनना! क्या सुनूँ मैं ध्यान से?...मुझे लग रहा था कि वह मुझसे कुछ कहना चाह रहे हैं और उनके शब्द यह दुनिया मुझ तक आने नहीं देना चाहती। यह सारा गला फाड़-फाड़कर चीखना, यह शोर-गुल महज़ इसीलिए है कि उनकी बात मेरे कानों तक न पहुँच सके! आखिर क्या बिगाड़ा है मैंने इस दुनिया का!

लोग छोटी-छोटी टोलियों में बँटकर नाटक की भर्त्सना करने में एक-दूसरे से होड़ ले रहे थे। छिः, कैसी होती है इन लेखकों और सम्पादकों की मैत्री-भावना!...यों तो आगे-पीछे दुम हिलाते घूमते हैं पर ऐसा भी मौक़ा खोजते रहते हैं कि किसी तरह शिकंजे में कसकर आपस में एक-दूसरे की नस-नस चिटका दें। ऐसे समय में इनकी छोटी-छोटी ईर्ष्याएँ कैसे मज़ेदार रूप धरकर आती हैं। सब-के-सब जले हुए थे कि चेख़व इतनी-सी आयु में ही इतनी जल्दी इतना लोकप्रिय क्यों हो गया? अब शोर मचा-मचाकर कल्पना कर रहे थे कि उसका अभिमानी मस्तक अब कभी ऊँचा न उठ पाएगा।...

मुझे याद आ रहा था। चेख़व ने मुझे बताया था कि यह नाटक उन्होंने मैलीखोव में गर्मियों के दिनों में अपनी एक छोटी-सी खूबसूरत कुटिया में बैठकर लिखा था। चारों ओर पेड़-ही-पेड़ थे। कुंजों के बीच खिले फूल-सी थी वह नन्ही-सी कुटिया! दूर से चरवाहों के संगीत के स्वर लहराते आते, पास से पक्षियों की चहक। यह नाटक लिखते समय वह बहुत खुश रहते थे। पूरा करने पर उन्हें ऐसा लगा था कि किसी पीड़ा से उबर आया है उनका मन। बहुत खुश थे इसे लिखकर। मेरी कल्पना की आँखें देख रही थीं—लतरों और फूलों से ढँकी-मुँदी एक कुटिया, उस पर बैठे चेख़व, माथे पर झूलती एक शोख लट, होठों पर मृदुल मुस्कान और कागज़ पर दौड़ती हुई उँगलियाँ...और मेरी शरीरी आँखें देख रही थीं उन मित्रों को जिनके चेहरों पर ईर्ष्या, द्वेष और अमानवीयता नाच रही थी।

इण्टरवल समाप्त हुआ। मैं फिर पूरी तन्मयता से एक-एक शब्द सुनने लगी। यों मुझे अब किसी सन्देश, किसी प्रत्युत्तर की उम्मीद रह नहीं गयी थी। मुझे लगने लगा था कि शायद उन्होंने यों ही मज़ाक़ किया होगा। मैं ऐसा सोच ही रही थी कि स्टेज पर निना त्रिगोरिन से विदा लेने आयी और उसे एक मैडेलियन देते हुए बोली, "इसके एक ओर मैंने तुम्हारे हस्ताक्षर खुदवा दिये हैं और दूसरी ओर तुम्हारी पुस्तक का नाम।" मैडेलियन का चुम्बन करते हुए त्रिगोरिन ने कहा, "ओह कितनी अद्भुत भेंट है!"

निना चली गयी। त्रिगोरिन ने उस उपहार को उलट-पुलटकर ध्यान से देखा, पढ़ा—"रात-दिन; पृष्ठ 121, पंक्तियाँ 11, 12।" उसने इन शब्दों और संख्याओं को फिर दुहराया। और अभी-अभी आयी हुई मैडम आर्काडिन से पूछा, "क्या घर में तुम्हारे पास मेरी कोई पुस्तक है?" उसकी पुस्तकें पैक हो चुकी हैं लेकिन फिर भी अपना उक्त कहानी-संग्रह खोज निकालता है। पुस्तक हाथ में लेकर फिर दुहराता है—"पृष्ठ 121, पंक्तियाँ 11 और 12।" पृष्ठ निकाला, पंक्तियाँ गिनीं फिर धीरे-धीरे स्पष्ट शब्दों में पढ़ने लगा—"यदि तुम्हें कभी मेरे जीवन की ज़रूरत पड़े तो आना और उसे ले जाना। वह तुम्हारा है।"

अनेक कहानियाँ लिखी हैं मैंने। लेकिन अपना स्वयं का उस दिन का अनुभव ज्यों-का-त्यों लिख सकूँ, इतनी ताक़त मेरे शब्दों में नहीं। ज्यों ही निना ने मैडेलियन के साथ अपना हाथ आगे बढ़ाया था कि मुझे रोमांच हो आया। शरीर के हर रोम में सिहरन दौड़ गयी थी। ज्यों-ज्यों दृश्य आगे बढ़ता जा रहा था, मुझे लग रहा था, मैं सुन्न पड़ती जा रही हूँ, साँस नहीं ले पा रही हूँ...मुझे लगा, हॉल में बैठा हर व्यक्ति केवल मुझे ही घूर रहा है। कुछ नहीं सूझा मुझे तो मैंने आँखें बन्द कर लीं, गरदन नीचे झुका ली...दिल तो इतनी तेज़ी से धड़क रहा था कि मुझे

लगा, अब बस बेक़ाबू हो जाएगा यह। किसी तरह प्रकृतिस्थ हुई तो सोचने लगी, यह संख्याएँ तो भिन्न हैं—पृष्ठ 121, पंक्तियाँ 11 और 12। मैंने जो मैडेलियन उनके पास भेजा था उसकी संख्याएँ दूसरी ही थीं। क्या होगा इन पंक्तियों में.. .हो-न-हो यही बात थी जिसके लिए चेख़व नक़ाबपोश नृत्य में कह रहे थे...उस मैडेलियन को पाकर अब तक खामोश थे, अब यों उत्तर दे रहे हैं। यानी कि वह समझ गये थे कि यह भेंट मेरी ही भेजी हुई है! और हाय, उस दिन नृत्य में भी वह मुझे पहचान गये थे...उत्तर उन्होंने मुझे ही दिया है...केवल मुझे...यह नाटक उन्होंने मेरे लिए ही लिखा है...हाय, उस दिन कितनी बेशर्मी से उनके कन्धे पर सर रखकर मैंने उनसे कहा था...क्या सोचते होंगे मेरे बारे में वह...जब कि वह कहते थे, मेरा हाथ तक छूने में उन्हें डर लगता था...

बहुत चाहकर भी मैं अब अपना ध्यान नाटक में और अधिक केन्द्रित न कर सकी। आँखें प्यासी-प्यासी चारों ओर भटकने लगीं। पल भर को कहीं उनके चेहरे की एक झलक भर मिल जाए तो उन्हें देखते ही मैं समझ लूँगी कि इस समय वह मुझे अपने नज़दीक तो नहीं चाह रहे? उन्हें मेरी ज़रूरत तो नहीं है इस समय...किन्तु उनका कहीं पता नहीं था। बाद में मैंने लोगों को यह भी कहते सुना कि यह थियेटर से भाग गये हैं। चारों ओर फुसफुसाहट हो रही थी—चेख़व भाग गया! चेख़व भाग गया...।

मैंने फिर नाटक में ध्यान देना चाहा। अन्तिम दृश्य मुझे बहुत ही अच्छा लगा। जब निना त्रेपलेव के उस नाटक की याद करने लगी, जिसके पहले अंक में उसने विश्वात्मा का रूप ग्रहण किया था। याद करते-करते उसने एकाएक सोफ़े पर से एक सफ़ेद चादर उठाकर फाड़ डाली, अपने चारों ओर लपेट ली और उसी नाटक वाला स्वकथन दोहराने लगी—"मनुष्य, सिंह, गिद्ध और बाज..." उसने ज्यों ही यह बोलना शुरू किया कि फिर से एक हँसी की लहर हॉल में दौड़ गयी। इतना करुण प्रसंग चल रहा था कि दर्शकों को रोना चाहिए था, मगर वह हँस रहे थे। मैंने सुना, लोग उस चादर पर हँस रहे थे। जबकि वास्तव में बात यह थी कि उस चादर के प्रतीक से निना दर्शकों को विश्वात्मा के स्वच्छ निर्मल रंग की याद दिलाना चाहती थी। पर उन दर्शकों को तो आज हँसने के लिए कोई-न-कोई बहाना भर चाहिए था। किसी ने उस गोली पर एक आह भी नहीं भरी जिसने त्रैपलेव के जीवन को ही समाप्त कर दिया।

नाटक समाप्त होने पर मैं ग्रीन रूम की ओर गयी। वहाँ भी गुल-गपाड़ा मचा था। कोई कहता, "दुमदार! थियेटर के ही कपड़ों में भाग गया।" कोई कहता, "सीधा रेलवे स्टेशन गया है।" यों वहीं किसी स्त्री को यह भी कहते सुना—"कितना प्रतिभावान्, कितनी कम उम्र का, और कितना संवदेनशील पुरुष है! कितनी ताज़गी

है इसकी रचनाओं में! अरी, खुद अभी नवयुवक भी तो नहीं हुआ है।" पर देखो तो क्या हो गया था मुझे कि न तो उनकी प्रशंसा के शब्द ही मुझे सन्तोष दे रहे थे और न वह भर्त्सना मुझे छू रही थी। मेरे दिमाग़ में तो चन्द वाक्य गूँजे जा रहे थे। एक तो वह संख्याएँ—पृष्ठ 121 और पंक्तियाँ 11 और 12, तथा दूसरे वे शब्द जो त्रेपलेव ने निना को विदा देते हुए कहे थे—"तुमने अपना रास्ता पा लिया, तुम अपनी दिशा जानती हो। मैं अब भी स्वप्नों और टूटे हुए बिम्बों की भयानक बाढ़ में हाथ-पाँव मार रहा हूँ। नहीं जानता कि मेरा अभिप्राय क्या है? मेरी आस्था कहाँ है?"

उफ़्, काश इस समय चेख़व मुझे मिले जाते—मैं उनसे कहती तो कुछ नहीं पर...पर काश मैं इस बात का उन्हें जवाब दे पाती...कि तुम्हारा अभिप्राय मैं हूँ। ...तुम्हारी आस्था मैं हूँ...पर...

बहुत दुःखी मन से उस रात मैं घर वापस आयी। माइकेल ने पूछा, "कैसा रहा नाटक?" मैंने सारी बातें बता दीं। तो बोले, "ये अखबारों के लिए पंक्तियाँ घसीटने वाले कैसे बदमाश हैं, टोडी हैं सूअर! चेख़व पर क्या बीत रही होगी भला ! वैसे चेख़व को 'दी स्टैपी' जैसी चीज़ें ही लिखनी चाहिए। नाटक उसकी लाइन है नहीं।" मैं तो सोच रही थी कि मौक़े का लाभ उठाकर माइकेल मुझे बहुत कोंचेंगे। पर अत्यन्त आश्चर्य और सन्तोष से मैंने सुना, वह कह रहे थे, "कुछ चिन्ता मत करो 'माँ', कोई बात नहीं। उन्हें धिक्कारने दो। चेख़व शीघ्र ही सबको बता देगा कि वह किस धातु का बना है—और यह गाली देनेवाले सब उसके पीछे-पीछे खुशामद करते भागेंगे और पहले ही की तरह टाँगों के बीच में दुम छुपाएँगे। वैसे तुम्हारा चेख़व है मूर्ख ही। किसी भी बदमाश और धोखेबाज़ तक को वह गले लगाने को तैयार हो सकता है।"

माइकेल की बातें मैं सुनती रही और इस अप्रत्याशित सुख से अपने मन पर पड़े घाव को धोती रही। माइकेल इतने उदार भी हैं, यह बात आज मैंने पहली बार जानी। उनके प्रति मेरा मन कृतज्ञ हो आया। लेकिन 121, 11 और 12—ये संख्याएँ मेरे दिमाग़ को बहुत खरोंच रही थीं। चेख़व की पुस्तक माइकेल की स्टडी में थी। तुरन्त लाकर देखती तो माइकेल पूछते, क्या बात है तो क्या जवाब देती भला? जैसे-तैसे मैंने समय काटा। जब माइकेल लैम्प बुझाकर सोने चले गये तो मैंने एक मोमबत्ती जलायी और चेख़व की किताब खोज लायी। काँपती उँगलियों और धड़कते मन से 121वाँ पृष्ठ खोला। पंक्तियाँ गिनीं—ग्यारहवीं पंक्ति में था—"मौसम, किन्तु तुम मेरी तरफ़ ऐसे क्यों देखते हो, क्या मैं पसन्द हूँ?"

मैं तो हक्की-बक्की रह गयी। तो क्या यही है जवाब उनका? फिर दुबारा उन पंक्तियों को गिना। नहीं, मैं कोई ग़लती नहीं कर रही थी। यही ग्यारहवीं और

बारहवीं पंक्तियाँ! मैं ठगी-सी रह गयी। इतने में माइकेल की आवाज़ आयी—"अरे 'माँ', बूढ़ी लड़की, वहाँ क्या कर रही हो? यहाँ आओ!"

"किन्तु तुम मेरी तरफ़ ऐसे क्यों देखते हो?...मैंने धीरे-धीरे किताब बन्द कर दी। उफ़्, तो क्या वह मेरा मज़ाक़ ही उड़ा रहे थे!..."क्या मैं पसन्द हूँ?" कैसी फ़िज़ूल की पंक्तियाँ हैं ये। मैं महसूस कर सकती हूँ कि नाटक की चरम असफलता के बाद इस समय चेख़व किस क़दर परेशान होंगे। लेकिन क्या कभी वह यह भी महसूस कर सकेंगे कि धड़कता हृदय लेकर जब मैंने यह पढ़ा होगा 'क्या मैं पसन्द हूँ?' तब उस समय मुझे कैसा लगा होगा। मैडेलियन पर लिखे चरम आत्म-समर्पण भरे मेरे उस वाक्य को इन पंक्तियों के साथ जोड़ देना क्या ठीक है...उफ़् ऐंटन ! यह क्या किया तुमने?...इससे तो तुमने जवाब की बात ही न की होती!...

मैं सो नहीं सकी। एक तो थियेटर में हुई घटनाओं की याद परेशान करती रही, उसके अतिरिक्त जिस 'जवाब' को सुनने के लिए मैं इतनी अधीर थी, उसे जानकर मेरा मन बेइन्तिहा बुझ गया था। अकस्मात् ही मेरे दिमाग़ में एक और विचार कौंधा। मैंने उनकी पुस्तक में से वह पंक्तियाँ दी थीं, कहीं उन्होंने मेरी पुस्तक में से तो कोई पंक्ति नहीं छाँटी? माइकेल सो चुके थे। मैं भागी-भागी स्टडी में गयी और अपनी पुस्तक 'हैप्पी मैन' निकाली। जल्दी-जल्दी 121वाँ पृष्ठ खोला और ग्यारहवीं पंक्ति निकाली—"नवयुवतियों का नक़ाबपोशों वाले नृत्यों में जाना ठीक नहीं है।"

ओह! तो यह था उनका जवाब! बहुत-सी बातों का एक साथ जवाब! मैंने मैडेलियन भेजते समय अपना नाम नहीं सूचित किया था...नक़ाब में मैं ही हूँ, यह भी उन्हें नहीं बताया था। दोनों ही बातों का उत्तर उन्होंने दे लिया इस वाक्य से—साथ ही इस बात का भी संकेत कि नाटक की संवेदना को समझूँ, और उनका यह आदेश ग्रहण करूँ कि मुझे अपनी सीमाओं और मर्यादाओं में ही रहना चाहिए।

और सचमुच उसके बाद से उन्होंने हर सम्भव प्रयत्न किये कि मैं अपने परिवार की मर्यादाएँ न तोड़ बैठूँ। मेरा परिवार न विच्छिन्न हो, इसके लिए दिन-ब-दिन वह मुझसे दूर होते चले गये।—एक बार वह बेहद बीमार हो गये थे, यहाँ तक कि बचने की भी उम्मीद नहीं रही थी, तब उन्होंने मुझे बुलवाया था—वह सब दूसरी ही कहानी है। लेकिन यह जलपंखिनी वाला प्रसंग केवल मुझे उनकी बात बताकर ही समाप्त होनेवाला नहीं था। यह नाटक मेरे जीवन में इतनी करुण हूक छोड़ जाएगा, यह मुझे नहीं मालूम था।

1889 में चेख़व से मेरी प्रथम भेंट हुई थी। उसके ठीक दस वर्ष बाद 1899 में मेरी उनसे अन्तिम भेंट हुई। उन दिनों तक वह मास्को में थे। मैंने उन्हें लिखा कि "पहली मई को मैं बाहर जा रही हूँ, रास्ते में मास्को पर गाड़ी बदलूँगी। मिलोगे क्या?" उनका तुरन्त उत्तर आया कि "अवश्य आऊँगा। हो सके तो बच्चों को भी ज़रूर लाना।"

पहली मई आयी। स्टेशन पर कुल दो घण्टे का समय था। गाड़ी रुकी। मैंने बच्चों को एक बेंच पर बैठाकर उन्हें कुछ नाश्ता दिया। इतने में देखा, चेख़व आ रहे हैं। उनके हाथ में एक टाफ़ियों का डिब्बा था। आते ही उन्होंने बच्चों को प्यार किया और वह टाफ़ियाँ बाँटीं। टाफ़ियों पर जो कागज़ लिपटे थे उन पर किसी पर 'टाल्स्टाय' किसी पर 'दास्तवस्की' तो किसी पर 'तुर्गनेव' के चित्र छपे थे। मैंने शरारत से कहा, "चेख़व नहीं है इनमें?" तो बोले, "अरे अभी घबराती क्यों हो, अभी मैं बहुत जीऊँगा! जल्दी ही इन लोगों के बीच में मेरे भी चित्र आ जाएँगे।" वह बड़ी देर बच्चों से खेलते रहे। एकाएक भरपूर निगाह से मुझे देखते हुए बोले, "यह क्या लिफ़ाफ़ा बनी हुई हो! इतनी सर्दी है और ठीक से कपड़े भी नहीं पहने हैं। मैं जाता हूँ, अपनी बहन का ओवरकोट लिये आता हूँ।" मैंने किसी तरह उन्हें रोका कि थोड़ा ही तो समय है, इसे कोट लाने में जाया मत करिए। फिर मुझसे बोले, "आज मत जाओ। केवल एक दिन के लिए रुक जाओ। मास्को आर्ट थियेटर वाले आज शाम को 'सीगल' करने जा रहे हैं। कोई और वहाँ नहीं होगा। वह लोग केवल मेरे लिए ही शो कर रहे हैं। लीडिया, मेरी कितनी इच्छा है कि वह नाटक तुम मेरे साथ देखो। उन लोगों ने बहुत सफलता पायी है, उसे करने में।" मैंने अपनी असमर्थता ज़ाहिर की। बच्चों के स्कूल दूसरे दिन खुलने वाले थे; फिर माइकेल से भी अनुमति नहीं ली थी। मैंने देखा, मेरी इनकारी से वह बेहद उदास हो गये। उनके ओवरकोट के बटन खुले हुए थे। मैं बोली, "एक तो तुम्हारी तबीयत इतनी खराब थी तो तुम्हें आना ही नहीं चाहिए था, ऊपर से कोट के बटन भी खोले हो!" चिढ़े बैठे थे, तुरन्त बरस पड़े, "क्या ज़रूरी ही है कि हर समय मुझे यह जताया जाए कि मैं सख़्त बीमार हूँ। ऐसी बीमारी से बीमार हूँ कि बचने की कोई उम्मीद नहीं है..." हे भगवान! इसलिए थोड़े ही मैंने कहा था! भला हो मेरी बच्ची निना का, ऐसे में उसने उनका ध्यान अपनी ओर खींच लिया और उनसे खेलने लगी। मेरा लड़का उनसे पूछता रहा, "मिस्टर चेख़व, आपने अमुक कहानी पढ़ी है? अमुक लेखक का नाम सुना है? आपने क्या कभी पुश्किन की कविताएँ सुनी हैं?" और वह बड़े अबोध-अनजान बने सब बातों का कभी हाँ कभी ना में जवाब देते रहे।

ट्रेन जाने का समय होने लगा था।

एक बार फिर बोले, "मेरी कितनी बड़ी ख़्वाहिश है कि यह नाटक तुम्हारे साथ देखूँ! रुक जाओ न!"

पर क्या करती मैं, विवश थी। परिवार ने मेरे पंख काट दिये थे। मुझे याद हो आयी, चेख़व के नाटक की तीर से बिंधी जलपंखिनी!

गाड़ी छूटनेवाली थी। बोले, "अरे कोई बात नहीं, ज़िन्दगी होती ही ऐसी चीज़ है कि उसे ज्यों-का-त्यों स्वीकारना चाहिए—ज़्यादा हाथ-पाँव पटकने भी नहीं चाहिए। चलो, जाने दो, जो कुछ है ठीक ही है—अच्छा खैर। हाँ, देखो, खयाल रखना अपना। कहीं सर्दी न लग जाए।"

ट्रेन छूटी और बिना एक बार भरपूर मुझे देखे ही वह एकदम-से उलटे पाँवों चले गये। (हाय, मुझे क्या मालूम था कि यह मेरी इनसे आखिरी भेंट थी...वह मेरे साथ 'जलपंखिनी' देखना चाहते थे—किस्मत!)

धीरे-धीरे गाड़ी ने तेज़ रफ़्तार पकड़ ली। सब चीज़ें एक-एक करके पीछे छूटती जा रही थीं। सीट पर बैठने का मेरा मन नहीं कर रहा था। बड़ी देर तक खड़ी-खड़ी खिड़की से मैं पीछे की ओर देखती रही। कैसी अजब होती है यह ज़िन्दगी भी...हम बढ़ते तो आगे की ओर जाते हैं, मगर मन है कि बार-बार पीछे की ओर लौट जाना चाहता है। पर क्या कभी ऐसा हुआ भी है...पीछे कौन लौट पाया है भला ? ...पीछे की चीज़ें सिर्फ़ एक याद भर छोड़ जाती हैं।

शाम घिर आयी थी। अगल-बग़ल के खेत, पेड़, मैदान, गाँव, सब पीछे भागते जा रहे थे। गाड़ी अँधेरे में धँसती जा रही थी। एक लम्बे अँधेरे पथ के बाद फिर एक नगर आएगा, जहाँ बत्तियाँ जली होंगी...जहाँ मेरा घर होगा...पति मेरी प्रतीक्षा में होंगे...बच्चे घर की आत्मीयता में आश्वस्त होकर सो जाएँगे।...पता नहीं, चेख़व ने कोट के बटन ठीक से बन्द कर लिये होंगे या नहीं? कहाँ है, वह आत्मीयता जिसमें आश्वस्त होकर वह भी बच्चों की तरह सुख की नींद सो सकते!...लेकिन मैं क्या करूँ...क्या कर सकती हूँ!...

(आगे की कथा मुख़्तसर-सी है। 1901 में समाचार आया कि चेख़व ने ओल्गा निपर नाम की एक अभिनेत्री से विवाह कर लिया। ओल्गा निपर ने ही पीटर्सबर्ग में 'सीगल' के प्रथम प्रदर्शन में मैडम आर्काडिन की भूमिका प्रस्तुत की थी। अपने अन्तिम दिनों में चेख़व जीवन को सचमुच बहुत निरपेक्ष ढंग से ज्यों-का-त्यों स्वीकारने लगे थे। 15 जुलाई, 1904 को उनकी मृत्यु हो गयी। और सन् 1942 में 78 वर्ष की आयु में लीडिया एवीलव की मृत्यु हुई। और 8 वर्ष बाद सन् 1950 में उनके ये संस्मरण अँग्रेज़ी में 'चेख़व इन माई लाइफ़' नाम से प्रकाशित हुए।)

और उस दोपहर डोरा मर गयी...

(चार्ल्स डिकेन्स)

[अँग्रेज़ी साहित्य का कौन-सा ऐसा पाठक है जो चार्ल्स डिकेन्स के उपन्यासों के जादू से अपरिचित हो। जीवन के उतार-चढ़ाव, चरित्रों के वैविध्य और क़िस्सागोई में समा बाँध देने में डिकेन्स का कोई जवाब नहीं। सारे संसार के यथार्थवादी कथालेखक किसी न किसी अंश में डिकेन्स से प्रभावित रहे हैं।

और, उसी डिकेन्स के जीवन में कैशोर्य की एक मधुर अनुभूति जागी। उसने देखी अपने स्वप्नों की एक साकार प्रतिमा। जिसे उसने बेहद प्यार किया, लेकिन जिसे पा न सका। उसकी प्रिया ने वधूवेश धारण किया और डिकेन्स के जीवन से दूर चली गयी। वर्षों बाद एक दिन डिकेन्स के द्वार पर किसी ने दस्तक दी। द्वार खुला—और डिकेन्स ने पाया कि ताजिन्दगी वह जिसे पुकारता रहा वह सामने उपस्थित है। लेकिन...

और इस 'लेकिन' के बाद की कहानी आप स्वयं पढ़िए।]

"चलो प्यारे, आज तुम्हें अपनी मंगेतर दिखा लाएँ। ऐसी लड़की चुनी है कि देखते ही दिल न दे बैठे तो अपना नाम हेनरी नहीं।" अपनी सगाई की खुशी में चहकते हुए हेनरी ने चार्ल्स से कहा।

चार्ल्स बोला, "नहीं यार, आज ज़रा मुझे काम है कुछ।"

"अबे चल-चल, बड़ा आया काम वाला। तुझे खूब समझता हूँ मैं। नाच-रंग और पार्टी-वार्टी से तू बेकार ही घबराता रहा है। मैं ज़रा बढ़िया-सा सेण्ट लेकर आता हूँ, तू तब तक तैयार हो जा।"

सचमुच चार्ल्स को कुछ काम नहीं था, मगर पार्टी वग़ैरा में जाने से वह हमेशा कतराता था। लेकिन हेनरी उसका बड़ा प्यारा दोस्त था। आज उसकी सगाई थी और उसने यह भी सुना था कि उसकी मंगेतर की और भी दो बहनें हैं, तीनों ही

एक से एक सुन्दर और गाने-बजाने में निपुण। आज जाने क्यों पहली बार चार्ल्स के मन में कहीं जाने का चाव जागा। चार्ल्स महोदय ने अपना सबसे बढ़िया सूट पहना और खूब ऊँचा कड़ा कॉलर लगाया। आप समझते थे कि कॉलर जितना कड़ा और ऊँचा होगा, उतने ही वह जँचेंगे और फ़ैशन-परस्त दिखेंगे। खूब मीठी सुगन्ध वाला तेल लगाकर, रच-रचकर बाल काढ़े, और चार्ल्स डिकेन्स साहब पूरे छैलचिकनियाँ बनकर अपने दोस्त के साथ उसकी सगाई में गये।

मिस्टर बेदनेल की बड़ी आलीशान कोठी थी। वहाँ की रौनक़ देखकर चार्ल्स बहुत प्रभावित हुआ। सदर दरवाज़े पर एक सन्तरी ने आदाब किया और एक बैरा उन दोनों को अन्दर ले गया। वहाँ एक बड़े-से हॉल को टिमटिमाती मोमबत्तियों से सजाया गया था। एक ओर मेरिया का हार्प, मारग्रेट की क्लेरोनेट और उन लोगों की चचेरी बहन एमिली की वायलिन रखी थी। चार्ल्स महोदय का मन इन वाद्य-यन्त्रों को देखकर बहुत कचोटने लगा। उन्हें बहुत अफ़सोस हुआ कि अपनी बहन फ़ेनी की तरह वह भी क्यों नहीं संगीत में कुछ दखल रखते! काश, रखते होते तो आज अपना रंग जमाते। बेचारे इस ग़म में खोये ही थे कि उनकी नज़र मेरिया पर पड़ी। कुछ ज़र्दी लिये हुए गोरा-गोरा रंग और वसन्त के फूलों-सा खिला-खिला चेहरा। मेरिया को देखकर चार्ल्स की आँखों में तैर गये वह जंगली कड़वे सेब जिनके पेड़ चैथम में ब्लूबैल हिल पर लगे थे। चार्ल्स को वह सेब इतने खूबसूरत, इतने प्यारे लगते थे कि बरसों बाद आज भी उसे उनकी बहुत याद आती है। बचपन में वह बहुत दूर-दूर से, भाग-भागकर, चोरी-चोरी वहाँ जाया करता और चुपचाप बस एकटक उन सेबों को देखता, कभी हँसता, कभी मुसकुराता, कभी उन्हें देख-देखकर नाचता। चार्ल्स को अपनी ज़िन्दगी की वह बेलौस मस्ती, वह भोली भावुकता याद आने लगी। उसे याद आने लगे दूर-दूर तक फैले सुनहले धान के खेत।...उसने देखा, मेरिया के सुनहले बाल भी तो उतने ही खूबसूरत हैं!...

(बरसों बाद, इसी पहली मुलाक़ात को चार्ल्स ने अपने प्रसिद्ध उपन्यास 'डेविड कापरफ़ील्ड' में बड़े चाव से चित्रित किया। उसने लिखा--"मुझे बिलकुल याद नहीं कि उस समय वहाँ कौन-कौन था; मुझे सिर्फ़ डोरा की याद है। मुझे यह भी नहीं मालूम कि रात को भोजन के समय क्या-क्या हुआ था, मुझे तो याद है सिर्फ़ डोरा। मुझे याद है कि मैंने क़रीब आधी दर्जन प्लेटें बिना छुए लौटा दी थीं और सिर्फ़ डोरा की रूपश्री का पान करता रहा था। उसकी आवाज़ बहुत मधुर थी, उसकी हँसी बहुत हसीन! इतने खुशनुमा, इतने आकर्षक थे उसके सारे तौर-तरीक़े।... मैं एक मीठी नशीली खुमारी में खोया हुआ था। मैंने कुछ नहीं खाया था। एक शीशे में मुझे अपना अक्स दिखा; मैं बड़ा कमज़ोर और बेवकूफ़-सा दिखाई दे रहा था। मैं वापस आया तो बिलकुल शराबियों की तरह अशक्त होकर बिस्तर में धँस

गया और जब उठा तो कितनी कमज़ोरी थी और कितना मोह मन में उग आया था!)

मेरिया ने प्यार से चार्ल्स की ओर देखकर कहा, "हम पहले कभी मिले नहीं, और मैं भी कैसी बावली हूँ कि समझती थी कि हेनरी के सब दोस्तों को जानती हूँ।"

"हाँ, सचमुच कुछ ऐसा ही संयोग पड़ा कि मैं आपसे पहले नहीं मिल पाया।"

"काश, कि आप पहले मिले होते! आज पहली बार देखा है मगर एकदम अपने-से लग रहे हैं आप।" और डूबी-डूबी-सी आवाज़ में मेरिया बोली, "क्या करते हैं आप?"

"मैं लिखता हूँ।"

उसका लजाकर बोलना मेरिया को बहुत भाया; बोली, "अच्छा, लिखते हैं! कहाँ रहते हैं? और भी कुछ करते हैं क्या? आपके बारे में सब कुछ जान लेने का जी चाहता है। लगता है, हम दोनों की दोस्ती खूब निभेगी। क्यों?"

मेरिया जान रही थी कि यह भोला शर्मीला युवक अपना मन दे बैठा है, और ऐसे में वह हिलगाना खूब जानती थी। "अब मैं हार्प बजाऊँगी।", और कनखियों से देखती हुई मुसकरा कर बोली, "तुम्हारे लिए।"

उसकी नन्ही-नन्ही उँगलियाँ हार्प पर थिरक रही थीं। और चार्ल्स के मन में नशा जागता आ रहा था। उसे यह लग रहा था मानो कोई परी सफ़ेद पोशाक पहने सामने बैठी है। जब कभी अपनी नीली-नीली आँखों से वह उसकी ओर देख देती तो चार्ल्स को लगता, ओह! कितने-कितने प्रश्न समाये हैं इन नज़रों में!! जब वह पलकें झुका लेती तो उसे लगता, बरौनियों की चिलमन के पीछे जाने कौन-कौन से राज़ उसने छिपा लिये हैं।

"मैं उसे प्यार करता हूँ क्या?" बावले चार्ल्स ने खुद से पूछा और तुरन्त ही अपने अन्तर की आवाज़ को खामोश करके कहा, "नहीं, मैं उसे प्यार नहीं कर सकता—यह झूठ है, मुझे वहम हो रहा है।"...

जब मेरिया हार्प बजा चुकी तो चार्ल्स ने बड़े प्यार से उसे जाकर एक पैग शराब पेश की। दोनों मिलकर खूब हँसे और बहुत-बहुत बातें कीं उन्होंने। मेरिया जो कुछ कर रही थी वह जानती थी...मगर बेचारा चार्ल्स! वह तो समझ रहा था कि आज दुनिया की सबसे हसीन, सबसे मधुर लड़की से वह मिला है।

ओह, कैसी सुहानी शाम थी वह! पहली बार उसने जाना कि आसमान नीला क्यों है, हवा में यह मीठी शरारत क्यों है! पहली बार उसने जाना था कि दिल की धड़कनों में एक मादक संगीत छुपा रहता है। कितनी इच्छा हो रही थी उसकी कि उन लम्बी-लम्बी बरौनियों को एक बार चूम ले, उन सुनहली शोख लटों को

एक बार अपनी उँगलियों से टहोका दे दे! और...

और ख्वाब टूट गया। हेनरी और वह वापस चले आये। उसे इस समय हेनरी का साथ बहुत-बहुत बुरा लग रहा था। हेनरी बुदबुदा रहा था कि कमबख्तों ने इतनी शराब पिला दी, पेट दर्द कर रहा है। चार्ल्स को हेनरी के पेट के दर्द से कोई सहानुभूति नहीं थी; वह कुछ और बातें करके अपने मन में बसी मेरिया की मूरत पर धूल भी नहीं पड़ने देना चाहता था। उसका मधुर संगीत, उसकी बोलती आँखों का दर्द। और सबसे बढ़कर उसकी नन्ही-नन्ही जादुई अँगुलियाँ। उन्हें देखकर तो चार्ल्स अकस्मात् कवि बन गया था। उसे वह अँगुलियाँ लिली के नाजुक फूलों-सी लग रही थीं। छुइ-मुई-सी थी मेरिया। छूते ही कुम्हला जाए ऐसी! कितनी सुन्दर, कितनी कोमल, कितनी मधुर!!!

हेनरी बोला, "चार्ल्स, यह नहीं चलेगा प्यारे। मेरिया कोमल है, सुन्दर है, मधुर है, लेकिन तुम्हें उससे क्या मतलब? मेरी मानो तो उसे दिल देकर मूर्ख मत बनो।"

"ज़रा देर हो गयी नेक सलाह देने में दोस्त!" चार्ल्स चिढ़कर बोला।

"तब मैं सिर्फ़ इतना ही कह सकता हूँ कि मैं तुम्हें जितना मूर्ख समझता था तुम उससे भी ज़्यादा मूर्ख हो।" अपने पेट को दबाता हुआ हेनरी कड़ुआहट से बोला।

चार्ल्स तो अपनी भावनाओं में ही डूबा था। उसे यह नहीं मालूम था कि मेरिया वधुओं की सहचरी बनते-बनते थक चुकी है; अब उसके मन में खुद वधू बनने के सपने मँडराने लगे हैं। अब वह जल्दी ही किसी भी ऐसे व्यक्ति के साथ मित्रता करना चाहती है जो उसे बाँध ले। अब उसकी दुनिया में चार्ल्स आया था। उसके पापा को चार्ल्स की वास्कट पसन्द नहीं आयी थी और मम्मी को उसका सिर में तेल चुपड़ना नहीं अच्छा लगा था। यों, मेरिया को वह भला लगा था। पर प्रेम के मामले में चतुर मेरिया को इस बात का दुःख था कि चार्ल्स 'ट्र सन' में सिर्फ़ संवाददाता ही है। संवाददाता को भला रुपये ही कितने मिलते होंगे! भविष्य में भी ज़्यादा मिलने लगेंगे, इसकी भी कोई सम्भावना नहीं दीखती।

मेरिया और उसकी मम्मी दोनों ही धन चाहती थीं। दोनों का ही स्पष्ट मत था कि रुपये के बिना प्यार ज़्यादा दिन तक ज़िन्दा रह ही नहीं सकता। इसलिए मेरिया को लगता था कि चार्ल्स को पति के रूप में तो नहीं चुना जा सकता, लेकिन प्रेमी वह बुरा नहीं साबित होगा। और मेरिया को इस समय किसी-न-किसी का प्यार चाहिए ही था। उसने सोचा, जब तक कोई वरण करने लायक़ व्यक्ति नहीं मिलता, चार्ल्स के साथ ही समय खुशियाली से गुज़ारा जाए। इसलिए उसने चार्ल्स को प्रोत्साहन देना शुरू कर दिया।

महीनों बीत गये, मेरिया और चार्ल्स के दिन प्रेमपूर्वक बीत रहे थे कि एक

दिन एक नाचघर में मेरिया की मुलाक़ात एक अमीर नवयुवक से हुई। उसके पीछे कई लड़कियाँ पड़ी हुई थीं। मेरिया ने भी कोशिश करनी चाही। मेरिया की मम्मी भी बहुत खुश हुईं और बेटी को गले लगाकर बोलीं, "मिस्टर विण्टर तेरे लायक़ हैं बेटी !"

"पर माँ, इतनी लड़कियों के बीच से वे मुझे ही क्यों चुनेंगे भला?"

"अरे इसमें क्या है! इस समय ज़रा चतुराई से काम लो। उसके प्रति अपनी अनुरक्ति ज़ाहिर मत करो। उसकी उपेक्षा-सी करो। कहो कि और बहुत-सी लड़कियाँ तुमसे भी अच्छी हैं। यह कहो कि तुम एक नन बनना चाहती हो। और उधर मैं उसे तुम्हारी ओर उकसाती रहूँगी और राजी कर लूँगी।"

मम्मी के पास ऐसी एक हज़ार एक तरकीबें थीं जिनको वह मिस्टर विण्टर पर आज़माना चाहती थीं। किसी भी तरह वह मेरिया को उनसे ब्याह देना चाह रही थीं।

उसी साल चार्ल्स 21 वर्ष का पूरा हुआ। उसे बालिग़ हो जाना बड़ी अजीबोग़रीब और निहायत अभूतपूर्व अनोखी बात लग रही थी। मानो यह कोई चमत्कार हो। उसने सोचा, लाओ इस खुशी में एक पार्टी दें; जिसमें मेरिया और उसकी माँ को भी बुलाएँ। और तब शायद...

चार्ल्स के घरवाले 18 नम्बर बैण्टिक स्ट्रीट में रहते थे। घर बुरा तो नहीं था मगर लोम्बार्ड स्ट्रीट वाली मेरिया की कोठी का और उसका तो कोई मुक़ाबला ही नहीं था। यह सोचकर चार्ल्स थोड़ा उदास हो गया। पर चार्ल्स ने सोच लिया था कि घर चाहे जैसा हो, पार्टी वह लाजवाब देगा। अपने पास की पाई-पाई खर्च कर डालेगा।

उसने सारा हिसाब लगाया—एक आदमी ऐसा चाहिए जिसे चौकीदार बनाया जा सके, मगर ऐसा होना चाहिए जो यह ज़ाहिर करे, वह यहाँ हमेशा से नौकर है, सिर्फ़ आज के लिए किराये पर नहीं लाया गया है। घर में कोई नौकरानी भी नहीं थी; नौकरानियाँ भी होनी चाहिए। कई क़िस्म की अच्छी शराब, कबूतर का शोरबा, पाई का मांस, बादाम के बिस्कुट और भी तमाम बेहतरीन चीज़ें जो 1833 के रईसों के लिए ज़रूरी होती थीं, सभी चाहिए थीं।

मित्रों को निमन्त्रण चले गये। सारी चीज़ों का इन्तज़ाम कर लिया गया। मिस्टर डिकेन्स ने फुर्ती से इधर से उधर घूम-घूमकर देख लिया कि सारा इन्तज़ाम माक़ूल है।

मिसेज़ बेदनेल अपनी सबसे छोटी बेटी के साथ बैण्टिक स्ट्रीट के घर में आयीं। वह अपनी गाड़ी में आयी थीं। नौकर ने बताया कि उनकी गाड़ी ही यहाँ सबसे ज़्यादा शानदार है।

चार्ल्स की आँखों में चमक आ गयी। कितनी सुन्दर लग रही थी मेरिया!

चहकते हुए उसने कहा, "आइए, स्वागत है।"

"यहाँ आकर मुझे बहुत सुख मिल रहा है", मुसकराकर मेरिया ने जवाब दिया।

मेरिया और उसकी माँ दोनों ने ही चारों ओर नज़र घुमाकर घर का कोना-कोना देखा। और जैसा कि स्वाभाविक था मम्मी को घर बिलकुल नहीं जँचा।

डिकेन्स की मम्मी आज की शाम को स्मरणीय बना देना चाहती थीं। उन्होंने आज अपनी सबसे अच्छी पोशाक पहनी थी, लेकिन वह पुराने फ़ैशन की हो चुकी थी। बेचारी मेहमानों का बड़े चाव से स्वागत कर रही थीं। चार्ल्स के पिता मिस्टर डिकेन्स को तो आज का दिन बड़ा अनोखा लग रहा था और उन पर अजब नशा-सा छाया हुआ था। बड़े ग़रूर से सबकी ओर हँस-हँसकर देख रहे थे।

मेरिया की मम्मी ने सोचा, कैसे साधारण से लोग हैं यह सब! और उसने यह भी भाँप लिया था कि ये नौकर, ये फ़र्नीचर, ये चाँदी की चम्मचें और मोमबत्ती-स्टैण्ड—यह सब किराये पर लाये गये हैं। सुबह होते ही सब-कुछ ठेलों पर लदकर चला जाएगा। मम्मी ने मन में पक्का निश्चय कर लिया कि मेरिया के लायक़ चार्ल्स नहीं है। विण्टर ही ठीक रहेगा। अगर मेरिया ने चार्ल्स के लिए ज़िद की तो उसके पापा हर्गिज़ नहीं मानेंगे।

पार्टी ज़ोरों से चल रही थी, और अपनी सफलता पर चार्ल्स फूला नहीं समा रहा था। मगन मन, वह मेरिया के पास गया, "प्रिये, मैं तुमसे कुछ कहना चाहता हूँ!" हौले से कोमल स्वर में वह बोला।

मेरिया शरारत से आँखें झपकाकर बोली, "कहो, क्या बात है?"

"मैं तुम्हें प्यार करता हूँ, मेरिया!"

मेरिया मार्सेले शराब का गिलास हाथ में पकड़े उसकी ओर देखती रही। इसी मार्सेले को खरीदने में चार्ल्स के बरसों से बचाये हुए सारे पैसे फुँक गये थे। मेरिया तो कभी जान भी नहीं सकेगी कि ग़रीब के दिल में कैसे अरमान पल रहे थे। यद्यपि उसकी आँखों में प्यार की झलक नहीं दिखाई दी, लेकिन खुद में डूबे चार्ल्स को वह सब देखने की फ़ुरसत भी कहाँ थी! वह तो कहता ही गया, "मैं तुम्हें प्यार करता हूँ। मुझे तुम्हारी ज़रूरत है। मैं अपनी सारी ज़िन्दगी, अपना सब-कुछ तुम्हें सौंप देना चाहता हूँ..."

"क्या वाहियात बातें कर रहे हो चार्ल्स!" उसने कहा।

"लेकिन...लेकिन तुम्हीं ने तो मुझे प्रोत्साहन दिया है, मेरिया! और क्या तुम मुझे प्यार नहीं करती रही हो?..."

"मैं तुम्हें पसन्द करती हूँ। तुम एक अच्छे दोस्त हो। उससे अधिक मैंने तुम्हें कभी कुछ नहीं माना।"

"लेकिन मैं तुम्हें प्यार करता हूँ!" उसकी आवाज़ काँप रही थी।...ओह मेरिया

उसके हृदय के सत्य को समझ क्यों नहीं पा रही!

मेरिया सिर्फ़ उस गिलास से खेलती रही। चार्ल्स को लगा उसकी आँखों का नीलापन बहुत बर्फ़ीला है...बहुत डरावना...

बहुत टूटकर वह बोला, "ऐसा मत करो...मेरे साथ इतनी निठुराई मत करो..."

"तुम तो जानते ही हो कि तुम्हारे पास अनोखी कल्पना-शक्ति है...लेखक ठहरे...लगता है तुम कुछ ज़्यादा ही कल्पित कर गये।" और व्यंग्य से हँस दी वह।

"नहीं, ऐसा कुछ नहीं है। तुमने मुझे हमेशा बढ़ावा दिया, ...अपने नज़दीक लायी; ...मैंने समझा तुम भी मुझे प्यार करती हो; ...मैंने आज यह पार्टी तुम्हारे, केवल तुम्हारे ही लिए की है; ...आज मैं बालिग़ हो गया हूँ; ...मैंने सोचा तुमसे..." और उसका गला रुँध गया।

मेरिया कुछ नहीं बोली और पीठ फिराकर अपनी मम्मी की ओर चल दी। उसकी मम्मी उसे देखते ही समझ गयी कि क्या मामला है, और चुपचाप उसके साथ हो लीं। दोनों गाड़ी पर सवार होकर वापस चली गयीं, और ठगा-सा चार्ल्स दूर से सिर्फ़ उन्हें देखता ही रह गया।

"तुमने ठीक किया।" मम्मी बोलीं, "ओह, कैसे साधारण लोग हैं! हमें इनके यहाँ जाना ही नहीं चाहिए था। चार्ल्स तुम्हारे लायक़ नहीं है।"

"हाँ, वह इस लायक क़तई नहीं है।" मेरिया ने स्वीकारा।

कुछ देर बाद पार्टी भी खत्म हो गयी। एक-एक करके सब विदा हो गये। और चार्ल्स अपना टूटा दिल लिये शराब की बोतलों में उलझा रहा। आज उसने खूब पी, खूब पी। इसी शराब में तो उसने अपना एक-एक पैसा बरबाद कर दिया था आज...व्यर्थ में !

बाद में मेरिया ने उससे खत माँगे। एक नीले रिबन में बाँधकर उसने वह वापस कर दिये। यद्यपि उन्हें अपने से जुदा करते हुए उसका रोम-रोम पिरा रहा था। उसने कई बार मेरिया से मिलना चाहा, पर हर बार उसे भीड़ में पाया, और यह भी महसूस किया कि मेरिया जान-बूझकर उसका तिरस्कार भी करना चाहती है। आखिर उसने मेरिया की एक-एक छोटी से छोटी चीज़ भी उसे वापस कर दी; साथ में एक खत रख दिया—

"ईश्वर करे, तुम हमेशा खुश रहो...अफ़सोस है कि मैं तुम्हें खुशियाँ न दे सका। पर जहाँ भी रहो, जो भी तुम्हें सुख दे, वह भी सुखी रहे, और तुम भी सुखी रहो। मैं अच्छी तरह जानता हूँ कि दुनिया में मेरे लिए इससे बढ़कर दूसरा कोई

सुख नहीं हो सकता कि अपने पहले और आखिरी प्यार की मालिक अपनी मेरिया की खुशी के समाचार सुनता रहूँ।

जैसी कि मुझे उम्मीद है, तुम खुश होगी। ईश्वर करे, सारे संसार का सुख और मंगल-कामनाएँ तुम्हें हमेशा मिलती रहें। –सी. डी.''

बीस बरस बाद...

'डेविड कॉपर फ़ील्ड' नाम का उपन्यास हर किताब की दुकान पर था, हर साहित्य-प्रेमी की स्टडी में था, हर एक की ज़बान पर उसी की चर्चा थी। सारी दुनिया ने उसे पढ़ा।

चार्ल्स तो जानता ही था कि यह उसी की ज़िन्दगी की कहानी है। वह इसे कहानी से ज़्यादा कुछ मानता भी नहीं था। लेकिन उसे यह नहीं मालूम था कि यह कहानी कुछ ऐसा कर देगी जिसकी कल्पना उसके लेखक मन तक को नहीं थी।

ढलती उम्र की एक प्रौढ़ा ने यह किताब खरीदी और उसकी एक-एक पंक्ति ध्यान से पढ़ती गयी। और उसने चमड़ा रँगने के काले रंगवाले कारखाने में काम करनेवाले लड़के को पहचान लिया। वह कोई और नहीं था, वही अखबार का संवाददाता था जिसने कभी उसे इतना प्यार और समर्पण दिया था।

पढ़ते-पढ़ते जब वह डोरा के प्रसंग पर आयी तो उसकी आँखों में सौ-सौ बिजलियाँ चमकने लगीं...ओह वही है यह...वही है डोरा! हाँ वह, मिसेज़ विण्टर ही डोरा है...उफ़् कितना सच्चा चित्रण है यह!

उसने एक-एक शब्द पढ़ा नहीं, पी डाला...क्योंकि वह उस तरह की औरत थी जो एक भी कण अपनी प्रशंसा का नहीं छोड़ना चाहती थी...भले ही वह इस समय उसे डोरा के माध्यम से वसूल कर रही हो! आह! चार्ल्स क्या उसे इतनी मधुरता से प्यार करता...अब तो वह बहुत धनी भी होगा...ओह, मैंने चार्ल्स को ठुकराकर बहुत ग़लती की!...पर अब...अब तो बहुत उलझ चुकी है वह...अपने ही बनाये जाल में उलझ चुकी है। वह घण्टों बैठी सोचती रही, वह चार्ल्स की पत्नी बन सकती थी...आज कितनी इज़्ज़त मिलती उसे, कितना धन भी, हीरों के हार पहनकर वह चार्ल्स के साथ बहुत सुन्दर-सुन्दर स्थानों पर घूमने जा सकती थी जो मिसेज़ विण्टर बनकर वह कभी नहीं कर सकी। उफ़् इतने महान लेखक की पत्नी होने का गौरव मिल सकता था उसे...मिस्टर विण्टर तो शराब और जुए में अपना सारा धन फूँक चुके थे। अब वह बस आवारा क़िस्म की ज़िन्दगी बिताते थे। मेरिया के दो लड़कियाँ थीं और एक गट्ठर का गट्ठर था बिलों का जिसे वह कभी नहीं चुका पाएगी, यह वह जानती थी...

रात को मिस्टर विण्टर के आने पर वह बोली–''मैं यह किताब पढ़ रही थी

आज'' और उसका कवर दिखाते हुए कहा, ''मैं इस प्रख्यात लेखक की पत्नी बन सकती थी। मुझे उससे शादी कर लेनी चाहिए थी।''

लापरवाही से मिस्टर विण्टर बोले—''अरे तो किस भकुवे ने तुम्हें रोका था? कर क्यों नहीं ली!''

''मैं ही मूर्ख थी।''

''ओहो, औरतों को आत्म-ज्ञान बुढ़ापे में जाकर होता है।'' और हँसते हुए विण्टर दूसरे कमरे में चले गये।

जब उसकी और चार्ल्स की आखिरी मुलाकात हुई थी, वह मुश्किल से सोलह-सत्रह बरस की थी। अब तो चालीस की होने को आयी। अब उसके वह सुनहले बाल, जो चार्ल्स को बहुत पसन्द थे, झड़ने लगे थे। जो चार्ल्स को पसन्द थे वह पीले सुनहले कपड़े भी वह अब नहीं पहन सकती थी, क्योंकि उसके ऊपर अब सलेटी, नीले और महरून जैसे रंग ही अच्छे लगते थे—अब वह बूढ़ी जो हो चली थी! उफ़् कहाँ गयी उसकी वह कोमलता, वह मधुरता जो चार्ल्स ने सारी की सारी डोरा को दे डाली है...खुले हाथों लुटा दी है...

और जब धुँधले-से आईने में उसने अपनी शक्ल देखी तो उसे लगा 'कहाँ डोरा और कहाँ मैं!' पर दूसरे ही क्षण उसने खुद को समझाया, 'अरे चार्ल्स भी तो अब जवान नहीं होगा। वह भी तो बूढ़ा हो चला होगा!' इस विचार से उसे थोड़ा सुक़ून मिला और वह चार्ल्स को खत लिखने बैठी—बहुत कुछ लिख डाला उसने। अन्त में लिखा, ''ओह कितने खूबसूरत थे वह दिन। लेकिन हाय, मेरे माता-पिता ने मेरे साथ बड़ा अन्याय किया। उन्होंने मेरा असली साथी मुझसे छीन लिया। मुझे ग़लत हाथों में सौंप दिया। काश कि मैं अपने मन से क़दम उठाने को स्वतन्त्र होती...पर जाने दो पिछली बातों को—आज 'डेविड कॉपर फ़ील्ड' पढ़ी। सारी की सारी यादों ने घेर-घेर कर तन-मन बींध डाला है--इतना सुन्दर उपन्यास लिखने के लिए मेरी विनम्र बधाई लो।''

चार्ल्स लन्दन में अपनी स्टडी में बैठा था। नौकरानी ने लाकर शाम की डाक दी और खिड़कियों के परदे गिरा दिये ताकि कुहरा अन्दर न भर जाए। चार्ल्स ने खत उलट-पलटकर देखा, कोई भी परिचित लिखावट न दिखी तो उसने उन्हें यों का यों ही रख दिया और चुपचाप बैठा आग तापता रहा, केक खाता रहा। आजकल ढेर के ढेर प्रशंसापत्र आया करते थे, जिन्हें चार्ल्स कभी, फ़ुर्सत के समय ही उलटता-पलटता था। दूसरी रात को वह जब खत देख रहा था तो उसे वह खत भी मिला।

उसने पढ़ा। उसे लगा बहार लौट आयी है। उसका कमरा स्वर्ग बन गया है।

उसे लगा वह फिर से जवान हो गया है। वही युवक जो हेनरी के साथ सज-धजकर पहली बार उस पार्टी में गया था। वही लड़का जो उसे हार्प बजाते हुए एकटक निहारता रहा था। वही किशोर जिसके हृदय में उसकी एक-एक उठती-गिरती नज़र सौ-सौ नाज़ुक तूफ़ान उठा रही थी...

उसने होठों ही होठों में पुकारा—मेरिया! डोरा! मेरी मेरिया! मेरी डोरा!

तो उसने पढ़ ली किताब! उसने पहचान लिया खुद को, मुझको और सब-कुछ ...सब-कुछ जान लिया उसने!

तुरन्त चार्ल्स ने मेरिया को जवाब दिया—

तावित्तोक हाउस
शनिवार, 10 फ़रवरी 1855

"प्रिय मिसेज़ विण्टर,

तुम्हारा खत मिला। बहुत खुशी हुई। कितना प्यारा, कितना अच्छा है तुम्हारा खत। प्यार में डूबा-डूबा रहा मैं। ऐसी ही स्थिति में मैंने पढ़ा कि तुम्हारे दो लड़कियाँ हैं। नन्ही बच्चियों की खबर ने मेरे दिमाग़ में विचित्र-सा असर किया, मुझे लगा कि मेरे सर की नसें तड़क जाएँगी या मैं पागल हो जाऊँगा। धीरे-धीरे मुझे खयाल आया कि अरे मैं भी तो नौ बच्चों का पिता हूँ। और एक-एक करके वह बीसियों बरस का समय मेरी आँखों के आगे तैरता रहा और खुद को दोहराता रहा। मुझे लगता रहा कि कैसी विचित्र चीज़ है यह ज़िन्दगी भी। विश्वास करो, तुमसे कहीं अधिक टीस और कसक के साथ मैं उन बीते दिनों को याद किया करता हूँ।

...मुझे एक बार तुमसे मिलकर घण्टों तुमसे बातें करके बहुत सुख मिलेगा। कितनी खुशी होगी जब तुम्हें इतने लम्बे अरसे बाद फिर देखूँगा..."

और मेरिया ने इसके जवाब में बहुत प्यारा खत फिर लिखा। 'मधुर मेरिया' और 'भोले चार्ल्स' की एक-एक स्मृति को कुरेद-कुरेदकर लिखा।

इस तरह खतोकिताबत चलती रही मार्च 1855 के एक रविवार तक...

चार्ल्स ने उसे बता दिया था कि रविवार को तीन से चार बजे तक वह अकेला रहेगा। और वह बेकली से अपने ड्राइंग रूप में उसका इन्तज़ार कर रहा था। वह कमरा उसे बहुत प्यारा था। अपनी घरेलू ज़िन्दगी की बहुत-सी किचकिच झाँव-झाँव को उसने यहीं पर भुलाया है। यहीं वह अपने लिखने-पढ़ने में जी-जान से लगा र ह ा है...आज यहीं उसकी प्रिया आ रही है...

ठीक तीन बजे घण्टी बजी...कभी इतना सुन्दर संगीत घण्टी में से नहीं गूँजा होगा...

और भावातिरेक से अवरुद्ध कण्ठ से चार्ल्स ने कहा—"आओ, आओ!" दरवाज़े

तक गया—उसे लगा दरवाज़ा स्वर्ग में खुलने वाला है और आज सारी दुनिया की खुशियाँ उसके क़दमों में लोट रही हैं। उसने दरवाज़ा खोला। उसकी ओर देखा...बैंजनी रंग की सिल्क में लिपटी हुई वह! फटी की फटी रह गयीं उसकी बौरायी आँखें यह देखकर कि वह कितनी भद्दी और मोटी हो गयी है। उसे लगा उसके ख्वाबों की तस्वीर झनझनाकर टूट गयी—सामने सिर्फ़ चौखटा रह गया है...कहाँ गयी वह तस्वीर!...

"इतने लम्बे अरसे के बाद तुम्हें देखना कितना सुखद है। तुम तो बिलकुल नहीं बदले।" गले में एक कर्कश भारीपन था।

लेकिन वह बदल गया है। वह जानता था कि वह बदल गया है। पर समय की भयंकर निठुराई तो यह थी कि वह कॉपर फील्ड नहीं था जो डोरा से मिल रहा था—वह तो वही था—वह खुद! जो अपनी खोयी हुई प्रिया से—मेरिया से मिल रहा था—बेज़बान-सा, निरीह-सा!

..."तुम भी तो नहीं बदली।" उसने झूठ बोला। और मेरिया को चाय की मेज़ पर ले गया।

और लो एक ही क्षण में वह बदल गया। उसके मन में जो प्यार ठाठें ले रहा था वह ठण्डा पड़ गया...ज्वार शान्त हो गया और सतह पर सिर्फ़ सूखी रेत छोड़ गया ...अब वह प्रख्यात लेखक था जो अपने एक प्रशंसक से मिल रहा था—बस!...

"बैठो मैं चाय मँगाता हूँ" और नौकरानी से चाय के लिए कहकर वह सूनी निगाहों से एकटक उसके चेहरे की ओर देखता रहा। उन होठों को देखकर कभी उसे लगता था जैसे कि सैकड़ों गुलाब खिले पड़ रहे हों, आज उसे उन होठों की सिर्फ़ सूखी पपड़ियाँ नज़र आ रही थीं।

"आज तुमसे मिलकर कितनी खुशी हो रही है चार्ल्स!"

"मुझे अफ़सोस है कि मेरी पत्नी यहाँ नहीं है।"

"हाँ, हो सका तो उनसे फिर कभी मिलूँगी ज़रूर।"

"हाँ, ज़रूर मिलना!" अब तक बहुत रूखा हो चुका था उसका अन्तर्मन!

"अरे तुम्हारे पति! मिस्टर विण्टर, क्या हाल है उनका?"

"आज उनकी तबीयत ठीक नहीं थी। अरे हमारे दिन तो बड़ी मुसीबत में कट रहे हैं। हेनरी तो आजकल बेकार है।"

"ओ हो, बड़ा दुःख हुआ सुनकर।" चार्ल्स बोला।

"मुझे विश्वास है कि तुम्हारी पत्नी बहुत सुशील और सुन्दर होंगी।" उसने आवाज़ में ज़बर्दस्ती मधुराई घोलकर पूछा। वह जानती थी कि उसकी आवाज़ की मधुरता चार्ल्स को बहुत प्रिय थी।

यद्यपि चार्ल्स को झूठ बोलने से बड़ी नफ़रत थी, लेकिन उसने दूसरी बार फिर झूठ बोला—"हाँ, बहुत भली और सुन्दर हैं वह।"

"और तुम्हारी किताबें! उफ़् कितना जादू है तुम्हारी कलम में। मैं तो पहले ही जानती थी कि तुम एक दिन बहुत बड़े लेखक बनोगे। मम्मी-पापा से भी मैं अकसर इसी बात पर बहस किया करती थी और तुम्हारे पक्ष में बोला करती थी। 'डेविड कॉपर फ़ील्ड' पढ़कर मुझे अपने उस अनुमान पर कितना घमण्ड हुआ है, तुम समझ भी नहीं सकोगे चार्ल्स!"

"तुमने उसे समझा?"

"हाँ चार्ल्स, मैंने उसे अच्छी तरह समझा। मैंने उसमें खुद को पहचान लिया—अपन दोनों को पहचान लिया है। यहाँ तक कि तुम्हारी मम्मी और तुम्हारे पापा तक को पहचान लिया है। और तमाम बातों, तमाम लोगों को पहचान गयी हूँ मैं। उस सबको पढ़कर मुझे कैसा-कैसा लगता रहा है मैं तुम्हें कभी नहीं बता सकूँगी।"

फिर मेरिया उससे बहुत-बहुत-सी बातें करती रही। उसे तमाम भूली-बिसरी घटनाएँ याद कराती रही। वह पहले-पहल कब और कैसे मिले थे, कब पहली बार चार्ल्स ने बहुत मृदुलता से उसके सुनहले बालों को सहलाया था...पर चार्ल्स को यह सब सुनकर अच्छा नहीं लग रहा था। क्योंकि वह जान चुका था कि वह सब मात्र छलावा था, उसकी भोली भावनाओं के साथ खिलवाड़ किया गया था।

इतने में चाय आयी। चार्ल्स ने मेरिया से कहा—"लो चाय पिओ। तुम बना लोगी न!"

"हाँ, हाँ!" मेरिया बोली—"कितने अच्छे हो तुम चार्ल्स! तुम्हें याद है एक बार क्रिसमस पर तुम मेरे लिए नीले दस्ताने लाये थे। और हमने एनी के कमरे में चाय पी थी। उस दिन..." लेकिन चार्ल्स ने बीच ही में बात काटकर मेरिया को मना कर दिया कि बेकार में अब उन दिनों की याद मत दिलाओ। बहुत मुश्किल से भुला सका हूँ उस सबको!

मेरिया यद्यपि समझ गयी थी कि चार्ल्स कुछ ऊब-सा रहा है पर वह बात करती ही चली गयी और चार्ल्स अपने विचारों को उधेड़ता-बुनता उसकी बातें सुनता रहा। वह सोच रहा था क्या मेरिया उन अल्हड़ और अनुभवहीन दिनों क़ा एक ख्वाब मात्र थी? क्या डोरा सिर्फ़ एक प्यारी-सी छाया मात्र है जो उसकी कल्पनाओं में से उपजी है? क्या उसका मेरिया से कोई सम्बन्ध है? क्या वह सारा जुनून, वह सारा खुमार सिर्फ़ उसके मन की उपज था जिसे उसने मेरिया पर खामख्वाह आरोपित कर लिया था? क्यों मेरिया ऐसे रंग के कपड़े पहने है जो मुझे बहुत नापसन्द है? यह इतनी मोटी और भद्दी क्यों हो गयी है? औरतें इतनी बक-बक क्यों करती रहती हैं? पहले तो मेरिया कभी मुँह से इतना नहीं बोलती थी तो क्या

उसकी आँखों की भाषा वह समझता था? ऐसे ही बेसिर-पैर के विचारों में खोया हुआ चुपचाप 'हाँ', 'हूँ' करता हुआ चार्ल्स मेरिया की बातें सुनता रहा।

चाय खत्म हुई। मेरिया ने अब अच्छी तरह समझ लिया था कि चार्ल्स खिंच गया है, वह उठी, बोली—"मेरे पति मेरी राह देखते होंगे। मुझे देर हो रही है। वह मेरा बड़ा खयाल रखते हैं।"

"हाँ, हाँ, ज़रूर। तुम्हें देर नहीं करनी चाहिए।" चार्ल्स ने झूठे को भी नहीं रोका।

"तुम्हारा घर बहुत सुन्दर है। हमारा तो बहुत छोटा है। सब तुम्हारी तरह किस्मत वाले नहीं होते न!" मुँह पर मुसकान बिखेरकर मेरिया बोली।

"हाँ, हूँ तो खुशकिस्मत, मेरी शुरू की ज़िन्दगी ज़रूर बड़े संघर्षों में से गुज़री। उसे ठीक-ठिकाने लगाने के लिए काफ़ी मेहनत करनी पड़ी।" कुढ़कर चार्ल्स बोला।

"हाँ, यह सब देखकर मैं सचमुच बहुत खुश हुई हूँ। बेइन्तिहा खुश!"

चार्ल्स उसे दरवाज़े तक छोड़ने आया।...अभी दरवाज़ा खुलेगा और मेरिया चली जाएगी। अभी दरवाज़ा खुलेगा और उसके मन में, दिमाग़ में, कहानियों में बसा हुआ एक किशोर उम्र का सपना हमेशा के लिए चला जाएगा। वास्तविकता को सामने पाकर उसके मन का किशोर सपना चारों ओर से सिमटकर, जमकर बर्फ़-सा हो गया था—पर ज्यों ही उसने दरवाज़े के हैण्डिल पर हाथ रक्खा खोलने के लिए, त्यों ही उसका मन अन्दर से जैसे अकस्मात् पसीज आया। यह औरत जो जाने कितनी आशाएँ फिर से जिलाकर लायी थी—टूटी, हत-गौरव होकर लौट रही है—प्यार नहीं, आग्रह नहीं केवल दयावश जैसे उसने कहा—"फिर मिलोगी न!"

"ज़रूर!" मेरिया ने मुसकराहट लाकर कहा।

क्या डिकेन्स ने सचमुच मिलने के लिए उससे कहा था? क्या मेरिया का 'ज़रूर' स्वीकृति-सूचक था? नहीं; ये तो केवल शब्द थे जिन्हें बोलकर दोनों ने अपने बीच के खालीपन को ढाँकने-मूँदने की कोशिश की थी। बस।

और मेरिया वापस चली गयी। वह लौटकर अपने ड्राइंग-रूम में आया, बड़ी-बड़ी ताँबे की मूर्तियों, भव्य चित्रों और फूलों से सजे हुए कमरे में जो चार्ल्स को बहुत प्रिय रहा है। चार्ल्स ने देखा नौकरानी उसी की ओर देख रही थी। उसे लगा यह कुछ अन्यथा न सोचे। दूसरे ही क्षण खुद को उसने समझाया—नहीं, वह कुछ सोच भी कैसे सकती है, हुआ भी क्या है? कोई खास बात नहीं हुई!

वह एक बड़ी-सी आराम-कुर्सी पर लेट-सा गया और पाइप सुलगा लिया। उसे याद आने लगा 'डेविड कॉपर फ़ील्ड' का वह अध्याय जिसमें उसने डोरा की मृत्यु चित्रित की थी। कितना करुण, कितना सुकुमार, कितना मर्मस्पर्शी चित्रण था वह !

लेकिन उसे क्या मालूम था कि डोरा की मौत इस तरह होगी। इतने साधारण ढंग से वह अपने असली रूप में आएगी और उस पर आधारित स्वप्न हमेशा के लिए टूट जाएगा। लिखा उसने तब था लेकिन आज की दोपहर डोरा सचमुच मर गयी थी !...

हज़ारहा परछाइयाँ : एक हक़ीक़त

(एच. जी. वेल्स)

[बीसवीं शताब्दी के प्रथम चरण में घोषणा हुई कि युग बदल गया। धर्म का स्थान विज्ञान ने ले लिया। अनुभूति के स्थान पर अब बुद्धि का साम्राज्य हो गया। प्रखर बुद्धि, वैज्ञानिक प्रगति और इन दोनों के द्वारा प्रकृति पर मनुष्य का सम्पूर्ण अधिकार। बुद्धिवाद और वैज्ञानिकता के अलमबरदार साहित्यिकों में सबसे ज़्यादा चर्चित नाम था एच. जी. वेल्स का। उसने न केवल इस धरती के वरन् अज्ञात ग्रह-नक्षत्रों तक के रहस्यों को रहस्य नहीं रहने दिया। बुद्धि, तर्क और विश्लेषण के द्वारा प्रकृति पर पूर्ण अधिकार! सारे अज्ञात रहस्यों से मुक्ति।

लेकिन एक और प्रकृति है जो अपराजेय और रहस्यमय बनी रही—अन्दर की प्रकृति ! वेल्स बुद्धि-विश्लेषण और विज्ञान वाला वेल्स अपनी उस प्रकृति के रहस्य जाल को कभी समझ नहीं पाया! उसको समझने के लिए विज्ञान काफ़ी नहीं था। उसके लिए ज़रूरी था एक गहन ममतामयी प्रिया पत्नी का प्यार! जो उसकी पत्नी कैथी में था। उसी कैथी ने उस प्रकृति को समझा। बुद्धि से नहीं, विज्ञान से नहीं, हृदय की चरम उत्सर्गमयी भावना से! उसकी कहानी वेल्स के किसी भी वैज्ञानिक उपन्यास से ज़्यादा रोमांचक है।]

सन् 1893 की जनवरी की एक दोपहर। सर्द मगर खुशनुमा। धूप का हलका-हलका सेंक बदन पर महसूस करते हुए युवक ने गाड़ी की खिड़की का काँच गिरा दिया और बाहर भागते मैदानों की ओर देखता हुआ बोला—"मैं सत्ताईस बरस का हूँ और तुम?"

अपनी बहुत बड़ी-बड़ी आँखें डबर-डबर डुलाते हुए ऐमी कैथरीन रॉबिन्स बोली— " 'स्वीट टीन्स' गुज़र चुके बर्टी, मैं इक्कीस की हो गयी।"

"स्वीट टीन्स गुज़र गये यह तो अच्छा ही हुआ" कहकर वह हँसने लगा। हँसते-हँसते उसने कैथरीन के सुनहले वालों को छितरा दिया।

यह युवक महोदय थे अँग्रेज़ी के महान लेखक श्री एच.जी. वेल्स और कैथरीन थी उनके बायलॉजी क्लास की एक शिष्या।

"सारे स्कूल वाले जले-फुंके बैठे होंगे। आज सभी एक-दूसरे की राह रोक-रोककर कहते होंगे, अरे सुना तुमने वह आवारा हर्बर्ट उस खूबसूरत छोकरी को लेकर भाग गया" कहकर वेल्स बड़ी ज़ोर से ठठाकर हँस पड़ा। हँसते-हँसते बोला—"और तुम्हारी माँ! मिसेज़ रोबिन्स! बाबा रे! उन्होंने तो जो हाय-हाय मचा रखी होगी कि..."

"ओह हर्बर्ट!" कहकर कैथरीन ने वेल्स के कठोर हाथों में अपनी काँपती अँगुलियाँ दुबका दीं। माँ का खयाल आते ही वह घबरा-सी गयी। उसकी काँपती अँगुलियों को होठों से लगाकर वेल्स बोला—"भावुक लड़की, ऐसे मन छोटा नहीं करते। हमें अपनी ज़िन्दगी को अपने माफ़िक जीने का पूरा-पूरा अधिकार है। अपने इस मानवीय अधिकार की रक्षा करना हमारा धर्म है।"

वेल्स को अपने सभी छात्र-छात्राओं में कैथरीन बहुत आकर्षक लगती थी। पर अपना आकर्षण उन्होंने उस पर कभी ज़ाहिर नहीं किया था। लेकिन जिस दिन कैथरीन ने उन्हें बताया था कि वह उन्हें मन-ही-मन प्यार करती रही है तब उन्होंने उस दिन उससे कुछ नहीं कहा था सिर्फ़ उसके खूबसूरत रेशमी सुनहले बालों को बड़ी देर तक सूँघते रहे थे जैसे मानो उनकी खुशबू को हमेशा-हमेशा के लिए तन-मन में बसा लेना चाहते हों।

कैथरीन ने देखा—वेल्स गाड़ी की खिड़की से दूर कहीं एक टक देख रहा था। उसने उसकी निगाह का सूनापन भाँप लिया और बोली—"बर्टी, आज मुझे अपने बारे में कुछ बताओ।"

पहले तो वेल्स ज़ोर से हँस पड़ा। अजब थी यह उसकी ठठाकर हँसने की आदत। हँसते-हँसते बोला—"अपने बारे में? अपने बारे में क्या बताऊँ? यही न कि एक सुनहले बालों वाली लड़की के आगे पराजित हूँ। अरे डीयर, जो तुम बना दोगी वही बन जाऊँगा।"

"मैं भविष्य की बात नहीं कर रही, बीती ज़िन्दगी के बारे में बताओ।"

"बीती ज़िन्दगी! मेरी ज़िन्दगी की कहानी मध्यमवर्ग की कहानी है।"

पर फिर कैथरीन की ज़िद पर वेल्स ने तमाम बातें बतायीं। उसने बताया कि उसका पिता माली था और माँ एक अमीर घर की आया। पिता मृदुल स्वभाव के थे और माँ अपनी आन की पक्की और कठोर तबीयत की थीं। वेल्स यादों में डूबता गया और बताता रहा—"जब मैं सात बरस का था तो मेरी माँ ने मुझे एक स्कूल में भरती करा दिया। वहाँ मैं गणित के सवाल कक्षा में सबसे जल्दी हल कर लेता

था। कठिन से कठिन सवाल आसानी से समझ जाता था। स्कूल में मेरी बड़ी धाक जम गयी। मैं हमेशा अव्वल आता था। मगर गणित में बहुत तेज़ होने के कारण मेरी माँ ने मेरे बारे में दूसरा ही सपना देखा। उसने एक बजाज से बात की और कहा कि बर्टी तुम्हारा हिसाब-किताब बिलकुल दुरुस्त रखेगा, वह गणित में बहुत तेज़ है। और उसने तेरह वर्ष की उम्र में ही मुझे उस बजाज की दुकान पर नौकर रखा दिया। वहाँ मुझे बड़ी बोरियत लगा करती थी। स्कूल की भी बेहद याद आती थी।'' वेल्स ने कैथरीन की शोख लटों को एक बार फिर छेड़कर कहा—''जानती हो तब मैंने क्या किया? मैंने उसके ग्राहकों को परेशान करना शुरू किया। मैं ठीक से पैकेट नहीं बनाता, कपड़े निकालने में खूब देरी करता और सबसे बड़ी बात यह थी कि उसके हिसाब में खूब ग़लती करता, दो और दो पाँच जोड़ देता। बस फिर क्या था, दुकानदार ने मुझे निकाल दिया। माँ ने भी उसी को गालियाँ दीं। वह मानने को तैयार ही नहीं थी कि स्कूल में हमेशा अव्वल आने वाला लड़का दो और दो पाँच जोड़ेगा।''

इस तरह वेल्स को फिर से स्कूल जाने का अवसर मिल गया। वहाँ 14 वर्ष की उम्र में ही वेल्स अपनी उम्र से भी ज़्यादा आयु के बच्चों को फ़ालतू समय में पढ़ाने लगा। उन्हीं दिनों उसका सपना बन गया कि बड़ा होकर वह साइंस का टीचर बनेगा। पर 1881 की गर्मियों में उसकी माँ ने फिर उसे एक दूसरे बजाज की दुकान में लगा दिया। माँ ऐसी ज़िद्दी और कठोर थी कि उसके आगे किसी की नहीं चलती थी। वेल्स को दो साल उसके यहाँ नौकरी करनी पड़ी। पर किसी तरह कोशिश करके वह आखिर वहाँ से भी भाग निकला और मिडहर्स्ट ग्रामर स्कूल नाम के एक छोटे-से स्कूल में अध्यापक हो गया। वहाँ वह लड़कों को पढ़ाता और बाक़ी का समय स्वयं विज्ञान पढ़ने में लगाता। उसने एक के बाद एक कई डिग्रियाँ प्राइवेट पढ़-पढ़कर ले लीं। हर परीक्षा में वह सारे ज़िले में प्रथम आता। उसके कारण स्कूल का नाम भी रौशन हो गया, हेडमास्टर उससे बहुत खुश रहने लगे तथा उसे पढ़ने के लिए अधिक से अधिक सुविधाएँ प्रदान करने लगे। एक दिन तो वेल्स की खुशी का ठिकाना न रहा जब उसे लन्दन यूनिवर्सिटी से एक स्कॉलरशिप मिली और उन दिनों जो इंगलिश बायलॉजी के भगवान कहे जाते थे, उन टी.एच. हक्सले के निर्देशन में पढ़ने का प्रस्ताव मिला। वेल्स ने कभी इतना बड़ा सपना देखा भी नहीं था। वह वहाँ गया।

यहाँ तक बताते-बताते उसने कैथरीन की ओर देखा और शरारत से उसकी तीखी नाक दबाते हुए बोला—''इतना सब हो गया, मैंने इतनी सारी डिग्रियाँ ले लीं। हक्सले का प्रिय शिष्य भी बन गया पर अभी तक मैंने ज़िन्दगी का क ख भी नहीं जाना था। लन्दन यूनिवर्सिटी में पहले तो मेरा मन बहुत लगा पर मैंने

अपने अन्दर एकाएक ही बड़ा आश्चर्यजनक परिवर्तन पाया। मेरा पढ़ने में चित्त ही नहीं लगता था। मन हमेशा उखड़ा-उखड़ा रहता और सबसे बड़ी मुसीबत तो यह कि मुझे पता ही न चले कि आखिर मैं चाहता क्या हूँ। ऐसे में मेरा एक दोस्त मुझे एक वेश्या के यहाँ ले गया।" और वेल्स ने बताया कि वहाँ जाने के बाद उस पर चढ़ा भूत तो उतरा लेकिन उसे एक दूसरा विचार सताने लगा। औरतों की खूबसूरत बाँहें, कोमल चेहरे और बेहद आकर्षक शरीर जो उसे बड़े स्वप्निल-स्वप्निल लगते थे, एक अजीब-सी हक़ीक़त निकले। उसे यह लगने लगा कि वेश्या से प्यार का जो पहला सबक़ उसने सीखा है वह क़तई वह तत्त्व नहीं हो सकता जो आदिपुरुष आदि नारी से लेकर आज तक स्त्री-पुरुष के बीच अनन्य आकर्षण का जनक होता है। और इस विचार के ही कारण उसने खोजना शुरू कर दिया कि स्त्री क्या है, और प्यार क्या है? वह अपने लिए एक ऐसी आदर्श संगिनी भी खोजना चाहता था जो संसार के लिए तो देवी हो और स्वयं उसके लिए दासी। अकसर उसे यह भी लगता कि मैं ठिगना, पतला-दुबला, फटेहाल ग़रीब लड़का शायद कुछ अधिक ही सपने बुनने लगा हूँ। मैं लन्दन की नालियों से ऊपर उठकर आसमान से सितारे तोड़ना चाहता हूँ। कैसे होगा भला यह सब!...

और तमाम बातें बताते-बताते एकाएक उसकी कूल्हे की हड्डी में चिलक-सी उठी। उसने कैथी को बताया—"कुछ दिनों पहले रगबी खेलने में मैं गिर पड़ा था, बड़ी चोट आयी। कूल्हे की हड्डी चूर-चूर हो गयी थी। उसी के इलाज के सिलसिले में डॉक्टरों ने मुझे बताया कि मैं टी.बी. का मरीज़ हूँ। पर मैं मरा नहीं, धीरे-धीरे स्वस्थ हो गया। मैं इसीलिए नहीं मरा कैथी डीयर कि मुझे एक सुनहले बालों वाली लड़की का प्यार पाना था...जीवन की परिपूर्णता प्राप्त करनी थी।" अपने मन का भरा-भरापन ज़ाहिर करने के लिए उसने फिर कैथरीन के सुनहले बालों को उसके सारे मुँह पर छितरा दिया।

लन्दन में वह दोनों एक होटल में मिस्टर और मिसेज़ एच.जी. वेल्स के नाम से ठहरे। होटल के रजिस्टर पर वेल्स ने तो हस्ताक्षर कर दिये लेकिन मिसेज़ एच. जी. वेल्स के सामने वाले खाने में हस्ताक्षर करते समय कैथरीन का हाथ तो नहीं काँपा लेकिन आँखें लाज से नीचे झुक गयीं। चेहरे पर ललाई दौड़ गयी और तेज़ गहरी साँसों के कारण शरीर का अंग-अंग काँप उठा। कमरे में दोनों ने साथ प्रवेश किया। लेकिन रास्ते भर की अठखेलियाँ, चंचलता, प्यास और आतुरता सहसा लुप्त हो गयीं। चाय आयी, दोनों ने पी लेकिन एक-दूसरे की ओर देखा नहीं। उसके बाद कुरसी खींचकर वेल्स खिड़की के पास बैठ गया और बाहर लन्दन की भीड़-भाड़ वाली सड़कों, ऊँची इमारतों की ओर देखने लगा। कैथी कुरसी के पास जाकर खिड़की से टिककर खड़ी हो गयी।

लज्जा का पहला आघात उतर जाने के बाद धीरे-धीरे कैथी में फिर चपल प्रेयसी जागने लगी। वह चाहती थी कि फिर उसी तरह वेल्स उसके सुनहले बाल बिखेर कर उससे बातें करे। लेकिन वेल्स लन्दन की शाम में निमग्न था। कैथी ने पूछा—"अच्छा बताओ, तुमने मुझे सबसे पहले कहाँ देखा था? और क्या सोचा था ?" वेल्स का ध्यान टूटा और उसे अकस्मात् खयाल आया कि उसकी चुप्पी से कैथी को कोई भ्रम न हो जाए। उसने चेहरे पर मुस्कान लाते हुए ज़बर्दस्ती अपने को परिहासपूर्ण और रोमाण्टिक बनाते हुए कहा—"मुझे अच्छी तरह याद है उस दिन जब मैं लेबोरेटरी में नये विद्यार्थियों से मिलने आया तो मेज़ के आखिरी सिरे पर मैंने दो बहुत ही आकर्षक छोकरियाँ देखीं।"

"छोकरियाँ!" कैथी एकदम से बात काटकर बोली—"तुम मुझको छोकरी समझते थे?" (असल में कैथी का गुस्सा छोकरी शब्द पर न होकर दो की संख्या पर था—वेल्स ने किसी दूसरी को क्यों देखा?) वेल्स ज़रा भी विचलित नहीं हुआ। समझ गया कि तीर निशाने पर बैठा है। मुस्कराते हुए कहता गया—"तीसरे पहर का वक़्त था और खिड़की से आती हुई हल्की धूप तुम्हारी सखी पर पड़ रही थी। वह शायद एडलिन रॉबर्ट्स थी। इतनी सुन्दर जैसे तराशी हुई मूर्ति हो। लेकिन ऐसी जैसे मोम की बेजान पुतली!"

बेजान शब्द पर कैथी को थोड़ा सन्तोष हुआ। प्यार से और पास आकर बोली—"और मैं कैसी लगी थी?"

वेल्स ने उसे पास खींचकर खिजाते हुए कहा—"तुम बहुत दुबली थी जैसे भूख हड़ताल पर होओ। ऊपर से तुमने काले शोक सूचक कपड़े पहन रखे थे।"

"तो मैं क्या करती!" कैथी ने झुँझलाकर कहा—"कुछ ही दिन पहले मेरे पिता का देहान्त हो चुका था। लेकिन मैं तुम्हें अच्छी लगी थी न!"

"अच्छी या बुरी तो नहीं जानता लेकिन मेरे लायक़ थी, बिलकुल मेरे लायक़, ऐसी जिसकी कि मुझे तलाश थी" और बहुत प्यार से वेल्स ने उसके दोनों हाथ अपने कन्धों पर रख लिये। लेकिन फिर जैसे उसी विषाद में डूब गया जिसमें कुछ क्षण पहले था।

कुछ देर तक कमरे में गहरी खामोशी रही। फिर वेल्स बोला—"कैथी, तुमसे मैं छिपा नहीं सकता, मैंने आइज़ाबेल को बहुत प्यार किया है लेकिन मैं क्या करता। अब भी कभी-कभी हमारे वैवाहिक जीवन के बहुत मीठे, बहुत प्यारे अनुभव आकर मुझे बिलकुल निष्प्रभ और जड़ बना देते हैं लेकिन मैं क्या कर सकता था?..."

कैथी ने सब सुन रखा था। वेल्स ने अपनी दूर की रिश्तेदार आइज़ाबेल से शादी की थी। दोनों शुरू में बहुत प्यार से रहे लेकिन धीरे-धीरे सब समाप्त हो

गया। वे अलग हो गये। कोई कहता था कि वेल्स का क़सूर था, कोई कहता आइज़ाबेल ने वेल्स को समझा नहीं। कोई इसके और कोई उसके चरित्र को दोष देता। लड़की होने के नाते कैथी के मन में आइज़ाबेल के लिए ही सहानुभूति थी। बेचारी अभागी लड़की! लेकिन इस समय वह वेल्स की संरक्षिका थी और वेल्स उदास था। वह कोई ऐसी बात नहीं कह सकती थी जिससे वेल्स को चोट लगे। वह क्या करे क्या कहे कि वेल्स की उदासी दूर हो जाए। उसने बहुत हमदर्दी से कहा—"तुम क्या करते बर्टी, जब आइज़ाबेल ने ही अपने कर्तव्यों का निबाह नहीं किया।"

वेल्स जैसे चोट खाकर जाग गया। उसने कैथी के हाथ को थपथपाते हुए कहा—"बात यह नहीं है कैथी! मैं जानता हूँ कि इस अनुदार अँग्रेज़ समाज में जब कोई विच्छेद होता है तो लोग ऐसी बातें करना शुरू कर देते हैं। कोई सहानुभूति देता है, कोई दोषारोपण करता है; कोई इसके चरित्र को कलंकित बताता है और कोई उसके चरित्र को। लेकिन इस स्थिति में यह सब बिलकुल अनावश्यक चीज़ें होती हैं। मैंने जहाँ तक जाना है, ऐसी हालतों में पृथक्ता और विषमता बिलकुल शुरू से ही होती है लेकिन निर्वाह करते ही समाज के नियम, रिश्तेदारों की बातें और एक-दूसरे को सर्वस्व समझ लेने का उत्साह असलियत को बहुत दिनों तक ढाँके रहता है। मैं और आइज़ाबेल दूर के रिश्तेदार थे। परिस्थितिवश एक-दूसरे के निकट आये और हमारा विवाह भी हो गया। शादी के बाद हम दोनों ने पूरी ईमानदारी से एक-दूसरे को प्यार किया। एक-दूसरे के लिए हम सब-कुछ हों, इसकी पूरी कोशिश की लेकिन हम दोनों का भावनात्मक, बौद्धिक धरातल बिलकुल अलग था—वह कभी एक हो भी नहीं सकता था। हम दोनों बिलकुल अलग-अलग दुनियाओं में रहने वाले, अलग-अलग भाषा बोलने वाले, अलग-अलग नक्षत्र लोक से आये हुए दो बिलकुल पृथक् प्राणियों सरीखे थे। मैं यह नहीं कहता कि हम दोनों में ही कोई मूल नफ़रत घर कर गयी थी। नहीं, बस केवल इतना था कि हम दोनों एक-दूसरे से बहुत भिन्न थे, बहुत अलग थे। आखिर कब तक निर्वाह होता! धीरे-धीरे ऊपरी ज़नून समाप्त हुआ और सब शान्त पड़ता गया। कभी-कदा एक-आध बातें हो जातीं और ज़्यादा से ज़्यादा वक़्त घर के बाहर बीतता...उसके बाद और भी बहुत कुछ हुआ तब यही रास्ता बेहतर दीखा कि हम अलग हो जाएँ।"

कहकर वेल्स फिर चुप हो गया। कैथी भी चुप खड़ी रही। फिर बोली—"क्या ऐसा नहीं हो सकता बर्टी कि किसी तरह आइज़ाबेल फिर तुम्हारे जीवन में लौट आए।" कैथी अभी बहुत अनुभवहीन थी, उसका मन सीधी-सादी रेखाओं पर दौड़ता था। उसी ढंग से बहुत कुछ सोचकर डरते-डरते बोली, "हर्बर्ट! मैं तुमसे विवाह करने की प्यासी नहीं लेकिन तुम्हारे लिए अपना सब-कुछ त्याग सकती हूँ। कहीं

मेरे कारण तो तुम...'' वेल्स हँसा और जैसे फिर अपने हल्के चपल चहकते मूड में आ गया बोला—''मैंने तुम्हें छोकरी कहा तो ग़लत नहीं कहा। यह बात दूसरी है कि तुम बहुत प्यारी छोकरी हो। ज़िन्दगी को बहुत सीधे-सादे फ्रेम में फ़िट करके देखनेवाली।'' फिर रुककर उसकी लटें छेड़ते हुए बोला—''तुम शादी नहीं करना चाहती, तुम्हारी यह बात मैं मान भी लेता पर अब क्या हो सकता है। अब तो होटल के रजिस्टर में तुम मिसेज़ वेल्स के रूप में हस्ताक्षर कर चुकी।'' पर कैथी जानती थी कि इस छेड़, इस हँसी के पीछे कहीं एक बेहद गहरी उदासी, एक बेहद गहरी अतृप्ति छिपी हुई है। और बस कैथी की यह साध दिन-दिन गहराती जाती कि वेल्स की हर उपलब्धियों पर वह अपनी खुशी का चन्दन लेप तो करती रहे पर ज़्यादा ज़रूरी यह है कि वह उसके मन की हर रिक्ति को भरती रहे...उसे कहीं अकेलापन न महसूस होने दे।

कैथरीन से मिलने के पहले वेल्स ने दो-एक छोटे निबन्ध लिखे थे पर उसने उन्हें कभी बढ़िया लेखन नहीं समझा। उसने दो-एक हलके-फुलके वैज्ञानिक निबन्ध भी लिखे थे, उनमें से एक 'ऑन द आर्ट ऑफ़ स्टेइंग ऐट द सी साइड' उन दिनों ही पालमॉल गज़ट में छपा भी था। 1891 में 'द रीडिस्कवरी ऑव द यूनीक' नाम का अर्धवैज्ञानिक लेख फ़ोर्ट नाइटली रिव्यू में छपा था। इसके अतिरिक्त उसने न कभी कुछ लिखा और न छपा।

इधर कुछ दिनों से वह अपने मन में सपना बुनने लगा था कि क्या मैं एक लेखक बनकर अपनी जीविका उपार्जन नहीं कर सकता! काश कि मैं एक लेखक बन सकता जिसे और कोई काम ही न हो सिवाय लिखने के...पढ़ने के...कैथी भी उसे बराबर उत्साहित करती रहती, कहती—''तुम एक दिन एक बहुत बड़े लेखक बनकर ही रहोगे। तुम्हारे पास जटिल दिमाग़ है, तुम्हारी अभिव्यक्ति बड़ी सशक्त है।'' ऐसे में वह जवाब देता, ''अरे भाड़ में जाए दिमाग़ और अभिव्यक्ति। लेखक बनने के लिए तुम्हारे पास कोई बात होनी चाहिए कहने के लिए। और मुझ कम्बख्त के पास कौन-सी बात है दुनिया से कहने को?'' कैथी प्यार से समझाती—''क्यों ? एक चमचमाती-चहकती खुश दुनिया के बारे में तुम्हारे कितने सपने हैं, मानवीय मूल्यों पर तुम्हारे विचार, मानवता में तुम्हारा अखण्ड विश्वास और इन्सानी बराबरी का तुम्हारा सपना सब-कुछ लिखने लायक़ है हर्बर्ट डीयर!''

खीजा-खीजा-सा वेल्स उत्तर देता—''सम्पादक लोग अपने पाठकों का मनोरंजन करना चाहते हैं न कि उनके भेजे उधेड़ना-कुरेदना चाहते हैं। वह सारे सपने, वह सारे विचार काम नहीं आते। बड़ा और सफल लेखक बनने के लिए चाहिए कि उपन्यास लिखे जाएँ, छोटी-छोटी हास्य-कथाएँ लिखी जाएँ।''

कैथी एक बात जानती थी कि अगर वेल्स को किसी चीज़ की चुनौती दी जाए तो उसे वह तुरन्त करने को राज़ी हो जाता है। उसने कहा—"बातें तो बड़ी-बड़ी करते हो जी, कैसे हो तुम कि ऐसी चीज़ें नहीं लिख सकते जिनमें तुम्हारे गम्भीर विचार मनोरंजनपूर्ण शैली में सजाये जा सकें।" और वेल्स को सचमुच बात लग गयी। वह बराबर सोचता रहता कि कैसे क्या लिखना चाहिए।

पर धीरे-धीरे ऐसा हुआ कि उनके पास जो धन था, वह समाप्त होता गया। रोज़मर्रा का खाना तक घटते-घटते अब सिर्फ़ छोटी-सी मछली, पावरोटी और चाय रह गया था। बस केवल एक सहारा था—कैथी की मुसकान। वेल्स की हर मुसीबत को वह अपनी एक मुसकान के बल पर झेल लेती, हमेशा हँसती-मुसकुराती और वेल्स को छेड़ती रहती। उसे यह एहसास ही न होने देती कि वेल्स की ग़रीबी उसे तकलीफ़ दे रही है। पर वेल्स समझता तो था ही, कृतज्ञ मन से चुपचाप लिखने में जुटा रहता। इसके अलावा चारा भी क्या था! लेकिन एक के बाद एक उसकी कई रचनाएँ सम्पादकों के पास से लौट आयीं। उसका स्वभाव चिड़चिड़ा हो गया। मन खीजा-खीजा रहने लगा। छोटी-छोटी बात पर वह झुंझला जाता। एक बार इसी बात पर खीज गये महोदय कि कैथरीन नाम उन्हें पसन्द नहीं। कैथरीन नाम की लड़की बुद्धिमान हो सकती है, सुन्दर हो सकती है पर प्रिय नहीं हो सकती। बोला मैं तुम्हें जेन कहा करूँगा। कैथरीन जानती थी कि यह सब ऊपरी खीज है। उसने अपना जेन नाम हँसकर बड़ी सहजता से स्वीकार कर लिया।

एक दिन दोपहर को बड़ी उदासी से वेल्स ने कहा—"जेन, अब हमें यह लेखक बनने का विचार छोड़ देना चाहिए। शायद लेखक कभी नहीं बन सकूँगा। मैं सोचता हूँ कि मैं कुछ विद्यार्थियों की ट्यूशन लेने लगूँ जिससे कुछ पैसा तो आए। कम-से-कम हम दोनों भर पेट खाना तो खा सकें। इन्सान की तरह जी तो सकें।"

बॉटनी की एक किताब पढ़ते हुए कैथरीन ने बिना वेल्स की ओर देखे ही रूखे स्वर में कहा—"पता नहीं क्यों तुम अब ऐसी बेसिर-पैर की बातें करने लगे हो।" और प्रायः डाँटती-सी बोली—"बकवास बन्द करो और चुपचाप लिखने के काम में जुटे रहो।" और उठकर गयी वेल्स की पेंसिल और कटर ले आयी। पेंसिल की नोक बनाकर उनके हाथ में थमायी और सामने कागज़ रख दिये। खुद वेल्स के बनाये कुछ नोट्स उलट-पुलटकर देखने लगी। बोली कुछ नहीं। यह नोट्स वेल्स ने एक लम्बी कहानी के लिए बनाये थे।

वेल्स बोला—"परे रखो उन कागज़ों को जेन! मुझे उसका शीर्षक ही नहीं सूझ रहा।"

कैथरीन उसके बालों में अँगुलियाँ फेरती हुई बोली—"धीरज धरो बर्टी, तुम्हें मेरी कसम इतने उतावले मत बनो। पहले कहानी लिख डालो, शीर्षक खुद ब खुद सूझ जाएगा।"

जाने कैसा जादू था कैथरीन के कहने में कि वेल्स फिर से लिखने में जुट गया।

कैथरीन की माँ मिसेज़ रॉबिन्स तरह-तरह की कोशिशें करके हार चुकी थीं। हर प्रकार की चालें चल चुकी थीं पर कैथी वापस नहीं लौटी। इधर वह इन्तज़ार में थीं कि कैथी का यह अन्धा आकर्षण खुद ही टूटेगा और वह वापस लौट आएगी पर जब हर तरह की ग़रीबी झेलकर भी वह डगमगायी नहीं तो मिसेज़ रॉबिन्स ने एक और चाल खेली। उन्होंने कैथी को तार दिया कि मेरी तबीयत बेहद खराब हो गयी है इसलिए मैं घर-द्वार बेचकर अब तुम्हारे ही पास आ रही हूँ। और वह लन्दन आ गयी। तब यह सोचा गया कि माँ की बीमारी की दृष्टि से और वेल्स को अधिक शान्ति और समय मिल सके—दोनों ही दृष्टियों से लन्दन की बजाय किसी शान्त छोटे गाँव में चलकर रहना बेहतर रहेगा। वह लोग सैवन ओक्स नाम के गाँव में चले गये। यहाँ आकर कैथरीन की माँ और मकान-मालकिन में छोटी-छोटी बातों को लेकर चौबीसों घण्टे चाँव-चाँव मचने लगी। सुनते-सुनते वेल्स के दिमाग़ की नस-नस चटचटाने लगी। वह इस चीख-चिल्लाहट और झगड़े से अपना मन हटाने के लिए हर समय लिखने में जुटा रहता। परिणाम-स्वरूप वह दिन पर दिन दुबला और पीला पड़ता गया। और ऐसे ही में एक दिन वकील के मार्फ़त आइज़ाबेल का तलाक़नामा आया। वह मकान मालकिन के हाथ पड़ गया। अब सारे मुहल्ले में तमाम तरह की बातें उड़ने लगीं। अदालतों के चक्कर भी लग गये। पर वेल्स पर इन सारी बाधाओं का उलटा ही असर होता गया। सारे दर्द भुलाने के लिए वह बस लिखने में जुटा रहता। उसने जिस लम्बी कहानी के नोट्स बनाये थे, वह कहानी धीरे-धीरे एक पूरा उपन्यास बनती गयी और सारी दुनिया के झंझटों के बीच आखिर एक रात वह भी आयी जब वेल्स ने अपनी पाण्डुलिपि पर लिखा 'इति'। डेस्क पर बैठे-बैठे ही उसने पुकारा, "जेन!" उसकी थकी आवाज़ का जवाब हमेशा ही खुश रहने वाली एक चहकती आवाज़ में मिला—"आयी बर्टी" और रात के कपड़ों में जेन आकर बोली—"क्या कुछ चाहिए तुम्हें?"

"हाँ जेन, बहुत कुछ चाहिए। देखो मैंने इसे पूरा कर लिया।"

"सच! ओह मेरे प्यार! आज मैं बहुत खुश हूँ!" कहकर कैथी मारे खुशी के थिरकने लगी।

वेल्स बोला—"अभी नहीं जेन, अभी नहीं। पता नहीं यह कम्बख़्त कैसी बन पड़ी है। मालूम नहीं पसन्द भी की जाएगी या नहीं। पर खैर चलो पूरी तो हुई, यही सन्तोष है।"

"क्या नाम रखा है तुमने इसका?"

"नाम?...अच्छा चलो इसे 'दी टाइम मैशीन' कहकर पुकारें।" सोचते हुए वेल्स

ने जवाब दिया।

अब काम पर जुटने की कैथरीन की बारी थी। 'टाइम मैशीन' की पाण्डुलिपि उसने टाइप करायी। 'इन्विक्टस' के प्रसिद्ध लेखक और 'द रिव्यू' के सम्पादक विलियम अर्नेस्ट हेनरी के पास उसे भेजा। हेनरी ने उसे पढ़ा और वेल्स को लिखा कि "इस अद्भुत चमत्कारपूर्ण वैज्ञानिक कल्पना के लिए बधाइयाँ लो। इसे मैं धारावाहिक रूप से छापूँगा। इस समय यह 100 पौण्ड अग्रिम भेजने में मुझे बहुत खुशी हो रही है।"

"एक सौ पौण्ड!" वेल्स ने खुशी से भरकर कहा। उसकी खुशी को दूना करती हुई कैथरीन बोली—"यह तो बहुत बड़ा खजाना मिल गया हमें बर्टी। मैं बहुत खुश हूँ आज।" वेल्स ने कैथी की कमर में हाथ डालकर उसे एक ज़ोर का चक्कर घुमा दिया और बोला—"कैथी डीयर, यह हमारी मुक्ति की सूचना है। चल लन्दन चलकर किसी बढ़िया जगह में रहें। चलो, आज बहुत बढ़िया खाना खाएँ। वह सभी चीज़ें खाएँ जिन्हें हम खाना चाहते थे पर खा नहीं सकते थे।"

और बस 'टाइम मैशीन' के बाद ही एक के बाद एक तमाम सफलताएँ वेल्स को मिलती चली गयीं। उसकी चीज़ें छापने के लिए हर पत्र-पत्रिका के सम्पादक उत्सुक रहते। जिस पालमॉल गज़ट से वेल्स की दसियों चीज़ें लौट आयी थीं, वही जब खत पर खत भेजते कि पाठक वेल्स की चीज़ें पढ़ना चाहते हैं। लन्दन के सम्पादकों के बीच 'बैड बॉय' के नाम से मशहूर 'सैटरडे रिव्यू' के सम्पादक फ्रैंक हैरिस ने वेल्स से प्रार्थना की कि उसकी पत्रिका के लिए वह अपनी कहानियों की सीरीज़ दें। उस पत्रिका में एक धुआँधार लिखने वाला बहुत ही शोहरतमन्द लम्बा, दुबला, लाल बालों वाला आइरिश लेखक भी लिखता था—यह थे जार्ज बर्नार्ड शा जिन्हें वेल्स अपने कॉलेज के दिनों से फ़ेबियन सोसायटी में अकसर देखा करता था।

यद्यपि टाइम मैशीन लिखकर वेल्स अपने अनजान में ही मानो सोने की खान पर कुदाल मार चुका था, पर इतनी सफलता के बावजूद उसे अभी आत्म-विश्वास नहीं हुआ था। वह आर्थिक दृष्टि से भी चिन्तित रहता था। उसने पालमॉल गज़ट में स्टेज पर खेले जाने वाले नाटकों की समीक्षा लिखने का काम ले लिया। यों उसे यह काम अच्छा क़तई नहीं लगता था पर इससे दो फ़ायदे थे—एक तो पैसा मिलता था, दूसरे बर्नार्ड शा और हेनरी जेम्स जैसे कई लेखकों से निकट का सम्पर्क प्राप्त होता था। इसलिए वह न चाहकर भी इस काम को अपने सिर ओढ़े रहा। लेकिन इसी बीच एक दिन खाँसते-खाँसते उसका रूमाल खून से तर हो गया। हैमरेज हुआ—और डॉक्टरों ने कहा टी.बी. फिर ज़ोर पकड़ रही है। तब वेल्स को यह लगने लगा कि ज़िन्दगी के कुछ ही दिन शेष हैं, उन्हें समीक्षाएँ लिखकर ही

बरबाद नहीं करना चाहिए। अपने मन की चीज़ें ही लिखनी चाहिए। और उसने उन दिनों कई वैज्ञानिक कहानियाँ लिख डालीं।

'टाइम मैशीन' के बाद से ही वेल्स की ठोस वैज्ञानिक ज्ञान पर आधारित रचनाएँ लोगों के बीच बड़ी रुचि से पढ़ी जाती थीं। हर पढ़नेवाले की ज़बान पर यही चर्चा रहती—कौन है यह एच.जी. वेल्स? उसने और क्या लिखा है? इसकी चीज़ें कहाँ से प्राप्त हो सकती हैं? धीरे-धीरे वेल्स का पाठक वर्ग बहुत बढ़ गया। 19वीं सदी के उत्तरार्द्ध में विज्ञान की भी खूब उन्नति हो रही थी। ऐसे में वेल्स ने अपना दूसरा उपन्यास 'द आइलैण्ड ऑव् डॉ. मोरिओ' लिखा। इसमें एक ऐसे क्रूर जीनियस वैज्ञानिक की कहानी है जो इन्सानों और जानवरों की हड्डियाँ गला-गलाकर उनसे बीभत्स आकृतियाँ बनाया करता था। युवक वेल्स की बढ़ती हुई प्रसिद्धि के बावजूद बहुत से प्रकाशकों की हिम्मत नहीं पड़ी कि इस पाण्डुलिपि को हाथ भी लगाएँ। लेकिन कैथी ने निश्चिन्तता से कहा—"बर्टी, हमें परवाह नहीं। हमें तो यह सन्तोष होना चाहिए कि कोई बात थी हमारे पास कहने को और हमने उसे कहा।" वेल्स को उसकी इस बात से बहुत बल मिला और वह बड़े उत्साह से बोला, "और अभी जो कुछ कहना शेष है वह भी कहेंगे।" उसने तीसरे उपन्यास की योजना बनानी शुरू कर दी। इसी बीच उसने 'दी वण्डरफ़ुल विज़िट' नाम की एक व्यंग्य कहानी भी लिखी जो बड़ी प्रसिद्ध हुई। अन्त में एक प्रकाशक ने डॉ. मोरियो को भी छाप दिया। उस पुस्तक का छपना था कि तमाम साहित्यिक दुनिया में खलबली मच गयी। चारों ओर से उसे जीनियस कहकर पुकारा जाने लगा। कैथी समीक्षाएँ पढ़-पढ़कर फूली न समाती। उसे अपना सपना पूरा होता दीखा। एक दिन वह वेल्स को कोई समीक्षा पढ़कर सुना रही थी। सुनकर वेल्स महोदय बोले—"जेन डीयर! पता नहीं मैं जीनियस हूँ भी या नहीं लेकिन यह ज़रूर सच है कि आज अपने पास बैंक में ग्यारह हज़ार पौण्ड जमा हैं।"

आइज़ाबेल से बाक़ायदा तलाक़ हो जाने के बाद 1896 में वेल्स ने ऐमी कैथरीन से विधिवत् विवाह कर लिया। सारी परम्पराओं और जर्जर मूल्यों को तोड़ने-फोड़ने वाले वेल्स ने शायद यही एक मात्र परम्परानुमोदित काम अपनी ज़िन्दगी में किया था। उस दिन साहित्य के प्रायः सभी प्रमुख लेखक, आलोचक, कवि, कलाकार और प्रकाशकों का जमावड़ा वेल्स के घर रहा।

वेल्स की लिखी चीज़ें 'साइण्टिफ़िक रोमांस' के नाम से बेहद प्रसिद्ध हो रही थीं। ज्यों-ज्यों उसकी लोकप्रियता बढ़ रही थी त्यों-त्यों वैज्ञानिकों की घबराहट भी बढ़ती जाती थी। वैज्ञानिकों को लगने लगा था कि यह आदमी अपने ठोस वैज्ञानिक ज्ञान के बल पर विज्ञान और वैज्ञानिकों का मखौल बनाने पर उतारू हो गया है।

चारों ओर उसकी पुस्तकों की चर्चा होने लगी। 'ऑफ़ द इनविज़िबल मैन' के प्रकाशन के बाद तो इंगलैण्ड ही नहीं, तमाम दुनिया में वेल्स की शोहरत हो गयी। और 'द वार ऑव् द वर्ल्ड्स' के बाद तो जैसे वह साहित्यिक जगत में सदा-सदा के लिए अमर हो गया। उसकी अपनी एक निज की शैली, निज का स्कूल स्थापित हो गया।

तमाम पुरानी परम्पराओं, परिपाटियों, झूठे मूल्यों के विरोधी वेल्स ने बड़े साहस के साथ मध्यकालीन खोखले आदर्शवादी प्रेम की बखिया उधेड़नी शुरू की। मानव को कुण्ठित कर देनेवाले आदर्शवाद में सुधार के लिए आवाज़ उठायी। अपने निजी जीवन में भी वह झूठा नक़ाब डालकर खोखली मर्यादा का पालन नहीं करता था। कई सभ्य और सुसंस्कृत महिलाओं को वह बहुत पसन्द करता था और अकसर अपना काफ़ी समय उनके साथ हँसी-खुशी मौज-मस्ती में गुज़ारता था। वेल्स से ईर्ष्या करने वाले कई लेखकों ने कैथी को बहुत उकसाया कि इस आदमी की उच्छृंखलता को क्षमा न करे। पर कैथी की एक छोटी-सी मुसकान उनके सारे तर्कों पर पानी फेर देती थी। कैथी मुसकराकर कहती—"मैं इस बात का बुरा नहीं मानती। आप सब अपनी छोटी-छोटी ईर्ष्याओं के कारण ही चीज़ को ग़लत रंग देकर देखते और दिखाते हैं। बर्टी की नस-नस में एक वैज्ञानिक शोधकर्ता का रक्त दौड़ता है। आप लोग समझते हैं वह रोज़ नयी लड़कियों, रोज़ नये शरीरों की ओर भागता-झपटता है पर मैं जानती हूँ कि बर्टी क्या करता है क्या नहीं करता। मैं जानती हूँ कि उसके निश्छल पवित्र मन पर किसी का आकर्षण कोई खरोंच, कोई कलंक रेख नहीं लगा जाता। वैज्ञानिक शोधकर्ता अपनी किसी भी नयी खोज को बड़ी ललक से ग्रहण करता है और फिर उसे पीछे छोड़कर दूसरे शोध में लग जाता है। यही बात बर्टी की लड़कियों के साथ है। असल में वह संसार के हर पहलू का वैज्ञानिक अध्ययन करना चाहता है। उसी में से एक नारी और प्रेमी भी है। बर्टी के हृदय के भोलेपन को आप नहीं समझ सकेंगे। और फिर सबसे बड़ी बात तो यह है कि बर्टी यदि उन लड़कियों में ऐसा कुछ पाता है जो उसे मैं नहीं दे सकती तो वह क्यों उससे वंचित रहे! उसे ज़िन्दगी को अपनी परिपूर्णता में अवश्य जीना चाहिए।"

कैथी ने वैसी आलोचनाओं की ओर कभी ध्यान ही नहीं दिया। उसे बराबर याद आता था वह दिन जब पहली बार वेल्स के प्रति उसने अपना प्यार प्रकट किया था। तब वेल्स ने उसे बताया था कि वह विवाह नहीं कर सकेगा क्योंकि वह विवाहित है। तब भी कैथी ने यही जवाब दिया था—"बर्टी, मैं जानती हूँ कि आइज़ाबेल के प्रति पूरी तरह वफ़ादार होते हुए भी तुम दोनों का एक-दूसरे को प्यार कर सकना अब असम्भव ही है। वैसी हालत में तुम कितने अकेले होगे,

यह भी मैं सहज ही अनुमान लगा सकती हूँ। तुम्हारे इस अकेलेपन को ही मैं भर देना चाहती हूँ; मुझे विवाह की ख़्वाहिश भी नहीं है।" सचमुच ज़िन्दगी भर कैथी को अपने जीवन की सार्थकता मात्र इसी बात में लगती रही कि तमाम दुनिया से सब-कुछ पा लेने के बाद भी जो एक ख़ालीपन छूट जाता है, मैं वेल्स के जीवन में उसी रिक्तता को भरती रहूँ। उसने कभी इससे ज़्यादा की तमन्ना भी नहीं की।

कैथी से प्राप्त यह समर्पण ही वह सुदृढ़ आधारभूमि थी; जिस पर खड़े होकर वेल्स एक के बाद एक सत्य खोजता और स्थापित करता चला गया। उस ज़माने में जब इन चीज़ों का नाम भी नहीं था, उसने मशीनगन, गैस, रैक, हवाई जहाज़ों और ऐटम बम की बात की थी तो लोगों ने उसका मखौल उड़ाया था, उसे झूठा स्वप्नदर्शी कहा था। पर उसकी कल्पनाएँ जब चमत्कार के समान अजब वैज्ञानिक सत्यों में बदलती गयीं तो तमाम लोग तो उसे फ़रिश्ता तक मानने लगे थे। लेकिन जब महायुद्ध के समय उसने युद्ध का दृश्य स्वयं अपनी आँखों से देखा—अपनी उन दिनों की ऊलजलूल कल्पनाओं को सत्य रूप में घटित होते देखा तो वह सारी चीज़ उसके ऊपर अजीब असर डाल गयी। ऐसे में उसने 'मिस्टर ब्रिटलिंग सीज़ इट थ्रू' नाम का उपन्यास लिखा। इस उपन्यास के बाद से उसके विरोधी भी उसके प्रशंसक बन गये। पर उसने अपने मित्रों से कहा कि लोग समझते हैं कि वेल्स अब सुधर गया। पर उन्हें अभी और ही कुछ देखना है। और वेल्स ने राजनीतिक समस्याओं और पहलुओं पर धुआँधार लिखना और भाषण करना शुरू कर दिया।

पर ऐसे ही में सन् 1927 से वेल्स की ज़िन्दगी का एक दूसरा ही अध्याय प्रारम्भ होने वाला था। सर्दियों के दिन थे। कैथरीन एकाएक काफ़ी बीमार हो गयी। डॉक्टरों ने बताया कि उसे कैंसर है और वह अधिक-से-अधिक छह महीने और जिएगी। वेल्स सब-कुछ छोड़-छाड़कर कैथी के बीमार चेहरे को देखता बैठा रहता। कहाँ तो ऐसा होता था कि महीनों बीत जाते थे और अपनी धुन में कहीं रमा वेल्स कैथी की सुध ही नहीं लेता था, पर अब जैसे एकाएक उसका हर क्षण उदास हो गया, हर साँस दूभर हो गयी। उसकी सारी दुनिया सिर्फ़ कैथी के चारों ओर सिमट आयी। एक दिन कैथी की हालत काफ़ी बिगड़ गयी थी। कुछ सुधरने पर कैथी ने वेल्स से कहा—"बर्टी, मैंने तुमसे कभी कुछ नहीं माँगा। आज एक चीज़ माँगती हूँ, दोगे ?" वेल्स ने प्रश्नभरी निगाहों से उसकी ओर देखा, तब उसने कहा—"और कुछ नहीं केवल एक बात माँगती हूँ वह यह कि मुझे एक बात सच-सच बताना बर्टी कि मुझसे ब्याह करके तुम कभी पछताये तो नहीं?"

वेल्स बड़ी देर तक उसकी गोद में सिर रखकर रोता रहा फिर बोला—"जेन, तुम मुझे अगर आज मिली होती तो मैं कल तुमसे ब्याह कर लेता। मैंने तुम्हें कहाँ

से, कैसे प्यार किया है, इसे दुनिया में कोई नहीं समझ सकता। जेन, अगर आज मुझे मेरा यौवन वापस मिल जाए तो मैं उसे सौ बाँहें बढ़ा कर लूँ—सिर्फ़ इसलिए कि तुम्हें, केवल तुम्हें फिर-फिर जान सकूँ। मैंने अपनी ज़िन्दगी के हर मोड़ पर सिर्फ़ तुम्हारा ही नये सिरे से साक्षात्कार किया है। जेन, मेरे प्यार की अभिव्यक्ति का ढंग ज़रूर बेहद अजीब और निराला रहा है पर मैं जो कुछ भी हूँ तुम्हारे ही कारण हूँ, तुम्हारा ही बनाया हुआ हूँ। तुम्हारे ही सपने मेरी शोहरत हैं जेन!''

अपने बीमार हाथों से कैथी ने उसके होठों पर अँगुलियाँ रख दीं, इतनी प्रशंसा जैसे वह सह नहीं पा रही थी। डूबे-डूबे कमज़ोर स्वरों में बोली।—''मैं जानती हूँ बर्टी, मैं जानती रही हूँ।''...और वेल्स की हर रिक्तता को भर देने की साध रखने वाली कैथी उसे पूरी तरह कण-कण रिक्त करके, अकेला छोड़कर इस दुनिया से उठ गयी।

कुछ ही दिनों बाद वेल्स ने अपना वह खूबसूरत घर बेच दिया। वह घर अचानक ही उसे बेहद बड़ा, बेहद सूना लगने लगा था। उसका वह बाग़, जो कैथी को बहुत प्यारा था, उसे अब अंगारों और काँटों का खौफ़नाक जंगल लगने लगा था। जाने कैसी विरक्ति, जाने कैसा विराग उसके मन में घर कर गया। उसने सब-कुछ बेच दिया।

अगस्त 1946 की एक शाम को डॉक्टरों ने वेल्स को बताया कि वह अब मुश्किल से एक बरस और जी सकेगा। इक्यासी बरस के वेल्स की आँखों में उसकी सारी ज़िन्दगी सिनेमा की रील की तरह घूम गयी। उसने पाया कि एक अजीब अन्धी खोज में वह लगा रहा। दुनिया ने कहा कि उसकी तमाम भविष्यवाणियाँ सच हो गुज़रीं मगर खुद वेल्स को लगा कि उसने सारी ज़िन्दगी सत्य की अनवरत खोज में गुज़ार दी, पचासियों पुस्तकें लिखीं, आठ सौ पृष्ठों की आत्मकथा लिख डाली पर शायद उसकी ज़िन्दगी की उपलब्धियों का निचोड़ अड़तीस पृष्ठों की उसकी एक नन्ही-सी पुस्तक 'माइण्ड ऐट द एण्ड ऑव् इट्स टैथर' में समा गया है। पर उसने और सोचा तो महसूस किया कि नहीं, वह भी पूरा सत्य नहीं है। वह सब हज़ारहा परछाइयाँ मात्र है। वेल्स को लगता कि उसकी ज़िन्दगी का एकमात्र पूर्ण सत्य कैथी थी—ऐमी कैथरीन रॉबिन्स—उसकी जेन। कैथी की मृत्यु के बाद ऐसा नहीं है कि वह संन्यासी हो गया हो। नहीं, उसने ज़िन्दगी जीयी, उसके जीवन में नयी लड़कियाँ भी आयीं लेकिन उसकी मृत्यु के बाद से ही मन-ही-मन वह फिर उतना ही अकेला हो गया था जितना उससे मिलने के पहले था।

अपनी मृत्यु-शैया पर वेल्स के मन में सिर्फ़ एक बात थी—काश, मैं भगवान में विश्वास करता होता, काश, मैं भगवान से इतनी प्रार्थना कर सकता कि कभी,

कहीं, किसी भी प्रकार मुझे एक बार कैथी के प्यारे-से चेहरे पर हर समय, हर मुसीबत में खेलने वाली वह मधुर मुसकान देखने को मिल जाती...उसके वह सुनहले खूबसूरत बाल एक बार फिर छितरा देने को मिल जाते...

उसने जीवन भर कैथी को ही अपनी हर साँस में, अपने हर सृजन में बार-बार पाया था। कौन जानता है मौत में भी उसे यही लगा हो कि चारों ओर कैथी के सुनहले बिखरे बाल हैं...उसने उनमें अपना माथा छिपा लिया है और वह उन्हीं में डूबता जा रहा है...डूबता जा रहा है...

फूली री यह डाल फलेगी क्या!

(आर्थर मिलर)

[विज्ञान ने जब नयी उपभोगपूरक सभ्यता की नींव डाली तब मनुष्य का मन प्रकृति पर विजय के उल्लास से भरा हुआ था। लेकिन नित नयी सुविधाओं, उपभोग की अदम्य लालसाओं से भरी-पुरी यह सभ्यता ज्यों-ज्यों विकसित होती गयी, त्यों-त्यों कहीं अजाने में नये-नये तनावों में उलझा मनुष्य अन्दर-ही-अन्दर अपनी पराजय महसूस करने लगा। कहाँ से मिले शान्ति सन्तोष और सुख का एक क्षण! कहाँ से मिले सार्थकता की एक दिशा! कहाँ से मिले अन्तरंग परिपूर्णता की एक अनुभूति!

यूनान की उस महान सभ्यता की एक अनिन्द्य सौन्दर्य प्रतीक थी ट्रॉय की सुन्दरी हेलेन ! रोम और मिस्र के वैभवशाली युग की अविस्मरणीय प्रतीक थी–किलियोपेट्रा! उसी परम्परा में इस आधुनिक सभ्यता की अमर सौन्दर्य प्रतीक के रूप में याद की जाएगी–मर्लिन मनरो!

एम.एम. (मर्लिन मनरो) ये दो अक्षर समय की शिला पर अमिट रूप से अंकित हो चुके हैं। अपनी अनन्य सुडौल, कणकण तराशी हुई देहयष्टि से करोड़ों को प्रेरणा और उत्साह देनेवाली मर्लिन मनरो अन्दर-ही-अन्दर सार्थकता की कौन-सी दिशा खोज रही थी, परिपूर्णता की कौन-सी अनुभूति खोज रही थी, शान्ति, सन्तोष और सुख के किस क्षण की उसे तलाश थी! विलास और वैभव, भोग और वासना उसे जो नहीं दे पाये, वह क्या उसे साहित्यिक अनुभूति दे पाएगी!

बीसवीं शताब्दी का सबसे महत्त्वपूर्ण परिणय था महान नाटककार आर्थर मिलर और विश्वसुन्दरी मर्लिन मनरो का! अपने अद्वितीय नाटकों के कारण विश्वविख्यात आर्थर मिलर मर्लिन मनरो के अन्तर्मानस में घटित होनेवाले इस विचित्र दुःखान्त नाटक का एक विवश असहाय पात्र बनकर रह जाएगा! इसकी कल्पना भला कौन कर सकता था!...]

आज 'लिंकन सेण्टर' नाम के आलीशान नाट्यगृह का उद्घाटन होनेवाला है। सारे न्यूयॉर्क के नाटक-प्रेमियों के मन में अजब-सा उल्लास जागा हुआ है। यह इमारत

विशेष रूप से इस उद्देश्य से बनायी गयी है कि आधुनिकतम प्रयोगशील नाटकों के लिए नये प्रकार का कल्पनाशील रंगमंच मिल सके। जब यह विशाल और अपने ढंग का अनूठा रंगमंच तैयार हो गया तो उसकी सार्थकता इससे बढ़कर और क्या हो सकती थी कि अमरीका का सबसे प्रतिष्ठित और सबसे साहसी प्रयोग करनेवाला नाटककार आर्थर मिलर अपना नवीनतम अप्रकाशित नाटक 'आफ़्टर द फाल' सबसे पहले इस रंगमंच पर प्रस्तुत करे। आर्थर मिलर आधुनिक विश्व नाट्य-साहित्य में शीर्ष स्थान पर पहुँच चुका है। 'डैथ ऑफ़ ए सेल्समैन', 'द क्रूसिबिल', 'ऑल माई सन्स', 'व्यू फ्रॉम द ब्रिज' इन तमाम नाटकों में उसने आधुनिक युग की समस्याओं को बड़े मर्मस्पर्शी ढंग से प्रस्तुत किया है। एक तो 'लिंकन सेण्टर' का नया बहुचर्चित रंगमंच फिर आर्थर मिलर जैसे विश्वविख्यात नाटककार का नवीनतम नाटक और उस पर भी एक और आकर्षण कि विश्वविख्यात निर्देशक ईलिया कज़ान ने बड़ी लगन और मेहनत से महीनों लगकर इस नाटक का निर्देशन किया था।

आर्थर मिलर के सशक्त प्रयोगशील नाटक पहले भी खेले जा चुके हैं, ईलिया कज़ान के निर्देशन में और बहुतों के बहुत से नाटक प्रस्तुत किये जा चुके हैं। स्वयं आर्थर मिलर के अन्य नाटक देखने के लिए भी लोग बहुतायत से आते रहे हैं। लेकिन प्रस्तुतीकरण के बाद पत्र-पत्रिकाओं में समालोचना के बाद ही अधिकतर नाटकों की लोकप्रियता बढ़ी है। किन्तु इसी नाटक में आखिर ऐसी क्या बात है कि नाटक अभी एक बार प्रस्तुत भी नहीं किया गया, उसकी कहीं कोई समीक्षा भी नहीं निकली—फिर भी जहाँ देखिए वहाँ इसी की चर्चा चल रही है। और प्रदर्शन के पहले ही दिन उसे देखने के लिए अपार भीड़ उमड़ी पड़ रही है। सचमुच पहले कभी उसके किसी नाटक का प्रस्तुतीकरण के पूर्व ही इतना शोर नहीं हुआ कि राह चलते मित्र, रेस्तराँ में बैठे लोग, पार्क में टहलते युवा और वृद्ध जोड़े, क्लबों में शराब पीते, नाचते-खेलते मस्त अमरीकी व्यापारी, कॉलेजों, विश्वविद्यालयों के संगीत मिज़ाज अध्यापक और गम्भीर छात्र जहाँ देखिए वहाँ 'लिंकन सेण्टर' में होनेवाले आर्थर मिलर के नये नाटक 'आफ़्टर द फाल' की ही चर्चा है। क्या रहस्य है इस व्यापक चर्चा का? क्या 'लिंकन सेण्टर' वालों ने विज्ञापन का कोई बड़ा मौलिक और नया तरीक़ा खोज निकाला है? आखिर यह लोकप्रियता की कौन-सी जादू की छड़ी घुमा दी है उन लोगों ने कि आर्थर मिलर का नाम जैसे हवा की हर लहर में गुँथ गया है ?

आइए, नाटक देखने के शौक़ीनों की भीड़ में धँसकर ज़रा उनकी बातें तो सुनें। देखिए, वह गहरे रंग के चुस्त कपड़े पहने युवक खड़ा अपनी मित्र से क्या कह

रहा है, "तुम पर इसीलिए तो मैं जी-जान से फिदा हूँ डार्लिंग कि तुम्हारी चाल बिलकुल मर्लिन मनरो की विश्वप्रसिद्ध चाल जैसी है। याद है तुम्हें, हम लोग उसकी 'वी आर नॉट मैरिड' नाम की फ़िल्म देखने गये थे? उसमें तुमने मर्लिन को पहली बार देखा था और मेरे इसरार पर उसकी मोहक चाल को खुद सीख लिया था। इसी धुन में दस बार देखी थी न हमने वह पिक्चर।" उसकी मित्र क्या कह रही है? सुनाई नहीं दे रहा? तो जाने दीजिए। वह देखिए ऐनक लगाये दार्शनिकों-सी आँखें आसमान की ओर टाँगे वह प्रोफ़ेसर साहब क्या कह रहे हैं, "नहीं, किसी भी व्यक्ति को—चाहे वह कितना भी आत्मीय क्यों न रहा हो, मर्लिन की आत्मा का अपमान करने का नैतिक अधिकार किसी को नहीं है।" उनकी इस बात के जवाब में शायद उनका कोई छात्र बोल उठा है, "और फिर सर! कहाँ मर्लिन मनरो और कहाँ बारबरा लोदेन! वह भला क्या खाकर मर्लिन का रोल अदा करेगी?" इन लोगों की बातों में दिलचस्पी लेती हुई पास खड़ी एक मोटी, भारी-भरकम बुढ़िया खी-खी करके हँसती हुई इन लोगों के क़रीब आ गयी है और आवाज़ में सैकड़ों तरह से लोच देकर कह रही है, "अरे दोस्तो, क्यों अभी से परेशान हो रहे हो? हो सकता है यह महज़ अफ़वाह ही हो कि मैगी के रूप में आर्थर मिलर ने अपनी भूतपूर्व पत्नी मर्लिन मनरो का ही चरित्रांकन किया है।" उधर लैम्पपोस्ट के पास देखिए—वहाँ भी कोई कह रहा है, "जो हो, सुना है नाटक है बड़े गज़ब का। अब उसे देख लें तो सारी हकीकत का पता लगे।" उन सज्जन की बात सुनिए, "हाँ भई, मर्लिन मनरो ने भूख और ग़रीबी की चुनौती अश्लील कैलेण्डर बनानेवाली कम्पनी को अपने वस्त्र-विहीन शरीर का चित्र देकर स्वीकार की थी। तबसे उसने अपने पेट की भूख तो मिटा ली, लेकिन हज़ारहा लोगों के शरीर की भूख को जगाती हुई वह दुनिया को एक उँगली पर नचाती रही थी। और फिर उस कम्बख़्त का शरीर भी तो भगवान ने खासी फ़ुर्सत में बैठकर तराशा होगा।...लीजिए, यह साहब तो मर्लिन मनरो के कटावों में ही खो गये हैं। अच्छा, वह गम्भीर-से दिखते वृद्ध महोदय क्या कह रहे हैं, "मनरो की उद्दाम वासना और उत्कट लालसा के नीचे एक नारी का सहज निरीह हृदय भी तो धड़कता होगा ! उसके नितान्त मानवीय स्पन्दनों को जितनी बारीक़ी से उसके अन्तिम पति आर्थर मिलर ने समझा होगा, दूसरा कोई समझ भी तो नहीं सकता। ज़रूर ही नाटक में उसका बहुत सही अंकन हुआ होगा।" अरे देखिए तो इनकी बातें सुनकर एक महिला किस क़दर तमतमा उठी हैं, "खाक सही अंकन किया होगा। मैंने तो सुना है उस बेचारी की कमज़ोरियों का निर्दयता से पर्दाफ़ाश किया गया है। अभी बेचारी को मरे डेढ़ बरस भी तो नहीं गुज़रा! आर्थर मिलर को क्या हक़ था सारे संसार के मन में बसी मर्लिन की प्रतिमा में इस तरह खरोंचें डालने का!..."

ये लीजिए हॉल की बत्तियाँ भी धीरे-धीरे गुल होने लगी हैं। तो यह रहस्य

है इस नाटक की इस क़दर व्यापक चर्चा का! मर्लिन मनरो! सारे संसार के अभिनय-प्रेमियों को दीवाना बना देनेवाली मर्लिन मनरो! बीसवीं शताब्दी की वीनस ! रतिरानी मर्लिन मनरो!

सब बत्तियाँ गुल हो गयी हैं, पर्दा खुल गया है! सामने स्टेज पर है नाटक का नायक क्वॅण्टिन! न्यूयार्क का एक सफल वकील। लेकिन अपने प्रति दुनिया भर की दुराशंकाओं और असमंजसों से घिरा हुआ! दो शादियाँ उसकी हो चुकी हैं और दोनों ही टूट चुकी हैं। अब एक बड़ी तेज़ ज़हीन और खूबसूरत यूरोपियन लड़की के प्रति वह आकृष्ट है, लेकिन उसे डर लग रहा है, कहीं पहले विवाहों की तरह यह भी तो नहीं टूट जाएगा? उसे क्या हक़ है इस लड़की की ज़िन्दगी में भी एक तूफ़ान ले आने का? क्या पता यदि इससे भी न निभ सकी तो? मगर वह क्या करे! आखिर क्या दोष था उसका पहले भी? ज़िन्दगी की वे राहें खुद ही तो उससे जुदा होती गयी थीं। क्वॅण्टिन अपने एक बूढ़े मित्र को अपनी ज़िन्दगी की दास्तान सुनाता है। कैसे वह बड़े प्यारे-से परिवार के बीच में पला और बढ़ा। कैसे उसे सबकी इज़्ज़त और मुहब्बत मिलती थी। चारों ओर से सभी उसके मन को यह एहसास दिलाते रहते थे कि उसमें कुछ विलक्षण और अद्वितीय प्रतिभा है ज़रूर। उसके घर-परिवार के लोग उसकी ज़िन्दगी में आनेवाले छोटे-छोटे तमाम रूमानी क्षण और ढेर-की-ढेर स्मृतियाँ एक के बाद एक उसके दिमाग़ में घूमती रहीं। उसे याद आये वह दिन भी जब वह कम्यूनिस्ट हो गया था। उन दिनों की तमाम छोटी-बड़ी राजनीतिक सरगर्मियों को वह दुहराता रहा। आर्थर मिलर का यह प्रयोग विचार और तन्त्र दोनों ही दृष्टियों से बड़ा सशक्त और साहसी प्रयोग है। और फिर ईलिया कज़ान जैसे आधुनिक बुद्धिवाले निर्देशक ने इसमें और भी जान डाल दी थी। कोई सैटिंग नहीं, कोई कृत्रिम प्रकाश-व्यवस्था नहीं, कोई तड़क-भड़क नहीं, रंगमंच पर सब-कुछ वैसे ही घटित हो रहा है, जैसे सहज सामान्य जीवन में होता है। क्वॅण्टिन अपने जिये हुए जीवन को दोहराता जा रहा है। उसकी स्मृतियाँ ही दृश्यों के रूप में रंगमंच पर विभिन्न पात्रों द्वारा अभिनीत की जा रही हैं। अपने अतीत की बातों को कहते-कहते अपने पार्ट को वह खुद अभिनीत करता चल रहा है, जैसे मानो उस जीवन को दुबारा जी रहा हो।

अजब-अजब आत्म-स्वीकृतियाँ पेश कर रहा था क्वॅण्टिन! उसे याद आया कि उसका एक बहुत अजीज दोस्त जब कुछ राजनीतिक झंझटों में फँस गया था, तब वह सारे सिद्धान्त, सारी सुरक्षा भूलकर उसकी मदद के लिए सन्नद्ध हो गया था। लेकिन जब उस दोस्त ने एक रेल के नीचे कटकर आत्महत्या कर ली, तो उसे कहीं गुप्त मानसिक सन्तोष भी प्राप्त हुआ था कि चलो उसके सिर से बला टली। वह ऐसी ही तमाम विचित्र आत्म-स्वीकृतियाँ करता जा रहा था और हॉल में बैठे

हज़ारों दर्शक बड़ी गहराई से महसूस कर रहे थे कि इन आत्म-स्वीकृतियों के माध्यम से वर्तमान समाज की दुखती रगें तो पकड़ी जा रही हैं, आधुनिक समय की मानवीय समस्याएँ तो उठायी जा ही रही हैं लेकिन इन सब स्वीकृतियों के पीछे से कहीं स्वयं आर्थर मिलर का जीवन, उसकी उपलब्धियाँ, उसके संघर्ष, उसकी स्वयं की भोगी हुई यातनाएँ भी बोल रही हैं।

दर्शकों ने देखा क्वॅण्टिन याद कर रहा है वह दिन, जब अपनी पहली पत्नी से ज़रा-ज़रा-सी बात पर उसकी तक़रार हुआ करती थी और फिर उसने याद किया वह दिन, जब वह मैगी से पहली बार पार्क में एक बेंच पर मिला था। बस यह दृश्य आया कि दर्शकों की ऊपर की साँस ऊपर और नीचे की साँस नीचे रह गयी ! उन्होंने देखा–सुनहले बालों का विग लगाये पारदर्शी कपड़ों में जो नारी मूर्ति स्टेज पर आयी है, उसकी चाल वही मशहूर मर्लिन मनरो वाली चाल थी, जिस पर सारी दुनिया के लोग दीवाने थे।...उसके बदन का काट वही था, जो तमाम दुनिया की औरतों के लिए आदर्श माप बन गया है...नहीं, नहीं, बदन के उस आदर्श मोहक काट की सुन्दरी तो सारे विश्व में कहीं है ही नहीं...तो आखिर कौन है यह आँखों के सामने?...मर्लिन मनरो की प्यासी आत्मा ही तो इस समय स्टेज पर नहीं मँडरा रही कहीं?...वही शक्ल, वही सूरत, वही कटावदार बदन, वही कशिश, वही नस-नस से छलकती शोखी, वही आँखों में उमड़ता बचपन, वही मस्त अदाएँ, वही हृदयहारी अभिनय।

स्टेज पर अभिनीत की जा रही है क्वॅण्टिन की वह स्मृति जब उसकी और मैगी की शादी हुई थी। विवाह के खूबसूरत लिबास में लिपटी मैगी से वह कहता है, "यक़ीन मानो प्राण! तुम मेरे हाथों में विजय-पताका हो। एक साक्षी! इस बात की कि जीवन में केवल पराजय-ही-पराजय नहीं है।" आँखों में अनन्त कृतज्ञता का समुन्दर लिये मैगी जवाब देती है, "मैं तुम्हारी विजय-चिह्न हूँ, इस बात को मैं कैसे सार्थक करूँ प्रिय! तुम्हें ही सब-कुछ सिखाना है मुझे।"

नितान्त समर्पणशील बनने को उत्सुक वही मैगी एक दिन बताती है, "मैं ...सचमुच जिस-तिस के साथ सोने को उतावली नहीं रहती हूँ क्वॅण्टिन...मैंने अपने तन को कभी वेश्या की तरह बेचा नहीं। कभी किसी स्वार्थ के लिए भी नहीं...मेरा सलाहकार मनोवैज्ञानिक कहता है–मैं तन देने को दान देने के रूप में मानती रही हूँ। जो बेचारे ज़रूरतमन्द हैं उन्हें मैं दे डालती हूँ..."

मैगी एक विख्यात गायिका है। उसे बराबर यह डर बना रहता है कि सावन की झड़ी सरीखी यह शोहरत उसे अचानक ही मिल गयी है। कहीं अचानक ही एक दिन यह छिन न जाए। अपनी उस शोहरत और प्रतिष्ठा को बनाये रखने के लिए वह हर समय जी-जान से लगी रहती है। वह जानती है कि इस प्रसिद्धि

का मूल कारण उसका बेइन्तिहा खूबसूरत और अनोखी तराशवाला बदन है। अपने अंगों के एक हल्के से कम्पन से वह जिसे चाहे लुभा सकती है, जिसे चाहे जीत सकती है। इसीलिए उसका सारा ध्यान, सारी कोशिशें अपने शरीर के ही इर्द-गिर्द लगी रहती हैं और वह अपने व्यक्तित्व पर हज़ारहा नक़ाब ओढ़े रहती है। विचित्र मानसिक स्थिति हो गयी है उसकी। अभी अगले ही क्षण वह क्या कर गुज़रेगी, इसे कोई नहीं जान सकता। अजब से तनाव में उसका हर क्षण गुज़रता है। जितनी प्यारी उसे अपनी दुनियावी शोहरत है उतनी ही चाह उसे प्यार और समर्पण की भी है। इसी कशमकश में बड़े अस्वाभाविक और विचित्र व्यवहार करती रहती है वह! उसे कहीं चैन नहीं, कहीं शान्ति नहीं। केवल एक चीज़ है, जो उसे सुख दे पाती है। थोड़ी देर का चैन दे पाती है—वह है नींद की दवा!

बड़ा मथ डालने वाला दृश्य था वह, क्वॅण्टिन मैगी की लानत-मलामत करते हुए उससे कहता है कि वह अपनी ग़लतियों को पहचानने की कोशिश करे, अपनी कमज़ोरियों को घृणा देकर उन पर विजय प्राप्त करे और पूरी कोशिश करे ऊपर उठने की, अपने गर्हित स्व से उबरने की! तो वह बड़ी आजिज़ी, बड़ी निरीहता से क्वॅण्टिन से कहती है कि यह नींद की गोलियों की शीशी तुम मुझसे ले लो...मगर क्वॅण्टिन शीशी नहीं लेता। इसलिए कि यदि उसने शीशी ले ली और फिर किसी तरह मैगी ने वह शीशी उससे लेकर नींद की गोलियाँ खाकर आत्महत्या कर ली तो हत्यारा तो वही होगा न!

और अब ज़रा कल्पना कीजिए, दर्शकों की क्या मनःस्थिति बनी होगी, जब उन्होंने क्वॅण्टिन की आत्मस्वीकृति सुनी होगी कि जब मैगी ने अत्यधिक मात्रा में नींद की गोलियाँ खाकर अपना जीवन समाप्त कर दिया, तो क्वॅण्टिन ने परमात्मा के प्रति अपनी कृतज्ञता ही अर्पित की कि चलो मैगी के साथ उसके जीवन के अध्याय में विराम तो लगा! प्रत्येक दर्शक स्तब्ध था...चोट खाया हुआ था...द्रवित था...नींद की गोलियाँ खाकर ही तो चार अगस्त, 1962 को मर्लिन मनरो ने आत्महत्या कर ली।

कितनी बड़ी ट्रैजेडी थी विश्व की उस सर्वश्रेष्ठ सुन्दरी की! उसे क्या नहीं मिला था? धन उसके पास अटूट था, शोहरत उसकी अपरिमित थी, दुनिया के सबसे ज़्यादा खूबसूरत तन की वह मालकिन थी और सबसे बढ़कर खुशकिस्मती उसकी यह थी कि आर्थर मिलर जैसा महान विश्वविख्यात नाटककार उसने पति के रूप में पा लिया था, लेकिन कैसी विडम्बना है यह हाड़मांस की, कैसा दुर्भागा था वह मांसल सौन्दर्य, कैसी अबुझ थी वह रगरग की प्यास जिसने उस जैसी भाग्यवान को भी चैन न लेने दिया। आखिर उसने ज़िन्दगी में ऐसा क्या पाना चाहा था, जो उसे मिला नहीं और उसे स्वयं अपना जीवन समाप्त कर देना पड़ा!

प्यार और सौन्दर्य की अधिष्ठात्री उस मुजस्सिम ट्रैजेडी ने जिस दिन नींद की गोलियाँ खाकर आत्महत्या कर ली थी, उस दिन क्या क्वॅण्टिन की तरह आर्थर मिलर ने भी परमात्मा के प्रति अपनी कृतज्ञता अर्पित की होगी?...

क्या आर्थर मिलर को उस दिन उस ग़रीब अनाथ बच्ची नोरमा जीन बेकर की याद न आयी होगी, जो बहुत भोली, बहुत प्यारी, बहुत भावुक और तेज़ ज़हीन दिमाग़ की बच्ची थी, लेकिन जिसका समुचित पालन-पोषण करने वाला, जिसे प्यार-दुलार देने वाला इतनी बड़ी दुनिया में कोई नहीं था। उस बेचारी ने तो कभी सपने में भी न सोचा होगा कि एक दिन वही मर्लिन मनरो के नाम से इतना बड़ा सौन्दर्य प्रतीक बन जाएगी कि बीसवीं शताब्दी की वीनस के रूप में इतिहास का एक अध्याय ही रच डालेगी।

आखिरी घण्टी बज गयी है। सब बच्चे अपनी-अपनी किताब सँभालकर घर जाने की जल्दी में हैं, लेकिन बारह बरस की एक भोली-भाली गुड़िया-सी छोकरी आज अपने बस्ते में जल्दी-जल्दी किताब, कापी, कलम, पेन्सिल ठूँस ही नहीं रही है। उसकी सब चीज़ें अभी डेस्क में फैली पड़ी हैं और बेंच पर बैठी वह सोच रही है, "क्या बात थी आज, जिसे देखो वह मुझे ही घूर-घूरकर देख रहा था!" इस छोटे-से स्कूल के कमरों के दरवाज़ों में काँच भी तो नहीं लगे थे कि वह खुद को देखने की कोशिश करती। उसने फुर्ती से अपनी किताबें समेटी और नुक्कड़ पर लगे एक विज्ञापन की ओर दौड़ी। वह विज्ञापन जिस काँच में जड़ा था, उसमें ज़रूर उसे अपनी शक्ल दिखाई दे जाएगी। फुदकती भागती जब वह वहाँ पहुँची, तो बड़े ग़ौर से अपनी शक्ल देखने लगी। हाँ, आज वह कुछ फ़रक-फ़रक़ ज़रूर लग रही है, मगर बिना तेल पड़े बाल रोज़ की ही तरह बिखरे हुए हैं, कपड़े भी वैसे ही थेगली लगे मामूली-से हैं। लेकिन नहीं, अरे आज तो वह अपनी पड़ोसिन सहेली से उसका रंगीन स्वेटर माँगकर पहनकर आयी है। हाँ जी, यह तो उसके ऊपर बहुत सज रही है। सचमुच बड़ी चुस्त और खूबसूरत लग रही है वह तो। मेरिया पढ़ने में तेज़ है, इसलिए सब उसे अपने पास बिठाना चाहते हैं। नोरमा ने सोच लिया अब वह खूब अच्छी बन जाएगी, सब लोग उसे अपने पास बिठाएँगे तो मेरिया को उसे चिढ़ाने का मौक़ा नहीं मिलेगा।

घर से नोरमा का स्कूल चार मील दूर था। अब वह सुबह-शाम दोनों समय पैदल आने-जाने लगी। थक जाएगी तो क्या हुआ, कुछ पैसे तो बच जाएँगे। दो-दो, चार-चार पैसे बढ़ते जाते और वह बड़ी-बड़ी योजनाएँ बनाती चलती। जब दो रुपये के क़रीब हो गये, तो उसने अपनी यह पहली-पहली पूँजी बहुत सोच समझकर एक गहरी लाल लिपस्टिक और भौंहें बनाने का काजल खरीदने में लगायी। एक जगह अपने संस्मरण लिखते हुए मर्लिन मनरो ने उन क्षणों को बड़ी मधुराई से

याद किया—"जब मैं पहली बार लिपस्टिक लगाकर लाल-लाल रँगे-पुते होठ और काली-काली धनुषाकार भौंहें बनाकर उसी चुस्त जादुई स्वेटर को पहनकर क्लास में गयी थी, तो चारों तरफ़ सबमें सुरसुरी फैल गयी थी।" मगर वह नहीं जानती थी कि इस सुरसुरी में एक मधुर अनुभूति के अतिरिक्त भी कुछ होता है। यह आकर्षण कुछ और अर्थ भी रख सकता है, यह उसे नहीं मालूम था। इस आकर्षण के क्या भले-बुरे परिणाम हो सकते हैं, यह भी वह नहीं जानती थी। और शायद सारी ज़िन्दगी उसने यह जाना भी नहीं। वह तो बस लोगों को अपनी ओर आकर्षित करने भर का राज़ जान पायी थी। उस दिन क्लास में जब सबकी निगाहें अपनी ओर आकर्षित कर लेने में वह सफल हो गयी थी, तभी से उसकी जिन राहों पर एक के बाद एक मील के पत्थर लगते चले गये थे, उनकी परिणति कहाँ होगी, वह राहें उसे कहाँ ले जाएँगी, उसकी मंज़िल कहाँ है, यह उसने कभी नहीं सोचा, कभी नहीं जाना। उसका सारा ध्यान तमाम आकर्षण के केन्द्र अपने शारीरिक सौन्दर्य में सिमट आया था। हर परिचित, हर मित्र, हर व्यक्ति की निगाहें सारी दुनिया के सौन्दर्य को छोड़कर बस उसी को निरखें, उसी को निहारें, यही बात उसे न जाने क्या दे जाती थी।

उसके सौन्दर्य में एक कशिश है, इस बात का एहसास शायद बहुत बड़ी चीज़ था। तभी न, न जाने कितनी तकलीफ़ों, कितनी मुसीबतों, कितनी ग़रीबी को झेलकर नन्ही नोरमा जीन बेकर एक दिन मर्लिन मनरो बन गयी। सारे संसार की सुन्दरियों का आदर्श उसका शरीर बन गया, सारी दुनिया की निगाहें उसकी ओर खिंच आयीं। श्रेष्ठ कलाकार अतुल धन सम्पत्ति की मालकिन मर्लिन मनरो को संसारव्यापी प्रसिद्धि जिन कीचड़ भरी गलियों में क़दम धर कर उस तक आयी थी, उसकी कहानी क्या मर्लिन ज़िन्दगी भर भूल सकी होगी?

लॉस ऐंजेल्स के एक जनरल अस्पताल में पहली जून, उन्नीस सौ छब्बीस को नोरमा का जन्म हुआ। उसके जन्म के कागज़ात में पिता का नाम लिखा था एडवर्ड मौरटेंसन और माँ का ग्लैडीज़ बेकर। नवजात शिशु का नाम लिखा था नोरमा जीन मौरटेंसन। लेकिन जब से उसने होश सँभाला उसने अपना नाम नोरमा जीन बेकर जाना। कारण? वह अपने नाम के आगे 'मौरटेंसन' कैसे लिखती भला? उसकी माँ और उसके पिता का विवाह तो कभी हुआ ही नहीं था। मर्लिन मनरो ने एक बार मौरिस जोएतोव को बताया था, "मेरे बाबा मैक्सिको में रहते थे। वे घर पोतने वाले मजदूर थे। मैंने सुना है, मेरी दादी बेइन्तिहा खूबसूरत थीं। इनका नाम होगन था। वे आयरलैण्ड से आयी थीं। मेरे बाबा स्काच थे। मुझमें आयरिश, स्काच और नार्वेजियन खून है। मैंने अपने पिता को कभी नहीं देखा। मेरी माँ कहती थी, जब मैं छोटी थी तभी मोटर दुर्घटना में उनकी मृत्यु हो गयी थी। वैसे उसके पास एक

सुनहले फ्रेम में जड़ी फ़ोटो थी, जिसे दिखाकर उसने बताया कि ये तेरे पिता थे। वह फ़ोटो एक बहुत ही खूबसूरत, बहुत ही सुन्दर युवक की थी, जिसके चेहरे पर अत्यन्त आकर्षक मुसकान थी। जैसा क्लार्क गैबल लगता है न, ठीक वैसे ही थे—सजीले गठीले जवान!'

जब नोरमा छोटी थी उन दिनों सारा हॉलीवुड केवल फ़िल्म वाले लोगों से भरा पड़ा था। वहाँ क़रीब दो हज़ार लोगों की बस्ती तो ऐसी थी जो सिर्फ़ फ़िल्मों के तकनीकी विभाग में काम करते थे। उन्हीं में से एक नोरमा की माँ भी थी। वह 'कोलम्बिया पिक्चर्स' में निगेटिव काटने का काम करती थी। फ़िल्मों में काम करनेवाले हर छोटे-बड़े व्यक्ति का उन दिनों केवल एक सपना होता था, उनका बच्चा बड़ा होकर उन दिनों के बड़े सितारे जॉन गिलबर्ट या मेरी पिकफोर्ड की तरह बने। नोरमा की माँ का भी यही सपना था कि चाहे उसे कितनी ही तकलीफ़ें उठानी पड़ जाएँ, उसकी बिटिया बड़ी होकर मेरी पिकफ़ोर्ड बन जाए। उसने इस सपने के बीज नोरमा के मन में भी बड़े दुलार से बो दिये। नोरमा की माँ की एक सहेली थी ग्रेस मैकूकी। अगर ग्रेस न होती, तो शायद नोरमा नोरमा ही रह जाती और दुनिया को मर्लिन मनरो न मिलती। ग्रेस नोरमा को बहुत प्यार करती थी और कहा करती थी—देखना एक दिन यह बहुत बड़ी हिरोइन बनेगी। ग्रेस अपने पैसों से नोरमा को गाना और नृत्य सीखने के लिए स्कूल भेजती थी। खुद तकलीफ़ उठाकर उसने नोरमा के लिए एक पियानो लिया था। वह अकसर उससे कहा करती, "नोरमा तू बड़ी होकर बहुत सुन्दर निकलेगी, तेरा बड़ा नाम होगा, तू बहुत बड़ी हिरोइन बनेगी एक दिन। मेरी एक-एक साँस बोलती है कि तू एक दिन बहुत नाम कमाएगी।" मेरी पिकफोर्ड की तरह नोरमा के बाल भी उसने घूँघरवाले कटवा दिये थे। मेरी की तरह मुसकराना और चलना वह उसे सिखाती थी। जब उसने पढ़ना शुरू कर दिया था, तो उसकी माँ और ग्रेस उसे बच्चों की परी-देश की कहानियों की किताबें पढ़ने की जगह फ़िल्मी पत्र-पत्रिकाएँ पढ़ने के लिए दिया करतीं। एम्पायर न्यूज़ नाम की एक पत्रिका में अपने बारे में लिखते हुए मर्लिन मनरो ने लिखा था—'पत्र-पत्रिकाओं में फ़िल्मी हीरो-हीरोइन के हस्ताक्षरों से युक्त जो लेख छपते हैं, वे अकसर पत्रकारों के लिखे हुए होते हैं। इसीलिए जब तक कोई बात मैंने स्वयं कही या लिखी न हो, मैं उसे अपने नाम से छपने देना पसन्द नहीं करती, क्योंकि मुझे याद है बचपन में मैं फ़िल्मी पत्रिकाओं में से उन लेखों की एक-एक लाइन पचासियों बार पढ़ती थी, जिनके लेखक स्वयं हीरो या हीरोइन होते थे। उनकी लिखी बातों को एकदम सच मानकर मैं खुद अपनी ज़िन्दगी में वैसा ही सब करना चाहती थी।"

लेकिन सपनों भरा बचपन उसकी किस्मत में अब बहुत दिनों के लिए नहीं

था। आगे कुछ और ही बदा था। नोरमा का पिता असल में किसी दुर्घटना में मरा नहीं था : उसने जिस दिन ग्लैडीज से सुना कि वह माँ बनने वाली है, वह कहीं भाग गया था। इस विश्वासघात का सदमा ग्लैडीज के दिमाग़ पर बहुत गहरा पड़ा था। नोरमा के जन्म के बाद वह उसकी बिलकुल सँवार नहीं करती थी। उसे देख-देखकर चिढ़ा करती थी, लेकिन उसकी सहेली ग्रेस ने धीरे-धीरे नोरमा का लालन-पालन अपने हाथ में ले लिया, तो नोरमा बड़ी हुई। यों बीच-बीच में जब उसकी माँ को बौखलाहट के दौरे पड़ते, तो शामत बेचारी नोरमा की ही आती थी। मगर एक दिन तो ग्लैडीज ने अपनी झक में बेचारी ग्रेस को ही चपेट लिया। वह बोली, ''तुम खाली दिखावा करती हो, नोरमा से ममता का नाटक करती हो, असल में तो तुम उसे ज़हर देकर मार डालना चाहती हो'' और कहकर उसने रसोई में घुसकर एक बड़ा-सा चाक़ू निकालकर ग्रेस को मारा। उसके बाद वह पुलिस में दे दी गयी। कुछ-लोग कहते हैं कि उन दिनों दो बरस उसे पागलखाने में भी रखा गया।

इधर बेचारी ग्रेस ने नोरमा को एक अनाथालय में भर्ती करा दिया। अनाथालय से एक दम्पती नोरमा को गोद ले गये। लेकिन उसका भाग्य तो अनाथालय में प्रवेश के समय ही उसे छोड़कर चला गया था। जिसने उसे गोद लिया था उसकी वह नयी माँ उसे बहुत सताती थी। ज़रा-सी बच्ची को घर का फर्श साफ़ करना पड़ता, जूठे बर्तन माँजने होते और जब-तब नयी माँ की मार खानी पड़ती। उसका यह नया पिता ज़रूर भला आदमी था। उसने जब देखा कि उसकी पत्नी इस बच्चे को सताती है, तो नोरमा को उसने किसी और को गोद दे दिया।

अब इस नये घर में दूसरी मुसीबत–उसे तीन समय चर्च में प्रार्थना करनी होती, हर दूसरे दिन सुबह-शाम चर्च जाना होता। अगर कभी बाहर नाचते-गाते बच्चों को देखकर नाचने के लिए उसके पैर थिरकते तो तुरन्त डाँट पड़ती–यह पाप है, शरीफ़ बच्चे नाचते-गाते नहीं। बेचारी बड़े-बड़े उपदेशों और डाँट-फटकार की भूल-भुलैया में भटकती किसी तरह ज़िन्दगी गुज़ारती चल रही थी कि एक दिन उस पर वज्रपात हुआ, जब एक मोती के हार की चोरी उस पर लगायी गयी। मर्लिन ने लिखा है, ''चोरी का आरोप मेरी नस-नस दुखा गया था, उस शर्म, उस बेबसी को मैं आज तक नहीं भूली हूँ, जो उस दिन मुझे उठानी पड़ी थी, आज भी वह घाव कभी-कभी पिरा उठता है।'' उस आरोप के बाद फिर वह उस घर में न रह सकी। उसके बाद उसे जितने भी घरों में आश्रय मिला सब जगह उसकी किस्मत में तकलीफ़ें-ही-तकलीफ़ें लिखी थीं।

एक बार उस पर तरस खाकर एक औरत उसे अपने घर ले आयी थी। उस घर में सब औरतें-ही-औरतें थीं–एक दादी माँ, माँ और उसकी तीन लड़कियाँ।

तीनों लड़कियाँ उसे हर समय छेड़ा करतीं। एक बार उन शैतान लड़कियों ने उसे खूब परेशान किया, शरारत में उसकी स्कर्ट फाड़ डाली। उसने रोते-बिसूरते जब उन लड़कियों की माँ को फटी स्कर्ट दिखायी, तो दादी माँ ने आकर कह दिया—यह झूठी है, स्कर्ट लड़कियों ने नहीं, खुद इसी ने फाड़ी है। उस दिन उस बेचारी को व्यर्थ ही बहुत मार खानी पड़ी थी। उसे बाल काढ़ने के ब्रश से तो अकसर मार पड़ जाती थी, पर उस दिन तो छड़ी से मार पड़ी थी। क्योंकि स्कर्ट अभी नयी-सी ही थी, ज़्यादा फटी नहीं थी। उस घर में हर शनिवार को स्नान करने का दिन आता था। गरम पानी वहाँ महँगा मिलता था। इसलिए एक बड़े टब में पानी भर दिया जाता। सबसे पहले उसमें दादी माँ नहातीं, फिर माँ, फिर बड़ी बेटी, फिर उससे छोटी, उसके बाद सबसे छोटी और सबके अन्त में सबके नहाये गन्दे कीचट पानी में ज़बरदस्ती घुसकर नोरमा को नहाना पड़ता। इसी तरह सबके मैल और कीच को अपने ऊपर ओढ़ती बेचारी नोरमा किसी तरह दिन काट रही थी। एक दिन उसकी खुशी का ठिकाना नहीं रहा, जब उसने सुना कि उससे मिलने ग्रेस आण्टी आयी थी, वह घर का कुछ सामान खरीदने बाहर गयी हुई थी, इसलिए आण्टी उसके लिए कुछ छोड़ गयी है। लिफ़ाफ़ा खोलने पर पता चला कि आज उसका जन्म-दिन है। जन्म-दिन पर ग्रेस आण्टी उसके लिए एक आशीष कार्ड और आधा डालर छोड़ गयी थी। कार्ड तो उसे मिल गया, लेकिन आधा डालर उससे छीन लिया गया, क्योंकि उसने आज ही सुबह पहनी धुली स्कर्ट मैली कर डाली थी। उसके कोमल मन पर इस बात से बहुत चोट लगी और वह उस दिन घर छोड़कर भाग गयी।

अब वह आठ वर्ष की हो गयी थी। उसने सोचा कहीं नौकरी करेगी। खोजते-खोजते वह एक दम्पती के यहाँ पहुँची, जो फ़िल्मों में काम करते थे। नोरमा उनके रसोइया की मदद करती, बर्तन धोती, घर झाड़ती-पोंछती और रूखा-सूखा खाकर सो रहती। उसे इस घर में एक बात के कारण स्वर्ग नज़र आता। यहाँ पिंजरों में कुछ पालतू चिड़ियाँ पली थीं। नोरमा ने उन्हें चुग्गा डालने का काम खुद ले लिया था। काम से छुट्टी मिलते ही वह पिंजड़े के सामने बैठकर इन चिड़ियों को जी भर कर देखा करती। चिड़ियों की चीं-चीं का संगीत सुनती, उनकी फुदक का नाच देखती और सोचती—नहीं, इतनी प्यारी चिड़ियों को जब कुदरत ने गाना और नाचना सिखाया है, तो नाचना-गाना पाप कैसे हो सकता है भला।

उसके ये मालिक-मालकिन बड़े मस्त थे। शराब पीते, गाते, नाचते, मस्त रहते थे। उनका हर समय हँसना-बोलना और मस्त रहना तो नोरमा को बहुत अच्छा लगता था लेकिन सिगरेट और शराब पीना उसे अजब-अजब लगता था, रोज़ रात को अपनी कथरी-गुदड़ी में वह जब सोती, तो लेटे-लेटे ईश्वर से इन लोगों के पापों

के लिए क्षमा माँगा करती। ये लोग अँग्रेज़ थे। नोरमा ने इनके साथ रहते हुए खास अँग्रेज़ी लहजे में बोलना सीख लिया था। उसने अपनी मालकिन से हूला डान्स भी सीखा था। यहाँ काम करना उसे बहुत अच्छा लगता था, खासतौर से इसलिए भी कि शनिवार की शाम को उसे छुट्टी मिलती थी और कुछ पैसे भी, जिनसे वह उस शाम का खाना बाहर खाती और एक पिक्चर की टिकट खरीदकर ठाठ से सिनेमा देखती और देखते-देखते कभी वह खुद को बेटी डेबिस महसूस करने लगती, कभी जौन हालो, कभी जान क्राफ़र्ड, तो कभी जीन आर्थर! जिंजर रॉजर्स पर तो वह जी-जान से फ़िदा थी। उसकी कोई पिक्चर न छोड़ती। सारे हफ़्ते वह जी-तोड़ मेहनत करती, ताकि शनिवार आए और मालकिन खुश होकर पैसे ज़्यादा दे दें और वह पिक्चर देखे और मन-पसन्द खाना खाए।

कुछ दिनों बाद एक दिन उसने देखा उसकी खोज-खबर लेती हुई उसकी माँ आयी है। माँ को देखकर अनाथों की तरह पलती बेचारी बच्ची बहुत खुश हुई। मारे खुशी के बहुत रोयी, बहुत हँसी! ग्लैडीज उसे अपने साथ ले गयी। उसे काम मिल गया था। उसने नोरमा के लिए एक पुराना पियानो खरीद दिया था। नोरमा का सहज जीवन एक बार फिर चल निकला। लेकिन कितने दिनों के लिए? एक दिन वह पियानो बजा रही थी कि उसने अपनी माँ की ज़ोर-ज़ोर से हँसने की आवाज़ सुनी। लगातार उस भयंकर हँसी को सुनकर वह उधर गयी, तो देखा उसकी माँ हँसे ही जा रही है। एकाएक फिर वह हाथ नचा-नचाकर रोने लगी, कपड़े फाड़ने लगी, तो नोरमा घबराकर पड़ोस से किसी को बुलाकर लायी। फिर तो थोड़ी देर में पुलिस भी आ गयी। किसी ने नोरमा को एक कमरे में बन्द कर दिया, ताकि बच्ची यह सब न देखे। लेकिन बन्द कमरे से वह सुन तो सब रही थी। उसने सुना पुलिस उसकी माँ को पकड़कर ले जाने वाली है। उससे नहीं रहा गया, उसने खिड़की का काँच अपनी नन्ही मुट्ठियों से तोड़ डाला और लहू-लुहान हाथ को अपनी स्कर्ट में लपेटे वह टूटी जगह से सिर निकालकर देखने लगी। उसने देखा लड़ती-झगड़ती छूटने की कोशिश करती उसकी माँ को पुलिसवाले ज़बर्दस्ती अपनी गाड़ी में धकेलकर ले जा रहे हैं! वह फिर अकेली की अकेली रह गयी, फिर अनाथ, फिर निराश्रित ! उसकी माँ पागलखाने में भेज दी गयी थी।

किस्मत की मारी फ़कत आठ-नौ बरस की ज़रा-सी बच्ची को फिर किसी के बर्तन धोने, फ़र्श साफ़ करने की नौकरी करनी पड़ी। इस बार वह जहाँ काम करती थी, वह एक दुमंज़िला मकान था। नीचे उसके मालिक लोग रहते थे, ऊपर एक बूढ़ा किरायेदार। एक दिन जब उसकी मालकिन बाहर गयी हुई थी, वह बूढ़ा किरायेदार नीचे आया और बोला, "तुम तो बहुत अच्छी लड़की हो। आओ हम तुम एक खेल खेलें।" मालिकों की आज्ञा को तुरन्त मान जाने की आदत ग़रीब

नौकरानी नोरमा को पड़ ही चुकी थी। कुछ आज्ञा मानने की आदत के कारण और कुछ निरे बचपने में पिता के स्नेह से वंचित रह जाने के कारण वह तुरन्त बूढ़े से हिलमिल गयी। उस अनाथ बच्ची को क्या मालूम था कि अपने भोले विश्वास की कीमत उसे अपने जीवन की सारी पवित्रता नष्ट करके चुकानी पड़ेगी। मालकिन के आने पर जब रोती-बिसूरती काँपती नोरमा ने उससे सिसक-सिसककर शिकायत की, तो मालकिन ने तड़ातड़ थप्पड़ों से उसके गाल सुर्ख कर दिये थे कि नीच, बदज़ात, कमीनी लड़की शरीफ़ लोगों को बदनाम करती है...उस दिन से नोरमा की भोली आँखें हरदम आँसुओं से भरी रहतीं। वह सोने जाती, तो उसे वही भयानक बातें सपने में दिखाई देतीं। इसलिए वह आँखें मींड-मींडकर नींद भगा देती; इधर-उधर की किताबें रात भर पढ़ती रहती, ताकि नींद न आए। पचासों बार कमरे का फ़र्श ही रगड़-रगड़कर चमकाती रहती, ताकि नींद न आए। सपना न दिखे! उसे हर क्षण लगे कि उसने बड़ा भारी पाप किया है, मरकर उसे नरक में सड़ना पड़ेगा। बेचारी नन्ही-सी बच्ची और उसके सिर पर पेट की भूख का बोझ और सबसे बढ़कर यह पाप की भावना का बोझ!

कहीं से उसे पता लगा कि उसकी आण्टी ग्रेस ने किसी डॉक्टर से शादी कर ली है। वह पता लगाते-लगाते वहाँ पहुँच गयी। सचमुच उसकी आण्टी अब मिसेज गोदार्द हो गयी थी, और उनके दो सौतेली लड़कियाँ भी थीं। ग्रेस ने नोरमा को अपने पास ही रख लिया। नोरमा बहुत शान्त और सीधी लड़की थी। उसके कारण किसी को कोई तकलीफ़ नहीं थी। लेकिन एक दिन उसने देखा आण्टी और उनके पति में कुछ तेज़ बातें हो रही हैं। उनके पति थोड़ी देर में कुछ कह-सुनकर बाहर चले गये। दूसरे दिन सुबह से ही आण्टी सबकी आँखें बचाकर बहुत रो रही थीं। दोपहर में उन्होंने नोरमा की स्कर्ट-ब्लाउज और कच्छियाँ एक छोटी-सी अटैची में रखीं और उससे साथ चलने को कहा। नोरमा आज्ञाकारिणी बच्ची की तरह उनके साथ हो ली। उसे लेकर वे एक बिल्डिंग के सामने आ खड़ी हुईं। नोरमा ने देखा : वहाँ एक साइन बोर्ड लटका था 'टोल सैण्टरो'। ग्रेस आण्टी ने अन्दर जाने से पहले उसे बाँहों में कसकर एक बार खूब प्यार किया और रोते-रोते बोली, ''अब तुम्हें यहीं रहना है। हमें जब बड़ा घर मिल जाएगा, तो तुम्हें ले जाएँगे।'' फिर वह अन्दर गयी। सीढ़ियाँ चढ़कर वे दोनों ऊपर पहुँचीं और एक बड़े कमरे के सामने रुकीं। ग्रेस आण्टी ने दरवाज़े की घण्टी बजायी और नोरमा ने वहाँ लटके बोर्ड पर पढ़ा 'लॉस ऐंजेल्स अनाथालय'। अनाथालय! यहाँ क्यों लायी है आण्टी उसे।

दरवाज़ा खुला। दोनों अन्दर गयीं। ग्रेस आण्टी ने वहाँ की इंचार्ज से जो बातें कीं, उन्हें सुनकर नोरमा एकदम रो पड़ी और सिसकते हुए बोली, ''नहीं, मैं अनाथ नहीं हूँ। मेरे माँ है...वह अभी ज़िन्दा है...बीमार है तो क्या? वह ज़िन्दा तो है

और जब वह ज़िन्दा है तो मैं अनाथ नहीं हूँ। मुझे यहाँ मत भर्ती करो। आण्टी मैं अनाथ नहीं हूँ।'' ग्रेस से लिपट-लिपट कर वह खूब रोयी। बोलती रही, ''आण्टी, तुम तो जानती हो आण्टी कि मेरी माँ ज़िन्दा है...मैं अनाथ नहीं हूँ।'' मगर उसका रोना-बिलखना सब व्यर्थ गया, अब वह अनाथालय के पिंजरे में बन्द हो चुकी थी।

वहाँ सत्तावन बच्चे और थे जिनमें चौबीस लड़कियाँ थीं। छह बरस से लेकर 14 बरस की तरह-तरह की लड़कियाँ थीं। पूरे अनाथालय में कुल बारह खटियाँ थीं। किसी-किसी पर दो-दो, तीन-तीन लड़कियाँ एक साथ सोतीं और कोई-कोई लड़कियाँ खाली ज़मीन पर पड़ी रहतीं। नोरमा जिस खिड़की के पास सोती थी वहाँ से प्रख्यात फ़िल्म स्टूडियो आर. के. ओ. की ऊँची मीनार दिखाई देती थी। रंगीन बिजली के अक्षरों में चमकते आर. के. ओ. अक्षर उसे अपनी दुनिया में खींचते थे, मगर पंखकटी चिड़िया अपने पिंजरे में छटपटाकर रह जाती।

अनाथालय की ज़िन्दगी बहुत मशीनी थी। बहुत एकरस। ठीक समय से उठना, ठीक समय से खाना-पीना, पढ़ना, अपने हिस्से का काम करना और ठीक समय से सो जाना। मर्लिन मनरो अकसर कहा करती थी कि बचपन में उसे इस क़दर मशीनी कार्यक्रम में जुतना पड़ा था कि शायद उसी की प्रतिक्रिया स्वरूप वह बड़े होने पर कोई काम नियत समय पर और बँधे-बँधाये ढंग से नहीं करती थी।

दो बरस के बाद उसकी ग्रेस आण्टी उसे अनाथालय से ले गयी और अपनी एक बासठ वर्षीय बूढ़ी रिश्तेदार ई. ऐना लोअर के साथ उसके रहने का इन्तज़ाम कर दिया। यह वृद्धा नोरमा को बहुत दुलार से रखती थी। मर्लिन मनरो अपनी बचपन की यादगारों में ऐना आण्टी की याद को सबसे मधुर, सबसे पवित्र मानती थी। ऐना की मृत्यु के बाद मर्लिन ने ऐना पर एक लम्बी कविता 'आई लव्ड हर' नाम से लिखी थी।

नोरमा जब चौदह-पन्द्रह वर्ष की हुई तभी से उसे लिखने का बहुत शौक़ था। एक बार उसे 'कुत्ता, आदमी का सबसे अजीज़ दोस्त' नामक निबन्ध पर एक बहुत ही खूबसूरत कलम इनाम में मिला था। तब से वह स्कूल में होने वाली हर साहित्यिक प्रतियोगिता में बड़े उत्साह से शरीक होती और जब-तब इनाम जीतती थी। उस का गद्य और पद्य दोनों ही खासा मँज गया था। जो उसकी लिखी लाइनें सुनता वही उसे सराहता। विद्यार्थी जीवन में ही वह अब्राहम लिंकन की बड़ी भक्त हो गयी थी। लिंकन के बारे में जितनी भी, जहाँ-जहाँ से उपलब्ध हो सकती थीं, उसने किताबें प्राप्त करके पढ़ी थीं। उसके कमरे में केवल एक फ़ोटो टँगी रहती थी और वह थी लिंकन की! बाद को जब उसकी शादी प्रसिद्ध कलाकार आर्थर मिलर से हुई थी, तब कई बार बहुत खुश हो-होकर उसने आर्थर को बताया था कि उसे

यह देख-देखकर बहुत अच्छा लगता है कि तुम्हारी शक्ल-सूरत लिंकन से बहुत मिलती-जुलती है। मेरे किशोर मन ने उसकी पूजा की थी, शायद इसीलिए कि तुम मुझे मिलने थे।

अपने विद्यार्थी-काल में एक ओर जहाँ उसमें लिखने-पढ़ने का शौक जाग रहा था, वहीं दूसरी ओर नये-नये शोख कपड़ों में सजकर, बन-सँवरकर ओशनपार्क या साँता मोनिका के तट पर रात-बिरात तक दोस्तों के साथ घूमने-फिरने की आदत भी पड़ती जा रही थी। जितना उसके दोस्त उसकी खूबसूरती की तारीफ़ करते, उतना ही उसे नैतिक बल मिलता चलता पढ़ने-लिखने का, अपने पाँवों पर खड़े होने का। लेकिन लड़कों के साथ रात-बिरात घूमना ग्रेस आण्टी और ऐना आण्टी दोनों को ही नागवार गुज़रता। लड़की राह-कुराह न चली जाए, इसके लिए उन लोगों ने अपने एक मित्र परिवार के लड़के जिस डाफर्टी से उसकी शादी की बात पक्की करके 19 जून, 1942 को उसका ब्याह कर दिया। ब्याह के बाद उसने पाया कि ज़िन्दगी में वह जोश, वह कुछ कर गुज़रने की तमन्ना बाक़ी नहीं बची। कितना अच्छा लगता था बिन बात मस्त घूमना-फिरना और लिखना-पढ़ना। लेकिन बस एक अजीब चीज़ उसमें घर करने लगी थी। वह जिम का प्यार चौबीसों घण्टे पाना चाहती। उसका सारा ध्यान स्वयं में समेटे रखना चाहती। ज़रा भी मन की बात पूरी न हो, तो वह कहती मैं सान्ता मोनिका पर जाकर डूब मरूँगी। कभी-कभी तो जिम मज़ाक़ भी कर बैठता—अरे बेबी, हर बार सान्ता मोनिका का ही प्लॉन क्यों बनाती हो, कभी कोई दूसरी जगह भी तो चुनकर देखो। वह अकसर उसे बन्दरिया कहकर छेड़ा करता था। जवाब में वह कहती—और क्या ब्याह करके तुम्हारे यहाँ आना एक जन्तुशाला में आने के समान ही तो है।

यद्यपि शुरू-शुरू में नोरमा को घरेलू काम बहुत बुरे लगते थे, लेकिन बाद को उसे इस सबमें मज़ा आने लगा था। उसका पति जब काम पर जाता, तो वह उसके खाने के डिब्बे में सैण्डविच के बीच में छोटे-छोटे खत रख दिया करती थी। एक बार इसी तरह के एक खत में उसने लिखा था। "प्यारे डैडी, जब तुम इसे पढ़ रहे होगे उस समय मैं सोयी तुम्हारा सपना देख रही होऊँगी। प्यार और चुम्बन—तुम्हारी बेबी!"

सब कुछ मधुराया हुआ था, लेकिन नोरमा का सौन्दर्य अब उसके आड़े आने लगा था। उसके पति के कई साथी उसकी ओर आकर्षित होते और वह आकर्षण नोरमा को अजीब सुख दे जाता। यह सब बहुत दिन नहीं चल सका। दोनों एक-दूसरे से खिंचने लगे।

इन्हीं दिनों हॉलीवुड की एक बहुत बड़ी कम्पनी से उसके पास किसी विज्ञापन के लिए मॉडल बनाने का प्रस्ताव आया। अपने सौन्दर्य के क़द्रदान के प्रस्ताव

की उसने क़द्र की और नियत तिथि को चित्र खिंचाने जाना उसने स्वीकार कर लिया। उस दिन वह खूब नहायी। फिर सारे बदन में उसने इत्र मला। खूब सँवार-सँवार के उसने एक-एक अंग का शृंगार किया। एक के बाद एक तमाम कपड़े पहन-पहन कर शीशे के आगे खुद को निहारा और जिन कपड़ों में वह सबसे ज़्यादा सजी, उन्हें पहनकर वह वहाँ पहुँची। उसकी पहली-पहली मॉडल फ़ोटो थी तिरछी दृष्टि को झुकाकर अपने बाँयें कन्धे की ओर देखती हुई एक भोली अल्हड़ बालिका की छवि। यह फ़ोटो जिस दूकान में साफ़ होने गयी वहाँ किसी फ़ोटोग्राफ़र की नज़र इस पर पड़ी और उसने सोचा कहीं यह मॉडल उसे मिल जाए, तो वह एक से एक गज़ब के विज्ञापन तैयार करके दिखाए; यह मॉडल उसे मिल जाए, तो तमाम सचित्र पत्रिकाएँ उसकी खुशामद में लगी रहें। उसने नोरमा का पता लगाया और उसके आगे प्रस्ताव रखा कि वह फ़िलहाल उसके चित्रों को पत्रिकाओं में देकर जो धन प्राप्त होगा, उसका एक अंश उसे देगा और यदि बाद में उसके चित्र पत्रिका के सम्पादकों को पसन्द आने लगे, तो पाँच से दस डालर प्रति घण्टे तक मॉडलिंग के लिए देगा।

धीरे-धीरे नोरमा को पता चला कि मॉडलिंग कोई आसान काम नहीं है। यह भी एक कला है, एक वैज्ञानिक काम है। उसने मॉडलिंग सीखने के एक स्कूल में अपना नाम लिखा लिया। वहाँ उसने बहुत कुछ सीखा—कैसे मुसकराते हैं, कैसे देखते हैं, कैसे चलते हैं! और कैसे उठते-बैठते हैं कि बदन का एक-एक अंग साँचे में ढला-सा मालूम दे। इसी स्कूल में उसके बाल छोटे कर दिये गये और घूँघर निकालकर कन्धों पर सीधे गिरा दिये गये। पहले तो वह अपने बालों के लिए बहुत दुखी हुई, लेकिन बाद में उसने पाया कि सीधे बालों से उसके व्यक्तित्व में एक नयापन, एक ताज़गी आ गयी है। अब वह खूब कसरत करती, अपने खाने-पीने का बराबर खयाल रखती कि कहीं उसके सौन्दर्य में रेख न आ जाए। धीरे-धीरे वह सबसे अधिक लोकप्रिय मॉडल बन गयी और उन दिनों प्रायः हर पत्रिका में उसके चित्र भिन्न-भिन्न रूपों में छपने लगे।

उन्हीं दिनों आर. के. ओ. रेडियो पिक्चर्स का मालिक हावर्ड ह्यूस एक हवाई दुर्घटना में घायल होकर एक अस्पताल में दाखिल हुआ। वहाँ बिस्तर पर पड़े-पड़े उसने जी लगाने को कुछ पत्रिकाएँ उलटनी-पलटनी शुरू कीं। जिस पत्रिका में वह देखता उसमें उसे एक ही चेहरा अधिक से अधिक आकर्षक रूप में दिखाई देता। मॉडल का नाम किसी चित्र में नहीं दिया हुआ था। लेकिन उसे वह चेहरा इतना कलात्मक लगा कि उसने अस्पताल से ही अपने सेक्रेटरी को फ़ोन करके उस लड़की का पता लगाया और अपनी अगली पिक्चर के लिए उसका स्क्रीन टेस्ट लेने के लिए कहा। नोरमा ने सुना तो स्तब्ध रह गयी। यह वही आर. के.

ओ. है जिसकी मीनार वह अनाथालय में देखा करती थी। नोरमा जिस स्कूल में मॉडलिंग सीखती थी उसकी इंचार्ज मिस स्निवली ने जब जाना कि आर. के. ओ. वालों का नोरमा के प्रति इस क़दर आकर्षण है, तो उसने 'ट्वेंटिऐथ सेंचुरी फॉक्स' नामक सर्व प्रसिद्ध फ़िल्म कम्पनी वालों से सम्पर्क स्थापित किया कि इन दिनों आप नये चेहरों की तलाश में हैं, तो आप चाहें तो इस मॉडल को ले सकते हैं, अन्यथा आर. के. ओ. वाले तो इसे अपनी अगली फ़िल्म की हीरोइन बना ही रहे हैं। वहाँ नोरमा का स्क्रीन टेस्ट हुआ और वह तुरन्त चुन ली गयी। और 26 अगस्त, 1946 को उसने करारनामे पर हस्ताक्षर कर दिये।

मारे खुशी के वह पगला गयी और दौड़ी-दौड़ी ग्रेस आण्टी के घर पहुँची और उनसे लिपटकर खूब रोयी। बोली, "आण्टी, अब मैं कलाकार हो गयी, हॉलीवुड की सबसे बड़ी कम्पनी ने मुझे चुना है। अब मैं जल्दी से तुम्हारे लिए एक मकान खरीद दूँगी, तुम बूढ़ी हो गयी हो, तुम्हारी सेवा-टहल के लिए एक नौकरानी रख दूँगी।" फिर उसने बताया "आण्टी, वे लोग कहते हैं नोरमा जीन डाफर्टी कोई आकर्षक और सुन्दर नाम नहीं है। वहाँ एक जन कह रहे थे कि मर्लिन मिलर नामक प्रसिद्ध गायिका के नाम का पहला अंश मर्लिन तो अच्छा रहेगा उसके आगे का दूसरा अंश तुम सोचकर बताओ क्या रखोगी तो मैंने कहा ग्रेस आण्टी से पूछकर बताऊँगी।" उसका उत्साह देखकर ग्रेस भी बहुत खुश हुई। बेचारी ने ज़िन्दगी में बड़ी तकलीफ़ें उठायी हैं, चलो एक दिन ऐसा तो आया कि वह इस क़दर खुश है। उन्होंने कहा, "मर्लिन तो बड़ा सुन्दर नाम है। ऐसा करो अपनी माँ के कुँवारेपन का नाम इसके साथ जोड़ लो। बस तुम्हारे अनुरूप ही तुम्हारा सुन्दर-सा नाम बन जाएगा।" नोरमा को अपनी माँ के कुँवारेपन का नाम मालूम ही नहीं था। उसने बड़ी बेसब्री से पूछा, "लेकिन मुझे माँ का कुँवारा नाम तो मालूम ही नहीं।" ग्रेस ने कहा, "धुत पगलिया ! नहीं मालूम तुझे! उसका नाम था मनरो।" और बस उस दिन से नोरमा जीन बेकर यानी नोरमा जीन डाफर्टी मर्लिन मनरो बन गयी!

और फिर तो वह दिन भी बहुत नज़दीक आ गया जिस दिन सारी दुनिया के कला और सौन्दर्य-प्रेमियों की ज़बान पर एक ही नाम था मर्लिन मनरो।

नया नाम मिला, मर्लिन मनरो! मर्लिन एक गायिका के नाम का अंश था और मनरो था उसकी माँ का विवाह के पहले का नाम। लेकिन इस नाम का सम्बन्ध एक और महापुरुष से था। वह था, अमरीका का प्रख्यात राष्ट्रपति मनरो, जिसने समस्त संसार में शान्ति और एकता के लिए मनरो सिद्धान्त का प्रवर्त्तन किया था। कहा जाता है कि मर्लिन मनरो की माँ उस वंश से सम्बन्धित थी।

इस 'मनरो' नाम का ही असर था कि यह सुन्दरी अनाथ बालिका, जिसे

अकस्मात् हालीवुड में ख्याति मिल रही थी, ऊँचे-ऊँचे सिद्धान्तों के बारे में भी अपने भोले-भाले ढंग से सोचने लगी थी। कैसे लिंकन और आर्थर मिलर में आकृतिसाम्य देखकर वह भाव-विभोर हो उठी थी, यह आप पढ़ ही चुके हैं। लेकिन अभी उसे संकट के कुछ और दिन देखने बाक़ी थे। 'ट्वेंटिऐथ सेंचुरी फॉक्स' अपने में एक विशाल फ़िल्म साम्राज्य है। मर्लिन मनरो के लिए यह फ़िल्म परीक्षा और उसमें सफल हो जाना कितना ही महत्त्वपूर्ण क्यों न हो, लेकिन उस कम्पनी के लिए उस जैसी हज़ारों नवोदित तारिकाओं का क्या महत्त्व हो सकता है? वहाँ तो तारिकाओं के चित्रों का एक पूरा गोदाम है, जहाँ उनके दर्जनों चित्रों के साथ एक संक्षिप्त दो पृष्ठ की जीवन-रेखा एक फ़ाइल में दबाकर रख दी जाती है। सौ में से निन्यानबे फ़ाइलें दबी की दबी रह जाती हैं। मर्लिन मनरो की स्क्रीन टेस्ट में सफलता उसके लिए कुछ भी अर्थ रखे, लेकिन फ़िल्म कम्पनी में मर्लिन मनरो सिर्फ़ एक फ़ाइल बनकर, बड़े गोदाम के एक कोने में दबी रह गयी। दिन पर दिन गुज़रते गये और उसे किसी भी चित्र में काम न मिला। सन् 1946 में एक सस्ती मनोरंजक फ़िल्म में उसे सिर्फ़ इतना काम मिला कि वह बहुत-सी ऐक्स्ट्रा लड़कियों की भीड़ में से निकलकर सामने आए, जून हेवर से 'हलो' कहे और फिर भीड़ में खो जाए। इस छोटे से अभिनय के लिए उसने हफ़्तों रात-रात भर जागकर अभ्यास किया। लेकिन जब फ़िल्म का अन्तिम सम्पादन हुआ, तो उसके इस अंश को अनावश्यक समझकर काट दिया गया। मर्लिन मनरो के सारे सपने फिर चूर-चूर हो गये। फिर वही ग़रीबी, वही अकेलापन और वही संकट!

हालीवुड इस क़िस्म की हज़ारों ऐक्स्ट्रा लड़कियों से भरा पड़ा है। वे रोज़ दिन भर हीरोइन बनने का सपना देखती हैं और शाम को वे अपनी फटी हुई पोशाकों को सिलकर सजकर निकलती हैं किसी ऐसे व्यक्ति की तलाश में जो और कुछ नहीं तो कम-से-कम उनके शाम के खाने का बिल तो चुका दे। मर्लिन मनरो अकसर इन ग़रीबी के दिनों को याद कर कहा करती थी कि ये पाँच-छह वर्ष ऐसे बीते हैं, जिसमें मेरे लिए पुरुष का अर्थ था एक शाम के खाने का बिल! लेकिन जानकार लोगों का कहना है कि मर्लिन मनरो के स्वभाव में विचित्र विरोध भी थे। एक ओर उसके लिए हर शाम इतने संकट की होती थी और दूसरी ओर जब कभी किसी दुष्ट व्यक्ति ने उसके रूप का अनावश्यक लाभ उठाकर उसे स्वयं खरीदना चाहा, तो मर्लिन ने कभी झुकना स्वीकार नहीं किया। हालीवुड के चारों ओर ऐसे धूर्तों की कमी नहीं है, जो इस प्रकार की संकटग्रस्त लड़कियों को बहकाकर अपना स्वार्थ सिद्ध करें। किन्तु मर्लिन ने हमेशा ऐसे धूर्तों को मुँहतोड़ जवाब दिया था।

एक बार जब शाम को खाने का भी इन्तज़ाम न हो पाया था और मर्लिन

सिर्फ़ एक सैण्डविच खाकर भूखे ही सोने का उपक्रम कर रही थी, तभी उसे एक फ़ोन मिला। मालूम हुआ कि ट्वेण्टिऐथ सेंचुरी के एक फ़िल्म निर्माता ने उसे तुरन्त बुलाया है। रात के ग्यारह बज चुके थे। मर्लिन मनरो को लेने के लिए एक गाड़ी आयी। गाड़ी ने उसे ट्वेण्टिऐथ सेंचुरी स्टूडियो के पिछवाड़े, एक अँधेरे अहाते में ले जाकर उतार दिया। वहाँ वह व्यक्ति उसे स्टूडियो के एक कमरे में ले गया। उसे एक फ़िल्म स्क्रिप्ट दी गयी और संवाद बोलने के लिए कहा गया। यह पहली फ़िल्म स्क्रिप्ट थी जिसे उसने हाथ में लिया था। वह उमंग और उत्साह से रोमांचित थी। वह पूरे मनोयोग से अपने संवाद पढ़ रही थी। सहसा उसने पाया कि निर्माता उसका संवाद नहीं सुन रहा है। वह अचकचाकर रुक गयी और अकस्मात् उसे लगा कि यह सब जालसाज़ी है। फ़िल्म स्क्रिप्ट, निर्माता, स्टूडियो का कमरा सब नक़ली हैं। इसके पहले कि वे धूर्त उसे पकड़ सकें वह खिड़की से कूदकर भागी और अँधेरे में गिरती-पड़ती तारों और झाड़ियों में उलझकर लहू-लुहान अपने घर पहुँची और सुबह होने तक तकिये में मुँह छिपाकर रोती रही।

ऐसे कितने ही प्रसंग कई बार आये, एक व्यक्ति खाना खिलाने के बाद उसे समुद्र तट पर ले गया। उसकी बाँह उसने इतने ज़ोर से दबायी कि मर्लिन चीख पड़ी। वह धूर्त हँसते हुए बोला, ''मुझे हड्डियों की बनावट में बड़ी दिलचस्पी है।'' परन्तु मर्लिन मनरो का भरपूर तमाचा उसके मुँह पर पड़ा। उठकर बोली : ''मैं शाम के खाने के लिए शुक्र-गुज़ार हूँ। तुम्हें हड्डियों की बनावट में दिलचस्पी है, तो जब कभी मेरे पास पैसे होंगे, मैं तुम्हें अपना एक एक्सरे चित्र उतरवाकर भेजवा दूँगी।'' इसी ज़माने का एक करुण और रोचक प्रसंग वह है जिसमें एक अठहत्तर वर्ष के लखपती ने एक आदमी उसके पास भेजा। पता चला कि वह वृद्ध मर्लिन मनरो के तमाम कैलेण्डर चित्रों का संग्राहक रहा है। उसे दिल के दौरे पड़ते हैं और वह मुश्किल से छह-सात महीने का मेहमान है। वह सिर्फ़ यह चाहता है कि वह मरते वक़्त मर्लिन मनरो के पति के रूप में मरे। उसके पास अस्सी लाख रुपये हैं। यदि मर्लिन उससे शादी कर ले, तो वह सारा रुपया उसे दे जाएगा। जो व्यक्ति यह सन्देश लाया था उसने कहा कि वह यह विवाह करवा देगा, बशर्ते मर्लिन उसे अस्सी में से चालीस लाख रुपये देना मंज़ूर करे। मर्लिन ने तमककर कहा : ''मेरे हिस्से के भी चालीस लाख तुम ही ले लो।'' और दरवाज़ा बन्द कर दिया।

इस अकेलेपन ग़रीबी और भटकन की ज़िन्दगी में मर्लिन मनरो का एक सहारा था। वह थी कोलम्बिया कम्पनी की अभिनय अध्यापिका नटाशा लाइटैस। लाइटैस पहली ही मुलाक़ात के बाद उसकी मित्र बन गयी। लाइटैस हालीवुड में इस बात के लिए मशहूर थी कि वह बड़ी गम्भीरता से अभिनय कला की शिक्षा देती है।

पहली मुलाक़ात के बाद ही नटाशा लाइटैस ने मर्लिन मनरो से स्पष्ट कहा कि उसकी पोशाक और उसकी सज्जा बहुत ही बनावटी और कुरुचिपूर्ण है। यहाँ तक कि वह जैसे बोलती है वह भी अभिनय के लिए उपयुक्त नहीं। शब्दों को घुला-मिलाकर लप्सी बनाने के बजाय इस तरह बोलना चाहिए कि एक-एक शब्द होठों से मोती की तरह झरे। और दोनों होठ नीले जल पर तैरती सीपी के मानिन्द खूबसूरत लगें। लाइटैस ने मर्लिन के मन में पठन-पाठन की रुचि भी जगायी। मर्लिन अपनी गुरु को अन्त तक नहीं भूली। जब मर्लिन विश्वविख्यात अभिनेत्री बन गयी तब उसने लाइटैस को बहुत ऊँचे ओहदे पर अपनी कम्पनी में बुलवा लिया। यही नहीं, बल्कि सबको यह मालूम था कि अगर मर्लिन के अभिनय में या स्क्रिप्ट में कोई महत्त्वपूर्ण परिवर्तन कराना हो, तो उसके लिए केवल लाइटैस का कहना ही मर्लिन पर असर डाल सकता है।

लाइटैस ने अपनी शिष्या के बारे में बहुत अच्छी रिपोर्ट दी। फिर भी बहुत कोशिशों के बाद मर्लिन को कोलम्बिया के एक संगीत प्रधान चित्र 'लेडीज ऑफ़ द कोरस' में आठ गायिकाओं में से एक बनने का सौभाग्य मिला। जब वह स्टूडियो में गाने का अभ्यास कर रही थी, तो उसने पहली बार अनुभव किया कि पियानो पर कोई ऐसा व्यक्ति बैठा हुआ है जिसने अनजाने ही मर्लिन के सारे व्यक्तित्व को अपने संगीत में बाँध लिया है। मर्लिन अभ्यास समाप्त करने के बाद जब घर लौटी, तो उसे लग रहा था जैसे वह संगीत में बँधी-बँधी चल रही है। जब घर पहुँचकर पलंग पर सोने चली तो उसे लगा जैसे संगीत के कितने ही सुर बार-बार उसकी नींद को छेड़-छेड़कर दूर चले जाते हैं। घण्टों करवटें बदलने के बाद उसे लगा जैसे किसी ने अपनी दसों अँगुलियों से पियानो को एक भरपूर झंकार दी है। अन्त में उससे नहीं रहा गया। वह उठी, टेलीफ़ोन मिलाया। नम्बर मिलने पर बोली, "मैं मर्लिन मनरो बोल रही हूँ। अगर फ्रैडी कारगर जाग रहे हों, तो उन्हें फ़ोन पर बुला दीजिए।" दूसरे ही क्षण कोलम्बिया के संगीत निर्देशक फ्रैडी कारगर फ़ोन पर थे, "हलो, मैं कारगर बोल रहा हूँ।" यह वाक्य सुनते ही मर्लिन मनरो नटाशा लाइटैस की सारी शिक्षा संवाद बोलने के बारे में भूल गयी। यद्यपि कारगर मीलों दूर फ़ोन से बात कर रहा था पर जाने क्यों मर्लिन तुरन्त सचेत हो आयी कि वह तो रात के सोने की पोशाक में है। लजाकर उसने चट से खुले कन्धे ढँकने के लिए अपने ढीले-ढाले कपड़े सँभाले। कपड़े सँभालकर जब उसे फ़ोन उठाने की याद आयी तब तक कारगर फ़ोन रखकर शायद नींद में डूब चुका था।

दूसरे दिन मर्लिन मनरो नख से शिख तक अपने को भारी भरकम पोशाकों से ढककर बहुत सादगी, लज्जा और उमंग से भरी हुई स्टूडियो गयी। कारगर ने कौतूहल से इस नयी अभिनेत्री को देखा और फिर बिना किसी विशेष भावना के

सामान्य ढंग से उसे निर्देशन देने लगा।

कारगर की इसी बात से दिनोंदिन मर्लिन मनरो का उसके प्रति और भी आकर्षण बढ़ता गया। कारगर ने अभी जैसे माना ही नहीं कि मर्लिन एक असाधारण रूपसी है। फिर भी उसकी उपेक्षा भी नहीं की। मर्लिन को वह अपने साथ खाना खिलाने ले गया। मर्लिन को उसने साहित्यिक पुस्तकें खरीदवायीं। यहाँ तक कि मर्लिन को वह अपने घर भी ले गया। अपनी माँ, अपनी बहन और अपने बच्चे से भी उसने भेंट करवायी। तभी मर्लिन को मालूम हुआ कि कारगर की पत्नी उससे तलाक़ ले चुकी है और कारगर जीवन में बहुत आहत व्यक्ति है। अब स्टूडियो में और स्टूडियो के बाहर, मर्लिन कारगर की ही चिन्ता में लीन रहने लगी। दिनोंदिन यह ममता बढ़ती ही गयी। उसके लिए अब सारी भीड़ में सिर्फ़ एक चेहरा था फ्रैडी कारगर का! हर बोली में एक ही संगीत था फ्रैडी कारगर का!!

लेकिन फ्रैडी कारगर का रुख बहुत अजीब था। वह मर्लिन को बहुत स्नेह देता था सिर्फ़ एक इन्सान के रूप में। मर्लिन की छोटी-छोटी समस्याएँ उसके लिए महत्त्व रखती थीं, वह उन्हें ध्यान से सुनता था, उन पर अपनी ईमानदार सलाह देता था। लेकिन इससे अधिक कुछ भी नहीं। उसने कभी यह कोशिश नहीं की कि मर्लिन को अपने एकाकी जीवन की परम उपलब्धि के रूप में माने। उसने सिर्फ़ यह कोशिश की कि मर्लिन के अन्दर महानता के छिपे हुए तत्त्वों को वह प्रेरणा देकर विकसित करे। यही नहीं, बल्कि कभी-कभी वह मर्लिन के प्रति बड़े व्यंग्यपूर्ण वाक्य भी कहता था, जिसमें ममता नहीं होती थी। फिर भी वह मर्लिन की दुर्बलता को समझता था, उसे हर तरह से सहारा देता था। सारा स्टूडियो इस विचित्र से प्रेम-प्रसंग को बड़े ग़ौर से देख रहा था। चारों तरफ़ इसकी चर्चा थी। एक दिन बड़े भावपूर्ण क्षणों में मर्लिन ने बात उठायी कि अब उन दोनों को विवाह कर लेना चाहिए। कारगर ने कोई उत्तर नहीं दिया। थोड़ी देर बाद कुछ सोचता हुआ बोला, "मान लो अकस्मात् मुझे कुछ हो जाए?" मर्लिन ने डूबे हुए स्वरों में पूछा, "क्या?" कारगर बोला, "मसलन मैं मर ही जाऊँ तो मेरे बेटे का क्या होगा?" मर्लिन नहीं समझ पायी, उसने पूछा, "कैसी बात करते हो? इस बात का इस समय क्या प्रसंग?" कारगर बोला, "मेरे लिए तो सब ठीक है। लेकिन तुम उसके लिए भला माँ कैसे बन सकती हो?"

जैसे किसी ने मर्लिन पर खौलता हुआ पानी डाल दिया हो। वह एकदम उठ गयी। और बोली, "तुम मुझे नफ़रत करते हो, वरना तुम ऐसा कैसे सोच सकते थे?" फिर वह सीधे आँसू पोंछते हुए अपने घर आयी। अन्दर से कमरा बन्द कर लिया। आज फिर वही अनाथ अकेलापन, वही अँधेरा उसके चारों ओर लौट आया था। वह रोती रही...रोती रही। एक दिन बीता, दो दिन बीते। कितनी बार उसके

मन में आया कि वह एक बार सिर्फ़ एक बार फ़ोन पर ही कारगर से बात कर ले। लेकिन नहीं! तीसरे दिन उसके दरवाज़े पर किसी ने थपकी दी। उसने दरवाज़ा खोलने के बजाय अन्दर की साँकल भी चढ़ा दी। "सुनो, सिर्फ़ एक बार मुझसे बात कर लो" कारगर ने काँपते हुए स्वरों में कहा। "नहीं, नहीं, नहीं।" मर्लिन ने कहा और दरवाज़ा बन्द का बन्द ही रहने दिया।

वह रोती रही, रोती रही, मगर फिर न उसने कारगर के लिए द्वार खोले, न फिर वह कारगर के द्वार गयी।

उसका चित्र प्रदर्शित हुआ। लेकिन उसे इतना भी महत्त्व नहीं मिला कि उसकी समीक्षा किसी अच्छे पत्र में आती। महीने भर बाद उसे नोटिस मिला कि अब कोलम्बिया को उसकी सेवाओं की ज़रूरत नहीं। फिर वही भुखमरी और हर शाम किसी ऐसे संरक्षक की तलाश, जो उसे खाना खिला सके! इसी बीच उसकी दोस्ती एक अजब व्यक्ति से हुई।

ट्वेण्टिएथ सेंचुरी का बूढ़ा चेयरमैन शैन्क उसे अकसर शाम के खाने पर साथ ले जाने लगा। हालीवुड में ऐसे बूढ़ों की भी कमी नहीं, जो इसीलिए किसी गायिका या अभिनेत्री को साथ घुमाने ले जाते हैं कि चार आदमी बाद में उसकी चर्चा करें। लेकिन शैन्क के चरित्र में एक और विचित्र बात थी। मर्लिन का कहना है कि शैन्क ने इतनी शामों के साथ के बावजूद कभी उसके प्रति कोई दुर्भाव नहीं दिखाया। बिल्कुल एक बूढ़े दोस्त, चाचा की तरह उसकी देखभाल करता रहा। यही नहीं, बल्कि जब मर्लिन ने उससे कहा कि अपने प्रभाव से वह उसे किसी चित्र में काम क्यों नहीं दिलाता तो उसने स्पष्ट कहा, "मेरी कम्पनी का दायित्व दूसरी चीज़ है और मेरी शामों का व्यक्तिगत मनोरंजन दूसरी चीज़।" लेकिन उसने एक पत्र देकर मर्लिन को एक दूसरी कम्पनी के अध्यक्ष के पास भेज दिया। वह अध्यक्ष इस बात के लिए मशहूर था कि वह रूपवती नयी अभिनेत्रियों पर अनावश्यक पक्षपात दिखलाता है। उसने शैन्क का पत्र पढ़कर मर्लिन को बुलवाया। मर्लिन को ऊपर से नीचे तक देखकर कहा, "तुम्हें मैं अगले चित्र में काम दूँगा। लेकिन एक शर्त है।"

"क्या?" मर्लिन ने पूछा।

"तुम्हें मेरे साथ एक हफ़्ते तक मेरे एक खूबसूरत समुद्री जहाज़ में सैर करने के लिए चलना होगा।"

मर्लिन ने तुरन्त कहा, "अवश्य अवश्य। मेरा सौभाग्य है कि आप मुझे सैर पर ले चलें। लेकिन मेरी भी एक शर्त है।"

"क्या।" उस अध्यक्ष ने पूछा।

"वह यह कि आपकी पत्नी और बच्चे भी सैर के लिए साथ चलें।" ज़ाहिर

है कि बात टूट गयी। मर्लिन को कोई काम न मिला। मर्लिन जब वापस आने लगी तो अध्यक्ष ने फिर कहा, "देखो, तुम अपना सारा भविष्य सुधार सकती हो। मैं एक मौक़ा तुम्हें और दे रहा हूँ।" मर्लिन ने जवाब में ज़ोर से दरवाज़ा बन्द कर दिया और चली आयी। बाहर आयी तो उसने देखा कि उसकी टूटी-फूटी पुरानी कार ग़ायब है। अब तो वह फूट-फूटकर रोने लगी। उसने पुलिस को फ़ोन किया लेकिन सब बेकार था। दो दिन बाद पुलिस ने सूचित किया कि उसकी कार तो मिल गयी है, लेकिन उसने जिन कम्पनियों से फर्नीचर और कपड़े क़िस्त पर खरीद रखे थे उन कम्पनियों ने कार पर कब्ज़ा कर लिया है, क्योंकि उनकी कई क़िस्तें मिलनी बाक़ी थीं।

हालीवुड में बिना कार के कोई भी अभिनेत्री किसी प्रकार का भी काम पाने का स्वप्न भी नहीं देख सकती। इस समय तो सारे स्वप्न दूर, मर्लिन मनरो को सिर्फ़ एक फ़िक्र थी किसी तरह पचास डालर मिले, तो कम-से-कम गैस, धोबी और कमरे का किराया तो निकले। उसे याद आया कि उसका मित्र ग्रेस कैली नामक फ़ोटोग्राफ़र अकसर कहा करता था कि यदि मनमाने चित्र खींचने की अनुमति कोई मॉडल दे सके, तो वह कैलेण्डर कम्पनी से पचास डालर दिलवा सकता है। मर्लिन रोती हुई ग्रेस कैली की पत्नी के पास गयी। एक चित्र कैलेण्डर कम्पनी ने लिया, उसकी चर्चा भी हुई, उसकी वज़ह से उसे ग्रूको मार्क्स की एक फ़िल्म में काम मिला, लेकिन वह फ़िल्म भी सफल न हुई। उस फ़िल्म के प्रदर्शित होने के पहले उसके कई इण्टरव्यू अखबारों में छपाये गये, प्रचार किया गया, लेकिन सब बेकार! शोहरत तो उसे एक ऐसे चित्र से मिलनी थी जिसका निर्देशक न सिर्फ़ उससे निराश था, बल्कि चाहता था किसी तरह मनरो उसके चित्र में काम करना छोड़ दे। वह निर्देशक था हालीवुड का प्रख्यात जान हस्टन, जिससे जानी हाइड ने मर्लिन मनरो की सिफ़ारिश की थी। जानी हाइड एक ऐसा व्यक्ति था जिसका हालीवुड में बहुत दबदबा था। सभी लोग जानते हैं कि मनरो को उचित निर्देशक तक पहुँचाने का श्रेय जानी हाइड को है।

जान हस्टन उस समय 'द आस फ़ाल्ट जंगल' नामक एक यथार्थवादी चित्र बना रहा था। उसने मर्लिन मनरो को आलेख दिया। बैठकर समझाया कि वह अपने संवाद किस तरह बोले। मर्लिन मनरो बच्चों की तरह मचल गयी। बोली, "पहली बार मैं वैसे बोलूँगी जैसे मैं चाहती हूँ।" जान हस्टन ने माथा ठोंका। खीजकर कहा, "जैसी तुम्हारी मर्ज़ी।" मर्लिन मनरो एक सोफ़े से टिककर बैठ गयी। सिर पीछे फेंककर बाल छितराकर छत की ओर देखते हुए संवाद बोलने लगी। जान हस्टन ने गुस्से के मारे अपने कान में अँगुलियाँ डाल लीं। दूसरी बार मर्लिन मनरो वैसे बोलने लगी, जैसे उसने बताया था। दूसरी बार जब दूसरा संवाद बोलने का

मौक़ा आया, तब जान हस्टन ने कहा, "मैं कमरे के बाहर जाता हूँ तुम पचास बार वैसे बोल लो जैसे तुम चाहती हो फिर मुझे कहला देना मैं आ जाऊँगा, तब तुम्हें मेरे आदेश के अनुसार बोलना होगा।" चित्र जब प्रदर्शित हुआ तब सूची में मर्लिन मनरो का नाम तक नहीं था। मगर हर समीक्षक ने अपनी समीक्षा में पूछा, "वह सुनहरे बालों वाली लड़की कौन है?" अब भी अकसर वह चित्र फिर से दिखाया जाता है। अब उसमें सबसे पहला सबसे बड़े अक्षरों वाला नाम होता है : मर्लिन मनरो!

लेकिन जान हस्टन ने मर्लिन मनरो को जो शिक्षा दी उसने सचमुच उसे कलात्मक अभिनेत्री बना दिया था। मर्लिन को तुरन्त दूसरे कलापूर्ण निर्देशक जोसेफ मैकीविक्स ने अपने चित्र "आल अबाउट ईव" में महत्त्वपूर्ण भूमिका दी और इस बार फिर मर्लिन हर समीक्षक की समीक्षा में चर्चित हुई।

और फिर एक सुबह की बात है कि–

शूटिंग के बाद मर्लिन मनरो अपने एक नये युवा अभिनेता मित्र कैमेरीन मिशेल के साथ लंच रूम की ओर जा रही थी। मिशेल वास्तव में रंगमंच का अभिनेता था और इसी वर्ष उसने आर्थर मिलर के प्रख्यात नाटक "डैथ आफ़ ए सेल्समैन" में अभिनय कर प्रसिद्धि पायी थी। इस नाटक की चर्चा समस्त संसार में थी। आर्थर मिलर इस नाटक के बाद विश्व के अग्रणी नाटककारों में गिना जाने लगा था। मर्लिन मनरो उसकी एक-एक पुस्तक ढूँढ़-ढूँढ़कर पढ़ती थी।

मिशेल के कन्धों पर झुकी हुई मर्लिन सहसा रुक गयी। बरामदे में दो व्यक्ति खड़े बात कर रहे थे, एक था कुछ नाटे क़द का, गेहुएँ रंग का, मुखर व्यक्ति और दूसरा था लम्बा, दुबला, पतले चेहरेवाला, गम्भीर व्यक्ति, जो खम्बे से टिका हुआ चुपचाप अपने साथी की बातें सुन रहा था।

"मिशेल! यह कौन है। इस लम्बेवाले व्यक्ति को तुम जानते हो?" मर्लिन ने पूछा।

"क्यों नहीं, तुम इन्हें नहीं जानती? ये दोनों मेरे परिचित हैं। वह नाटा वाला है ईलिया कजान, जिसने वह नाटक निर्देशित किया था और यह लम्बे वाले हैं आर्थर मिलर।"

"आर्थर मिलर!" मर्लिन की आँखें फैली की फैली रह गयीं, होठ खुले के खुले रह गये, नीले पानी पर तैरती हुई सीपी की तरह। मगर मोती की तरह झरने वाले शब्द ग़ायब थे। अत्यन्त बातूनी मर्लिन मनरो से जैसे किसी ने सारे शब्द छीन लिये हों।

मिशेल ने पास ले जाकर परिचय कराया, "यह है मेरी मित्र नवोदित तारिका मर्लिन मनरो! भविष्य में यह बहुत बड़ी हीरोइन बनने जा रही है।" आर्थर मिलर

ने एक सहानुभूतिपूर्ण शिष्ट मुसकान से मर्लिन की ओर देखा। जिसका मतलब था आपसे मिलकर खुशी हुई, क्षमा कीजिएगा, हम लोग कुछ ज़रूरी बातें कर रहे थे। आप से फिर कभी भेंट होगी। मर्लिन मनरो मुड़-मुड़कर आर्थर मिलर को देखती हुई चुपचाप जाकर खाने की मेज़ पर बैठ गयी। उस दिन जाने क्यों वह तितली की तरह उड़ती फिरी! फूलों की तरह महका-महका रहा उसका मन। घर पहुँचकर आर्थर मिलर की सारी किताबें निकालकर उसने अपने तकिये के पास रख लीं। सारी बत्तियाँ गुल करके केवल बेड-लैम्प जलाकर पढ़ने बैठी! लेकिन यह क्या? क्या हो गया उसकी किताबों को? पन्ने पर पन्ने वह उलटती जा रही है। कहाँ सो गये सब अक्षर? वहाँ तो हर पृष्ठ पर उसे केवल एक ही चीज़ दीख रही है, वही खम्भे से टिका हुआ दुबला आकर्षक व्यक्तित्व!

हॉलीवुड की भीड़-भाड़, चहल-पहल, और रंग-रौनक में हॉलीवुड की ही नहीं, बल्कि सारी दुनिया की सबसे अधिक प्रसिद्ध अभिनेत्री मर्लिन मनरो अनमनी-सी एक बहुत बड़े काँच लगे बरामदे में सोफ़े पर अधलेटी बाहर लगे एक चेरी के पेड़ को देख रही है। अभी-अभी पिछले महीने इस पर बसन्त था। डालियाँ फूलों से लदी थीं, धूप में खिली-खिली झूम रही थीं। फूल अब भी हैं, मगर पहले से कम! और फल ! क्या यह चेरी की वह नस्ल है, जो सिर्फ़ फूलती है मगर जिसमें फल कभी नहीं लगते। लेकिन फिर क्या इसका सारा सौन्दर्य निष्फल और बेकार नहीं है?. ..चेरी के पेड़ को देखकर यह विचार क्या सचमुच मर्लिन मनरो का है! उसकी अपनी बेहद रौनक भरी और अन्दर से बेहद सूनी ज़िन्दगी से मिलता-जुलता है या चेरी फूलों के बारे में यह खयाल किसी जापानी हाईकू कविता का है, जो उसने अपने अभी-अभी विच्छिन्न हुए पति जो डिमैगिओ के साथ बिताये गये जापान प्रवास में सुनी थी। कितने नाजुक ढंग से उस बाँस के गुलदस्ते में चेरी की डालियाँ सजायी गयी थीं। टोकियो के इम्पीरियल होटल का वह विशाल हाल जापानी पत्रकारों से भरा हुआ था। वे उसकी विशेष इण्टरव्यू लेने आये थे। उसका सिर अभी तक भारी था क्योंकि पिछली रात जब वह टोकियो की सड़कों से गुज़री तो दोनों ओर लाखों जापानियों की भीड़ उमड़ी पड़ रही थी। गगनभेदी स्वर में भीड़ एक स्वर से निरन्तर कीर्तन-सा कर रही थी मारि...लिन, मारि...लिन, मारि...लिन, मारि...लिन। किसी तरह बहुत बड़े पुलिस दस्ते के संरक्षण में वह और उसका विश्वविख्यात बेसबाल खिलाड़ी पति जो डिमैगिओ हवाई अड्डे से इम्पीरियल होटल तक आ पाये। इम्पीरियल होटल के अहाते में चारों ओर बीस फाटक हैं। इन्तज़ाम किया गया था कि मुख्य फाटक से उन्हें अन्दर ले जाया जाए। लेकिन चतुर भीड़ ने

अपने को बीस खण्डों में विभाजित कर लिया और हर फाटक पर अपार जन-समूह, हर फाटक पर एक ही गगनभेदी स्वर मारि...लिन! मारि...लिन!!

मर्लिन मनरो बुरी तरह थक गयी थी। पति जो डिमैगिओ खीज उठा था। वह अपना हनीमून मनाने जापान आया था। इस शान्त, सुन्दर, सौन्दर्यप्रेमी देश में जहाँ लोग बहुत कम बोलते हैं। लेकिन मर्लिन ने जापान को भी मुखर बना दिया था। प्रेस कान्फ्रेंस के उस कमरे में जापानी पत्रकार विचित्र सवाल पूछ रहे थे। उसके प्रख्यात चित्रों के बारे में! उसकी प्रख्यात मनरो-चाल के बारे में, उसके भावी कार्यक्रम के बारे में! और तब किसी ने पूछा, "क्या यह सच है कि आप चाहती हैं कि आप कम-से-कम छह सन्तानों की माँ बनें?" इस बार जो डिमैगिओ पहली बार ऊँची आवाज़ में बोला, "आपको यह सवाल मुझसे पूछना चाहिए।" मगर किसी ने उससे कुछ नहीं पूछा। चेरी की इस डाल को देखकर मर्लिन को एक-एक बात याद आ रही थी। काँच के बाहर गुज़रती हुई उसकी एक अभिनेत्री मित्र ने मर्लिन की ओर देखकर अपनी अँगुलियों को चूमकर ज़ोर से कहा, "आज पहली जून है मर्लिन—तुम्हें जन्मदिन मुबारक हो।" चेरी की डाल में फूल पूरी तरह खिल आये थे। डाल भरी-पूरी थी। मर्लिन ने गिना आज वह तीस वर्ष की हो गयी।

ठीक चार साल पहले अपना छब्बीसवाँ जन्मदिन उसने कितना शान्त बिताया था। तब वह नियाग्रा फ़िल्म की तैयारी कर रही थी और उसे वह शोहरत नहीं मिल पायी थी, जो आज इन चार वर्षों में उसे मिल चुकी है। इन्हीं चार वर्षों में प्रख्यात बेसबाल खिलाड़ी जो डिमैगिओ से उसकी मित्रता हुई।

स्वामित्व, पौरुष और अधिकार भरा जो डिमैगिओ उसके अभिनेत्री जीवन से बिलकुल असम्पृक्त था। उसने कभी मर्लिन मनरो के इस रूप को स्वीकार नहीं किया। एक बार, सिर्फ़ एक बार जब वह शूटिंग के सेट पर आया तो मर्लिन खुशी से भर गयी। एक प्रेस रिपोर्टर ने दौड़कर उससे पूछा कि मर्लिन मनरो का आज का अभिनय आपको कैसा लगा? तो वह बोला, "मैं तो ऐथेल मर्मान का गीत सुनने आया था।" उसने न केवल मर्लिन वरन् किसी भी अभिनेत्री के साथ सेट पर कोई भी फ़ोटो खिंचाने से इनकार कर दिया। केवल अपने पुरुष मित्र—इरविंग बर्लिन के साथ उसने एक फ़ोटो खिंचने दी। मर्लिन को याद है कि घर लौटकर उस दिन रात-भर झगड़ा हुआ था। मर्लिन गुस्से से पागल थी। "तो तुम उस छोकरी ऐथेल मर्मान का गीत सुनने गये थे..." मर्लिन को मालूम था कि शायद कभी जो डिमैगिओ से उस छोकरी की आमने-सामने दो बातें भी नहीं हुई हैं। लेकिन मर्लिन गुस्से में आरोप पर आरोप लगाती गयी। अन्त में जो डिमैगिओ ने कहा, "तुम्हारी आदतें बर्दाश्त के क़ाबिल नहीं। कपड़े हर तरफ़ फैले रहते हैं। बाथरूम में टूथपेस्ट तक खुला पड़ा रहता है। अगर नौकर न हों तो मुझे यही लगे कि

मैं किसी गुदड़ी बाज़ार में रह रहा हूँ। तुमने बेकार मुझसे शादी की। तुम्हें तो किसी बहुत बड़े फ़िल्म स्टूडिओ से शादी करनी चाहिए थी।'' और इस पर कलह का दूसरा विस्फोट हुआ। मर्लिन जानकर भी यह नहीं जानना चाहती थी कि उसे विवाह या अभिनय इन दो में से किसी एक का चुनाव करना पड़ेगा। वह अभिनय के पीछे दीवानी थी फिर भी वह पत्नी बनना चाहती थी, शान्त, नम्र, घरेलू और वात्सल्यमयी माँ। वह चाहती थी कि कोई उस पर शासन करे–प्रेसीडेण्ट की तरह! उसे लगा था कि लिंकन जैसा लम्बा-दुबला व्यक्तित्व जैसा मिलर का है, उस पर पूरा शासन कर सकता है! मगर यह क्या? जो डिमैगिओ की पत्नी इस कलह-विस्फोट के समय मिलर की बात कैसे सोच रही है! मिलर ने तो उस दिन उस एकमात्र भेंट के समय उसकी ओर विशेष ध्यान भी नहीं दिया था !...नहीं, मिलर से तो यह जो लाख दर्जे बेहतर है। जो शादी के पहले एक बार लड़कर चला गया था हमेशा के लिए छोड़कर। मगर अखबार में यह पढ़कर कि 'रिवर ऑव नो रिटर्न' की शूटिंग के समय मर्लिन के अँगूठे में चोट लग गयी है, उसने तार दिया था, ''घबराओ मत, मैं सुबह हवाई जहाज़ से पहुँच रहा हूँ'' और फिर अपनी ग़लतियों के लिए माफ़ी माँगकर मर्लिन ने जो से समझौता कर लिया। लेकिन कब तक? ...कहते हैं, मर्लिन उन दिनों नींद की गोलियाँ बहुत ज़्यादा खाने लगी थी। और जीवन के अन्त तक खाती रही...जो चुप रहने लगा था। उसे मर्लिन के प्रेम की कमी बहुत खलती थी। लेकिन वह बहुत अभिमानी था, इस चुप्पी की वजह से उसके पेट का एक 'अल्सर' बहुत सक्रिय हो उठा। अन्दर ही अन्दर 'अल्सर' से रक्त बहता रहता और उस पीड़ा-भरी चुप्पी को मर्लिन उपेक्षा समझा करती। 4 अक्तूबर, 1954 सुबह उसके डायरेक्टर बिली वाइल्डर को मर्लिन का टेलीफ़ोन मिला। फ़ोन पर मर्लिन की आवाज़ रुँधी हुई थी, ''आज मैं शूटिंग पर न आ सकूँगी।'' ''क्यों?'' बिली वाइल्डर ने पूछा। ''आज...'' सिसकियाँ लेते हुए मर्लिन बोली, ''आज मैं और जो अलग होने जा रहे हैं।''

और दूसरे क्षण बिजली की तरह यह खबर हॉलीवुड में फैल गयी। पत्रकारों और संवाददाताओं की मोटरों की क़तारों पर क़तारें उसके फाटक पर जमा होने लगीं। मर्लिन ऊपर के कमरे में थी–फूट-फूटकर रोती हुई। किसी को बँगले में आने की इजाज़त नहीं थी। मर्लिन के पास उसे दिलासा देती हुई सिर्फ़ एक सहेली थी मेरी कारगर। आप जानते हैं कौन? उसी फ्रैडी कारगर की बहन, जिसने मर्लिन मनरो से विवाह करने से इनकार कर दिया था। एक बार फिर वही एकाकीपन, वही अँधियारा ! फ़र्क सिर्फ़ इतना था कि इन चार वर्षों में वह विश्व-विख्यात हो चुकी थी। उसकी हर हँसी, उसका हर रुदन, उसकी हर पीड़ा, उसकी हर मित्रता और उसका हर कलह करोड़ों लोगों की चर्चा का विषय तुरन्त बन जाता था। करोड़ों

आँखें, करोड़ों ज़बानें, लाखों कलमें और हज़ारों पत्रिकाएँ उसके जीवन के हर क्षण को आम जनता का, चौराहे की चर्चा का विषय बना देती थीं। वह इन करोड़ों की भीड़ से इस क़दर जुड़ी हुई फिर भी बिलकुल अलग, बिलकुल अकेली, बिलकुल बेसहारा! बिलकुल इसी तरह काँच जड़े बरामदे में बैठी हुई—जहाँ से वह बाहर खिली चेरी की डाल को देख सकती है। उसे बाहर आने-जाने वाला हर आदमी देख सकता है। मगर इस शीशे के पार उसकी आवाज़ किसी तक नहीं पहुँच सकती...''

लेकिन ऐसा नहीं था। किसी ने उसे इन शीशों के पार से आवाज़ दी थी...और वह उस एक आवाज़ को सुनकर पागल हो उठी थी, विभोर हो उठी थी...उसमें जैसे ज़िन्दगी जीने का उत्साह सौगुना होकर वापस लौट आया था। इस अँधेरे और अकेलेपन में जब पहली बार उसके कानों में वह आवाज़ पड़ी तो उसे अपने कानों पर विश्वास नहीं हुआ। जिसको वह अपने से बहुत बड़ा, अपनी पहुँच से बहुत दूर और संसार के सर्वश्रेष्ठ बुद्धिजीवियों, समीक्षकों और लेखकों के सम्मान का पात्र मानती थी! यह आवाज़ क्या सचमुच उसी आर्थर मिलर की है?...नहीं...ज़रूर वह कोई स्वप्न देख रही है।

आर्थर मिलर उससे मिलना चाहता है। यह सन्देश उसे सबसे पहले पॉला स्ट्रासबर्ग ने फ़ोन पर दिया था। जो डिमैगिओ ने एक दिन झगड़े के दौरान उससे कहा था कि ''अंगों का प्रदर्शन कभी अभिनय-कला का सम्मानपूर्ण स्थान नहीं ले सकता।'' तो क्या मर्लिन मनरो की अभिनय-कला दोषपूर्ण थी? उसने नटाशा लाइटैस से शिक्षा ली थी। अभिनय के साथ-साथ साहित्य भी खूब पढ़ा था। लेकिन जब जो डिमैगिओ से अलग होकर वह अकेले टूट गयी तो उसने सबसे पहला निर्णय यही लिया कि वह अभिनय-कला के महानतम आचार्यों से और शिक्षा लेगी। उन दिनों प्रख्यात रूसी कथा-लेखक और नाटककार ऐंटन चेख़व का एक भतीजा माइकेल चेख़व रूसी क्रान्ति के बाद से ही अमरीका में आकर अभिनय कला की शिक्षा दे रहा था। कितने ही दिनों चेख़व की शिष्या बनकर उसने श्रेष्ठ अभिनय का अभ्यास किया और फिर समस्त संसार में प्रख्यात ऐक्टरों के स्टूडिओ के निर्देशक स्ट्रासबर्ग की संस्था में उसने शिक्षा लेनी शुरू की। विश्वविख्यात नाटककार आर्थर मिलर स्ट्रासबर्ग का अन्तरंग मित्र था।

पिछले साल इसी तरह चेरी की डाल फूली थी। मई का महीना था। एक बड़ी पार्टी में उसने देखा कि दूर पर आर्थर मिलर खड़ा हुआ है। बरबस मर्लिन की निगाहें उधर टिक गयीं। आर्थर मिलर ने शिष्टतावश अभिवादन किया। मर्लिन एक सफ़ेद सादी पोशाक पहने थी। मिलर के अभिवादन पर उसका रोम-रोम खिल उठा। लेकिन उसने तय कर लिया था कि वह ज़रा भी भावुकता नहीं दिखाएगी।

पिछली बार मिलर ने उसकी ओर ध्यान भी नहीं दिया था, साथ ही साथ जो डिमैगिओ से विच्छेद का आघात अभी उसके मन पर छाया हुआ था। मिलर खुद टहलते हुए उधर आया। दो-चार बातें हुईं—बिलकुल औपचारिक। मिलर ने ऐक्टरों के स्टूडिओ और मर्लिन के गुरु (तथा अपने मित्र) ली स्ट्रासबर्ग के बारे में पूछा और मर्लिन ने मिलर के नये नाटक 'ए व्यू फ्राम द ब्रिज' के बारे में पूछताछ की। और उसके बाद दोनों अपने-अपने मित्रों में व्यस्त हो गये।

बात आयी-गयी हो गयी। अकस्मात् एक दिन स्ट्रासबर्ग के यहाँ आर्थर मिलर का फ़ोन आया कि मर्लिन मनरो वहाँ हो तो वह उससे बात करना चाहेगा। यदि न हो तो उसके घर का फ़ोन नम्बर (जो डायरेक्टरी में नहीं था) बता दिया जाए। स्ट्रासबर्ग की पत्नी पॉला ने फ़ोन पर मिलर से बात की। उसकी कुशाग्र बुद्धि ने मिलर की आवाज़ में आकर्षण का एक कम्पन भाँप ही लिया। मर्लिन को उसने यह समाचार मुसकराते हुए बधाई देते हुए भेजा कि आर्थर मिलर उससे मिलना चाहता है। मर्लिन मनरो ने बार-बार सुना पर उसे विश्वास न हुआ। जब विश्वास हुआ तो उसने यह पाया कि शायद इसी बुलावे, इसी आमन्त्रण के लिए वह आज तक प्रतीक्षा कर रही थी...फिर यहाँ तक पहुँचने में उसे इतनी देर क्यों लगी?...

मर्लिन उस रात सोयी नहीं। कितने खयाल उसके दिमाग़ में आते रहे। सच तो यह है कि हर बुलावे में वह कभी ठीक समय पर नहीं पहुँच पायी। उसे देर हो ही जाती थी। चाहे जीवन के इस चरम सार्थक प्रणय का बुलावा हो या साधारण पार्टियों का। एक बार उससे किसी पत्रकार ने पूछा था कि हर शूटिंग, हर पार्टी, हर समारोह में वह इतनी देर में क्यों पहुँचती है? तो उसने एक विचित्र बात बतायी थी। कहीं भी जाने के पहले वह अपने नहाने के हौज़ में जाकर पन्द्रह मिनट तक चुपचाप पड़ी रहना चाहती थी। नहाने के लिए ज्यों ही वह अपनी भड़कीली पोशाकें उतार फेंकती थी त्यों ही उसे लगता था कि उसने मर्लिन मनरो को उतार फेंका है। अब रह गयी है सिर्फ़ नोरमा जीन बेकर! और वह बिना माँ-बाप की, अनाथ, निराश्रित, दर-दर ठोकर खाने वाली, अकारण भद्र लोगों से घृणा पाने वाली नोरमा जीन बेकर को महसूस होता था कि संसार के बड़े-बड़े भद्र लोग, बड़े करोड़पति, बड़े-बड़े नेता और बड़े-बड़े लेखक कलाकार उसकी प्रतीक्षा में बैठे हुए होंगे। उन्हें घण्टों बिठाये रखकर वह बचपन के सारे अन्यायों और अपमानों का बदला लेती है!

लेकिन यहाँ तो नहीं...यहाँ तो उसने कब से इस आमन्त्रण के लिए अपने मन के कोने-कोने को सजाकर रखा था। फिर इस आमन्त्रण में उसके देर से पहुँचने का सवाल ही नहीं...उसे बुलाया ही बहुत देर में गया है...और अब, जब वह आर्थर

मिलर से मिलने जा रही है तो फिर उसने मर्लिन मनरो को उतार फेंका है। यह वही नोरमा जीन बेकर है! लेकिन विद्रोह और क्षोम भरी नहीं बल्कि एक निरीह बच्ची, जो उस सहारे, प्यार और विश्वास की खोज में जा रही है, जो उसे कभी नहीं मिला ! एक बार किसी ने उससे पूछा था कि उसके लिए 'प्रेम' शब्द का अर्थ क्या है? उसने जवाब दिया था, "मेरे लिए प्रेम का अर्थ है भरोसा!" (एक भरोसा एक बल एक आस विश्वास) "जिस पर हम पूरी तरह भरोसा कर सकें, सब-कुछ सौंप कर! बिलकुल गोद में सोये एक अबोध बच्चे की तरह!"

अगले दिन मिलर और मर्लिन मनरो दोनों की भेंट हुई, मिलर के एक कवि मित्र नॉरमन रोस्टन के घर पर। किसी को कुछ मालूम नहीं था। केवल नारमन रोस्टन, उनकी पत्नी, स्ट्रासबर्ग और उसकी पत्नी बस इन्हीं चारों के बीच यह बात ज़ाहिर थी। दोनों की भेंट भी इन्हीं दोनों दम्पतियों के द्वारा होती थी। नॉरमन रोस्टन का एक खूबसूरत कॉटेज पोर्ट जैफरसन में था और स्ट्रासबर्ग का एक बँगला फायर आइलैण्ड में था। कभी-कभी जब ये दम्पती छुट्टियाँ बिताने अपने-अपने कॉटेज में जाते थे तो आर्थर मिलर और मर्लिन मनरो को अपनी ओर से बुला लेते थे। मर्लिन के वे दिन तितली के पंख लगाकर उड़ने लगे। हर वक़्त उसका मन गमका-गमका रहता था। एक नयी पवित्रता का बोध और किसी तरह मिलर की मैत्री के योग्य अपने को बनाने की उमंग उसमें हर क्षण जागी रहती थी! कला उसके हर क्षण की एकाग्रता बनने लगी थी। स्ट्रासबर्ग परिवार एक बार छुट्टियाँ मनाने अपने फ़ायर आइलैण्ड वाले बँगले पर गया था। उन सबों को चित्रकारी का शौक़ था। पॉला, ली तथा बच्चे अपने-अपने पेण्ट-बॉक्स, अपने-अपने ब्रश लिये सभी अलग-अलग बैठे अपनी चित्रकारी का कमाल दिखा रहे थे। मर्लिन और मिलर भी आये हुए थे। पॉला ने एक पैड और चारकोल पेंसिल मर्लिन को देकर कहा, तुम भी कोई रेखाचित्र बनाओ। और अकस्मात् पहली बार मर्लिन ने चन्द मिनटों में एक रेखाचित्र बनाया— एक लम्बी भव्य पोशाक वाली भद्र महिला हाथ में शैम्पेन का गिलास लिये हुए! ली स्ट्रासबर्ग ने अपनी शिष्या को बहुत शाबाशी दी, पीठ ठोंकी और पूछा कि इस चित्र का शीर्षक क्या है? "ओह ह्वाट द हैल!" मर्लिन ने कहा। इसी शीर्षक के साथ मर्लिन की वह कलाकृति आज भी स्ट्रासबर्ग के न्यूयॉर्क वाले फ़्लैट में टँगी हुई है।

मिलर का दूसरा मित्र नॉरमन रोस्टन कवि और नाटककार था। और एक बार बेचारी मर्लिन मनरो ने लजाते हुए मिलर के सामने रोस्टन को बताया कि वह कभी-कभी छुपकर मुक्त छन्द की नयी कविताएँ भी लिखती है। उसने मैनहाटन पर एक कविता लिखी है : 'मीनारें'। पहली दो लाइन उसने पढ़ीं—

"अँधेरे में जगमगाती हुई इतनी बत्तियाँ

इमारतों को ढाँचे-पिंजर की तरह बना देती हैं"

कनखियों से उसने मिलर की ओर देखा। लेकिन पाया कि मिलर पर इन अद्‌भुत कलापूर्ण पंक्तियों (?) का कोई प्रभाव नहीं पड़ रहा है। बेचारी ने सोचा कि आर्थर मिलर को तो प्रगतिशील जनवादी लेखक कहा जाता है। और उसने पूछा कि एक लम्बी कविता जो उसने टैक्सी ड्राइवरों पर लिखी है, वह भी सुना सकती है। लेकिन मिलर उससे कुछ और ही सुनना चाहता था।

यह सच था, और मिलर के जीवन का एक बहुत बड़ा दुर्भाग्य भी कि कम्युनिस्ट आन्दोलन का साहित्यिक प्रभाव जब सारी दुनिया में लगभग समाप्त हो चला था उसके बहुत दिनों बाद तक आर्थर मिलर उससे बुरी तरह प्रभावित रहा। वैसे तो 1930 के आसपास सारी दुनिया के महान लेखक कम्युनिस्टों के सांस्कृतिक प्रचार से प्रभावित थे लेकिन धीरे-धीरे जब उनके समक्ष स्टालिन की निरंकुश तानाशाही प्रकट हुई तो वे उससे अलग होते गये। सभी लेखकों ने यह अनुभव किया कि अपने-अपने देश की कम्युनिस्ट पार्टियाँ प्रच्छन्न रूप से रूस की वैदेशिक नीति का समर्थन करती हैं, चाहे वह अपने देश के विरुद्ध ही क्यों न हों। आदर्श और सिद्धान्त का दिखावा मात्र रहता है। जब 1929 में स्टालिन और हिटलर ने मिलकर पोलैण्ड को हड़पा तो सारे संसार में क्षोभ की लहर उठ खड़ी हुई और बहुत से लेखक अलग हो गये। लेकिन आर्थर मिलर न केवल कम्युनिस्ट पार्टी के प्रचार में अप्रत्यक्ष सहयोग देता रहा बल्कि सन् 1940 में उसने कम्युनिस्ट पार्टी की सदस्यता के लिए प्रार्थना पत्र भी दिया था। स्टालिन की मृत्यु के बाद जब ख़्रुश्चेव ने स्टालिन युग के भयानक दमन और अमानुषिक अत्याचारों का रहस्योद्‌घाटन किया तब हावर्ड फास्ट जैसे कट्टर कम्युनिस्ट अमरीकी लेखक ने भी 'द नेकॅड गॉड' लिखकर यह स्वीकार किया कि उसे स्टालिन और उसके सिद्धान्तों के विषय में भयानक ग़लतफ़हमी थी। लेकिन आर्थर मिलर काफ़ी दिनों तक उस भ्रम में उलझा रहा। जिस समय की यह घटना है उस समय तक आर्थर मिलर ने कोई भी सार्वजनिक वक्तव्य नहीं दिया था कि अब उसका रुख क्या है?

वह ज़माना मैक्कार्थी का था, जब अमरीका में कुछ दूसरे पक्ष के कट्टरपन्थी काफ़ी आतंक फैला रहे थे। आर्थर मिलर यहूदी है। ऊपर से उसका कम्युनिज़्म के प्रति झुकाव। नतीजा यह था कि उसे मैक्कार्थी कमेटी के सामने जाँच के लिए बुलाया गया। उससे भी ज़्यादा विपत्ति की बात यह हुई कि ईलिया कज़ान ने अपनी गवाही में स्वीकार किया कि मिलर के सम्बन्ध पार्टी से बहुत ज़्यादा गहरे हैं।

आर्थर मिलर अपने पहले दो नाटक 'ऑल माई सन्स' और 'डॅथ ऑफ ए सेल्समैन' से विश्व प्रसिद्धि पा चुका था। इधर उसने दो नये नाटक लिखे थे 'द क्रूसिविल' और 'ए व्यू फ्रॉम द ब्रिज'। 'द क्रूसिविल में उसने मध्ययुग की एक

कथा ली थी, जब लोग भूत चुड़ैलों में विश्वास करते थे और जिन्हें जादूगरनी या टोनही मानते थे, उन्हें कठोर से कठोर सज़ा देते थे। लोगों का कहना था कि यह क्रूसिविल नामक नाटक उसने मैक्कार्थी के कट्टर रुख के विरोध में लिखा है। ब्रॉडवे में खेले जाने के पहले जब क्रूसिविल की पाण्डुलिपि दूसरे महान् अमरीकन नाटककार क्लिफर्ड औडेट्स को दिखायी गयी और उससे पूछा गया कि क्या उसमें कोई राजनीतिक सन्देश है तो क्लिफर्ड ने बहुत गम्भीर होकर कहा, "इसका राजनीतिक सन्देश तो मैं नहीं जानता लेकिन मुझे चिन्ता है कि अगर मिलर का यह नया नाटक मैं ज़रा भी समझ सका हूँ तो इसी वर्ष के अन्दर-अन्दर उसका वैवाहिक जीवन बिलकुल टूट जाएगा।"

यह वाक्य लोगों पर गाज की तरह गिरा। उसके विवाह को स्थायित्व पाये बीसियों वर्ष बीत चुके थे। यहाँ तक कि उसका बड़ा लड़का सोलह वर्ष का हो चुका था। उसकी पत्नी मेरी ग्रेस मिलर न केवल पढ़ी-लिखी थी बल्कि एक तरह से उसकी साहित्यिक सलाहकार थी वह। कम्युनिस्ट जोश खरोश, हर आन्दोलन में घोषणा-पत्रों पर आगे बढ़कर हस्ताक्षर करना, यह सब उसी की देन थी। उसका पिता एक इंश्योरेन्स एजेण्ट था और कहते हैं कि वही, 'डेथ ऑफ ए सेल्समैन' के नाटक का मूल आधार भी था। मेरी ने मिलर के प्रारम्भिक संघर्ष में बहुत सहायता भी पहुँचायी थी।

लेकिन वह हर क्षण यह याद दिलाना भी नहीं भूलती थी कि वास्तव में मिलर कुछ नहीं है, उसका निर्माण, उसकी साहित्यिक ख्याति, यहाँ तक कि उसकी आर्थिक सुरक्षा का श्रेय उसी को है। वह रोमन कैथोलिक थी और इस नाते आर्थर मिलर की यहूदी माँ को वह कभी इज़्ज़त और अपनायत की भावना से नहीं देख पायी।

मिलर का सम्बन्ध अपनी पत्नी से क्यों टूटा, उसके बारे में आज तक कभी कोई निश्चित धारणा नहीं बनायी जा सकी। इतना ज़रूर है कि सन् 1949 में जब मर्लिन ने पहली बार मिलर को देखा था, तब बाहर से यश और ख्याति से घिरा हुआ मिलर अन्दर से बहुत बेचैन, बहुत दुःखी था। उसे भावनात्मक जीवन में कोई दिलचस्पी नहीं रह गयी थी। औरत की छाया से भी वह बचना चाहता था। मर्लिन ने उसे उपेक्षा समझा था।

अब मिलर के दोनों मित्र दम्पती रोस्टन और स्ट्रासबर्ग जानते थे कि अन्दर से मेरी और आर्थर मिलर का सम्बन्ध लगभग समाप्त हो चुका है। और वर्षों से मिलर न केवल अकेला और आहत है बल्कि उसकी रचनाओं में, उसके सामाजिक व्यवहार में, यहाँ तक कि कम्युनिस्टों से उसके राजनीतिक गठबन्धन में एक ही चीज़ झलकती थी कि उसे रास्ता नहीं मिल पा रहा है। जब मर्लिन समुद्र के एकान्त तट पर स्ट्रासबर्ग के कॉटेज में आर्थर मिलर से मिली तब उसे बिलकुल नहीं मालूम

था कि यह आदमी अन्दर से कितना टूटा हुआ है! यही नहीं, बल्कि पॉला स्ट्रासबर्ग ने जब मुसकराते हुए उससे कुछ बातें कीं तो मर्लिन ने विरोध किया, बोली, ''वे मेरी श्रद्धा के पात्र हैं।'' और इसके पहले कि आर्थर मिलर उससे अपने आन्तरिक संघर्ष और अकेलेपन की सारी व्यथा प्रकट करे, पॉला ने मर्लिन से कहा, ''उन्हें केवल श्रद्धा नहीं, उन्हें इस समय मैत्री और संवेदना की ज़रूरत है। क्या तुम उन्हें संवेदना दे सकोगी? या अपने ही सौन्दर्य और लोकप्रियता के दायरे में बँधी हुई उनकी आवाज़ को अनसुनी कर डालोगी।''

मर्लिन...नहीं नोरमा जीन बेकर को जैसे जीवन में एक गहरा उद्‌देश्य मिल गया। वह भी किसी के लिए सार्थक बन सकती है। किसी को उसकी सचमुच ज़रूरत है!...रूप की साम्राज्ञी मर्लिन मनरो की नहीं बल्कि बचपन में दर-दर ठोकर खायी हुई स्नेह और परिवार की भूखी नोरमा की ज़रूरत है! उसकी संवेदना की ज़रूरत है!...

और आज पहली जून, 1956 को उसकी तीसवीं वर्षगाँठ पर मिलर ने एक बिलकुल अलग ढंग का उपहार भेजा है। उसने लिखा है, ''तुम तुरन्त न्यूयॉर्क आओ। मैं चाहता हूँ कि मेरे माता-पिता से तुम मिल लो। मेरे पिता अपनी पुत्रवधू को और मेरी माँ अपनी नयी बेटी को देखकर आशीर्वाद देना चाहते हैं।'' सहसा उसमें एक नयी गरिमा आ गयी है। अकेलापन है, लेकिन अब अँधेरा नहीं!... अकेलापन इस बात का है कि उसे बिलकुल अकेले यह संकल्प करना है कि अब वह उस परिवार की अभिन्न अंग होकर रहेगी। उसने तय कर लिया है कि अब सारी भटकन समाप्त कर वह अपने निजी संकल्प से यहूदी धर्म भी अपना लेगी ताकि मिलर को कोई भी पृथक्ता न महसूस हो। दो दिन और...बस तीन जून को शूटिंग समाप्त कर वह न्यूयॉर्क उड़ जाएगी। और फिर मिलर का घर, उसका परिवार, जहाँ वह पूरी तरह समर्पिता वधू होकर रहेगी।

इस फ़िल्म के बाद अभिनय समाप्त...जीवन प्रारम्भ! और फिर उसने बाहर खिली हुई चेरी की डाल की ओर देखा। वसन्त बीत गया तो क्या जीवन तो अब प्रारम्भ होता है। चेरी की डाल फलवती होगी!...सार्थक होगी!...

''योर अटेन्शन प्लीज़'' एयर होस्टेस की आवाज़ आयी : ''अपनी-अपनी पेटियाँ कस लीजिए, न्यूयॉर्क हवाई अड्डा आने वाला है।'' और अपनी सीट पर बैठी मर्लिन एकाएक सिहर उठी। न्यूयॉर्क! वहाँ उसकी प्रतीक्षा में खड़े होंगे आर्थर मिलर ! आर्थर उसका पति! उसका सर्वस्व! हवाई जहाज़ की गति से भी सौगुनी तेज़ी उसके अटपटे खयाल दौड़ने लगे। वह रास्ते भर सोचती जा रही थी : ''अब मैं फ़िल्मी दुनिया को अन्तिम नमस्कार कर लूँगी और चौबीसों घण्टे आर्थर मिलर के अनुकूल अपने

जीवन को ढाल लूँगी। उनके लेखन और बौद्धिक स्तर तक तो खैर मैं नहीं पहुँच सकती फिर भी उनके लेखक व्यक्तित्व को जब जिस मूड की ज़रूरत हुई वैसा बनने की चेष्टा किया करूँगी। उनके हर संघर्ष को स्वयं पर झेलकर सुख पाऊँगी। उनकी छाया सरीखी प्रेम-संगिनी बनकर जीवन सार्थक बनाऊँगी, मैं बनूँगी मधुर प्रेयसी, ज़िम्मेवार पत्नी और ममतालु माँ...उफ़ कितना भरा-पूरा होगा मेरा जीवन...लेकिन नहीं, शायद यह ग़लत सोच रही हूँ मैं, मेरा यह रूप तो हज़ारों-लाखों मध्यमवर्गीय घरेलू पत्नियों वाला हो जाएगा। आर्थर मेरे उस काल्पनिक रूप को प्यार थोड़े ही करते होंगे। वह तो मेरे उसी रूप को प्यार करते होंगे, जो मैं वर्तमान में हूँ...तो...तो...यानी कि मुझे अपना व्यक्तित्व वैसा ही बनाये रखना होगा, जैसे व्यक्तित्व को उन्होंने प्यार किया है, बुलाया है..."

इसी सब ऊहापोह में डूबती-उतराती मर्लिन मनरो जब हवाई अड्डे पर उतरी तो उसने देखा आर्थर मिलर बड़ी उत्सुकता से उसकी प्रतीक्षा में थे। उसे बाँहों में लेकर बोले, "चलो, तुम्हें तुम्हारा घर दिखाएँ, तुम्हारे परिवार वालों से मिलवाएँ।"

अपनी वक्र चाल से सारी दुनिया का मन मोह लेने वाली मर्लिन के सारे व्यक्तित्व में न जाने कहाँ की लाज, न जाने कहाँ का संकोच समा गया था कि न कुछ बोली, न किसी भावातिरेक का प्रदर्शन किया। चुपचाप समर्पिता वधू की नाईं आर्थर के पीछे-पीछे चल दी। वेश भी उस दिन उसका बेहद सादा था। गले तक ऊँचे उठे कॉलर वाला ढीला-ढाला सफ़ेद ब्लाउज़ और सादी काली स्कर्ट, एक सादे से रूमाल से क़रीने से बँधे जादू-भरे केशजाल!

मन्त्रचालित-सी मर्लिन आर्थर के साथ एक टैक्सी में बैठ गयी, टैक्सी 1350 नम्बर के एक मकान के आगे जाकर रुकी। टैक्सी से उतरकर उसने घर की ओर नज़र उठायी...उसका अपना घर...अजब-सी खुशी की बिजली उसका अंग-अंग बेध गयी। अपार जनसमूह को मैस्मराइज कर लेने वाली मर्लिन आँख मूँदे चुप भाव-विभोर खड़ी हो गयी। उसे होश तब आया जब उसने सुना, "पापा यही है वह लड़की, जिससे मैं शादी करना चाहता हूँ।" उसे तुरन्त अपने कर्तव्य का बोध हुआ और उसने वृद्ध पिता का झुककर अभिवादन किया और पास खड़ी वृद्धा माँ के गले में दोनों बाँहें डालकर जुग-जुग से बिछुड़े बच्चे की तरह लिपटकर फूट-फूटकर रो पड़ी। ऐसी सुशील, ऐसी भावुक पुत्रवधू को पाकर मिसेज मिलर भी मारे खुशी के आँसू बहाने लगीं। विचित्र गीला-गीला वातावरण बन गया था। निरी अबोध बच्ची की तरह मर्लिन बोली, "मैं आपको माँ कहकर बुलाऊँगी न!" गद्गद वृद्धा ने सिर पर हाथ फेरा, "हाँ पगली, तू मेरी बहुत प्यारी बिटिया है।" हमेशा चमकती रहने वाली सीपिया आँखों से झर-झर आँसू और होठों पर दुनिया भर की खुशी समेट लेने वाली मुस्कान लेकर बच्चों की तरह मर्लिन बोली, "आह! आज ज़िन्दगी

में पहली बार मुझे कोई ऐसा मिला है, जिसे माँ और पिता कहकर मैं अपने प्यासे प्राण जुड़ा पाऊँगी। माँ...माँ...पिता...पिता...।"

कहाँ गयी 37, 23, 37 काट वाली जनसमूह की कल्पना उर्वशी, कहाँ गयी मादक मस्त चाल वाली मर्लिन मनरो, कहाँ गयी फ़िल्म प्रोड्यूसरों और डायरेक्टरों को झूठ-मूठ में घण्टों इन्तज़ार करवाकर तंगकर डालने वाली विश्व की सबसे अधिक चहेती अभिनेत्री! यह कौन-सी मर्लिन मनरो है, जो वृद्धा माँ मिसेज़ मिलर से रोज़ सुबह-शाम रसोई में जाकर तरह-तरह की खाने की चीज़ें बनाना सीखा करती है। आर्थर को अब कौन-सी चीज़ खाने में अच्छी लगती है, उसकी रुचि के अनुसार चीज़ें माँ से बनाना सीख-सीखकर प्लेट में सजाकर आर्थर के सामने ले जाती है और दुनिया भर की बेकल उत्सुकता अपनी निगाहों में सिमेटकर उसका एक-एक कौर खाना देखती रहती है। और निहाल हो जाती है, अगर आर्थर ने कह दिया, "वाह, आज तो बड़ा घरेलू स्वाद आ गया तुम्हारी इस चीज़ में।" यह कौन घरेलू गिरस्तन है, जिसकी केवल शक्ल मर्लिन मनरो से मिलती है, मगर जिसकी एक-एक आदत, एक-एक अदा में ज़मीन-आसमान का अन्तर है।

मर्लिन रोज़ सुबह जल्दी उठती, सुबह-सुबह नंगे पाँवों घर के सामने के लान की दूब पर चलना उसे बहुत अच्छा लगता। फिर वहीं लान में बैठकर वह आर्थर के वृद्ध पिता मिस्टर मिलर से यहूदी धर्म और कर्म की बहुत-सी बातें सुनती-सीखती। वृद्धा मिसेज़ मिलर और वृद्ध पिता दोनों ही उसे बच्चों जैसा प्यार करते हैं, यह भावना ही मर्लिन को चौबीसों घण्टे की चहचहाहट और खुशी दे जाती। उसे अब उन दिनों पर बहुत हँसी आती थी, जब वह मनोवैज्ञानिक डॉक्टरों के पास दौड़ी-दौड़ी जाती थी, अपनी समस्याएँ बताकर अपना मनोवैज्ञानिक इलाज करवाती थी। जब उसे हर क्षण यह लगा करता था कि यदि जो से उसके विवाह सम्बन्ध इसी तरह बिगड़ते चले गये और सम्बन्ध टूट गये तो वह जिएगी कैसे? स्त्री यदि पत्नी नहीं है, माँ नहीं है तो वह स्त्री जिएगी कैसे भला! लेकिन अब मर्लिन समझने लगी थी कि अपने अन्दर मधुर स्त्रीत्व बनाये रखने के लिए मनोवैज्ञानिकों के पास दौड़ना या नींद की गोलियाँ लेकर किसी तरह से मानसिक यन्त्रणा से छुटकारा पाने की कोशिश करना कितनी बेवक़ूफ़ाना बातें थीं। अब वह अच्छी तरह जान गयी थी कि मुक्त हृदय से दिया हुआ प्यार ही सौ-सौ बहारें बनकर हृदय पर छा जाता है। माँ, पिता और आर्थर की छाया में जिया जानेवाला हर क्षण उसे अधिक से अधिक समर्पणशील और मधुर बनाता जा रहा था।

लेकिन मर्लिन मनरो के क्षणों पर अब मात्र उसका स्वयं का ही अधिकार तो नहीं रह गया था न! जितना वह निज में डूबती उतनी ही जनसमूह की कल्पनाएँ दौड़तीं

और अपने हृदयों की उर्वशी के लिए लोग अधिक से अधिक जानने को उत्सुक हो उठते। मर्लिन क्या खाती है, क्या पहनती है, क्या करती रहती है। एक-एक चीज़ जानना वह अपना अधिकार समझते। और उस दिन तो सचमुच एक अच्छी खासी परेशानी ही उठ खड़ी हुई, जिस दिन लोगों ने सुना कि आज मर्लिन की शादी होने वाली है। विवाह के क्षणों का आँखों देखा वर्णन छापने के लिए सैकड़ों पत्र-पत्रिकाओं के सम्पादकों ने अपने पत्र-प्रतिनिधि और फ़ोटोग्राफ़र भेजे। लेकिन आर्थर मिलर और मर्लिन मनरो दोनों सुबह से ही इस भीड़ से बचने के लिए कहीं बाहर निकल गये थे। मगर पत्र-प्रतिनिधि भी कच्ची गोलियाँ नहीं खेले होते, तमाम तमाशबीन प्रशंसकों की भीड़ के साथ वे सभी लोग भूखे-प्यासे सख़्त गरमी में तपते पेड़ की छाँवों में बैठे आर्थर मिलर और मर्लिन मनरो का इन्तज़ार करते रहे! जब आज रात विवाह होना है तो किसी-न-किसी समय आखिर लौटेंगे ही। सारे रास्ते मोटर-गाड़ियों, मोटर साइकिलों और लोगों से भरे पड़े थे। आर्थर के घर के इर्द-गिर्द क़रीब चार-पाँच सौ लोगों का जमघट तो लगा ही था। सैकड़ों के हाथ में कागज़ पेंसिल और सारे बदन से चूता पसीना, आँखों पर धूप का चश्मा और कन्धों पर कैमरे, इंग्लैण्ड, फ्रांस, जर्मनी, इटली आदि देशों के पत्र-प्रतिनिधि धूप में तपते खड़े बाट जोह रहे थे, एक प्याला काफ़ी, चाय या एक बूँद पानी कुछ भी मयस्सर नहीं था। सारा दिन सिर पर से गुज़र गया, मगर कोई टस से मस नहीं हुआ। कोई कहता वे लोग न्यूयॉर्क सिटी में गये हुए हैं। कोई कहता अरे नहीं घर में ही अन्दर बैठे हैं...कहीं से कोई सज्जन फिकरा कसते अरे, आप लोग बैठे मक्खियाँ मारते रहिए, उन दोनों का विवाह तीन दिन पहले हो भी चुका है। अब वे लोग तो इंग्लैण्ड चले गये हैं। कई आवाज़ें प्रतिवाद करतीं, नहीं यह सफ़ेद झूठ है। कोई कहता मैंने सुबह उन दोनों को हवाई अड्डे पर देखा था। ऐसी ही तरह-तरह की अटकलबाज़ियाँ लग रही थीं कि लोगों ने देखा तेज़ी से एक लम्बी हरी बड़ी गाड़ी सरपट भागी चली आ रही है। सारी भीड़ की आँखें उधर ही घूम गयीं। हाँ लो, प्रतीक्षा की घड़ियाँ समाप्त हुईं। कागज़ों पर पेंसिलें दौड़ने लगीं। कैमरों के फोकस ठीक किये जाने लगे। यह लीजिए गाड़ी घर के सामने की पहाड़ी पर जाकर रुक गयी। और सादी सफ़ेद कमीज़ पतलून पहने एक लम्बा दुबला व्यक्ति गाड़ी से उतरा। हाँ, यही तो है आर्थर मिलर। खट-खट, क्लिक-क्लिक सैकड़ों कैमरे खटके। आर्थर के पीछे-पीछे ही उतरी पीले रंग के नायलन के ब्लाउज़ और स्कर्ट में मर्लिन मनरो। उछलती भागती-सी मर्लिन बिना इधर-उधर देखे सीधी घर की ओर भागी। आर्थर और भी तेज़ी से पहले ही जा चुका था।

लोगों ने देखा मर्लिन के खूबसूरत वक्ष पर लाल-लाल खून के धब्बे उभरे थे। क्या हो गया? अगर मर्लिन घायल हो गयी है तो आर्थर उसे ऐसे छोड़कर घर की

ओर क्यों भाग गया?...आकुल परेशान जनसमूह ने गाड़ी को चारों ओर से घेर लिया और ड्राइविंग ह्वील पर बैठे मिलर के चचेरे भाई मारटन मिलर से सवाल पर सवाल पूछने शुरू कर दिये। उससे पता चला कि दो पत्रकारों ने आखिर आर्थर और मनरो का पता लगा ही लिया था और अपने पत्र को सबसे पहले खबर और फ़ोटो भेजने के लालच में उन्होंने उनका पीछा करना शुरू किया। कई फ़ोटो लिये भी लेकिन अभी वापसी में एक खतरनाक मोड़ पर उनकी साइकिल आर्थर मिलर की मोटर से भिड़ गयी और दोनों को लिये-दिये नीचे खड्ड में जा गिरी। इन लोगों ने तुरन्त गाड़ी रोककर उन लोगों को वहाँ से निकाला। 'पेरिस मैच' नामक पत्र की एक अमरीकन प्रतिनिधि मायरा शेर बैकाफ गिरकर बेहोश हो गयी थी। उसके बहुत चोट भी आयी थी, सिर से बहुत खून बह रहा था। उसे उठाकर गाड़ी तक लाने में मर्लिन खुद खून से तर हो गयी है। आर्थर भागकर अस्पताल में टेलीफ़ोन करने गया है। दूसरे दिन वह बेचारी लड़की अस्पताल में मर गयी : सारे वातावरण में अजीब सन्नाटा और उदासी छा गयी। मर्लिन तो खुद इस क़दर अव्यवस्थित हो गयी थी कि एक मिनट को भी पत्रकारों के सामने नहीं आयी।

पर दूसरे दिन फिर भीड़, बल्कि और अधिक भीड़ मौजूद थी। हारकर तय हुआ कि बीस मिनट न्यूज़रील वालों को दिये जाएँगे, बीस मिनट स्टिल फ़ोटोग्राफ़रों को और तीस मिनट संवाददाताओं को। बस इससे अधिक कुछ नहीं। आर्थर मिलर तो उस दिन बहुत आजिज़ आ गये थे। कोई फ़ोटोग्राफ़र कहता, "आर्थर, थोड़ा-सा मुसकराइए।" कोई कहता, "मर्लिन, प्लीज़ आर्थर के कन्धे पर ज़रा-सा झुकाकर सिर टिकाओ।" "ज़रा-सा दूर।" "ज़रा और पास।" "बस ग्रेट।" "नहीं, एक शाट और।" इस सारी क़वायद से वह बहुत परेशान हो गये। दो घण्टे बाद जैसे-तैसे छुट्टी मिली तो सबसे पहले घण्टों जाकर नहाये तब जाकर कहीं ताज़गी आयी। वह खुश थे तो केवल इस बात से कि पत्रकारों ने जब मर्लिन से पूछा कि क्या अब आपके पति 'मर्लिन मनरो प्रोडक्शन' का काम सँभालेंगे? तो उसने बड़े निश्चयात्मक स्वरों में बड़े ठसके के साथ जवाब दिया था, "नहीं, वह बड़े हैं, महान् लेखक हैं, मर्लिन मनरो प्रोडक्शन एक दूसरी तरह की व्यापारिक संस्था है। इतने बड़े लेखक के आगे वह बहुत तुच्छ चीज़ है। मेरे अभिनय क्षेत्र की बातें अलग रहेंगी। उसमें मैं इन्हें नहीं घसीटूँगी।" और वह सोच रहे थे, हे ईश्वर! सचमुच ऐसा ही हो। मर्लिन की यह बेइन्तिहा रौनक़ अफ़रोज ज़िन्दगी मेरे साहित्यिक वातावरण के आड़े न आए कहीं।

16 जुलाई से इंग्लैण्ड में मर्लिन की अगली फ़िल्म की शूटिंग शुरू होनी थी। वह लोग लन्दन के लिए रवाना हुए। आप मर्लिन के सामान का कुछ अन्दाज़ लगाएँगे ? उन लोगों के साथ सत्ताईस सूटकेस थे, जिनमें से कुल तीन आर्थर के

थे बाक़ी सब मर्लिन के। और उन बक्सों की बात तो छोड़ ही दीजिए, जो पानी के जहाज़ से पहले ही भेज दिये गये थे। इनके पूरे सामान का वजन 597 पौण्ड था। क़रीब 1500 डालर का अतिरिक्त भाड़ा सामान के लिए दिया गया था। खैर, यह तो जो कुछ था वह था ही, बेचारा आर्थर आतुर था कि कहीं दो पल उसे अकेले मर्लिन के साथ मिल जाएँ! पर जब तक वह लोग लन्दन पहुँच नहीं गये, तब तक रास्ते भर कोई-न-कोई आता-जाता ही रहा।

लन्दन पहुँचकर मर्लिन अपनी पिक्चर में व्यस्त हो गयी और आर्थर अपने पढ़ने-लिखने में। 'ए व्यू फ्राम द ब्रिज' में कुछ हिस्से माँजने शेष थे। एक उपन्यास और एक नाटक लिखना शुरू कर दिया था। आर्थर मिलर की आदत है कि जब तक वह लिख नहीं लेते अपनी पुस्तक की कथा-वस्तु के बारे में किसी से बात नहीं करते। इसलिए उनके लेखन के भावी मोड़ के बारे में अटकलें लगाने वाले पत्रकारों को उनसे बड़ा निराश होना पड़ा। मर्लिन से भी उन लोगों ने ऐसे-ऐसे सवाल पूछे कि हैरान होकर उसे कहना पड़ा, "मैं एक बुद्धिजीवी की पत्नी हूँ न कि स्वयं एक लेखिका या कवयित्री! मैं तो एक साधारण अभिनेत्री हूँ।" कुछ पत्रकारों ने तो दोनों के बारे में बड़े विचित्र से वाक्य भी लिखे। उन्होंने आर्थर को रेफ़रीजिरेटर में रखी हुई सूखी मछली की तरह और मर्लिन को जापानी गुलदस्ते में रखे कागज के फूल की तरह बताया।

लेकिन इन्हीं दिनों एक बड़ी मज़ेदार घटना हुई। एक 'रॉयल फ़िल्म शो' में मर्लिन की भेंट महारानी एलिजाबेथ से करायी गयी। महारानी ने बड़ी आत्मीयता से मुसकरा कर कहा, "आप तो हमारी पड़ोसिन हैं मिसेज़ मिलर। कहिए विण्डसर कैसा लगा आपको?" मनरो को क़तई समझ में नहीं आया कि क्या जवाब दे। वह तो यही जानती थी कि बकिंघम पैलेस की ऊँची चट्टानी-क़िलेनुमा इमारत में महारानी रहती है। तो फिर मैं इनकी पड़ोसिन कैसे हुई भला? हिचकिचाती हुई मर्लिन बोली, "आपकी बात मैं समझी नहीं। आप तो बकिंघम पैलेस में रहती हैं फिर मेरी पड़ोसिन कैसे हुईं?" रानी ने उतनी ही सहजता से हँसकर कहा, "हम लोग अकसर छुट्टियाँ मनाने के लिए विण्डसर कैसॅल में जाकर रहते हैं। कहिए अब तो मानेंगी हमें अपना पड़ोसी। कैसी लगती है यह जगह आपको?" मर्लिन बात समझकर बच्चों की तरह खुश होकर बोली, "अच्छा, यह मतलब है! ओह, विण्डसर पार्क! बाबा रे, किस क़दर खूबसूरत है वह।" और जैसे मर्लिन बिलकुल भूल गयी कि वह मात्र पड़ोसिन नहीं, महारानी से बातें कर रही है, उनके और पास खिसककर बड़े लाड़ से बोली, "सुनिए, अपने पार्क में साइकिल चलाने की इजाज़त हमें देंगी न आप?" मर्लिन का इस क़दर प्यारा बचपना प्रिंसेज मार्गरेट

को बहुत अच्छा लगा। वह भी उससे बातें करने को वहीं आ गयीं। बोलीं, "मिसेज मिलर, क्या आप सचमुच साइकिल की सवारी करती हैं?" "अरे हाँ-हाँ, सचमुच मुझे साइकिल चलाने में बड़ा मज़ा आता है। क्या बताऊँ अब इन पिक्चरों के कारण समय ही नहीं मिल पाता मुझे।" और महारानी की ओर मुखातिब होकर बोली, "लेकिन विण्डसर पार्क में किसी-न-किसी तरह समय निकालकर साइकिल ज़रूर चलाऊँगी। बस, आप इजाज़त दे दीजिए।" फिर सुना उसने बाक़ी के दो हफ़्ते वहाँ खूब ही साइकिल चलायी।

मर्लिन की निरे बचपने से भरी भोली-भाली खुशियाँ जैसे ज़िन्दगी में लौट आयी थीं। वह बहुत महकी-महकी मस्त डोलती थी; लेकिन आर्थर मिलर के कुछ निजी मित्रगण इधर के परिवर्तनों से हैरान-से थे। आर्थर मिलर के एक मित्र ने एक जगह लिखा है कि "उन दिनों जब मैंने आर्थर को अखबारों में से मर्लिन सम्बन्धी समाचार और चित्र काट-काटकर एक फ़ाइल में चिपकाते देखा तो मैं दंग रह गया! क्या यही है 'डैथ आफ़ ए सेल्समैन' का लेखक? क्या यही है स्वतन्त्र विचारों वाला आर्थर मिलर?"

जब आर्थर मिलर मनरो के अभिनेत्री जीवन में भी काफ़ी रुचि लेने लगे थे, तो किसी पत्रकार ने इनसे पूछा था कि क्या अब आप मर्लिन मनरो प्रोडक्शन का काम सँभालकर मर्लिन की मदद किया करेंगे? उसकी कम्पनी के नाटक लिखा करेंगे ? तो आर्थर मिलर ने कई पत्र-पत्रिकाओं में अपना जवाब छपवाया था—"मर्लिन मनरो प्रोडक्शन से मेरा कोई सम्बन्ध नहीं है। चूँकि मेरी पत्नी इस कम्पनी की अध्यक्षा हैं, इसलिए मात्र घरेलू रुचि के अतिरिक्त मुझे उसकी गतिविधियों से और कोई मतलब नहीं है। मेरे अगले नाटक 'ए व्यू फ्राम द ब्रिज' का फ़िल्मीकरण मर्लिन मनरो प्रोडक्शन करने जा रहा है, यह अफ़वाह बिलकुल झूठ है। साथ ही यह भी झूठ है कि मैं इस कम्पनी के लिए एक कामेडी लिख रहा हूँ। लोगों का यह समझना है कि जिस फ़िल्म में मर्लिन मनरो को काम करना होगा, उसकी कहानी यदि मैं लिखूँगा तो वह दुनिया की सबसे ज़ोरदार फ़िल्म बनेगी, ग़लत है क्योंकि किसी अभिनेता या अभिनेत्री को दिमाग़ में रखकर उसके अनुसार मैं नाटक कभी लिख ही नहीं सकता। मेरे पात्र मेरी कल्पना की उपज होते हैं, न कि किसी व्यक्ति विशेष से प्रेरित कठपुतलियाँ!"

लेकिन यह भी सच है कि आर्थर मिलर बावजूद अपने सिद्धान्तों और नियमों के मर्लिन मनरो के अभिनेत्री जीवन में अधिक से अधिक व्यस्त होते जा रहे थे। उसकी कौन-सी फ़ोटो किस अखबार में जानी चाहिए से लेकर किस रंग के कपड़े से किस डिज़ाइन का गाउन मर्लिन के लिए बने, सबका निर्णय अब आर्थर मिलर स्वयं ही करने लगे थे। इधर उनका लिखना-पढ़ना भी अपेक्षाकृत कम हो गया था।

लेकिन आर्थर मिलर के लेखक व्यक्तित्व पर जी-जान से न्योछावर रहनेवाली मर्लिन मनरो ने स्थिति को सँभालने की चेष्टा की और वह जल्दी-से-जल्दी शूटिंग समाप्त करके छुट्‌टी पर चल दी। ईस्ट हैम्पटन और वेस्ट हैम्पटन के बीच एक शान्त जगह में उन लोगों ने एक काटेज किराये पर ली। लीजिए, अभिनेत्री मर्लिन मनरो फिर पीछे छूट गयी और पतिपरायणा मर्लिन फिर पति-सेवा में लग गयी। आर्थर मिलर नियम से रोज़ नौ बजे सुबह से एक बजे दोपहर तक पढ़ते-लिखते रहते। शाम होते ही दोनों समुद्र तट की ओर चले जाते। घण्टों मछलियाँ मारा करते, स्वयं समुद्र में कुलेलें करते। खूब भरे-भरे, ताज़े-ताज़े मन से घर आते। मर्लिन खाना खुद अपने हाथों बनाती, बाज़ार से सामान लेने जाती, घर की सारी देख-रेख स्वयं करती। बाग़ की एक-एक क्यारी, एक-एक पौधे, एक-एक फूल की सँवार खुद करती। बहुत प्यारे पति-पत्नी की तरह दोनों हमेशा एक-दूसरे में डूबे खुश रहते। छुट्टियाँ मना कर दोनों लौटे तो बहुत ताज़ा महसूस कर रहे थे। मानहैटन में 444 ईस्ट 57वीं गली में उनका बहुत बड़ा मकान था। दो सेक्रेटरी, एक आया और एक रसोइया ! मर्लिन की गृहस्थी बड़े सुचारु और सुगढ़ ढंग से चलती थी। बीच-बीच में कुछ दिनों के लिए आर्थर मिलर के माता-पिता और आर्थर की पहली पत्नी से जो दो बच्चे थे, वह सब आ जाया करते थे। सबका मन मर्लिन ने मोह रखा था।

और अब सबसे बड़ी बात! मर्लिन मनरो का सबसे सुनहरा, सबसे मधुर स्वप्न पूरा हुआ। उसने बहुत लजाते-सकुचाते एक दिन आर्थर को बताया कि वह माँ बनने वाली है। उसे अपनी राह में कदम-कदम पर फूल बिछे नज़र आने लगे। अपनी साँसों में वसन्त ही वसन्त महकता महसूस होने लगा। उसकी सबसे बड़ी कामना अब पूरी होगी। वह माँ बनेगी! मर्लिन...नहीं-नहीं नोरमा जीन बेकर अब माँ बनेगी...वह भगवान से प्रार्थना करती, हे भगवान! मुझे लड़की देना ताकि उसे हर तरह की सुख-सुविधा लाड़-प्यार देकर मैं उस नोरमा जीन बेकर के हर सूखे आँसू हमेशा-हमेशा के लिए पोंछ सकूँ!

फ़िल्मी दुनिया परेशान थी कि अब मर्लिन के बिना कैसे काम चलेगा और मर्लिन थी कि तितलियों के पंखों पर उसका मन हवाओं में तैरा करता! कि एक दिन की बात है, पहली अगस्त बृहस्पतिवार का दिन था। रोज़ की तरह मर्लिन पौधों को सींच रही थी, आर्थर अपनी स्टडी में कुछ लिख रहे थे कि आर्थर ने एक करुण चीख सुनी। वह भागे-भागे गये। मर्लिन मारे तकलीफ़ के बिना पानी की मछली की तरह तड़प रही थी। तुरन्त ऐम्बुलेंस बुलवाकर आर्थर उसे अस्पताल ले गये। मर्लिन के माँ बनने के सपनों का आकाश सूना हो गया। सतरंगे इन्द्रधनुष

का हर रंग पुँछ गया।...ऑपरेशन की मेज़ पर बेहोश लेटी मर्लिन को देख-देखकर आर्थर मिलर के होश उड़े जा रहे थे। "हे भगवान, मेरा सब कुछ ले लो, इसे बचा दो!"

बड़ी प्रतीक्षा के बाद डॉक्टरों ने बताया—मर्लिन फ़िलहाल माँ तो न बन सकेगी, लेकिन जान का खतरा नहीं है। आर्थर ने भगवान को लाख-लाख शुक्रिया अदा किये और बिना खाये-पिये, भूखे-प्यासे दिन भर मर्लिन के सिरहाने बैठे रहे। उसके सूखे सुनहले जादुई बालों में अँगुलियाँ फेरते हुए आर्थर बराबर सोचते रहे, इसने अपना इतना बड़ा सपना खो दिया है, इसे क्या दे डालूँ कि मेरी इस भोली-सी पत्नी का यह अभाव भर जाए! अन्त में उन्हें सूझ ही गया एक लेखक इससे बढ़कर और कुछ दे भी क्या सकता है। वही अनमोल चीज़ उन्होंने मर्लिन को दी। जब मर्लिन की बेहोशी टूटी तो उन्होंने बहुत प्यार से मर्लिन से कहा, "प्राण, अच्छी हो जाओ तुम, हम तुम्हारे लिए, खास तुम्हारे लिए ही एक स्क्रीन-प्ले लिखेंगे।" वह आर्थर मिलर जिसने बहुत स्पष्ट कह रखा था कि किसी अभिनेता या अभिनेत्री को दृष्टि में रखकर वह लिख ही नहीं सकता। आज मर्लिन से वायदा कर रहा है कि वह उसके लायक नाटक लिखेगा! मर्लिन को अपना दुःख बिसर गया। वह मोद से भर-भर गयी।

मर्लिन धूप में लेटकर दवाएँ और पथ्य लेती हुई आराम करती और सामने बैठा मिलर उसके लिए नाटक लिखता—'दि मिसफिट्स।' दो पृष्ठ लिख लेता और मनरो को सुनाता। दोनों बहुत खुश थे। बहुत भरे-भरे, एक-दूसरे को सम्पूर्णतः समर्पित ! मर्लिन ने कभी सोचा भी नहीं था कि ज़िन्दगी उसे इस कदर सुख, इस कदर सन्तोष और उजास दे सकेगी!

लेकिन दिन ब दिन यह भावना भी अधिक से अधिक लोगों में आने लगी थी कि आर्थर मिलर अब मर्लिन मनरो में कुछ ज़्यादा ही सिमटते जा रहे हैं। प्रतिदिन शूटिंग के समय मनरो के साथ जाना, उसके द्वारा बोले जाने वाले संवादों को माँजना, जिस फ़िल्म में उसे काम करना है, उसकी पूरी कहानी की गति और विज्ञापन सब पर नज़र रखना इसी सबमें वह अपना समय ज़ाया करते रहते हैं। वैसे कुछ लोगों का यह भी कहना था कि इस दिशा में इतनी अधिक रुचि लेने से हो सकता है, उनके नाट्य-लेखन में और भी बारीकियाँ, और भी गहराइयाँ भविष्य में दिखाई दें। कम-से-कम मर्लिन का तो बहुत लाभ हो ही रहा था, इस बीच उसने बहुत बड़े सम्मान वाले पुरस्कार भी जीते थे। वह हॉलीवुड की सबसे बड़ी हस्तियों में से एक मानी जाने लगी थी, लेकिन उसे 'मर्लिन मनरो द ग्रेट ऐक्ट्रेस' कहलाने में उतना सुख नहीं मिलता था, जितना 'मिसेज़ मिलर' शब्द अपने लिए सुनकर वह भर जाती थी।

आपको याद होगा कि जब स्टालिन की तानाशाही नीति छोड़कर ख्रुश्चेव ने उदार नीति अपनायी तो वे अमरीका की यात्रा के लिए भी गये। ख्रुश्चेव स्वभाव से विनोदी, उन्मुक्त और रसिक जीव हैं। 'ट्वेण्टिएथ सेंचुरी फॉक्स' ने निकिता ख्रुश्चेव के सम्मान में एक बड़ी दावत दी। हॉलीवुड के सभी नक्षत्र उस पार्टी में जगमगा रहे थे। पिछले कई वर्षों से मर्लिन मनरो का रिकार्ड बन गया था कि वह नियत समय पर कहीं आ-जा सकती ही नहीं। अकसर वह दस-दस घण्टे लेट पहुँची है। लेकिन ख्रुश्चेव साहब की पार्टी में उसके डाइरेक्टर बिली वाइल्डर ने देखा कि मर्लिन समय से दस मिनट पूर्व ही आकर बैठी है तो सबको सुनाते हुए ज़ोर से बोले, "चलो दुनिया में कोई तो ऐसा हुआ जिसके कारण मर्लिन समय पर कहीं आ सकी। अब मैं समझ गया कि यदि मर्लिन से समय पर ठीक-ठीक काम करवाना हो तो दुनिया में एक ही व्यक्ति ऐसा मिलेगा, जो उसकी फ़िल्मों का डायरेक्टर बनाया जा सकता है—वह है निकिता ख्रुश्चेव। ऐसा करने पर मर्लिन मनरो साहिबा बिला नागा समय से आ जाएँगी। धन्य है, ख्रुश्चेव साहब! कमाल हो गया।" पार्टी शुरू हुई। बीच-बीच में जिस किसी सितारे से ख्रुश्चेव साहब कुछ बोल दें या मुसकरा दें उसकी पौ बारह समझी जा रही थी। पार्टी समाप्त होने पर जाते समय एक अधिकारी ने ख्रुश्चेव को मर्लिन की मेज़ के पास रोककर उसका परिचय कराया—"यह है मर्लिन मनरो हॉलीवुड की सबसे मशहूर कलाकार।" ख्रुश्चेव साहब मुसकराये। परिचयकर्ता ने कहा—नहीं, इतना ही नहीं। "आप मर्लिन का चुम्बन लीजिए" लेकिन शब्दों का रूसी अनुवाद भीड़ के शोरगुल में ख्रुश्चेव के कानों तक न पहुँच सका और वह आगे बढ़ गये। मर्लिन ने दिल ही दिल में स्वयं को बहुत अपमानित-सा अनुभव किया। थोड़ी ही देर में उसका परिचय रूस के प्रसिद्ध उपन्यासकार शोलोखोव से करवाया गया—"यह है मर्लिन मनरो, दुनिया की सबसे अधिक लोकप्रिय अभिनेत्री" पर शोलोखोव साहब ने उसमें कोई रुचि नहीं दिखायी। आधुनिक रूसी कथा-साहित्य का महानतम व्यक्तित्व शोलोखोव को ही माना जाता है, उनकी निगाह में एक अभिनेत्री का मूल्य हो भी क्या सकता है। मर्लिन को चोट तो लगी लेकिन उसने स्थिति को समझा और तुंरन्त एक अचूक अस्त्र फेंका। ठीक है उसके अभिनेत्री स्वरूप का भले ही अपमान हो जाए पर वह केवल अभिनेत्री मर्लिन मनरो ही तो नहीं है। वह मिसेज़ मिलर है। लेखक होने के नाते शोलोखोव को उसका यानी एक लेखक की पत्नी का सम्मान करना ही चाहिए। अपने पति की गरिमा से भरकर वह बोली, "मिस्टर शोलोखोव, मेरे पति आर्थर मिलर की ओर से भी स्नेह अभिवादन स्वीकार कीजिए।" अस्त्र का अचूक असर हुआ। "ओह आर्थर मिलर, वह आपके पति हैं?" कहकर मर्लिन के सामने झुककर नमस्कार करते हुए बड़ी इज़्ज़त से शोलोखोव साहब ने मर्लिन

का बायाँ हाथ चूमकर माथे से लगाया। बोले, "आर्थर मिलर तो बहुत बड़े लेखक हैं। हमारे देश में उनका बहुत सम्मान है। आपके दर्शन करके मैं धन्य हुआ।"

और जब मर्लिन ने देखा शोलोखोव के द्वारा इतना मान दिये जाने के कारण उसके हॉलीवुड के साथी उसकी ओर बड़ी ईर्ष्या से देख रहे हैं तो मन ही मन अपने पति आर्थर मिलर को उसने सश्रद्धा प्रणाम किया और सारी भीड़-भाड़, सारे मान-सम्मान और जगर-मगर रौनक को वहीं छोड़कर उसका मन आर्थर के पास तुरन्त पहुँच जाने को अकुलाने लगा।

आर्थर मिलर तो मर्लिन में जीते ही थे, उनकी बाँहें हर समय मर्लिन के लिए फैली रहतीं। लेकिन एक बात बड़ी विचित्र होती जा रही थी कि मर्लिन को आर्थर का जितना ही प्यार मिलता, सँवार मिलती, उतनी ही वह लापरवाह और ग़ैरज़िम्मेवार होती जा रही थी। जिससे पाती उसी से लड़ बैठती। चाहे वह डायरेक्टर हो, प्रोड्यूसर हो या फ़ोटोग्राफ़र हो, किसी की भी वह रत्ती भर परवाह न करती। बेचारा आर्थर मिलर उसकी ओर से सबसे क्षमा-प्रार्थना करता रहता था। यों सारी दुनिया में मर्लिन की प्रसिद्धि और माँग दिन-ब-दिन बढ़ती ही जा रही थी, इसलिए सारा हालीवुड उससे डरता भी था। हालीवुड की जिस जगमगाती दुनिया में क़दम धरने के लिए बेचारी नोरमा जीन बेकर ने क्या-क्या नहीं सहा, वही नोरमा अब मर्लिन बनकर सारे हालीवुड पर शासन करती थी। सभी उससे भय मिश्रित स्नेह करते थे, इज़्ज़त करते थे। आपको याद होगा, जब उसकी पुरानी गाड़ी चोरी चली गयी थी तो वह कैसी पंखकटी चिड़िया-सी तड़पी थी और रोयी थी। उसी मर्लिन को अब स्टूडियो ने चौबीसों घण्टे के लिए लम्बी खूबसूरत सबसे बढ़िया गाड़ी और ड्राइवर दे रखा था। मर्लिन को पैदल तो शायद ही कभी चलना पड़ता। स्टूडियो के कमरे के ठीक दरवाज़े के सामने गाड़ी उसे उतारती और ले जाती। रोज़ शूटिंग के बाद बेवरली हिल्स होटल के एक कमरे में वह महज़ ऐश और आराम के लिए जाती। बड़े से बड़े लोग एक हफ़्ते से ज़्यादा उस बेइन्तिहा खर्चीले होटल में नहीं ठहर पाते थे लेकिन स्टूडियो लाखों रुपये उस पर पानी की तरह बहाता और होटल के कमरे का तथा अन्य खर्चों का बिल चुकाता।

मर्लिन के पास सभी कुछ था। दुनिया के सबसे शानदार होटल का कमरा, अटूट धन-दौलत, लम्बी लिमोसिन गाड़ी, अपार यश और सबसे बढ़कर उस पर जी-जान से न्यौछावर रहने वाला पति आर्थर मिलर।

लेकिन मर्लिन! वह सोने के पिंजड़े में बन्द खूबसूरत चिड़िया बनकर रहनेवाली नहीं थी। वह तो उस जंगली चिड़िया की तरह थी, जिसे सिर्फ़ अन्धड़ में आसमान को चुनौती देते हुए उड़ने में मज़ा आता था। जिसे बीहड़ तूफ़ानों में समन्दर को

चुनौती देते हुए लहरों से खिलवाड़ करने में सुख मिलता था।

और एक शुक्रवार का दिन, 11 नवम्बर की वह तारीख भी आ गयी, जब सारी दुनिया ने अजब हैरानी से सुना कि एक बहुचर्चित प्रेम प्रसंग आज हमेशा के लिए समाप्त हो गया! मर्लिन मनरो और आर्थर मिलर में सम्बन्ध विच्छेद हो गया ! और कैसा विचित्र था विधि का विधान! आर्थर मिलर के हार्दिक समर्पण का सबसे बड़ा प्रतीक था वह नाटक, जो उसने मर्लिन के लिए ही लिखा था। उस पर फ़िल्म जिन दिनों पूरी हो गयी थी और उसका पहला प्राइवेट प्रदर्शन होने जा रहा था, उसी सप्ताह दोनों हमेशा के लिए अलग होने का निश्चय कर चुके थे। किसी पत्रकार ने आर्थर मिलर से पूछा भी था कि क्या अलग होकर आप खुश हैं? तो उन्होंने यही कहा था कि मर्लिन में खुद स्वयं को तोड़-फोड़ डालने की वहशी प्रवृत्ति है, जिसके वशीभूत होकर उसने यह कदम उठाया है लेकिन मुझे उम्मीद है कि थोड़े दिन खुद को तकलीफ़ देकर वह फिर ठीक हो जाएगी और हम पहले की ही तरह रहेंगे। लेकिन उन्हें क्या मालूम था कि इस बार मर्लिन अपने रेशे-रेशे बिखेर देने पर तुल गयी है, इस तरह कि फिर सूत्र न जुड़ सकेंगे!

मर्लिन और आर्थर दोनों को निकट से जानने वाले लोगों का कहना है कि आर्थर मिलर का सब-कुछ छोड़-छाड़कर केवल मर्लिनमय हो जाना ही इस विच्छेद का कारण बन गया। बहुत विलक्षण था मर्लिन के मन का मनोविज्ञान! उसके मन में जो नन्ही अनाथ नोरमा छिपी थी, उसने भी उसे बहुत हैरान किया। नोरमा ने कभी नहीं जाना कि पिता क्या होता है। उसका प्यासा बचपन पिता का प्यार कभी नहीं पा सका था। आपको याद होगा कि वह अकसर लोगों को बताया करती थी कि मेरी माँ ने एक चित्र मुझे दिखाकर कहा था कि वह मेरे पिता हैं। उस चित्र में जिस पुरुष की आकृति थी, वह एकदम क्लार्क गेबल से मिलती थी। वैसे ही हट्टे-कट्टे, रोबीले, सजीले जवान थे वह। बचपन में उसे पिता का साया नहीं मिला, शायद यही कारण है कि सारी ज़िन्दगी वह अपने से खासी बड़ी उम्र के लोगों के प्रति आकृष्ट होती आयी। जिस किसी को उसने प्यार किया, उसमें पहले शायद यही देखा कि वह बड़ा है। पिता की-सी साया भी दे सकता है। मर्लिन ने एक बार कहा था कि प्यार को वह एक बहुत बड़ा भरोसा मानती है। वह किसी पर तब तक भरोसा नहीं कर पाती थी, जब तक वह उससे बड़ा न हो। आपको याद होगा वह अकसर अपने पति जो को 'डैडी' सम्बोधन से पत्र लिखती और बात करती थी। कोई उसे अपने शासन में रखे, इस बात की ज़बर्दस्त प्यास थी उसके मन में। उसे यह सुनकर बहुत अच्छा लगता था जब आर्थर मिलर कहते थे कि वह अपने लेखक व्यक्तित्व को कहीं नहीं कुचलेंगे। वह किसी अभिनेता या अभिनेत्री को दिमाग़ में रखकर नहीं लिख सकते। वह स्वयं सबसे यही कहा

करती थी कि मेरा अभिनेत्री जीवन उनके लेखक व्यक्तित्व के आगे नगण्य है।

लेकिन नन्ही-सी उम्र से जिसने छोटे से लेकर बड़े तक सबकी ठोकरें ही ठोकरें सही थीं और ठोकर खाकर भी तलुवे सहलाये थे, वह मर्लिन अब हर किसी की उपेक्षा करके अपनी खुशामद और पूछ करवा कर बहुत सुख भी पाती थी। जब आर्थर ने उसके अभिनेत्री जीवन में रुचि लेनी शुरू की, तो उसे बहुत प्रसन्नता भी होती थी, और उसकी खुशियों के लिए आर्थर उसके लिए अधिक से अधिक काम भी करने लगे थे। अपना लिखना-पढ़ना छोड़कर प्रतिदिन शूटिंग के समय मौजूद रहना, मर्लिन की मुलाक़ातों के समय तय करना, उसकी हर सुख-सुविधा का खयाल रखना, उसके निजी विज्ञापनों का इन्तज़ाम करना और यहाँ तक कि हर फ़िल्म में उसे जो रोल करना होता, उसके संवाद आदि को बैठकर माँजना-सँवारना, वह फ़िल्म में अधिक से अधिक चमके इसके अनुसार कहानियों को मोड़ना-तोड़ना, यह सब आर्थर मिलर करने लगे थे। जो डिमैगिओ से मर्लिन की इसलिए खटकी थी कि वह उसके अभिनेत्री जीवन में रुचि नहीं लेता था। और कैसा विचित्र होता है यह मन! आर्थर से इसलिए टूट गयी कि वह उसके अभिनेत्री जीवन में अत्यधिक रुचि लेने लग गये थे। लिंकन के साहित्य और सिद्धान्तों की भक्त मर्लिन को आर्थर की शक्ल में आदर्श पुरुष लिंकन की सूरत झाँकती दीखती थी, आर्थर की लिखी पुस्तकें उसे पूजा की वस्तुएँ लगती थीं। जिस आर्थर मिलर की एक उपेक्षा भरी मुसकान पर उसका मन टूट-टूट गया था और एक प्यार भरे आमन्त्रण पर जिसे दुनिया जहान की खुशियाँ मिल गयी थीं, वही आर्थर अब उसका आदर्श नहीं रहा था। क्योंकि अब उसे आर्थर की प्रतिभा से, उनके लेखक व्यक्तित्व से एक डर, एक आतंक नहीं व्यापता था। अब उसे बहुत गुस्सा आया था कि आर्थर मिलर ने 'मिसफ़िट्स' में उसकी अपेक्षा पुरुष पात्रों को अधिक प्रमुखता क्यों दी है? कुछ लोगों का तो कहना है कि यह 'मिसफ़िट्स' फ़िल्म ही दोनों के विच्छेद का कारण थी।

'मिसफ़िट्स' एक ऐसी शोख औरत की कहानी है, जो न्यूयॉर्क से नेवेदा आती है अपने पति को तलाक देने के लिए और वहाँ कई लोगों के प्रेम में पड़ जाती है। इनमें भी जिसे वह सबसे अधिक प्रेम करती है, वह बड़ा जोशीला, टीम-टाम और झूठे प्रदर्शन में विश्वास न करने वाला मनमौजी और मस्त आदमी है। उसे समाज के आर्थिक, सामाजिक और नैतिक मूल्य क़तई पसन्द नहीं हैं। उन मूल्यों से वह समझौता नहीं करता और नेवेदा की पहाड़ियों में जंगली घोड़े पकड़कर उन्हें पालतू बनाकर बेचकर अपनी जीविका अर्जित करता है। इसमें लैंगलैण्ड नाम के चरित्र का अभिनय मर्लिन के आदर्श पुरुष क्लार्क गेवल ने किया था। इसके अतिरिक्त दो अन्य मुख्य पुरुष पात्रों का अभिनय मोण्टगोमरी क्लिफ्ट तथा

ऐलीवैलेश ने किया था। कुछ अजीब नक्षत्र ही थे कि क्लार्क गेवल को तो वह बचपन से पुरुष का आदर्श मानती आयी थी। इसके अतिरिक्त ये दोनों अभिनेता भी उसकी निजी ज़िन्दगी में काफ़ी गहरे कभी रह चुके थे। आर्थर मिलर इन लोगों की कमज़ोरियों को जानते भी थे, पर वे मर्लिन को इतना प्यार करते थे कि उन्होंने कभी कुछ कहा नहीं था और अब मर्लिन के इसरार पर इन दोनों को अपनी पिक्चर में ले भी लिया था।

इसके अलावा एक और विचित्र संयोग की बात हो गयी थी कि मर्लिन के ही कहने से आर्थर ने पिक्चर का डायरेक्टर अमरीकी सिनेमा जगत् के जाने-माने डायरेक्टर हस्टन को बनाया था। लेकिन हस्टन बिली वाइल्डर या जार्ज क्यूकर या जोशुआ लोगान की तरह नहीं था। जार्ज क्यूकर ने मर्लिन के साथ 'लैट्स मेक लव' और बिली वाइल्डर ने 'सैवन इयर इच' और 'सम लाइक इट हॉट' तथा जोशुआ लोगान ने 'बस स्टाप' जैसी फ़िल्में बनाकर यश और पैसा दोनों ही प्राप्त किया था। इन सभी ने मर्लिन के हज़ारों नखरे सहे थे। उसकी खुशामदें की थीं। उसकी हरकतों को गवारा किया था और चतुराई से उसके अहम् को सन्तुष्ट करते हुए उससे काम लेते रहते थे। लेकिन हस्टन बिलकुल दूसरी क़िस्म का आदमी था। वह औरतों के नाज़-नखरे सहनेवाला आदमी नहीं था। हीरोइन के रूप में जितनी इज़्ज़त और ध्यान मर्लिन को मिलना चाहिए, उससे ज़्यादा वह खुशामद नहीं करता था। इस बात से मर्लिन बहुत विक्षुब्ध रहती थी। उसके अलावा शूटिंग के दौरान उसे यह भी महसूस हुआ कि असल कहानी तो तीनों पुरुष पात्रों के इर्द-गिर्द ही घूमती है, उसका पार्ट तो बड़ा मामूली-सा है। आर्थर मिलर हमेशा से ही प्रेम और रोमांस या नारी-मन का लेखक नहीं रहा है। उसने तो पुरुष के संघर्षों को लेकर ही चीज़ें लिखी हैं। और जब मर्लिन ने उससे हठ किया कि उसका वाला पार्ट नाटक में बढ़ाया जाए, तो वह अजब धर्म-संकट में पड़ गया। यह उसके वश की बात नहीं थी। मर्लिन को लगा डायरेक्टर हस्टन और लेखक आर्थर मिलर दोनों मिलकर जान-बूझकर उसकी उपेक्षा कर रहे हैं और वह सबके सामने दोनों से झगड़ने लगी। आर्थर मिलर का तो अकसर उसने बहुत अधिक अपमान किया, कहा—"तुम किसी लायक लेखक नहीं हो। इस क़दर लचर दिमाग़ लेकर व्यर्थ ही फ़िल्म लेखक बनने का दावा भरते हो। यह स्वांग न करते तभी ठीक था।" ऐसी ही तमाम बातें सबके सामने उसने कह दीं। आर्थर का मन टूट गया फिर भी वे कुछ बोले नहीं, चुपचाप काम करते रहे। बस इतना उन्होंने किया कि हमेशा की तरह झुके नहीं। कहानी को बहुत बदला नहीं। और तनातनी बढ़ती गयी। साथ ही इस बीच मर्लिन मौण्टेण्ड नाम के एक फ़िल्म अभिनेता में अधिक-से-अधिक रुचि लेने लगी। इसके

अलावा पौला स्ट्रासबर्ग भी उसके जीवन में ज़रूरत से ज़्यादा दखल देने लगी थी।

हस्टन और आर्थर दोनों का मत था कि मर्लिन की इच्छानुसार फ़िल्म का बनाना ठीक नहीं है। और कहानी ज्यों-की-त्यों रही। लेकिन मर्लिन और आर्थर की ज़िन्दगी की कहानी बदल गयी। दोनों हमेशा-हमेशा के लिए जुदा हो गये—आर्थर यह आशा लेकर कि फिर सब ठीक हो जाएगा और मर्लिन फिर नये सिरे से टेढ़ी-मेढ़ी राहों पर चलकर संघर्षों से जूझने और कहीं टूटने, कहीं दुनिया को झुकाने का मज़ा लेने के खयाल से। क्योंकि हालीवुड को उसकी ज़रूरत है, उसके रूप की ज़रूरत है, उसके कारण बनी फ़िल्मों से प्राप्त रुपयों की ज़रूरत है।

उस समय मौण्टेण्ड उसके सूने क्षणों को गुलज़ार करने के लिए मौजूद भी रहता था। बाद में उसकी ज़िन्दगी में और भी लोग आये। लेकिन मर्लिन की ज़िन्दगी में एक शून्य, एक रिक्तता जो भर गयी थी—उसे कोई पूरा नहीं कर सका। आर्थर मिलर से सम्बन्ध विच्छेद होने के बाद कुछ दिनों तो वह अकड़ में मस्त रही, लेकिन जल्दी ही उसने यह महसूस किया कि अन्तर्मन इस क़दर व्यथित है, दिमाग़ की नसें इस क़दर तनी रहती हैं कि कोई भरोसा नहीं कि वह कब आत्महत्या कर बैठे। इसलिए वह एक मानसिक रोगों के अस्तताल में भर्ती भी हो गयी। वहाँ सचमुच ही एक दिन उसने खिड़की से कूदकर जान दे भी देनी चाही थी, किसी तरह ऐन वक़्त पर वह बचा ली गयी। अस्पताल में उस पर चौबीसों घण्टे कड़ी नज़र से पहरा-सा रखा गया। क़रीब बीस दिन बाद वह वहाँ से मानसिक रूप से स्वस्थ और ताज़ी होकर निकली। पर यह ताज़गी भी कितने दिन की थी। विवाह तो उसने तीन-तीन किये, तीनों ही असफल रहे। अब उसे नया ब्याह करने की तो कोई ख्वाहिश नहीं थी, लेकिन उसका मन बार-बार रो उठता था। काश उसकी कोख सार्थक हो पाती! एक नन्ही बच्ची की वह माँ बन सके। यह सपना उसका धूल में मिल गया था। किसी भी प्यारे से बच्चे को वह देखती, तो बाँहों में सरसराहट होने लगती उसे अंक से लगाकर प्यार करने के लिए और आँखें छलछला उठतीं। कहते हैं, उसने एक गरीब अनाथ बच्चे को गोद लेने का निश्चय भी कर लिया था, लेकिन आखिरी लिखा-पढ़ी अभी शेष ही थी कि वह स्वयं ही इस दुनिया से चल बसी। वह बच्चा महीनों इन्तज़ार करता रहा कि उसकी नयी माँ जल्दी ही उसे लेने आएगी।

आर्थर मिलर से विच्छेद के बाद उसके वैयक्तिक जीवन में कई लोग आये-गये लेकिन अपने जीवन के अन्तिम दिनों में जितने जी-जान से उसने पीटर लाफ़ोर्ड को चाहा था, उतना फ्रैडी कारगर को छोड़कर शायद ही किसी को चाहा हो। मर्लिन के अन्य जितने भी प्रेम-प्रसंग रहे, उनमें उसने बहुत कुछ खोया तो बहुत कुछ

पाया भी था, लेकिन यहाँ तो सिर्फ़ देना ही देना था, पाना कुछ भी नहीं था। क्योंकि वह जानती थी कि पीटर विवाहित है और पत्नी को छोड़ नहीं सकता क्योंकि उसकी पत्नी बहुत बड़े खानदान की है। पत्नी के कारण उसे समाज में बहुत अच्छा स्थान प्राप्त है। (उसकी पत्नी पैट लाफ़ोर्ड छोटे-मोटे खानदान की नहीं, अमरीका के भूतपूर्व विश्वविख्यात प्रेसीडेण्ट स्वर्गीय कैनेडी की बहन है) मर्लिन जानती थी कि पीटर किसी भी क़ीमत पर उसे मर्लिन के लिए छोड़ता नहीं, लेकिन क्या करे वह! पीटर उसके दिलो-दिमाग़ पर इस क़दर छाने लगा था कि उसके प्यार के बिना उसे एक साँस लेना भी मुश्किल लगता था। अपनी खूबसूरती से, अपनी सम्पदा से, अपने यश से, हालीवुड पर अपने एकछत्र राज्य से किसी भी मूल्य से वह पीटर को अपना नहीं बना सकती थी। इसी ग़म को भुलाने के लिए वह चौबीसों घण्टे शराब के नशे में डूबी रहने लगी। रात को उसके सूने कमरे की दीवारें उसे जेल की चहारदीवारी लगतीं, क्योंकि वहाँ पीटर नहीं होता। उसके पास कोई रास्ता नहीं बचा था सिवा इसके कि ढेर सारी नींद की गोलियाँ खाकर ज़बर्दस्ती सो जाए। लेकिन नींद की गोलियों के अत्यधिक प्रयोग और ज़रूरत से ज़्यादा बेइन्तिहा शराब के नशे ने उसका मानसिक सन्तुलन बहुत बिगाड़ दिया था। उसे फ़िल्म की शूटिंग के समय अपनी लाइनें याद नहीं आतीं और एक दिन का काम पूरा होने में कई-कई दिन लग जाते। किस्मत की मार कि इन्हीं दिनों उसकी दो पिक्चरें फ़ेल भी हो गयीं। और 'ट्वेण्टिएथ सेंचुरी फॉक्स' की जिस पिक्चर में वह काम कर रही थी, उसके पूरे होने के कोई आसार नज़र नहीं आ रहे थे।

और उस दिन तो स्टूडियो के अधिकारियों के धैर्य का बाँध ही टूट गया, जब उन्होंने सुना कि 'बीमार हूँ नहीं आ सकती' कहकर मर्लिन हफ़्तों से शूटिंग टाल रही थी, लेकिन उसी बीच वह अपने प्रिय पीटर के सम्बन्धी प्रेसीडेण्ट कैनेडी के जन्म दिन पर न्यूयॉर्क चली गयी। वहाँ मैडीसन स्क्वायर गार्डन में बर्थ डे बाल पर उसने प्रेसीडेण्ट कैनेडी के लिए 'हैप्पी बर्थ डे टु यू' गाया। फिर वहाँ से लौटकर वही हाल—शूटिंग की तारीख तय कर ले और कभी लेट पहुँचे, कभी पहुँचे ही नहीं। प्रोड्यूसर डायरेक्टर सभी परेशान हो गये। हारकर उन लोगों ने मर्लिन के पास सन्देश भेजा कि यदि वह यही हरकतें करेगी तो उसे मुअत्तल कर दिया जाएगा और उसके विरुद्ध 5,00,000 डालर के नुक़सान का दावा कर दिया जाएगा। साथ ही उसने सुना कि एक दूसरी अभिनेत्री को बुलाकर टेस्ट लिये जा रहे हैं कि बाकी बची पिक्चर को वह मर्लिन की तरह मेकअप करके पूरा कर दे। सन् 1950 से जब से उसने फ़िल्म लाइन में प्रवेश किया था, अब तक उसने तेईस पिक्चरों में काम किया था और उसके द्वारा अभिनीत फ़िल्में इतनी चली थीं कि क़रीब बीस करोड़ डालर का उनके निर्माताओं को फ़ायदा हुआ था। बड़े से बड़े फ़िल्मी पुरस्कार उसने

जीते थे। महारानियों को भी जितने ऐशो-आराम मयस्सर न हों, उसने भोगे थे। अटूट सम्पदा उसने पानी की तरह बहायी थी, सारी दुनिया में उसकी शोहरत फैल चुकी थी। उसी मर्लिन का पार्ट अब कोई दूसरी लड़की पूरा कर लेगी, क्योंकि मर्लिन का दिल और दिमाग़ उसके वश में नहीं है। इस बात से उसका टूटा हुआ मन बिलकुल छलनी हो गया, बेइन्तिहा गहरी काली उदासी उसके रोम-रोम में भर गयी। अब वह न कहीं आती न जाती, घण्टों अपने कमरे में अकेली पड़ी सोचती रहती 'ट्वेण्टिऐथ सेंचुरी फॉक्स' ने उसे काम पर से हटा ही दिया है। यदि वह 5,00,000 डालर का केस भी जीत गये तो?...दो पिक्चरें उसकी फ़ेल भी हो चुकी हैं, दिमाग़ और याददाश्त की यह हालत है कि और कोई प्रोड्यूसर अब उसे लेगा भी नहीं। ऊपर से यदि वह 5,00,000 डालर भी हार गयी तो क्या खाएगी, कहाँ रहेगी?—और कोई दिन होता तो मर्लिन को इन सब बातों की क़तई चिन्ता न होती! ट्वेण्टिऐथ सेंचुरी वाले उसे अलग करते तो वह अपना निज का स्टूडियो खोल लेने का हौसला रखती, हर मुसीबत को एक हँसी से उड़ा डालने की हिम्मत रखती, लेकिन—लेकिन उसने हार मान ली थी अब। क्योंकि वह देख रही थी, उसका वह शरीर, उसका वह 37, 23, 37 वाला बदन अब धीरे-धीरे अपनी वह आब खो रहा है। वह सोचा करती, जैसे साँप अपनी केंचुल छोड़ देता है, वैसे ही मेरा यह रूप अब अपनी केंचुल उतार फेंकेगा। छत्तीस वर्ष की वह पूरी हो गयी थी। उसे लगता वह दिन अब दूर नहीं है, जब उसका शरीर ढलने लगेगा, रूप खोने लगेगा।

अपने अन्तिम दिनों में वह अकेली ही रहती थी। मिसेज़ यूनिस मरे नाम की एक महिला उसकी हाउस-कीपर, रसोइया, शोफ़र, आया, सखी सभी कुछ बनकर उसके साथ रहती थी। उसी मिसेज़ मरे का कहना है कि इन दिनों मर्लिन अकसर कई-कई घण्टे लगातार निर्वसना होकर एक आदमक़द शीशे के सामने बैठी रहती और अपना एक-एक अंग बारीक खोज-भरी निगाहों से देखा करती और कहीं भी खाल की एक हलकी-सी शिकन, बढ़ती उम्र का एक प्रच्छन्न मामूली-सा लक्षण भी उसे कई-कई दिन के लिए परेशान छोड़ जाता। उसने अपने इसी शरीर, इसी खूबसूरती के बल पर तो दुनिया की हर चुनौती को स्वीकार किया था। हर संघर्ष से जूझने का हौसला रखा था, यह भी अब उसका साथ छोड़ देगा तो वह कहाँ की रहेगी? उसे कोई क्यों पूछेगा? और यदि सब कुछ खो गया, सब कुछ लुट गया तो वह ज़रूर पागल हो जाएगी। ऐसे में उसे अपनी माँ का खयाल आता और वह सिहर उठती। 'नहीं, माँ की तरह वह मानसिक अस्पतालों में अपने दिन नहीं काट सकेगी—इससे तो बेहतर होगा वह खुद अपने जीवन का अन्त कर डाले!

6 जून, 1962 को ट्वेण्टिऐथ सेंचुरी फॉक्स वालों की उसे नोटिस मिली थी

और गहरे धक्के और नितान्त अकेलेपन से जूझ-जूझकर दो ही महीने में उसकी हालत बहुत नाज़ुक हो गयी। न वह रूप रहा, न वह कशिश, न वह जीने की तमन्ना। उसके साथ थीं केवल अनाथ बचपने की दर्द-भरी यादें और हज़ारहों सवाल कि जब सब मुसीबतें दूर हो गयीं और किस्मत ने उसे सभी कुछ दे दिया तो क्यों नहीं वह सब कुछ सहेज पायी? क्यों, आखिर क्यों उसकी तीन-तीन शादियाँ यों टूट गयीं–क्यों...क्यों...क्यों...उसकी सूनी निगाहें अपने अकेले कमरे की दीवारों से टकरा कर लौटतीं और उसके दिल और दिमाग़ में सौ-सौ छेद और कर डालतीं। अन्त में 4 अगस्त, 1962 की रात ने उसके सारे सवाल हल कर दिये।

कुछ जानकार लोगों का कहना है कि उस रात जब उसने अत्यधिक मात्रा में नींद की गोलियाँ खाकर–ज़िन्दगी से विदा ले लेने का निश्चय कर लिया तो एक बार फिर अन्तिम बार उसके मन में जीने की प्यास जागी और जिसे वह सबसे ज़्यादा प्यार करती थी–उस पीटर लाफ़ोर्ड को उसने फ़ोन किया और कहा "अभी-अभी मैंने नींद की गोलियाँ लेकर आत्महत्या कर लेने का सरंजाम कर लिया है। कुछ ही देर में मेरे सारे शरीर में उनका ज़हर फैल जाएगा और मैं समाप्त हो जाऊँगी लेकिन पीटर प्रिय! मैं अभी जीना चाहती हूँ, आओ मेरी मदद करो, मुझे बचा लो!" लेकिन ऐसा सुना जाता है कि पीटर ने कह दिया कि मैं शादीशुदा आदमी हूँ, मेरी सामाजिक इज़्ज़त पर आँच आएगी, मैं न आ सकूँगा। हाँ, अपने किसी आदमी को डॉक्टर के साथ भेज रहा हूँ। लेकिन कोई वहाँ न पहुँच सका और एक हाथ में टेलिफ़ोन का चोंगा लिये-लिये वह सोने की चिड़िया संसार का पिंजरा छोड़कर अनन्त में उड़ गयी।

जिसके होठों से अक्षर नहीं, फूल झरते थे, जिसकी आवाज़ में जादू भरे स्वर गूँजते थे। उस मर्लिन मनरो के जीवन के अन्तिम शब्द थे 'गुड-नाइट हनी' जो उस रात सोते समय उसने अपने किसी आत्मीय से अपनी माँ से, पति से, मित्र से किसी अपने से नहीं कहे थे! कहे थे अपनी हाउस-कीपर मिसेज मरे से! और दूसरे दिन जिसने सुना उसी की ज़बान से बेसाख्ता निकला–'गुडबाई हनी!'

सारी दुनिया में ऐसे तमाम लोग थे, जो अपने सूनेपन की घड़ियाँ मर्लिन मनरों के चित्र देखकर बिताया करते थे। उसका चित्र हाथ में लेकर या मेज़ पर सजा कर उन्हें वह सूनापन अखरता नहीं था, कितने ही ऐसे थे, जो यार-दोस्तों से मर्लिन का ज़िक्र छेड़कर अपनी शामों को रंगीन बनाकर गुज़ार लेते थे। हज़ारों, लाखों लोगों के अकेलेपन के बोझ को हवा में उड़ा सकने वाली मर्लिन मनरो खुद बहुत अकेली, बहुत बेसहारा, बहुत उपेक्षित-सी इस दुनिया से जब उठ गयी तो कितनों ही के दिल टूट गये, कितने ही फूट-फूटकर रोये, कितनों को अपनी शामें भारी और दिन

लम्बे लगने लगे। हॉलीवुड की एक-एक पत्रिका मर्लिन मनरो पर लेखों और समाचारों से भरने लगी। वर्षों तक अँग्रेज़ी फ़िल्म पत्रिकाओं के दफ़्तरों में और ट्वेण्टिऐथ सेंचुरी फॉक्स के दफ़्तर में सैकड़ों खत मर्लिन से सम्बन्धित यादों को लेकर पहुँचते रहे। उसी बेचारी मर्लिन के लिए जो अपने आखिरी दिनों में बेइन्तिहा निराश हो गयी थी, जिसे यह लगने लगा था कि दुनिया में कोई व्यक्ति भी तो ऐसा नहीं है, जिसे उससे लगाव हो, उससे मोह हो, ममता हो!

मर्लिन की माँ बेचारी किस्मत की मारी एक मानसिक रोगों के अस्पताल में दिन गुज़ार रही थी। उसने जब सुना कि उसकी—एकमात्र वह निधि जिस पर वह गर्व करती थी—अब हमेशा-हमेशा के लिए उससे छिन गयी है तो उस पागल-सी वृद्धा के मस्तिष्क में न जाने कहाँ की बिजली दौड़ी कि एक रात को उसने दो भारी-भारी किताबें एक लम्बे कपड़े में एक ओर बाँधी और उन्हें अपने कमरे की खिड़की से नीचे लटका दिया। कपड़े का दूसरा छोर खिड़की के खम्भे में बाँधा और कपड़े के सहारे लटककर अस्पताल से भाग गयी। रात भर सिर्फ़ चलती रही, चलती रही। भोर फूटी, सुबह हुई लेकिन वह सिर्फ़ चलती चली जा रही थी। जाने कहाँ-कहाँ खोज-ढूँढ़कर वह एक खास चर्च में गयी। इस क़दर थक चुकी थी वह कि चर्च के दरवाज़े पर ही औंधी लेट रही और वैसे ही गुड़ीमुड़ी पड़ी सो गयी। थोड़ी देर में किसी ने उसे जगाया और पादरी के पास ले गये। वहाँ उस ग़रीब ने बताया कि वह अकेली है, इस दुनिया में उसका कोई अपना नहीं है। एक बेटी थी, वह भी भगवान को प्यारी हो गयी। उस पागलखाने में वह बेटी की आत्मा की शान्ति के लिए प्रार्थना नहीं करना चाहती थी इसलिए किसी तरह खोजते-खोजते यहाँ चर्च तक आयी है ताकि अपनी बेटी के लिए यहाँ ईश्वर से प्रार्थना कर सके। काश! मर्लिन को यही मालूम होता कि बूढ़ी पगली माँ के मन में उसके लिए ममता है तो भी शायद वह मन के किसी कोने में सुख लेकर मरती। वह बेचारी तो यही समझती थी कि कोई नहीं है, जो उसे दिल से एक कण भी प्यार करता हो!

पर शायद माँ का प्यार या किसी कला-प्रशंसक का प्यार उसके मन के रिक्त को कभी भर भी नहीं सकता था। उसके निकट के लोगों का तो यही कहना है कि आर्थर मिलर से सम्बन्ध-विच्छेद के बाद से ही मर्लिन मनरो वह मर्लिन मनरो नहीं रह गयी थी। यों शायद मर्लिन अपने दूसरे पति जो डिमैगिओ के प्यार की गहराई को कभी समझ नहीं पायी थी या शायद यह भी हो सकता है कि मर्लिन को पाकर खो देने के बाद ही जो डिमैगिओ भी उसकी असल कीमत जान पाया हो। लेकिन इतना सच है कि ताज़िन्दगी उसे तहेदिल से याद करने वालों में से

एक जो डिमैगिओ भी था। मर्लिन की एक डबल (फ़िल्मों में किसी अभिनेता या अभिनेत्री के लिए खतरनाक ऐक्टिंग वाले उसके काम के करने वालों को डबल कहा जाता है।) अभिनेत्री थी ऐवीलीन मॉरिआटी। वह मर्लिन को बहुत क़रीब से जानती थी। उसने जो डिमैगिओ के बारे में बहुत-सी बातें बतायी हैं। ऐवीलीन को मर्लिन बहुत चाहती भी थी। एकदम अपनी छोटी बहन की तरह उसे मानती थी। जिस पिक्चर में ऐवीलीन को मर्लिन के साथ मर्लिन के लिए काम करना होता था, उसके सैट पर वह हर समय मर्लिन की साया सरीखी उसके साथ ही रहती थी। ठीक उसी की तरह के कपड़े पहनना, उसी की तरह चलना, बोलना उसी के आगे-पीछे डोलना यही उसका काम होता था। इसलिए उसने मर्लिन को और मर्लिन से सम्बन्धित लोगों को बहुत नज़दीक से देखा-परखा था। जिन दिनों मर्लिन की आखिरी पिक्चर 'मिसफिट्स' बन रही थी, उन दिनों भी वह उसकी डबल के रूप में उसके साथ ही थी। जिन दिनों पिक्चर बननी शुरू हुई थी, उन दिनों आर्थर मिलर और मर्लिन मनरो के चरम प्रसन्नता भरे प्यारे दिन भी उसने देखे थे और जब उसी पिक्चर बनने के दौरान वे दोनों एक-दूसरे से दूर होते गये तो वह उदास और भारी दिन भी उसने देखे थे। उसने यह भी देखा था कि एक फ्रेंच पत्रिका ने मिसफिट्स फ़िल्म की शूटिंग सूचनाएँ और चित्र लेने के लिए एक खूबसूरत महिला फ़ोटोग्राफ़र को भेजा था। उसने यह भी देखा था कि मर्लिन और आर्थर के विच्छेद के कुछ महीनों बाद जब आर्थर मिलर ने उसी फ़ोटोग्राफ़र महिला इंगबोर्ड मोराथ से विवाह कर लिया था तो मर्लिन ने इंगबोर्ड को शुभकामनाएँ भेजी थीं और ऐवीलीन से टूटी हुई आवाज़ में बोली थी, "मैं जानती हूँ ईवी, वह दोनों खुश रह सकेंगे।" ऐवीलीन ने एक और बड़ी दर्द-भरी बात बतायी थी।

आपको याद होगा बचपन से ही मर्लिन क्लार्क गेबल की कला और उसके व्यक्तित्व की बड़ी भक्त थी। 'मिसफिट्स' में उसने क्लार्क के साथ काम भी किया था। मिसफिट्स की सारी शूटिंग रीनो के घने जंगलों में हुई थी। पूरे चार महीने उन लोगों को सख्त गर्मी में काटने पड़े थे। कहते हैं वहाँ की गर्मी क्लार्क गेबल को रास नहीं आयी और वहाँ उसका पुराना मर्ज़ भीतर ही भीतर ज़ोर पकड़ गया था। पिक्चर समाप्त होने के बाद जब वह वहाँ से लौटा तो कुछ समय बाद ही उसकी हार्टफ़ेल से मृत्यु हो गयी थी। मर्लिन ने जब सुना कि बहुतेरे लोगों का यह कहना है कि चूँकि मर्लिन ठीक समय से शूटिंग पर नहीं जाती थी, ठीक तरह से सहयोग नहीं देती थी, इसलिए क्लार्क गेबल पर व्यर्थ की मेहनत बहुत पड़ी। मर्लिन के साथ के दृश्यों में उसे बहुत काम करना पड़ा इसलिए अत्यधिक मेहनत और थकान से ही वह बीमार पड़ गया और उसकी मृत्यु हो गयी। इस आरोप ने मर्लिन को

अन्दर से बहुत तोड़ दिया था। ऐवीलीन का कहना है कि पूरे पन्द्रह दिन तक वह रोती रही थी और घर से नहीं निकली थी। वह बार-बार यही कहती, काश लोग समझ पाते कि क्लार्क गेबल के लिए मेरे मन में कितनी इज़्ज़त भरी पड़ी थी।

ऐवीलीन को यह देखकर बहुत खुशी होती थी कि आर्थर मिलर से सम्बन्ध विच्छेद के बाद जो डिमैगिओ से मर्लिन का मिलना-जुलना फिर शुरू हो गया था। वह दोनों अकसर मछलियाँ मारने में सारी शाम साथ गुज़ारते थे। ऐवीलीन आशा लगाये थी कि शायद दोनों का प्रेम एक-दूसरे के लिए फिर उमड़ आए। पर मर्लिन यही कहा करती, नहीं हम दोनों सिर्फ़ अच्छे दोस्त हैं।

जब मर्लिन की मृत्यु का समाचार आर्थर मिलर को मिला तो उन्होंने सिर्फ़ इतना ही कहा, "यह तो होना ही था।" लेकिन जब जो डिमैगिओ ने यह दुःखद समाचार सुना तो वह अपने को सँभाल नहीं सका और सबके सामने फूट-फूटकर रो पड़ा—"उफ़् यह क्या हो गया। अब मैं क्या करूँ? काश, वह जानती होती कि मैं उसे कितना प्यार करता था!..." मर्लिन ने अपने आखिरी दिनों में इतने लोगों से अपने सम्बन्ध बिगाड़ लिये थे कि बहुत कम लोग उसके संस्कार में गये। लेकिन जो डिमैगिओ ने खुद जाकर उसे दफ़नाने का सारा इन्तज़ाम करवाया। कहते हैं, जब उसे अन्तिम मिट्टी दी जाने वाली थी तो जो उसके मेकअप मैन के पास गया, उसके कपड़ों की देखरेख करनेवाली स्त्री के पास गया, उसकी केशसज्जा करने वाली लड़की के पास गया और उन लोगों से हाथ जोड़कर उसने प्रार्थना की कि मर्लिन को जैसे जीवित अवस्था में वह सजाया-सँवारा करते थे वैसे ही उसके मृत शरीर को भी सजा-सँवार दें। उसने उनसे मिन्नतें कर-करके उसका अन्तिम भव्य शृंगार करवाया। कहता रहा, मर्लिन को मौत में भी उतना ही सुन्दर और आकर्षक लगना चाहिए जितनी जादुई वह ज़िन्दगी में लगती थी।

कहते हैं, वैक्स वुड मेमोरियल पार्क मे जहाँ मर्लिन दफ़न थी सप्ताह में तीन दिन एक माली ताज़े गुलाब के फूल चढ़ा जाया करता था और उस माली को फूलों के पैसे जो डिमैगिओ बराबर भेजता रहता था! और उसका कहना था कि जब तक वह जीवित रहेगा फूल बराबर चढ़ते रहेंगे!

नरक से लौटी आत्मा के प्यार!

(दॉस्तोवस्की)

[विश्व-साहित्य में सबसे बड़ा लेखक कौन है? पिछले अनेकानेक वर्षों से जब कभी यह प्रश्न उठा है तो जो भी नाम गिनाये गये हैं उनमें दॉस्तोवस्की का नाम सर्वाधिक चर्चित रहा है। मनुष्य के मन की अन्धतम गुफाओं में कितनी दूर पैठा जा सकता है और वहाँ से सत्य के कितने आयामों का उद्घाटन होता है इसकी अनुभूति दॉस्तोवस्की के साहित्य को ही पढ़कर होती है। उसने मनुष्य को न केवल उसकी समग्रता में वरन् उसकी आन्तरिक जटिलता के एक-एक रेशे के सन्दर्भ में समझा है।

अपने जीवन-काल में उसका व्यक्तिगत जीवन अनेक प्रवादों का विषय रहा। लेकिन ज्यों-ज्यों समय बीतता गया उसकी महान प्रतिभा विश्व-मानस पर छाती गयी। इतिहास का कैसा विचित्र व्यंग्य है कि जो लेखक सारे संसार में महानतम की श्रेणी में प्रतिष्ठित होता गया उसी की उसी के देश रूस के एकांगी दृष्टिकोण वाले राजनीतिक अभिसारों ने भुलाने या कम-से-कम रूसी जनता की निगाह में छोटा साबित करने की दमतोड़ कोशिश की। लेकिन ऐसे सारे प्रयास व्यर्थ साबित हुए। कैसा विचित्र है कि इस महान व्यक्ति की जीवन-कथा मृत्युबोध की तीक्ष्ण अनुभूति से ही प्रारम्भ होती है। फाँसी के तख़्ते पर वह खड़ा कर दिया गया है—एक के बाद एक उसके साथी फाँसी पर चढ़ाये जा रहे हैं—वह अपनी पारी की प्रतीक्षा में है। केवल शरीर शेष रहा है, लेकिन मन मौत को जी रहा है। और अकस्मात् मृत्युलोक के अँधेरे में से वापस खींचकर उस मृत्युग्रस्त मन को जीवन के भयानक प्रवाह में फेंक दिया जाता है। दॉस्तोवस्की के जीवन की यह कहानी स्वयं उसकी किसी भी मार्मिक कथाकृति से कम मार्मिक नहीं है।...]

एक लम्बी, थकाने वाली और डरावनी यात्रा—सेण्ट पीटर्सबर्ग से सैमीपैलेटिंस्क तक ! रूसी क्रान्ति के पहले सेण्ट पीटर्सबर्ग रूस का सबसे आधुनिक शहर था, जिसका नाम क्रान्ति के बाद बदलकर लेनिनग्राद कर दिया गया। सैमीपैलेटिंस्क वहाँ से हज़ारों मील दूर, साइबेरिया के खिरगीज प्रदेश में, अल्ताई पहाड़ों की छाया में, चीन

की सीमा के बिलकुल निकट, एक बहुत छोटा-सा क़स्बा था। क़स्बा क्या था, जार के विशाल रूसी साम्राज्य की एक सुदूर सीमावर्ती चौकी था। स्टेपीज़ के भयावने बियाबान रेगिस्तान में थोड़े-से मकान और सेना की छावनियाँ! सफ़र के लिए सिर्फ़ घोड़े या ऊँट! चारों ओर सैकड़ों मील तक न कोई बस्ती, न कोई खेत-खलियान, एक पथरीली सड़क, जिसके दोनों ओर चन्द मकान, एक पत्थर का गिरजा, एक सरकारी दवाखाना और एक दुकान, बस बाज़ार के नाम पर फ़क़त यही। ताशकन्द और बुखारा से कुछ सौदागर माल लादकर आते थे, तम्बू लगाते थे और माल बेचकर चले जाते थे। क़स्बे में नालियाँ तक नहीं थीं, सिर्फ़ रेत थी, जो गर्मियों में जलती रहती थी और बरसात में चिपकने वाली काली दलदल बन जाती थी। क़स्बे के अन्दर या बाहर लालटेन का नामोनिशान तक नहीं था। गहरी अँधेरी डरावनी रात में सिर्फ़ डरे हुए कुत्तों के भौंकने की आवाज़ से मालूम होता था कि यहाँ बस्ती है। कुछ ही मील दूर बालू के ऊँचे-नीचे टीलों पर एक छितरा-छितरा-सा जंगल था, जहाँ भेड़िये और छोटे तेंदुए भरे पड़े थे।

प्रतिभाशाली, कर्मठ और अपनी सोसायटी में लोकप्रिय युवक रेंगेल ने क़ानून की शिक्षा समाप्त कर जब मजिस्ट्रेट के रूप में अपनी नियुक्ति के लिए सैमीपैलेटिंस्क चुना तो सभी को अचरज हुआ। उन दिनों साइबेरिया काले पानी से ज़्यादा खतरनाक था। ज़ार जिन क़ैदियों को साइबेरिया भेजता था, वे मन-ही-मन मनाते थे कि इससे तो उन्हें गोली मार दी जाए तो बेहतर हो। लेकिन युवक रैंगेल के मन में सुदूर, अज्ञात खतरनाक जगहों को जानने की तीव्र आकांक्षा थी। और खास तौर से साइबेरिया को वह अपनी आँखों से देखना चाहता था। कौन जानता है कि उसके दिमाग़ में साइबेरिया तब से घूम रहा था, जब से उसने सोलह वर्ष की उम्र में एक दिन एक विचित्र और भयानक दृश्य देखा था।

रूस का जाड़ा मशहूर है। 1849 का साल रहा होगा, तारीख शायद 22 दिसम्बर। चारों तरफ़ बरफ़ जमी थी। एक परिन्दा तक नज़र नहीं आता था। मुँह-अँधेरे उसकी नींद खुल गयी थी। उसे बाहर दो घोड़े जुती हुई स्लेज गाड़ियों की आवाज़ सुनाई पड़ी। इन शानदार गाड़ियों में अकसर शाही नाट्यशाला की बैले नर्तकियाँ यात्रा करती थीं या सामन्तों की प्रेमिकाएँ। लेकिन इतनी अलस्सुबह कौन जा रहा है भला! उसने झाँककर देखा। आज इन गाड़ियों में न नर्तकियाँ थीं, न रूपसियाँ। आज इनमें बीस राजनीतिक क़ैदी ले जाये जा रहे थे, जिन्हें खुफिया पुलिस ने गिरफ़्तार किया था। शहर भर में अफ़वाह थी कि जार की हत्या का कोई भयानक षड्यन्त्र खुल गया है। इन षड्यन्त्रकारियों का नेता पैट्राशेवस्की था, जो उसी लाइसी विद्यालय का छात्र रह चुका था, जिसमें रैंगेल भरती हुआ था। अफ़वाहें बहुत भयानक

थीं, जार लोगों से बहुत नाराज़ था। उसने हुक्म दिया था कि इनमें से कुछ को सरेआम गोली मारी जाए ताकि लोगों को सबक़ मिले। रैंगेल के एक चाचा उस अदालत में जज थे, जहाँ इनका मुक़दमा चल रहा था। उन्हीं से रैंगेल को मालूम हुआ कि दो-तीन लोगों को सरेआम गोली मारी जाएगी। उन लोगों के नाम भी उन्होंने बताये थे, जिनमें से एक नाम सुनकर रैंगेल चौंक पड़ा—फ्योदोर मिखाइलोविच दॉस्तोवस्की। रैंगेल ने कुछ ही दिन पहले इस नये लेखक की वह किताब पढ़ी थी, जो उस समय बेहद चर्चा का विषय बनी हुई थी—उसका पहला उपन्यास था 'पुअर फोक'। वह किताब सारे शहर में, सारे रूस में, हाथों-हाथ घूम रही थी। जहाँ एक ओर उस किताब के एक-एक पात्र के बारे में पाठकों के मन में बेहद जिज्ञासा थी, वहीं लेखक के व्यक्तिगत जीवन के बारे में भी लोग जानने को बहुत उत्सुक थे। तरह-तरह की अफ़वाहें थीं—कुछ सच कुछ झूठ—कि वह एक ऐसे पिता का पुत्र है, जो अत्यन्त क्रूर ज़मींदार था, जिसे किसानों ने मिलकर एक दिन टुकड़े-टुकड़े कर डाला। कि वह बहुत बड़ा पियक्कड़ है। या इससे बिलकुल उलटा कि वह बिलकुल सन्त है और स्त्रियों से घृणा करता है। लेकिन एक बात सभी जानते थे, खास तौर से साहित्यिक क्षेत्रों में, कि इस अत्यन्त भीरु प्रकृति के, अपने में डूबे रहनेवाले, बेहद बदमिजाज़ युवक ने यह उपन्यास लिखा था, लेकिन लिखने के बाद उसे बिलकुल विश्वास नहीं था कि यह छपाने के क़ाबिल भी है या नहीं, कितने ही दिनों तक उसकी पाण्डुलिपि उसने छिपा रखी थी और अन्त में उसे अपने एक मित्र दिमित्रि ग्रेगोरोविच को देकर उसे लगभग भूल गया था। उस समय रूस का प्रख्यात कवि नेक्रोसोव श्रेष्ठ रचनाओं का एक वार्षिक संकलन छापता था। ग्रेगोरोविच ने यह उपन्यास नेक्रोसोव को दिखाया। एक शाम को दोनों बैठे और ग्रेगोरोविच ने उपन्यास पढ़कर सुनाना शुरू किया। मई की खुशनुमा रात थी, तीन-साढ़े तीन बजे जब उपन्यास समाप्त हुआ तो नेक्रोसोव मन्त्र-मुग्ध था। 'रूस के महानतम लेखक ने जन्म लिया है', उसने घोषित किया और कहा कि इसी समय चलकर वह इस नये लेखक को बधाई देगा। रात को साढ़े तीन बजे सोते से दॉस्तोवस्की जगाया गया।। नेक्रोसीव ने गले लगाकर उसे बधाई दी। एक अज्ञात, आत्मविश्वास रहित, अनिश्चयग्रस्त, तरुण लेखक रातों-रात सारे रूस की ज़बान पर चढ़ गया। बाद में प्रख्यात क्रान्तिकारी विचारक और समीक्षक वैलिंस्की ने भी उसे बधाई दी।

रैंगेल को विश्वास नहीं होता था कि दॉस्तोवस्की को जार गोली मार देगा। लेकिन अनहोनी होनी ही थी। 22 दिसम्बर को सुबह से सेमैनोवस्की महल के अहाते में बेहद भीड़ थी। बीच में एक ऊँचा मंच था। उसके चारों ओर घुड़सवार सिपाहियों के दस्ते और उसके पीछे तमाशबीनों की भीड़। शहर का कोई भी सम्भ्रान्त

व्यक्ति इस डर के मारे नहीं आया था कि कहीं यह न समझा जाए कि उसे इन क्रान्तिकारियों से हमदर्दी है। सिर्फ़ चन्द देहाती, आवारा और ऐसे ही लोग इकट्ठा थे। रैंगेल के मन में बहुत कौतूहल था। अपने चाचा से उसने प्रार्थना की कि वह मृत्युदण्ड देखने जाएगा और वह उसे ले गये। वहाँ पहुँचने पर उसके दूसरे रिश्तेदार ने देखा और आकर तुरन्त डाँटा कि अपने होस्टल लौट जाओ—कौन जाने खुफिया पुलिस तुम्हारा भी नाम नोट कर ले। रैंगेल उलटे पाँव लौट पड़ा। लेकिन वापस गया नहीं। पीछे छिपकर देखता रहा।

अहाते के बीच में लकड़ी का एक मंच था, जिस पर लकड़ी के कुछ खम्भे खड़े थे। कैदी एक लाइन में खड़े थे—नौ मंच के एक ओर और ग्यारह दूसरी ओर। उस भयानक बरफ़ में उनके सब कपड़े छीन लिये गये थे। सिर्फ़ एक पतली कमीज़ उनके बदन पर थी। एक अफ़सर एक लम्बे कागज़ में से एक-एक कर उनके नाम, अपराध और सज़ा का ब्यौरा सुना रहा था। रैंगेल ने धड़कते दिल से सुना—"दॉस्तोवस्की...साज़िश में हिस्सा लेने और साहित्यकार बैलेंस्की से पत्र-व्यवहार करने के लिए, जिसमें रूस के स्थापित धर्म और शासन के विरुद्ध बहुत अनुचित बातें कही हैं...उसकी सारी सम्पत्ति ज़ब्त की जाती है और गोली मारने की सज़ा दी जाती है।"

एक पादरी एक क्रॉस लेकर मंच पर आया और कैदियों से अन्तिम प्रार्थना कराने लगा। सिर्फ़ एक आदमी हिचका। बाकी सबने चुपचाप अपने होठ सलीब पर रख दिये। फिर उनमें से तीन कैदियों को पहले आने का हुक्म हुआ—दल का नेता पैट्राशेवस्की और उसके दो अनुयायी मोंबेली और ग्रेगोरीव। उनकी आँखों पर पट्टियाँ बाँध दी गयीं, बदन पर क़फ़न उढ़ा दिया गया और तीनों को तीन खम्भों से बाँध दिया गया। फिर ऑर्डर हुआ। सिपाही घोड़ा कुदाते हुए आगे आये और तीनों कैदियों पर बन्दूकों के निशाने साधकर खड़े हो गये। बड़े अफ़सर ने हाथ उठाया और 'फायर' कहने ही जा रहा था कि इतने में किसी ने सफ़ेद रूमाल हिलाया, धीरे-धीरे घुड़सवार वापस लौट गये। मालूम हुआ, अन्त समय पर जार ने कृपा करके उन्हें फाँसी से मुक्त कर दिया है, और दूसरी सख्त भयावनी सज़ाएँ दी हैं। लेकिन ज़िन्दा मौत के इस एक क्षण ने इन सबको जीवन भर के लिए मृतवत् बना दिया। खम्भे से बँधे तीनों कैदियों को खोला गया। ग्रेगोरीव खुलने के बाद भी अपने पाँव पर खड़ा नहीं रह सका—गिरा, फिर उठा, फिर गिर गया। मालूम हुआ कि उस एक क्षण में उसके दिमाग़ पर कुछ ऐसा असर पड़ा कि वह जीवन भर के लिए पागल और अपंग हो गया। मोंबेली के बदन पर से कफ़न हटाया गया, तो देखा गया कि उसके खूबसूरत, चमकदार, काले बाल एकाएक बरफ़ की तरह सफ़ेद

हो चुके हैं। अफ़सर ने घटी हुई सज़ाएँ सुनानी शुरू कीं। रैंगेल के पाँव काँप रहे थे, सिर फटा जा रहा था, मगर जाने क्यों वह खड़ा रहा। उसने सुना कि दॉस्तोवस्की को साइबेरिया में निर्वासन की सज़ा हुई है। चार साल की बामशक़्क़त कड़ी कैद और चार साल के बाद भी ज़िन्दा बच जाने पर फ़ौज में अनिवार्य चार वर्ष की सेवा। रैंगेल रुँधा गला और लाल आँख में आँसू लिये लौट आया।

समय अपनी गति से गुज़रता गया। रैंगेल ने पढ़ाई खत्म की और जब अपनी नियुक्ति के लिए सैमीलेटिंस्क को चुना तो क्या वह साइबेरिया से सम्बन्धित यह घटना भूल चुका था? शायद हाँ, इन वर्षों में लोग उस उपन्यास और उसके लेखक दॉस्तोवस्की को भी क़रीब-क़रीब भूल चुके थे। युवा अफ़सर रैंगेल के दिमाग़ में शायद एक अदम्य कौतूहल था नयी जगह देखने का और शायद यह आशा थी कि इन नयी जगहों में जाकर, प्रबन्ध-क्षमता दिखाकर तरक्की कर लेना ज़्यादा आसान होगा। जब वह जाने वाला था, उसके एक दिन पहले उससे कोई मिलने आया। आगन्तुक का नाम था—माइकेल दॉस्तोवस्की। उसने आकर प्रार्थना की कि उसका छोटा भाई फ़ियोदोर दॉस्तोवस्की अपनी बामशक्कत सज़ा खत्म कर चुका है और वहीं सैमीपैलेटिंस्क में फ़ौज में अनिवार्य सेवा कर रहा है। क्या बैरन महोदय कुछ रुपये और एक पत्र ले जाएँगे और उसे दे देंगे? रैंगेल अब अफ़सर था। बिजली की तरह उसके दिमाग़ में सारी पिछली घटना घूम गयी। मगर उसने ज़ाहिर नहीं होने दिया। बहुत उपेक्षा भाव दिखाते हुए उसने वे रुपये और पत्र रख लिया और कहा कि पहुँचकर, फ़ुरसत पाने पर वह पता लगाएगा कि दॉस्तोवस्की कौन है।

रैंगेल वह भयानक, लम्बा सफ़र तय कर जब सैमीपैलेटिंस्क पहुँचा तो पतझर बीत चुका था, जाड़ा शुरू हो गया था। उस उजाड़ क़स्बे में ठहरने के लिए एक सरकारी कोठी तक नहीं थी। दुकानदार के ही एक कमरे मे नये अफ़सर ने डेरा डाला। और पहला काम उसने यह किया कि अर्दली को भेजा कि दॉस्तोवस्की नामक सज़ायाफ्ता सैनिक को खिदमत में हाज़िर किया जाए। उसके बाद तुरन्त उसे लगा कि शायद पहले ही दिन दॉस्तोवस्की से मिलना ठीक नहीं रहा। कौन जाने यहाँ से जार को कोई खुफिया रिपोर्ट भेजता हो। दॉस्तोवस्की आया और रैंगेल ने बहुत सख्त और ठण्डी निगाह से उसे देखा, लेकिन अन्दर से उसका जी धक् से हो गया। यह कौन-सा दॉस्तोवस्की है? वह दुबला-पतला, चेहरे पर प्रतिभा की चमक लिये, तेज आँखों वाला युवक कहाँ है? उसके सामने एक तैंतीस वर्ष का प्रौढ़ देहाती खड़ा था। झुर्रीदार चेहरा, माथे पर गहरी लकीरें, पिचके हुए गाल, छितरी हुई बदशकल दाढ़ी, घनी मूँछें, आँखें, जो कभी नीली रही होंगी पर जिन पर अब स्टपीज की रेत और दलदल जम गयी थी। उसके हाथ खुरदुरे और बेडौल थे। पहले वाला दॉस्तोवस्की मर चुका था। यह साइबेरिया के भयानक जंगलों में से कोई प्रेत उसका

नाम धारण कर घूम रहा है, ऐसा रैंगेल को लगा। दॉस्तोवस्की बोला तो उसकी आवाज़ भी विचित्र थी—कर्कश। मालूम हुआ कि दो वर्ष तक उसे गले की बीमारी रही, लेकिन उस बीमारी में सिवा रेत-मिली रोटियों के उसे खाने को और कुछ नहीं मिल सका। बात भी वह रुक-रुककर करता था, मानो भाषा ही भूल गया हो। एक-एक शब्द बड़ी कठिनाई से उसे मिल पाता था।

रैंगेल ने उसे रुपये दिये और उसके भाई माइकेल का पत्र। दॉस्तोवस्की ने पत्र लिया और खोलकर वहीं पढ़ने लगा। पढ़ते-पढ़ते दॉस्तोवस्की की आँख से टप-टप आँसू गिरने लगे, वह अपने-आप कुछ बोलने लगा। लगा, धीरे-धीरे भाषा भी लौट रही है। रैंगेल देखता रहा। फिर पता नहीं क्या हुआ कि एकदम कुर्सी से उठा और उसने उस सज़ायाफ़्ता कैदी को गले लगा लिया। अब अफ़सर और कैदी एक-दूसरे के गले लगकर रो रहे थे, दॉस्तोवस्की तैंतीस वर्ष का था और रैंगेल इक्कीस का। यह अजीब दोस्ती उस दिन जो बनी तो फिर टूटी नहीं और उसके बाद ही उस बियाबान क़स्बे में दॉस्तोवस्की के जीवन में जो प्रणय की विचित्र यन्त्रणा आयी, उस बीच रैंगेल वहाँ न होता तो न जाने क्या होता!

रैंगेल के सामने खड़ा, ज़िन्दगी की मार खाया हुआ यह दॉस्तोवस्की सेण्ट पीटर्सबर्ग से हज़ारों मील दूर साइबेरिया के इस बियाबान में निर्वासन भोग रहा था। लेकिन अन्दर-ही-अन्दर उसने क्या भोगा था, उसे जाने बिना उसके इस विचित्र प्यार की पृष्ठभूमि स्पष्ट नहीं हो पाएगी। मौत के मुँह में ज़िन्दा ढकेल दिये जाने के बाद जिस नाटकीय ढंग से उसे बाहर खींच लिया गया, उसका भी उस पर बड़ा भयंकर असर हुआ था। उसके पाँवों में दो-दो सेर की बेड़ियाँ जकड़ दी गयीं और उसे घोड़ागाड़ी में बिठाकर साइबेरिया की ओर रवाना कर दिया गया। लेकिन उसका मन पीछे की ओर भाग रहा था। उसने अपने भाई माइकेल को लिखा—"सच बात यह है कि मैं रोया नहीं। न मैंने हिम्मत हारी। ज़िन्दगी हर जगह ज़िन्दगी रहती है। असल में ज़िन्दगी तो हमारे अन्दर है...इस निर्वासन में भी मेरे चारों ओर लोग रहेंगे और ज़िन्दगी तो इसमें है कि मनुष्य मनुष्यों के बीच में मनुष्य बना रह सके। हमेशा ...यही असली समस्या होती है। मैं इसे जानता हूँ। यह मेरे रक्त का अंग बन गयी है। लेकिन यह भी सच है कि चाहे मुझे बाहर से फाँसी न लगी हो, लेकिन मेरा वह मस्तिष्क, जो सृजनात्मक था, जो कला के उच्चतर स्तर पर जीता था, जो आत्मा की उच्चतर माँगों का अभ्यस्त हो चुका था, उस दिन वध-स्थल पर मेरा वह मस्तिष्क काटकर अलग किया जा चुका है। क्या कभी अब मैं कलम उठा सकूँगा? हे भगवान्, जीवन के कितने दिन, जिनमें मैं जीता रहा हूँ, जिन्हें मैंने रचा था, वे धीरे-धीरे मेरे दिमाग़ में मर जाएँगे, सड़ जाएँगे, मेरी नसों में खो

जाएँगे! किसी को पन्द्रह साल की तनहाई की सज़ा दे दी जाए मगर काश, उसे लिखने के लिए कलम और कागज़ भी मिल जाए...लेकिन नहीं! अलविदा। मुझे जो कुछ प्यारा था, उस सबसे मैं अपने को काटकर अलग किये लेता हूँ...अपने दिल को दो टुकड़ों में काटकर एक टुकड़े को पीछे फेंक देना कितना दर्दनाक होता है।''

और उस घनघोर बियाबान में वह चार-पाँच साल तक सज़ा भुगतता रहा। उसके चारों ओर चोर, हत्यारे और खूँख्वार पागलों का गिरोह था। वे उसे शक की निगाह से देखते थे, क्योंकि उसने कोई अपराध नहीं किया था, ऐसे आदमी का क्या भरोसा ! रेत-मिली रोटियों से उसकी आँतें छलनी हो चुकी थीं। सर्दी हड्डियों के जोड़-जोड़ में बैठ गयी थी। उसे गठिया हो गया था। और सज़ा के नियम इतने कठोर थे कि लकड़ी की नंगी बेंचों पर सिर्फ़ एक तकिया लेकर सोना होता था—मच्छर, तिलचट्टे और पिस्सू-खटमल भरे पड़े थे। सख्त नियम था कि कैदी बायीं करवट सोयें। मेजर किट्ज़व किसी कैदी को दायीं करवट सोते पकड़ लेता था तो उसी ठण्ड में उसके कपड़े उतरवाकर उसे कोड़े लगाये जाते थे।

फ़रवरी 1854 में दॉस्तोवस्की की क़ैद खत्म हुई और सैनिक जीवन शुरू हुआ। अफ़सर ने बुलाकर सैनिकों से उसका परिचय कराया और गालियाँ देते हुए कहा कि यह आदमी चोरों और हत्यारों के बीच से आया है। इस पर निगाह रखना। कोई भी हरक़त देखो तो बिना मेरे हुक्म का इन्तज़ार किये इसे भरपूर मार लगाना। खाने के लिए सिर्फ़ एक तरह का शोरबा था, जो लोहे के बड़े कड़ाह में तैयार किया जाता था। जंगली लकड़ी से उसे खुद अपने लिए एक चमचा और प्याला बनाना पड़ा था। मगर सबसे कठिन दिन वह होता था, जब ग़लती करनेवाले सिपाहियों को एक लाइन में खड़ा किया जाता था और दूसरे सिपाहियों को डण्डे दिये जाते थे कि वह उन्हें मार लगाएँ। एक निरीक्षक हाथ में खड़िया लिये घूमता रहता था। जो क़ैदी मार लगाने में सुस्त दीख पड़ता था, उसकी पीठ पर खड़िया का निशान लगा दिया जाता था, और बाद में उसकी भरपूर पिटाई होती थी। सारे अत्याचार सहने के बाद भी दॉस्तोवस्की खुद अत्याचार करने में अभ्यस्त नहीं हो पाया था, इसलिए हर बार उसकी पिटाई होती थी। एक बार मार खाते-खाते वह बेहोश होकर गिर पड़ा तो उसे मृत समझकर एक कोने में फेंक दिया गया। जब उसे होश आया और उसने पानी माँगा तो उसके चोर और हत्यारे साथियों ने मुँह फेर लिया—इसे क्या हक़ था कि मरने के बाद फिर जी उठे और पानी माँगे!

उस नारकीय क़स्बे में हफ़्ते में दो बार डाक आती थी। कुछ अफ़सर अखबार और पत्रिकाएँ भी मँगाते थे। लेफ़्टीनेण्ट बेलीकव को बैठकर पढ़ना बहुत तकलीफ़देह मालूम होता था। उसे खत भी कोई पढ़कर सुना दे, यह वह चाहता था। जब उसने

सुना कि सिपाहियों में एक बहुत खूँख्वार, बदमाश, चुप्पा आदमी है, लेकिन वह बहुत पढ़ा-लिखा है, तो उसने दॉस्तोवस्की को बुलाया और इस बात पर नियुक्त किया कि उसे पढ़कर खत और अखबार सुनाए। दॉस्तोवस्की को थोड़ी राहत मिली। उसके दिन सुधरे। लेकिन लेफ़्टीनेण्ट को बहुत अचरज होता था कि साधारण लेख और कहानियाँ पढ़कर सुनाते-सुनाते भी उस क़ैदी की आँखों में आँसू आ जाते थे।

धीरे-धीरे दॉस्तोवस्की का परिचय अफ़सरों के समाज से हुआ। वह कभी-कभी फ़ौजी छावनी के बाहर क़स्बे में भी आने-जाने लगा। एक यहूदी लड़का था निकोलस काज़, जिसके पास एक सैमोवार था। वह सैमोवार पर चाय बनाकर अफ़सरों को पिलाता था और सिपाहियों को भी। गपशप भी होती थी। दॉस्तोवस्की कभी-कभी वहाँ जाकर चुपचाप बैठा रहता था। अन्त में एक दिन आया कि दॉस्तोवस्की को अनुमति मिल गयी कि वह चाहे तो क़स्बे में रह सकता है। काफ़ी महँगी कीमत पर उसे रहने और खाने के लिए एक जगह मिली। मकान मालकिन एक बूढ़ी और बदचलन विधवा थी, जिसके दो लड़कियाँ थीं—एक सोलह साल की और एक बीस साल की। छोटी लड़की दॉस्तोवस्की के इर्द-गिर्द चक्कर लगाती रहती थी। धीरे-धीरे दॉस्तोवस्की के मन में एक भूली हुई कोमलता फिर से उदित होने लगी। उस मनचली, क़स्बे भर की चहेती लड़की ने दॉस्तोवस्की को फिर से यह भरोसा दिलाया कि वह अभी भी पुरुष है और उसके जीवन का रस बिलकुल मर नहीं गया। एक और लड़की थी लिजांका, जो डबलरोटियाँ बेचती थी। दिन भर काम करती थी। दॉस्तोवस्की उसके प्रति बड़ी हमदर्दी रखता था। पीड़ा, दुःख और कष्ट उसके लिए एक नया अर्थ रखने लगे थे। ज्यों-ज्यों समय बीतता था, उसे लगता था कि इसके पहले के समाजवादी विश्वासों में सामान्यतः मनुष्य के लिए जो एक चरम आदर्शवादी धारणा थी, वह सतही थी। मनुष्य का मन बहुत गहरे अँधेरे में जाने किन-किन खूँख्वार, पाशविक अपराध चेतनाओं से भरा होता है। अन्दर का यह अँधेरा पूरे रूस पर छाया हुआ है। बिना लालटेनों के उस उजाड़ क़स्बे की भयावह अँधेरी रातें उसी अन्धकार का प्रतीक हैं। इस सबके बीच केवल एक टिमटिमाती ज्योति है, जीसस के आत्मबलिदान की, जहाँ पीड़ा को अर्थ मिलते हैं। छूटने के बाद फ़रवरी 1854 में उसने माइकेल को लिखा था—"मैं इसी युग की उपज हूँ। सन्देह और अनास्था की उपज। जब तक मुझे क़ब्र में गाड़ा जाएगा, तब तक इस सन्देह और अनास्था की जड़ें मुझसे छूट नहीं पाएँगी। फिर भी यह अटल विश्वास बनाये रखना कि इन सबके बीच कहीं एक आस्था ज़रूर है। कितना तकलीफ़देह होता है! इस आस्था की चरम प्यास मुझे कितना तोड़ती रही है, फिर भी उससे मुक्त नहीं हो सकता।"

लेफ्टीनेण्ट बेलीकव के खत, अखबार और पत्रिकाएँ पढ़ने-पढ़ते वह अपनी

अन्दर की ही किसी गहरी उधेड़-बुन में डूबा रहता था। और उसी बेलीकव के यहाँ उसका परिचय हुआ दो नये मेहमानों से। ऐलेक्जैण्डर इसाएव और उसकी पत्नी मारिया।

इसाएव की कहानी भी अजीब थी। कभी वह एक व्यायामशाला में अध्यापक था। व्यायामशाला के मालिक की सुन्दरी लड़की मारिया उसके व्यक्तित्व पर मोहित हो गयी। उसने विवाह किया और सैमीपैलेटिंस्क में शराब की चुंगी का दारोग़ा बनकर आ गया। लेकिन यहाँ खुद उसे शराब का जो चस्का लगा तो उसकी नौकरी भी छूट गयी और वह बेहद ग़रीबी के दिन बिताने लगा। उस ग़रीबी को भुलाने के लिए उसके पास एक ही रास्ता था—और अधिक पीना। दॉस्तोवस्की इस कमज़ोर संकल्पशक्ति वाले पियक्कड़, क़स्बे भर में बदनाम उपेक्षित—लेकिन बहुत खुले मन वाले, मन से बहुत भले—आदमी का दोस्त बनता गया। कभी-कभी नशे में बहक जाने के बाद इसाएव खड़े होकर भाषण देता था। विषय होता था, दॉस्तोवस्की, एक भूला हुआ महान लेखक, एक छिपा हुआ महान मनुष्य! दॉस्तोवस्की कृतज्ञ था।

लेकिन उसके भाषण न तो क़स्बे के अफ़सरों को पसन्द आते थे, न मारिया को। उनके एक सात साल का बच्चा था। और जैसे-तैसे जिन कष्टों में उसे गिरस्ती चलानी पड़ रही थी, उसने मारिया को तेज़ मिजाज़, उदास, निराशावादी और बीमार-सा बना दिया था। रैंगेल ने अपने किसी खत में मारिया का ज़िक्र करते हुए लिखा था कि वह एक सुशिक्षित पिता की लड़की है, खुद भी खासी पढ़ी-लिखी, साहित्य की शौकीन, सुनहले बालों वाली, दुबली और खूबसूरत...उसके चेहरे पर एक अजीब उदासी है। मन हमदर्दी से भरा हुआ है लेकिन वह बहुत उत्तेजनाशील और जल्दी निराश हो जानेवाली है। और तब उसको तड़पाने वाला सिरदर्द हो जाता है। पता नहीं क्यों, उसे देखकर दॉस्तोवस्की को अपनी कमज़ोर और उदास माँ की याद आती थी। उसे लगता था, मारिया भी उसी तरह ज़िन्दगी का सलीब कन्धे पर चुपचाप उठाये पीड़ा का दण्ड भोग रही थी। बेज़बान और नितान्त अकेली, पति अकसर शराबखानों से आधी रात के बाद लौटता था—कभी-कभी नहीं भी। अँधेरे-भयावह क़स्बे में कुत्तों के भौंकने और सियारों के रोने की आवाज़ आती रहती थी। और वह अपने डरे-सहमे बच्चे पाशा को गोद में दुबकाये बैठी रहती थी। एक बच्चा और था—अँधेरी रात की भयावह आवाज़ों से उसी तरह सहमा हुआ—दॉस्तोवस्की। क्या हुआ कि वह उसका हमउम्र था! और सलीब के बोझ के नीचे पिसते हुए दो-चार बातें कर अगर वह अपना मन हलका कर लेती थी, तो इसमें नुक़सान भी क्या था! इसाएव को भी तो इसमें कोई ऐतराज नहीं था। उस

भयावह अँधेरी रात, जो अन्दर और बाहर एक-सी फैली हुई थी—उसमें टिमटिमाती लालटेन वाला यह कमरा एक छोटा-सा द्वीप बन गया था। उस पीली, काँपती रोशनी में मारिया के सुकोमल हाथ दॉस्तोवस्की को जीसस के कीलों जड़े ज़ख्मी हाथ की तरह लगते थे—उसका पतला, भावना से कम्पित चेहरा एक अजीब आभा से आलोकित लगता था। दॉस्तोवस्की अपने मन की कौन-सी करुणा दे दे कि इसका अकेलापन भर जाए। कब रोते-रोते मारिया का आँसू भरा चेहरा दॉस्तोवस्की के कन्धों पर आ टिका, और कब उसके सुनहले बालों को हटाकर दॉस्तोवस्की ने अपने होठों से उसके चेहरे भर पर फैले हुए आँसू पोंछ दिये, यह उसे खुद अनुमान नहीं हुआ। मगर धीरे-धीरे यह ज़रूर हुआ कि जीवन की सारी करुणा, कोमलता, हमदर्दी, आत्मदान, आत्मा की उच्चतर माँगों का प्रतिमान मारिया बन गयी। वह सब जिसने फाँसी के उस भयानक क्षण में दॉस्तोवस्की को दो टुकड़ों में चीरकर फेंक दिया था, पराजित होने लगा। कटकर पीछे फेंके हुए अंश फिर जुड़ने लगे थे। दॉस्तोवस्की में ज़िन्दगी लौटने लगी थी और वह ज़िन्दगी थी—मारिया! उसे लगता था, अगाध अँधेरे में एक सुकोमल हाथ टिमटिमाती मोमबती लिये जाने किधर से उदित हुआ है और जैसे नये क्षितिज स्पष्ट होने लगे ! पर एक बहुत बड़ा अवरोध था...

इस अवरोध की बात वह किससे कहे, सिवा रैंगेल के! उसने रैंगेल को बताया कि उसके मन में कहीं कुछ घटित हो चुका है। आदमी में ज़िन्दा रहने की एक अजब क्षमता होती है। जब उससे मनुष्यता के सारे उपकरण छीन लिये जाएँ, उसे नितान्त पशु बनाकर छोड़ दिया जाए, तब वह पशु बनकर भी जी लेता है। उसने देखा था कि अपने घर-बार से बिछुड़े हुए शरीर के स्तर पर भूखे-प्यासे उसके साथ चोर और हत्यारे क़ैदी पशु बनकर जिया करते थे। यहाँ तक कि अगर कुछ नहीं था तो वे बेडौल, कुरूप, घिनौने क़ैदी आपस में ही एक-दूसरे के प्रति अप्राकृतिक व्यभिचार में लज्जाहीन होकर प्रवृत्त हो लेते थे। और कभी अगर कोई कुरूप, सड़ी-गली, दुर्गन्धित बुढ़ाती हुई वेश्या भी मिल जाए, तो वे उस पर भूखे जानवरों की तरह टूट पड़ने में नहीं हिचकते थे। लेकिन असली तकलीफ़ उसे होती है, जो कहीं अपने मन में मनुष्य होने का स्वाभिमान जगाये रहता है और पशु बनने से इनकार कर देता है। अन्दर-ही-अन्दर वह पीड़ा उसे जड़, निर्जीव और शायद अमानुषिक भी बनाती जाती है। अन्दर से इस अमानुषिक जड़ता का शिकार दॉस्तोवस्की क्या मारिया के इस करुणा भरे प्रेम का अधिकारी भी है? फिर कभी-कभी वह बहुत उदास होकर रैंगेल को बताता कि प्यार तो आखिर पीड़ा का विनिमय है। कौन किसे क्या दे पाता है सिवा एक-दूसरे की पीड़ा को और भी गहरा बना देने के? अन्त में सिर्फ़ एक ही चीज़ मिल पाती है—आत्मदान का सुख! जिसे प्यार करते हो, उसके लिए चुपचाप त्याग करते जाने का सुख!

रैंगेल दॉस्तोवस्की से उम्र में छोटा था, मगर दॉस्तोवस्की के लिए उसके मन में सम्मान भरा स्नेह था। उसने धीरे-धीरे दॉस्तोवस्की का परिचय बड़े अफ़सरों से करा दिया था। यहाँ तक कि खुद दॉस्तोवस्की को नानकमीशण्ड अफ़सर का ग्रेड भी दिलवा दिया था। रैंगेल ने एक छोटी-सी कोठी क़स्बे के बाहर किराये पर ले ली थी। अकसर शनिवार को दॉस्तोवस्की वहीं आ जाता था और रात-रात भर दोनों मित्र बातें करते रहते थे। रैंगेल ज़्यादा व्यावहारिक था। उसने कई बार दॉस्तोवस्की से पूछा कि जितनी तल्लीनता से वह इस स्त्री को प्यार करता है, क्या उस स्त्री के मन में भी वही गहरी भावनाएँ हैं, या सिर्फ़ अकेली शामों में हमदर्दी और थोड़े-से मानसिक सुख की तलाश में उसने दॉस्तोवस्की से घनिष्ठता बढ़ा ली है? वैसे भी वह रैंगेल को सरल स्त्री नहीं लगती थी। मन से भी और तन से भी। उसकी अनेक उलझनें थीं, और अनेक सीमाएँ। लेकिन कुछ महीनों बाद एक दिन दॉस्तोवस्की आया तो उसका चेहरा प्रसन्नता से दमक रहा था। मालूम हुआ कि मारिया ने अन्ततः दॉस्तोवस्की के प्रेम को स्वीकार कर लिया है। दॉस्तोवस्की के लिए दुनिया बदल गयी थी।

दॉस्तोवस्की बेहद खुश था। रैंगेल थोड़ी देर के लिए बाहर गया—लोगों से मिलने-जुलने। जब लौटकर आया तो उसने बताया कि एक अजीब खबर है। मारिया के पति इसाएव को एक नौकरी मिल गयी है। सैमीपैलेटिंस्क से पाँच सौ मील दूर कुजनेत्स नामक क़स्बे में। और पति-पत्नी को शीघ्र ही चले जाना है। दॉस्तोवस्की एक क्षण के लिए स्तब्ध हो गया। और फिर उसके बाद चुपचाप इसाएव के घर की ओर चल दिया। लौटकर आया तो वह पूरी तरह खामोश आत्मत्याग के मूड में था। उसे फिर रैंगेल की सहायता की ज़रूरत थी, क्योंकि इस लम्बे सफ़र और वहाँ जाकर गिरस्ती जमाने के लिए इसाएव और मारिया के पास एक पैसा भी नहीं था और उसका इन्तज़ाम दॉस्तोवस्की को करना था।

यात्रा की सारी तैयारी हो गयी। रैंगेल दॉस्तोवस्की की हालत देखता था और चुप रहता था। वह अकेले में मारिया से मिल भी नहीं पाया था और अब शायद कभी भी अकेले में मिलने की कोई सम्भावना भी नहीं थी। लेकिन रैंगेल ने इसाएव को आमन्त्रण दिया कि कुजनेत्स जाते समय वे दोनों उसकी कोठी पर ठहरें, उसके साथ शाम बिताएँ, खाना खाएँ और तब चाहें तो रात को ही या दूसरे दिन सुबह सफ़र पर रवाना हों। विदा की शाम आयी। रैंगेल ने अपने कुछ अफ़सर दोस्तों से बहुत उम्दा क़िस्म की शराब माँग ली थी। इस बात में उसे कोई दिक़्क़त नहीं हुई कि वह इसाएव को शराब पिलाकर बग़ल के कमरे में सुला दे। फिर उसने बग़ीचे की तरफ़ का दरवाज़ा खोला और मारिया से कहा कि कमरे में बहुत उमस है, क्यों नहीं आप थोड़ी देर बाग़ में घूम लेतीं! दॉस्तोवस्की, तुम इनके साथ चले जाओ।

उस दिन मारिया में सचमुच स्नेह की प्रगाढ़ अभिव्यक्ति थी। उसकी हर निगाह, हर बात, तन-बदन की हर लोच जैसे दॉस्तोवस्की में डूब-डूब जाना चाहती थी। लगता था, जैसे अलग हो जाने की अनिवार्यता के क्षण में ही वह जान पायी कि वह दॉस्तोवस्की से कितने गहरे जुड़ गयी थी। लेकिन निष्ठुर गाड़ीवान ने घण्टे-डेढ़ घण्टे बाद ही शोर मचाना शुरू कर दिया। गर्मियों के दिनों में रात का ही सफ़र आरामदेह होता है। अन्त में खर्राटे भरते हुए इसाएव को दोनों मित्रों ने उठाकर गाड़ी में लिटा दिया। अन्तिम प्रगाढ़ आलिंगन!...फिर मारिया का धीरे-धीरे गाड़ी में बैठ जाना। दॉस्तोवस्की का आँख में आँसू भरे दूर तक गाड़ी को देखते रहना। रास्ता दूर तक जाकर चीड़ के जंगलों की घनी श्यामलता में खो गया...

लेकिन अब इस टूटे हुए दॉस्तोवस्की के मन को बहलाने के लिए दोस्त क्या करे? कैसे उसका ध्यान मारिया से हटे? कैसे उसकी उदासी दूर हो? उस व्यावहारिक युवा अफ़सर को एक ही तरकीब सूझी—अपने बग़ीचे की देखभाल के लिए उसने दॉस्तोवस्की की पुरानी मकान मालकिन की दोनों सुन्दर और अत्यन्त सुलभ लड़कियों को मालिनें बनाकर रख लिया। लेकिन कठिनाई यह थी कि बग़ीचा वही था, जहाँ दॉस्तोवस्की ने पहली बार मारिया के साथ प्रगाढ़ प्रणय की रात बितायी थी। और उन लड़कियों का हर प्रणय-प्रयास दॉस्तोवस्की को फिर मारिया की याद दिला देता था। उन दिनों पोलैण्ड से एक खूबसूरत और अमीर लड़की मारिना उस क़स्बे में आकर बस गयी थी, जिसे रूसी भाषा सीखने के लिए एक मास्टर की ज़रूरत थी। रैंगेल ने दॉस्तोवस्की को वह ट्यूशन दिला दी। वह सुन्दरी स्वयं एक प्रेमी की तलाश में थी। फिर जब उसने सुना कि उसके नये मास्टर जी एक विवाहिता सुन्दरी का मन जीत चुके हैं, तो उसे उनकी क्षमता पर और भी दृढ़ विश्वास हो गया। लेकिन दॉस्तोवस्की का मन तो पाँच सौ मील दूर बसा हुआ था। खत बराबर आते-जाते थे। इसाएव के वहाँ होने के बावजूद दॉस्तोवस्की जो कुछ लिख सकता था, अपने पत्रों में लिखता था। अजीब बात थी कि पाँच सौ मील दूर बैठकर भी मारिया को इस पोलिश लड़की के बारे में सारी खबर थी। यहाँ तक कि कुछ ऐसी भी खबरें थीं, जो खुद दॉस्तोवस्की को भी नहीं मालूम थीं। मसलन यह कि अकसर दॉस्तोवस्की को रूसी भाषा पढ़ाने के लिए रात-रात भर वहीं रुक जाना पड़ता है और जाने उस पोलिश लड़की की बुद्धि कैसी है कि उसे दिन में रूसी भाषा का व्याकरण समझ में नहीं आता। दॉस्तोवस्की खतों में आने-जाने वाले इन आरोपों से और भी उदास हो जाता। अन्त में यही तय पाया गया कि बीच के किसी क़स्बे में दोनों मिलें और मिलकर आमने-सामने सारी शिकायतें रफ़ा-दफ़ा कर ली जाएँ। मगर कठिनाई यह थी कि दॉस्तोवस्की को छुट्टी मिलना नामुमकिन था। उस पर अब भी पुलिस की निगाह थी और जो खत रूस में वह अपने मित्रों को लिखता

था, उनको भी सेंसर किया जाता था। लेकिन गाढ़े वक़्त में काम आने वाला दोस्त फिर काम आया। उसने एक डॉक्टर से सर्टिफिकेट दिलाया कि दॉस्तोवस्की सख्त बीमार है। उसे कुछ दिन आराम करने दिया जाए। उसकी कोठी पर वह आराम कर सकता है। इधर 'बीमार' दॉस्तोवस्की घोड़े पर सवार डेढ़ सौ मील दूर स्थित क़स्बे ज़्मीव की ओर चला जा रहा था।

लेकिन डेढ़ सौ मीलों की धूल फाँकने के बाद दॉस्तोवस्की जब वहाँ पहुँचा, तो मारिया का कहीं नामोनिशान न था। बस एक खत आया हुआ रखा था कि अकस्मात् कुछ परिस्थितियाँ बदल जाने के कारण उसे यात्रा रद्द कर देनी पड़ी। बाक़ी हाल वह बाद में लिखेगी। निराश, आशंकित दॉस्तोवस्की सैमीपैलेटिंस्क लौट आया। लेकिन यहाँ भी मारिया का कोई खत नहीं आया। लगता है, सब खत्म हो गया। मारिया ने तय कर लिया दिखता है कि दॉस्तोवस्की से हमेशा के लिए सम्बन्ध तोड़ लेना है। अँधेरी रात फिर लौट आयी थी।

कई महीने बाद डाक में एक परिचित हस्तलेख वाला लिफ़ाफ़ा था। दॉस्तोवस्की ने धड़कते हृदय से लिफ़ाफ़ा उठाया और पढ़ना शुरू किया। उस दिन न आ पाने की वजह मारिया ने लिखी थी। बहुत पी जाने की वजह से अकस्मात् इसाएव सख्त बीमार हो गया था। और अब एक लम्बी बीमारी के बाद इसाएव का देहान्त हो गया। मरते समय एक अच्छे क्रिश्चियन की भाँति उसने प्रार्थना की, पत्नी और बच्चे को बुलाया, उन्हें आशीर्वाद दिया और बताया कि उसने जीवन भर किसी को इतना प्यार नहीं किया जितना मारिया को किया। मारिया का सब-कुछ लुट चुका है, अब वह जीवन में किसी लायक़ नहीं रही। चौबीसों घण्टे अपने मृत पति के प्रगाढ़ प्रेम को याद करते हुए यही सोचती रहती है कि अपने बच्चे का भविष्य वह कैसे बनाए। पाशा भी बहुत दुःखी रहता है। इस अनजान क़स्बे में न कोई जान-पहचान है न मददगार। पति की पेंशन नाममात्र की है। उससे तो एक हफ़्ते का किराया भी नहीं निकलता। पता नहीं, उसके भाग्य में क्या है। अगर अपने बच्चे पाशा का खयाल न होता तो वह कहीं डूब मरती।

दॉस्तोवस्की खत को पाकर विचित्र मनःस्थिति में पड़ गया। एक ओर लगा कि अब वह सदा के लिए मारिया को अपना सकता है, दूसरे ही क्षण उसे लगा, पति की मृत्यु से व्यथित उस निराश और अनाथ स्त्री के बारे में यह सब सोचना भी ग़लत है। अभी तो केवल उसका एक ही कर्तव्य है कि किस प्रकार उसकी सहायता करे। उस समय उसके पास कुल पचीस रूबल थे, जो उसने तुरन्त भेज दिये। रैंगेल उस समय दौरे पर बाहर गया हुआ था। उसने तुरन्त एक खत लिखा

कि किसी तरह वह मारिया को कुछ धन भेज दे।

खत लिखने के बाद ही दॉस्तोवस्की मन-ही-मन घर बसाने के सुखद स्वप्न देखने लगा। बचपन का कड़वा, घरेलू वातावरण, हथकड़ियों और बेड़ियों में बीती हुई जवानी ! उसके बाद अब शायद उसे एक सुखद स्नेह की छाया मिलेगी। अपने खतों में उसने स्पष्ट विवाह का प्रस्ताव रखा। लेकिन मारिया का उत्तर उत्साहजनक नहीं था। वह पति की मृत्यु से इतनी टूट चुकी है कि वह कुछ सोच ही नहीं पाती। इधर बीमार भी रहने लगी है। बहुत आर्थिक कष्ट है। फिर दॉस्तोवस्की के भविष्य का भी अभी कोई ठिकाना नहीं है। उसकी पिछली पुस्तक दस साल पहले छपी थी—यह फ़ौजी नौकरी तो कुछ दिनों में खत्म हो जाएगी। फिर वह लिखकर कुछ कमा सकेगा, इसका क्या भरोसा! दॉस्तोवस्की चुप हो गया लेकिन मारिया को उसकी चुप्पी भी खलने लगी। उसने फिर लिखा—साल भर तक अलग रहने के बाद अब भला दॉस्तोवस्की उसे क्यों याद रखेगा! खास तौर से अब, जब उसके इर्द-गिर्द जवान पोलिश छोकरियाँ और बग़ीचे में जवान मालिनें हों! यही नहीं, उसने एक और खत लिखा—शायद इस बात की परीक्षा लेने के लिए कि दॉस्तोवस्की के मन में अब भी प्यार शेष है या नहीं। उसने सलाह के तौर पर पूछा कि अगर कोई प्रौढ़, लेकिन सम्पन्न व्यक्ति, जो पाशा की पढ़ाई-लिखाई का भी ध्यान रख सके, उससे विवाह-प्रस्ताव रखे तो उसे क्या करना चाहिए? दॉस्तोवस्की ने बहुत दिन बाद लिखने की कोशिश फिर से शुरू की थी। लेकिन हर खत उसे परेशान कर डालता था। कुछ कविताएँ लिखीं, वे किसी काम की नहीं थीं। उसी बीच फिर मारिया का पत्र आया कि हम लोग बहुत अभागे रहे हैं, इतनी पीड़ा भोगी है कि मन का सब रस सूख चुका है। अब हम एक-दूसरे को सुखी नहीं बना सकते। अच्छा हो कि विवाह की बात अब हम भूल जाएँ। दॉस्तोवस्की बहुत ही चिन्तित हो गया। रैंगेल भी उस समय सेण्ट पीटर्सबर्ग गया हुआ था। लेकिन दॉस्तोवस्की का अफ़सर इस सारी कथा को जानता था। अन्त में उसने एक रास्ता निकाला कि दॉस्तोवस्की जाकर खुद मारिया से मिल सके। कुजनेत्स के पास ही एक क़स्बा था बारानॉल। फ़ौज के लिए रस्सियों की दो गाड़ियाँ वहाँ पहुँचानी थीं। दॉस्तोवस्की को उसने तैनात किया कि इन गाड़ियों के साथ पहरे पर बारानॉल जाए। फ़ौजी छावनी पर रस्सियाँ पहुँचाकर चुपके से कुजनेत्स जाकर मारिया से मिले और हमेशा के लिए इधर या उधर एक बार तय करके लौटे। दॉस्तोवस्की फिर चल पड़ा। इस बार कोई बाधा नहीं थी। जाते ही वह अपनी बाँहों में मारिया को भर लेगा। एक गहरा आश्वासन, सदा-सदा के लिए साथ निभाने का निश्चय! कि अब मारिया को चिन्ता करने की कोई ज़रूरत नहीं—दॉस्तोवस्की सब सँभाल लेगा।

शुरू की दुखभरी अँधेरी शामों से लेकर रैंगेल के बग़ीचे का प्रगाढ़ मिलन सब-कुछ इन रस्सियों के ढेर के साथ लादकर वह सफ़र पर चल पड़ा।

रस्से बरानॉल में फ़ौज के हवाले किये गये। और उसके बाद दॉस्तोवस्की चुपके से, बिना किसी को बताये, कुजनेत्स की ओर चल दिया। वह आशावान् था। उसे लग रहा था कि अलगाव की लम्बी रात खत्म होने को है। मारिया! अकेली और निराश्रित मारिया अपने संरक्षक को देखते ही विह्वल होकर उसकी गोद में दुबक जाएगी। वह सान्त्वना देते हुए उसके आँसू भरे चेहरे को हथेलियों में लेकर ऊपर उठाएगा, डूबे हुए स्वरों में उससे कहेगा, "अब घबराने की कोई बात नहीं। मैं आ गया। अब हमें-तुम्हें कोई भी अलग नहीं कर सकता।"

किन्तु जब मारिया मिली तो वह स्तब्ध तो ज़रूर थी, लेकिन उसके चेहरे पर न सन्तोष था, न भावविह्वलता। पहले प्रगाढ़ आलिंगन से अपने को छुड़ाती हुई वह जाकर सामने बैठ गयी। और फिर चुप होकर सूनी निगाहों से ज़मीन की ओर देखने लगी। दॉस्तोवस्की की समझ में नहीं आया कि क्या बात हो सकती है। क्या उसके मृत पति की याद उसके मन पर बुरी तरह छायी हुई है? या उसे सन्देह है कि दॉस्तोवस्की का प्यार सच्चा नहीं है? क्या वह अपने बच्चे के भविष्य के लिए चिन्तित है?

धड़कते हुए हृदय से काँपती आवाज़ में दॉस्तोवस्की पूछता जा रहा था। मारिया या तो चुप थी या बहुत दबे स्वरों में कहती थी, "नहीं, यह बात नहीं है।" "तो फिर बात क्या है?" दॉस्तोवस्की ने अधीर होकर पूछा, "तुम बोलो। कुछ तो बताओ। तुम जानती हो तुम्हारी ही खुशी में मेरी खुशी है। तुम जो चाहोगी, वह हो जाएगा। मगर तुम अपनी इच्छा तो बताओ!" और तब अचानक मारिया फूट-फूटकर रो पड़ी। "मैं तुमसे विवाह के क़ाबिल नहीं हूँ। मुझे क्षमा कर दो। मुझे भूल जाओ। तुम वापस लौट जाओ। किसी अच्छी लड़की को चुनकर उससे विवाह कर लो।" और जब दॉस्तोवस्की पूछता ही गया, तब उसने सिसक-सिसककर बताया कि यहाँ एक नौजवान अध्यापक है। अभी सिर्फ़ चौबीस वर्ष का है। इरकुत्स्क से आकर यहाँ बिलकुल अकेला अनाथ-सा पड़ा हुआ है।

मारिया से मिलने के बाद वह अध्यापक उसके प्यार में पागल हो गया है। उसी में जीता है, उसी में मरता है। मारिया उसे छोड़ नहीं सकती। आखिर वह कहाँ जाएगा ? अगर उसने आत्महत्या कर ली तो क़यामत तक उसकी आत्मा मारिया के जीवन पर अभिशाप की तरह मँडराती रहेगी। मारिया क्या करे, कहाँ जाए, कुछ समझ में नहीं आता।

दॉस्तोवस्की को लगा, जैसे धरती उसके पाँव तले से खिसक गयी है और अथाह

अँधेरे में वह डूबता जा रहा है। लेकिन नहीं, उसने अपने को सँभाला। उसे जीवित रहना है, और किसी के लिए नहीं तो मारिया के लिए जीवित रहना है। मारिया इतने बड़े आन्तरिक संकट में उलझी हुई है। दॉस्तोवस्की उसे अकेला कैसे छोड़ दे ? नहीं, ऐसे में तो मारिया को दॉस्तोवस्की के सहारे की और भी ज़रूरत है। उसने कन्धे पर हाथ रखकर मारिया को दिलासा दिया। घबराने की बात नहीं। सब ठीक हो जाएगा। यह एक गुज़रता हुआ दौर है। एक दिन आएगा, फिर मारिया समझेगी कि इस अध्यापक के प्रति उसका प्यार न उसे सुख पहुँचाएगा, न अध्यापक को। दोनों की उम्र में, मन में, बुद्धि में बड़ा अन्तर है। मारिया यह समझती थी, लेकिन यह भी जानती थी कि अब वह इस अध्यापक को छोड़ नहीं सकती।

दॉस्तोवस्की ने फिर उसे समझाया कि एक दिन मारिया का यह सर्वग्राही, अन्धा प्यार उस अध्यापक के लिए अभिशाप बन जाएगा। वह मारिया को शाप देगा। मारिया के प्यार के बदले में उसे फिर सिर्फ़ यन्त्रणा मिलेगी। अध्यापक को भी, मारिया को भी, और दॉस्तोवस्की को भी।

पहले मारिया को लगा कि दॉस्तोवस्की केवल ईर्ष्यावश यह कह रहा है। लेकिन धीरे-धीरे उसे भी यह बात समझ में आने लगी। पर वह मजबूर थी। उसने बताया कि वह यह समझती है कि उसका प्यार सिर्फ़ यन्त्रणा देगा और यन्त्रणा पाएगा। लेकिन वह क्या करे कि वह आपे में नहीं है। इस नये प्यार के चरम आनन्ददायक क्षणों में भी उसे यह लगता रहा है कि वह अपने लिए एक भयावह यन्त्रणा के बीज बो रही है। मगर इस यन्त्रणा में भी एक विचित्र-सी कशिश है। मारिया उससे मुक्त नहीं हो सकती, नहीं हो सकती!

अन्त में तय हुआ कि जाने से पहले कम-से-कम एक बार दॉस्तोवस्की अध्यापक वर्गुनव से मिल ज़रूर लेगा। वर्गुनव मिलने आया। सीधा-सादा, भावुक नौजवान, सहमा हुआ। उसने कुछ नहीं कहा। सिर्फ़ यही कहता रहा कि वह मारिया के बिना जी नहीं सकता और दॉस्तोवस्की के कन्धे पर सिर रखकर सिसक-सिसक कर रोता रहा। दॉस्तोवस्की को स्पष्ट लगा कि यह व्यक्ति स्वयं मारिया के सर्वग्राही यन्त्रणादायी प्यार का शिकार है। इस पर न क्रोध किया जा सकता है, न इसे निराश किया जा सकता है। उसे इस समय हमदर्दी और सहारे की ज़रूरत है। और दॉस्तोवस्की ने तय कर लिया कि वह अपनी सारी भावनाओं को इन दोनों के लिए बलिदान कर देगा।

उसने लौटने की तैयारियाँ शुरू कर दीं। और जब वह सामान बाँध चुका, तो मारिया आयी। वह बेहद कृतज्ञ थी, अब बाँहें खोलकर वह दॉस्तोवस्की से लिपट गयी। भरे-भरे गले से बोली, "तुम सचमुच कितने बड़े हो! सचमुच तुम्हारा प्यार

कितना बड़ा है! नहीं, तुम्हें इस तरह अपने को बलिदान करने की ज़रूरत नहीं है।" उसने एक-एक कर दॉस्तोवस्की के लबादे के बटन खोल डाले। कमरा बन्द कर लिया और बिस्तर में लेटकर उसकी बाँहों में दुबक गयी। "इस वक़्त सब भूल जाओ—यहाँ कोई नहीं है। सिर्फ़ तुम हो। मेरे लिए भी इस वक़्त सिर्फ़ तुम हो। मैं तुम्हें कितना सुख दे डालूँ! किस तरह भर दूँ! मैं सिर्फ़ तुम्हारे लिए हूँ, सिर्फ़ तुम्हारी हूँ।"

दो दिन और दो रातें इस प्रगाढ़ सुख में बीत गयीं। लगा, जैसे इन तमाम वर्षों की यातना और अलगाव सिर्फ़ एक छलना थे। उनका प्यार ही सच है—दृढ़ और अपराजेय!

और जब वह कुजनेत्स से रवाना हुआ तो अन्दर से बहुत भरा हुआ था। लेकिन उसने पाया कि मारिया की जो उज्ज्वल, आलोकमयी प्रतिमा उसके समक्ष थी, वह लुप्त हो चुकी है। वह एक बड़ी जटिल, बहुत कठिन लड़की से सदा-सदा के लिए आबद्ध होकर लौट रहा है। क्या वह उसे सँभाल पाएगा?

और जब वह लौटकर आया तो कुछ दिनों बाद मारिया का पत्र मिला, बहुत लम्बा पत्र, जिसमें मारिया ने लिखा था कि उसके जाने के बाद मारिया ने इतना सूनापन और इतना अकेलापन महसूस किया, जितना पहले कभी नहीं जाना था। लेकिन इस शून्य में वर्गुनव, भावुक, विचलित और बेहद निराश वर्गुनव, जैसे फिर उस पर छा गया है। वह दॉस्तोवस्की के प्रेम को इतनी गहराई से पहले कभी जीवन में नहीं समझ पायी थी। साथ ही वर्गुनव के प्यार के प्रति इतनी लाचार और विवश भी वह कभी नहीं थी। मानो वह वर्गुनव के हाथ की कठपुतली हो चुकी है। ओह ! वर्गुनव एक क्षण भी उसके बिना नहीं रह पाता है।

दॉस्तोवस्की बहुत देर तक सोचता रहा। फिर उसने लम्बा खत लिखा, जिसमें वर्गुनव के विरुद्ध एक शब्द नहीं था। सिर्फ़ उसने एक सलाह दी थी कि इस सारे मसले पर मारिया ठण्डे दिमाग़ से सोचने की कोशिश करे। और यह याद रखे कि किसी भी संकट में दॉस्तोवस्की उसके साथ है। दॉस्तोवस्की का प्यार कोई भी शर्त नहीं माँगता।

जाननेवाले जानते थे कि अन्दर से वह बुरी तरह टूट गया है। सैनिक क़वायद के वक़्त उसके पाँव भी ठीक से नहीं पड़ते। और अन्त में उसे मिरगी का बहुत भयानक दौरा आया। इतना भयानक कि उसकी जगह कोई दूसरा होता तो शायद उसे सज़ा दी जाती। लेकिन दॉस्तोवस्की के प्रति अफ़सरों में एक अव्यक्त-सी सहानुभूति थी। धीरे-धीरे वे यह सोचने लगे कि उसे तरक़्क़ी देकर अफ़सर वर्ग में ले लिया जाए ताकि उसकी हालत सुधरे और मन भी कुछ बदले।

कई महीने बाद उसे मारिया का खत मिला। "तुम शायद ठीक कहते थे।

वर्गुनव से निबाह हो सकना नामुमकिन है। आखिर उसकी तनख्वाह सिर्फ़ तीस रूबल माहवार है।'' और दॉस्तोवस्की ने पाया कि पलड़ा पलट रहा है। लेकिन जाने क्यों यह जीत उसे खुशी नहीं दे पा रही थी। नवम्बर, 1856 में उसने रैंगेल को लिखा—''अब भी वह मेरे लिए सब-कुछ है। वह चाहे अकृतज्ञता और विश्वासघात के ही सहारे मुझसे जुड़ी रहे, लेकिन वह जुड़ी रहे, यह ज़रूरी है। वरना मुझे आत्महत्या कर लेनी होगी। मैं जानता हूँ कि उसके प्रति मेरा प्यार एक मानसिक बीमारी की तरह है, लेकिन तुम जानते हो कि कई बीमारियाँ भी ज़िन्दगी भर पीछा नहीं छोड़तीं।'' मारिया के खत पर खत आते रहे। दिसम्बर में दॉस्तोवस्की फिर कुजनेत्स गया। अब वह अफ़सर था। उसे छिपकर जाने की ज़रूरत नहीं थी। इस बार मारिया प्रतीक्षारत वधू की तरह मिली—आज्ञाकारी और समर्पिता! पाँच दिन वे साथ रहे। इस बार न कोई अनिश्चय था, न कोई आवेग। दॉस्तोवस्की ने प्रस्ताव किया कि अब उन्हें विवाह कर ही लेना चाहिए। मारिया न केवल सहमत थी, वरन् चाहती थी कि विवाह जल्दी से जल्दी हो जाए। महीने भर बाद दॉस्तोवस्की फिर कुजनेत्स लौटा। एक छोटे-से चर्च में विधिपूर्वक विवाह सम्पन्न हुआ। बाहर सामान से लदी गाड़ी खड़ी थी। मारिया का बच्चा पाशा सामान के साथ चुपचाप बैठा था। दोनों चर्च से निकले और बारानॉल की ओर चल दिये। विवाह की पहली रात उन्हें बारानाल में अपने एक मित्र परिवार के साथ बितानी थी। मित्र परिवार ने बड़े उत्साह के साथ सुहाग-शैया का प्रबन्ध कर रखा था।

रास्ते में मारिया आश्वस्त थी, लेकिन दॉस्तोवस्की असाधारण रूप से चुप था, गम्भीर, न जाने क्या सोचता हुआ। शाम हो रही थी। बारानॉल नज़दीक आ रहा था। शाम का कोहरा जैसे दॉस्तोवस्की के अन्दर भी छाये जा रहा था। मित्र परिवार ने नवविवाहित जोड़े को हाथों-हाथ लिया। मोमबत्तियाँ जलायी गयीं। भोज हुआ। बधाई दी गयी और वर-वधू अपने कमरे की ओर चले।

मारिया उत्सव के कपड़े उतारकर रात के कपड़ों में सजकर शयनकक्ष में आयी। आज समर्पण की रात है। दॉस्तोवस्की बिस्तर के किनारे पलंग से टिककर गुमसुम बैठा था। मारिया ने आकर प्यार से उसे बाँहों में भरा। दॉस्तोवस्की की आँखें बिलकुल सूनी थीं। अकस्मात् मारिया ने पाया कि वह काँप रहा है। और सहसा उसके जबड़े भिंच गये। मुँह से विचित्र पाशविक आवाज़ें निकलने लगीं। छटपटाता हुआ वह फ़र्श पर गिर पड़ा और पागलों की तरह हाथ-पाँव पटकने लगा। मुँह से फेन बह रहा था। मारिया डर से चीखी। घर वाले दौड़कर आये। उन्होंने देखा, दॉस्तोवस्की को मिरगी का भयानक दौरा पड़ा है। मारिया के हाथ-पाँव सुन्न पड़ गये थे। वह खुद काँप-सी रही थी। यह कैसी ज़िन्दगी है! इसका अन्त क्या होगा? यह विवाह उसे कहाँ ले जाएगा? यह वध किये जाते हुए पशु की तरह छटपटाता हुआ बेहोश

दॉस्तोवस्की! इसकी तो उसने कल्पना भी नहीं की थी। कुछ था जो उसी शाम जुड़ा था और उसी रात मानो टूट गया।

इस दौरे के बाद आराम की ज़रूरत थी। दॉस्तोवस्की खामोश था। असहाय, निराश और मन में अपने को बेहद अपराधी महसूस करता हुआ। मारिया चुप थी। मुँह पर एक कठोर भाव था, मानो वह बार-बार पूछ रही हो—तुमने मुझे धोखा क्यों दिया?

कुछ दिनों बाद वे बारानॉल से रवाना हुए और सैमीपैलेटिंस्क में आकर एक छोटा-सा मकान लेकर रहने लगे। कैसा था उनका जीवन! बाहर से जुड़ा हुआ, अन्दर से फटा-फटा और दिनों-दिन टूटता हुआ। मारिया और दॉस्तोवस्की, दोनों ने दोस्तों और रिश्तेदारों को जो खत लिखे, उनमें पहले की भाव-विह्वलता ग़ायब थी...दोनों ने सिर्फ़ इतना लिखा था कि वे एक-दूसरे को प्यार करते हैं। वे जो चाहते थे, उन्हें मिल गया है। आने-जाने वाले महसूस करते थे कि घर में सब कुछ शान्त है, लेकिन शान्त होने के बावजूद उस घर में कहीं शान्ति नहीं है। सिर्फ़, अजीब-सी खौफ़नाक खामोशी है।

इस भयानक खामोशी में घबराकर दॉस्तोवस्की ने फिर से लेखन में पनाह लेनी चाही। अफ़सर के रूप में उसका काम बढ़ गया था। और जितना वक़्त मिलता था, वह अपने लेखन में लगा रहता था। दोनों अधिकतर चुप रहते थे या बीमार। साल भर बाद उसने जार को अर्जी दी कि अब उसे रूस लौटने की इजाज़त दी जाए। जिस जार ने उसे सज़ा दी थी, उसकी मृत्यु हो चुकी थी। उसका उत्तराधिकारी अलेक्जेण्डर द्वितीय अपेक्षाकृत उदार था। अन्त में उसे रूस में आकर बसने की अनुमति मिली। लेकिन आदेश था कि मास्को या सेण्ट पीटर्सबर्ग के अलावा वह कहीं और बसे। उसने मास्को के पास एक छोटे क़स्बे त्वेर को चुना। पाशा का नाम एक सैनिक स्कूल में लिखाया जा चुका था। अब ये हज़ारों मील लम्बे सफ़र पर रवाना हुए।

गृहवधू के रूप में मारिया असफल साबित हो चुकी थी। वह हमेशा खीजी हुई रहती थी और इस बात से बेहद असन्तुष्ट कि उसे जिस शान-शौकत से रहना चाहिए, उसका इन्तज़ाम दॉस्तोवस्की नहीं कर पाता। घर लौटते ही किसी-न-किसी बात पर झकझक शुरू हो जाती। जब दॉस्तोवस्की के बड़े भाई माइकेल का सन्देश आया कि वह परिवार सहित आ रहा है नौ वर्ष से बिछुड़े अपने भाई से मिलने—तब दॉस्तोवस्की पुलक उठा। लेकिन मॉइकेल का आगमन मारिया को और भी असन्तुष्ट बना गया। माइकेल का विवाह सुखी विवाह था। उसकी जर्मन पत्नी बहुत समझदार और निष्ठावान् थी। मारिया को लगा कि माइकेल को इसीलिए बुलाया गया है कि उसे नीचा दिखाया जाए। उसे लगा कि ये सब वास्तव में अन्दर-ही-अन्दर

उससे घृणा करते हैं। समझते हैं कि मारिया ने दॉस्तोवस्की के जीवन को नरक बना दिया है। और फिर यह भावना इस क़दर बढ़ती गयी कि उसे लगने लगा कि हर आदमी उसे अपराधी समझता है। हर आदमी उसके खिलाफ़ साज़िश कर रहा है। और दॉस्तोवस्की भी उस साजिश में शामिल है। इसी क़स्बे में, सचमुच उसकी गिरस्ती अन्दर से बिलकुल टूट गयी। अब उसके साथ उसकी प्रेरणा, उसके जीवन की अनिवार्यता मारिया नहीं थी। उसके साथ एक बीमार, शक्की मिजाज़, कठोर स्वभाव की लगभग बूढ़ी औरत थी, जिसने अपने चारों ओर एक नरक बुन लिया था। और उस नरक से वह निकलना भी नहीं चाहती थी। उसके अन्दर वह बिलकुल सुरक्षित थी। दॉस्तोवस्की जब बाहर की दुनिया से शाम को घर लौटता था तो यह खीजी हुई औरत अपने उस नरक को आत्मरक्षा का अस्त्र बनाकर उसको आहत करने पर तुल जाती थी।

दॉस्तोवस्की की लड़की ने बहुत बाद में अपने संस्मरण लिखे, जिनमें उसने यह लिखा है कि इस असन्तुलन का एक बहुत बड़ा कारण यह भी था कि वर्गुनव नौकरी छोड़-छाड़कर उसी क़स्बे में आ गया था। उसके आने से मारिया और भी अधिक भयभीत, आशंकित और असन्तुलित हो उठी थी। वह बार-बार सोचती थी, काश, उसने दॉस्तोवस्की को न चुनकर वर्गुनव को ही चुना होता। लेकिन इसका कोई प्रमाण नहीं मिलता। इसके बजाय इस बात का प्रमाण अधिक मिलता है कि इस नरक के बावजूद अन्दर कहीं प्यार बना हुआ था और वह इतना सशक्त था कि एक-दूसरे से मनचाहा सुख न पाकर गुस्से और प्रतिशोध में एक-दूसरे को तोड़ने पर उतारू हो गया था। वर्षों बाद एक बार दॉस्तोवस्की ने रैंगेल से कहा था, "ओ दोस्त! वह मुझे बहुत प्यार करती थी। मैं भी उसे बेहद प्यार करता था। लेकिन फिर भी हम दोनों का जीवन सुखी नहीं था। हालाँकि हम लोग बेहद दुःखी थे, उसका स्वभाव बेहद अजीब, शक्की और दूसरों को दुःख पहुँचाकर सुख पानेवाला क्रूर स्वभाव था, लेकिन लगता था कि हम ज्यों-ज्यों यन्त्रणा भोग रहे हैं, त्यों-त्यों और ज़्यादा एक-दूसरे की कामना करते हैं। यह अजीब है कि कामना की पूर्ति में एक-दूसरे को न पाकर और ज़्यादा यन्त्रणा ही पाते हैं।"

मारिया यह जानती थी कि उम्र, त्रास और बीमारी ने उसके पहलेवाले व्यक्तित्व का सारा आकर्षण खत्म कर दिया है। जब दॉस्तोवस्की उससे कहता कि वह बीमार है, सावधानी से अपना इलाज करा ले, तो वह तुरन्त कहती कि अब तुम मन-ही-मन इस बात का इन्तज़ार कर रहे हो कि मैं कब मरूँ और तुम कब छुटकारा पाओ। लेकिन यह कहते हुए भी उसे मन में यही लगता था कि असल में तो दॉस्तोवस्की बीमार है। मिरगी में पता नहीं कब उसका प्राणान्त हो जाए। तब उसका और

उसके बच्चे का क्या होगा?...

रैंगेल और माइकेल यह कोशिश कर रहे थे कि दॉस्तोवस्की को सेण्ट पीटर्सबर्ग और मास्को में रहने की इजाज़त मिल जाए ताकि उसका लिखना-पढ़ना सुचारु रूप से चल सके। उनके आग्रह पर दॉस्तोवस्की ने जार को इस बात की अर्जी दी। मारिया ने उस अर्जी में यह भी बढ़वाया कि सरकारी खर्चे पर पाशा को किसी अच्छे स्कूल में भरती कर लिया जाए। दोनों ही प्रार्थनाएँ मंजूर हो गयीं। दॉस्तोवस्की ने पाशा इसाएव का नाम एक अच्छे स्कूल में लिखवा दिया और सेण्ट पीटर्सबर्ग के लिए रवाना हो गया। मारिया भी आयी, लेकिन वहाँ की ठण्डी जलवायु उससे बरदाश्त नहीं हो पायी।

1862 की गर्मियों में पहली बार दॉस्तोवस्की यूरोप यात्रा पर रवाना हुआ। अब वह जमकर लिख-पढ़ रहा था। लेकिन अगर उसके पेट में दर्द भी होता तो मारिया को आशंका होने लगती थी कि दॉस्तोवस्की शायद जीवित न बचे। दॉस्तोवस्की ने वसीयत कर दी कि अगर वह मर जाए तो उसका सारा धन मारिया को मिले।

उनमें अब सिर्फ़ बाहरी ही नहीं अन्दरूनी दूरी भी आ गयी थी। दॉस्तोवस्की मानो किसी बड़े कड़वे और कुरूप यथार्थ से भाग रहा था। यूरोप-यात्रा में पहली बार वह जर्मनी के जुआघरों में गया और अन्धाधुन्ध रुपया दाँव पर लगाने की आदत उसने डाल ली। ऐसे पागलपन से वह जुआ खेलता था कि सारे जुआघरों में इस रूसी जुआरी की ही चर्चा होने लगी थी। सितम्बर में वह लौटा तो मारिया इतनी अपंग हो चुकी थी कि बिस्तर से हिल भी नहीं सकती थी। दॉस्तोवस्की हर वक़्त उसके सिरहाने बैठा रहता। इलाज़ के लिए उसने उसे ब्लादीमीर भेजा। मौत अभी बहुत दूर थी...

मारिया ने अपने को नरक में डालकर द्वार बन्द कर लिये थे। दॉस्तोवस्की का एकमात्र सहारा था उसकी कलम। माइकेल की मदद से उसने एक मासिक पत्रिका 'टाइम' का प्रकाशन और सम्पादन शुरू कर दिया था। पत्रिका का सबसे बड़ा आकर्षण था खुद दॉस्तोवस्की का लेखन। वह अब बराबर लिख रहा था। उसकी एक पुस्तक थी 'मसविदे मृत्युगृह से'। इस पुस्तक में उसने साइबेरिया में भोगे गये भयानक जीवन का चित्रण किया था। मनुष्य की गहनतम पाशविकता में भी दैवी जीवन का एक तत्त्व और दयालु क्राइस्ट का सपना सुरक्षित रहता है, यह उसने बड़ी कुशलता से चित्रित किया था। दूसरी पुस्तक थी : 'पीड़ित और अपमानित', जिसमें उसने एक वैसे ही जटिल यातनादायी प्यार की पीड़ा चित्रित की थी, जैसा उसने साइबेरिया में मारिया के साथ अनुभव किया था। उसने लेखन को अपनी अदम्य जीवनेच्छा का प्रतीक बना लिया था। वह बीमार है, बहुत टूट चुका है, साधनहीन है, उसके जीवन में किसी प्रकार का कोई प्रेम, मानसिक सन्तोष, यहाँ

तक कि शरीर की इच्छापूर्ति तक नहीं है। फिर भी वह लिखेगा, लिखने में ही अपनी सार्थकता ढूँढ़ेगा और जीवन की अनबूझ पहेली का हल खोजेगा।

उसकी इन कृतियों में एक विचित्र-सी अनजानी पीड़ा और गहन आध्यात्मिक रहस्यवाद के साथ जीवन के कटुतम यथार्थ का ऐसा निर्मम चित्रण था, जो न केवल रूसी साहित्य वरन् विश्व-साहित्य में दुर्लभ था। उसकी इन दोनों कृतियों ने उसे पुनः लेखकों की प्रथम श्रेणी में ला खड़ा किया था। और उसी समय उसमें एक विचित्र उन्माद जागा कि वह औरत को अनबूझ पहेली नहीं रहने देगा। उसका रेशा-रेशा उधेड़कर जानेगा कि औरत क्या है, शरीर क्या है? वासना क्या है? पाप क्या है? और अगर ईश्वर कहीं है तो इन सबकी सार्थकता ईश्वर के सन्दर्भ में क्या है? इसके लिए वह कुटिल-से-कुटिल स्त्री के समक्ष वीभत्स-से-वीभत्स पापस्थिति में भी धँसने से हिचकिचाएगा नहीं। जीवन का चरमसत्य खोजने वाले सन्त और गन्दे-से-गन्दे कीचड़ में बिलबिलाने वाले पापी मन का ऐसा विचित्र समन्वय उस समय के दॉस्तोवस्की में झलकने लगा, जिसका कोई भी तार्किक निदान खोज पाना असम्भव है। उसके कथा-साहित्य में प्यार का एक विचित्र रूप झलका, जिसमें प्यार और यातना, आत्मदान और अत्याचार, पाशविक क्रूरता और सेक्स का रहस्यमय उल्लास, सब घुल-मिल गये थे। दॉस्तोवस्की खुले दिल से औरतों से मिलता था—वह कोई भी औरत क्यों न हो! अपने कार्यालय में, शाम की पार्टियों में, यहाँ तक कि अपने भाई माइकेल के घर पर उसके ये विचित्र जीवन-प्रयोग खुलेआम चल रहे थे। कभी-कभी तो उसके साहित्य के प्रशंसक भी उसे धिक्कार कर कहते कि यह व्यक्ति जीवन के इस पहलू में निहायत गिरा हुआ है। लेकिन जैसे दॉस्तोवस्की जान-बूझकर इन बीहड़ रास्तों से गुज़र रहा था। कभी-कभी वह अपने इन वीभत्स यौन-अनुभवों के ऐसे गन्दे किस्से सुनाता था कि रोंगटे खड़े हो जाएँ। बाद में अकसर यह भी पाया गया कि इन किस्सों का अधिकांश मनगढ़न्त हुआ करता था।

लेकिन सभी लोग—यहाँ तक कि उसका भाई माइकेल भी—इस बात से चकित थे कि इतने भीरु स्वभाव वाला, स्त्री मात्र से इतना डरनेवाला दॉस्तोवस्की अचानक इतना हिम्मती और सक्रिय कैसे हो गया। उस समय एक प्रख्यात नर्तकी थी अलेक्जेण्ड्रा शुबर्ट, जिसके रूप और अहंकार के किस्से सारे यूरोप में फैले हुए थे, लेकिन दॉस्तोवस्की ने देखते-देखते उससे मित्रता गाँठी और फिर तो अकसर वह काम से विश्राम लेने के लिए कई-कई दिन उसी के घर पर बिताता था। क्या यह केवल उस अप्रत्याशित व्यवहार की प्रतिक्रिया थी जो उसे मारिया से मिला था? क्या वह अज्ञात रूप से मारिया से प्रतिशोध ले रहा था या चारों तरफ़ की

ठोकरें उसे बिलकुल तोड़ न डालें, इसलिए अपनी जीवनेच्छा को किसी-न-किसी तरह जगाये रखने के लिए उसने यही एक मार्ग खोजा था! या सचमुच वह गहनतम अन्धकार में उतरकर जीवन के किसी ऐसे धरातल की खोज कर रहा था, जहाँ पाप में भी रहस्यमय आलोक का बीज छिपा रहता है। यह ज़रूर था कि उसके लेखन में रहस्यमय आध्यात्मिकता का रंग गाढ़े-से-गाढ़ा होता चला जा रहा था।

उस समय रूस में जो नयी पीढ़ी उभरकर आयी थी, वह दॉस्तोवस्की के प्रति बेहद आकर्षित थी, यद्यपि उस पीढ़ी का दॉस्तोवस्की से किसी प्रकार का बौद्धिक मेल नहीं बैठता था। अकस्मात् उस पीढ़ी ने रूस की मध्यकालीन गहन धार्मिक आस्था को तिलांजलि दे दी थी। वे सब निहिलिस्ट थे। निहिल अर्थात् शून्य अर्थात् हर प्रकार की आस्था से शून्य। सदियों से चली आती हुई नैतिक मान्यताओं और यौन वर्जनाओं के प्रति भी उन्होंने विद्रोह घोषित कर दिया था। नयी पीढ़ी की इन्हीं विद्रोहिणी युवतियों में से एक अत्यन्त प्रखर प्रतिभासम्पन्न, तेज़मिजाज़, ज़िद्दी स्वभाव वाली लड़की थी—अपोलिनारिया। देखने में आभिजात्य, सुडौल नाक-नक़्श, बड़ी-बड़ी नीली आँखें, गहरे भूरे-लाल रंग के बाल, दो लम्बी चोटियाँ और गर्व से तनी हुई ग्रीवा, उम्र बाईस वर्ष, यूनिवर्सिटी में पढ़ रही थी। दो-एक कहानियाँ लिखी थीं, जो उसने दॉस्तोवस्की की पत्रिका में छपने भेजीं और एक लम्बा पत्र लिखा। पहले कार्यालय में मिलने आयी। फिर माइकेल के घर पर मुलाक़ात शुरू हुई और अन्त में वे अकेले में मिलने लगे। उसके पिता पहले ज़मींदारों के यहाँ बेगारी में काम करनेवाले अर्द्ध-गुलाम थे, फिर उन्होंने अपनी खेती खुद शुरू की। अन्त में सेण्ट पीटर्सबर्ग में आकर बस गये और कपड़े के एक कारखाने के मालिक बन गये। उस समय के चलन के अनुसार अपोलिनारिया स्वच्छन्द यौन नैतिकता में कोई बुराई नहीं मानती थी। लेकिन दॉस्तोवस्की से पहले उसे कोई ऐसा व्यक्ति नहीं मिला था, जो उसके कौमार्य को जीत सका हो। उसकी अदम्य संकल्पशक्ति और घोर भौतिकतावादी निहिलिस्ट जीवन-दर्शन के लिए दॉस्तोवस्की के यातना, वासना और अध्यात्म से मिले-जुले रहस्यवाद में एक विचित्र-सा आकर्षण था। दॉस्तोवस्की ने उसके अन्दर की पिपासा को भड़का दिया था। दोनों वासना के धरातल पर फिसल गये थे और दोनों अपनी इस फिसलन से मन-ही-मन भयभीत भी थे।

और इस भय ने दोनों में विचित्र प्रतिक्रियाएँ उत्पन्न कीं। अपोलिनारिया ने ज़रा अलग हटकर दॉस्तोवस्की के सारे रुख के आगे प्रश्नचिह्न लगाने शुरू किये। सबसे पहला प्रश्नचिह्न था दॉस्तोवस्की और मारिया के सम्बन्धों को लेकर। जब वह व्यक्ति मारिया से सिवा यातना के और कुछ नहीं पा रहा, जब स्कूल तक में उसने पाशा का नाम पाशा इसाएव लिखा रखा है, तो वह दिन-रात मारिया की

बीमारी और पाशा की शिक्षा-दीक्षा की समस्याओं से अपने को क्यों लादे रखता है? संक्षेप में अपोलिनारिया का स्पष्ट प्रश्न था कि वह मारिया को तलाक़ क्यों नहीं दे देता ?

दॉस्तोवस्की पर इसकी ठीक विपरीत प्रतिक्रिया थी। वह जैसे और मज़बूती से मारिया को जकड़ लेना चाहता था। अकसर काम-धाम छोड़-छाड़कर कई-कई दिन मारिया के सिरहाने बैठकर गुज़ार देता था, जैसे डूबता एक तिनके के सहारे को ही ज़ोर से पकड़ ले। लेकिन अन्त में सन् 1863 में जब मारिया को उसने ब्लादीमीर भेज दिया—स्वास्थ्य-लाभ के लिए—तब उसने कार्यक्रम बनाया कि इन गर्मियों में वह फिर यूरोप-यात्रा को जाएगा और इस बार अपोलिनारिया उसके साथ होगी। लेकिन अपोलिनारिया के तमाम प्रश्नों के बावजूद वह बीमार और मरणासन्न मारिया का मन नहीं दुखाएगा। इसलिए उसके साथ अपोलिनारिया का जाना गुप्त रखा जाएगा।

इसी बीच दॉस्तोवस्की की पत्रिका को सरकारी नोटिस मिला और वह बन्द कर दी गयी। दॉस्तोवस्की पत्रिका के झगड़े निबटाकर अपोलिनारिया के घर गया तो मालूम हुआ कि वह दो दिन पहले ही बिना दॉस्तोवस्की को बताये यूरोप रवाना हो चुकी है। शायद वह इस सारी स्थिति से ऊब चुकी थी और उसकी यह यूरोप-यात्रा दॉस्तोवस्की के साथ नहीं, बल्कि उससे दूर रहने के लिए थी। लेकिन दॉस्तोवस्की को विश्वास नहीं होता था कि अपोलिनारिया उसके प्रेम को ठुकरा सकती है। ज़रूर यह एक प्यार भरी शरारत है और यूरोप में जब दॉस्तोवस्की पहुँचेगा तो अपोलिनारिया उसका इन्तज़ार करती हुई मिलेगी। अपोलिनारिया के इस तरह चले जाने से उसके मन में कामना और भी उद्दीप्त हो उठी थी।

लेकिन यूरोप जाने के पहले एक बार फिर ब्लादीमीर जाकर वह मारिया को देख आना चाहता था और उसका सारा इन्तज़ाम भी ठीक कर आना चाहता था। उसके पास रुपये थोड़े थे। मारिया और पाशा का खर्च बहुत ज़्यादा था। अपोलिनारिया ने फ्रांस पहुँचकर उसे लिखा था कि यहाँ आकर उसे दॉस्तोवस्की की बहुत याद आ रही है, वह तुरन्त चला आये। लेकिन दॉस्तोवस्की ने लिखा जितने रुपये थे, सब मारिया के इन्तज़ाम में खत्म हो गये, एक-दो महीने में रुपयों का इन्तज़ाम करके वह आएगा। और उसके बाद अकस्मात् अपोलिनारिया के खत आने बन्द हो गये।

कुछ महीने बाद दॉस्तोवस्की पेरिस के लिए रवाना हुआ। रास्ते में जर्मनी के जुआघरों ने फिर उसका ध्यान आकर्षित किया। आखिरकार पेरिस पहुँचा। लेकिन अपोलिनारिया अपने कमरे में नहीं थी। उसने अपने आने की सूचना और अपना पेरिस का पता

लिखकर छोड़ दिया। दूसरे ही दिन उसे पेरिस में अपोलिनारिया नहीं, उसका खत मिला : 'तुम्हें आने में थोड़ी देर हो गयी। सिर्फ़ कुछ ही दिनों पहले मैंने योजना बनायी थी कि तुम्हारे आते ही तुम्हें साथ लेकर इटली चलूँगी। मैंने इटालियन सीखनी भी शुरू कर दी थी। लेकिन अब बेकार है। सब कुछ इन पिछले दिनों में बदल चुका है। तुमने कभी मुझसे कहा था कि मैं आसानी से अपना हृदय नहीं दे सकती। लेकिन तुम जानते हो कि मैंने पहली पुकार पर बिना किसी दुराव के, बिना किसी सवाल-जवाब के, अपना तन-मन, सब कुछ दे डाला था। लेकिन सच बात यह है कि उस समय मैं अपने को जानती नहीं थी। सच बात यह भी है कि तुम भी उस समय मुझे नहीं जानते थे। इसीलिए जब तुम मुझे लेकर चरम भावोल्लास व्यक्त करते थे, तो मैं खीज उठती थी। अब सब बेकार है। अलविदा! मैं तुमसे मिलना चाहती थी। तुमसे रूस के बारे में बहुत-सी बातें करना चाहती थी, लेकिन अब उस सबसे क्या फ़ायदा होगा!"

हुआ यह था कि पेरिस में आने के बाद लम्बी, उदास और अकेली शामों में उसकी भेंट एक नवयुवक स्पेनी छात्र सैलवेडोर से हुई। पहले परिचय और फिर उसके बाद एकदम पागल कर देनेवाला प्यार, कब और कैसे घटित होता गया, वह अपोलिनारिया को भी नहीं मालूम। लेकिन जैसे पहली बार शरीर का उन्मुक्त उल्लास मिला था। वह दीवानी थी। लेकिन कुछ ही दिनों बाद उसे मालूम हुआ कि वह इस स्पेनी छात्र के लिए एकमात्र नहीं है, अनेकों में से एक है। यही नहीं, सैलवेडोर उससे रुपये भी माँग रहा था, स्पेन जाने के लिए। उसे मालूम हो गया कि वह सब धोखा था। लेकिन बहुत कोशिश करने पर भी वह सैलवेडोर को अपने दिमाग़ से निकाल नहीं पाती थी। कई दिन दॉस्तोवस्की ने इन्तज़ार किया। अपोलिनारिया मिलने नहीं आयी। दो-तीन दिन बाद दॉस्तोवस्की ने अपने भाई माइकेल को लिखा—'मैं बहुत उदास हूँ। मेरा सर दर्द करता रहता है। मैं हमेशा तुम लोगों के ही बारे में सोचता रहता हूँ—कभी-कभी मारिया के बारे में। मुझे कितना सुक़ून मिले अगर उसके बारे में मुझे कोई अच्छी खबर सुनने को मिले! लिखना कि ब्लादीमीर में उसका स्वास्थ्य कैसा है।'

क्या सोच रहा था दॉस्तोवस्की उस समय? क्या वह सोच रहा था वर्षों पहले उस दिन की बात, जब वह कुजनेत्स में मारिया से मिलने गया था और लगभग ऐसी ही स्थिति का अनुभव उसे हुआ था! क्यों उसी के जीवन में ऐसी यातनादायी स्थितियाँ आती हैं? कौन-सी नियति है जो अपने को बार-बार दोहराती है?

अन्त में एक दिन सुबह सात बजे कमरे के दरवाज़े पर किसी ने दस्तक दी। वह

सोते से उठा। दरवाज़ा खोला, देखा अपोलिनारिया थी। उसकी आँखें एकदम लाल थीं, जैसे रात भर रोती जागी हो। वह चुपचाप कोने में बैठ गयी। दॉस्तोवस्की फिर जाकर, कम्बल लपेट कर लेटा रहा। और अपोलिनारिया ने बिना किसी भूमिका के सैलवेडोर की सारी कथा सुनानी शुरू कर दी। सारांश यह था कि वह किसी हालत में सैलवेडोर को नहीं छोड़ेगी। लेकिन उसका कारण यह था कि वह सैलवेडोर से बदला लेना चाहती थी। उसको भी चरम मानसिक यन्त्रणा पहुँचाना चाहती थी। उस यन्त्रणा के लिए प्यार ज़रूरी था। और फिर अपने होठ दबाकर दृढ़ता से बोली, "मैं जैसे सोचती हूँ, इसके सिवा और किसी दूसरी तरह से मैं नहीं सोच सकती। अब तुम सारी स्थिति समझकर मुझ पर जो फ़ैसला चाहो, दे सकते हो, मुझे तुम्हारी समझदारी पर यक़ीन है।" दॉस्तोवस्की के स्वर में फिर एक ठहराव था और स्नेह की तरलता थी। बहुत हमदर्दी से, बिना किसी शिकायत के, उसने कहा, "मैं तुम्हारी यातना को खूब अच्छी तरह समझ रहा हूँ। लेकिन तुम भी सोचो कि मुझे कैसा महसूस हो रहा होगा!" और यह कह कर वह चुप हो गया।

बाद में वह अपोलिनारिया के डेरे पर गया। अपोलिनारिया सुबह के नाश्ते की तैयारी कर रही थी। पहुँचते ही हँसी, स्वागत किया और बोली, "देखो अब मैं शान्त और संयत हूँ।" दॉस्तोवस्की ने कहा, "मुझे यह देखकर सचमुच खुशी हुई।" अपोलिनारिया ने आगे बढ़कर दॉस्तोवस्की की बाँह में बाँहें उलझाकर कहा, "मैं शान्त और संयत इसलिए हूँ कि इससे बदले की पूरी योजना बनाने में ज़्यादा आसानी होती है। तुम्हारे साथ की मुझे हर वक़्त ज़रूरत है, क्योंकि इस उथल-पुथल में मुझे तुम्हीं सँभाल सकते हो।"

उसके बाद वे बराबर मिलते रहे। वह कभी अपमानित प्यार से तिलमिलाकर उसके कन्धे पर सिर रखकर रो लेती थी—कभी बैठकर सैलवेडोर को कड़े और कड़वे खत लिखती थी और कभी यह कहती थी कि मैं अब पेरिस से ऊब गयी हूँ। मुझे कहीं ले चलो। पेरिस से कहीं चलने की बात दॉस्तोवस्की को बहुत पसन्द आयी। लेकिन अपोलिनारिया ने स्पष्ट कहा कि वे अलग कमरे लेकर रहेंगे। और किसी प्रकार का शारीरिक उलझाव नहीं। दॉस्तोवस्की इसी क्षण की प्रतीक्षा में था, वह जानता था कि यह सैलवेडोर की समस्या पेरिस में उपजी। पेरिस छूट जाएगा और यह समस्या भी। फिर अभी अपोलिनारिया कुछ भी कहे। साथ ही इस लम्बी यात्रा में वह किसी-न-किसी तरह अपोलिनारिया को फिर पा लेगा।

अपोलिनारिया भी यात्रा की योजना से उत्साहित थी। उसने दॉस्तोवस्की को पहले भी पाया था, लेकिन तब वह जानती नहीं थी कि पुरुष पर विजय पाने का मूल्य

क्या होता है। तब उसने अपने पर दॉस्तोवस्की की विजय स्वीकार की थी। अब पलड़ा पलट गया है। वह विजयिनी है और दॉस्तोवस्की कृपाकांक्षी। सैलवेडोर के बावजूद दॉस्तोवस्की उसका अनुगामी है!

पेरिस से रवाना होकर वे सबसे पहले बादेनबादेन पहुँचे। ब्लैक फॉरेस्ट की खूबसूरत घाटियों में गर्म चश्मों के पास बसा हुआ यह गन्धर्व-नगर संसार के बड़े-बड़े धनियों, सामन्तों, राजकुमारों और रूपसियों का विलासकेन्द्र था। उसके विश्वविख्यात जुआघरों में कितनों की किस्मतें रोज़ बनती-बिगड़ती थीं। किस तरह दॉस्तोवस्की ने वहाँ जाकर भयानक रूप से जुआ खेला, किस तरह सब-कुछ गँवाकर पैसे-पैसे के लिए तरसा, किस तरह तुर्गनेव और दूसरे दोस्तों से बीस-बीस पौण्ड उधार माँगकर उसने गुज़ारा किया—यह सारी कथा बहुत बार लिखी जा चुकी है। लेकिन उस समय भी बहुत कम लोगों को यह मालूम था कि हर रोज़ रात को होटल में लौटकर अपोलिनारिया के साथ वह जो बाज़ी हार रहा था, वह उसे और भी ज़्यादा असन्तुलित बना रही थी। अपोलिनारिया को जैसे प्रतिशोध का स्वाद मुँह लग गया था। या शायद अवचेतन में वह जितने प्रकार की अव्यक्त क्रूरताएँ सैलवेडोर के प्रति करना चाहती थी, वे सब दॉस्तोवस्की के प्रति उसके व्यवहार में व्यक्त होती थीं। और यहाँ भी प्यार न सिर्फ़ बना हुआ था, बल्कि उसे हर रात उद्दीप्त करके अपूर्ण छोड़ दिया जाता था, क्योंकि अपोलिनारिया की बदला लेने की प्रक्रिया ही यही थी। उसके प्रतिशोध का सबसे बड़ा हथियार था प्यार!

धीरे-धीरे कुछ टूट रहा था। वे दोनों अन्ततोगत्वा इटली गये, वेनिस, रोम, जेनेवा ...जेनेवा से नेपल्स। लौटते समय जहाज़ पर उनमें झगड़ा हुआ और उस एक झगड़े में सब-कुछ खत्म हो गया। वैसे उस समय कोई ऐसी गम्भीर बात नहीं थी, जो इस प्रकार इतनी जल्दी यह अन्त ला देती। लेकिन सच बात तो यह है कि अन्दर-ही-अन्दर सब-कुछ बिलकुल खत्म हो चुका था। सिर्फ़ ऊपर एक पतली-सी निर्वाह की पर्त बनी हुई थी, जिसे तोड़ने के लिए सिर्फ़ एक अन्तिम निश्चय की ज़रूरत थी, और वह निश्चय अपोलिनारिया ने ले लिया। इसीलिए अलग होते समय कोई विस्फोट नहीं हुआ, ज़्यादा कहा-सुनी नहीं हुई। यही नहीं, बल्कि विदा के समय अपोलिनारिया थोड़ी उदास थी। चाहती थी कि एक-दूसरे से वे शत्रु की तरह नहीं, मित्र की तरह विदा लें। मगर अब वे विदा ही लें। लेकिन इस अलगाव का असली कारण था क्या ? लगभग बीस वर्ष बाद एक-दूसरे लेखक रोजेनव ने अपोलिनारिया से यही सवाल पूछा, "आखिर तुमने दॉस्तोवस्की को क्यों छोड़ दिया?"

"क्योंकि वह अपनी पत्नी से तलाक़ नहीं ले रहा था।"

"लेकिन उसकी पत्नी तो उस समय मरणशय्या पर थी!"

"इसलिए तो और भी यह समझ में नहीं आता कि उससे जुड़े रहने में क्या लाभ था! आखिरकार कुछ ही दिनों बाद उसकी मृत्यु हो गयी। वैसे सच बात यह है कि मेरे मन में कहीं उसके लिए प्यार खत्म हो चुका था।"

"क्यों?"

"पता नहीं। मैं इतना जानती हूँ कि मैंने उसे अपने आप को पूर्णतः सौंप दिया, बिना किसी प्रश्न के, बिना किसी शर्त के, लेकिन वह फिर भी किसी से भी क्यों जुड़ा था! मरती हुई मारिया से भी क्यों?"

लेकिन क्या सचमुच वह प्यार खत्म हो गया था? वे दोनों बर्लिन तक साथ आये। बर्लिन से अपोलिनारिया पेरिस के लिए चल दी और दॉस्तोवस्की रूस जाने के लिए हैम्बर्ग की ओर। हैम्बर्ग आते-आते दॉस्तोवस्की के पास सिर्फ़ रूस जाने का जहाज़ का किराया भर बचा था। हैम्बर्ग के जुआघरों में दॉस्तोवस्की अन्तिम बाज़ी खेलने गया और एक-एक पाई हार गया। अब उसके पास कोई चारा नहीं था। सिवा इसके कि वह पेरिस में अपोलिनारिया को लिखे कि कुछ पैसे भेज दे। अपोलिनारिया खुद उस वक़्त पैसे से तंग थी। लेकिन खत पाते ही वह पेरिस के एक महाजन के यहाँ गयी, अपनी घड़ी और जंज़ीर गिरवी रखकर रुपये लायी और तुरन्त दॉस्तोवस्की को भेज दिये। अक्तूबर के अन्त में जब दॉस्तोवस्की ब्लादीमीर पहुँचा तो मारिया उसका इन्तज़ार कर रही थी।

मारिया सिर्फ़ एक कुरूप कंकाल मात्र रह गयी थी। किसी तरह मारिया को वह इलाज के लिए मास्को लाया। तमाम रास्ते उसके दिमाग़ में सिर्फ़ दो चिन्ताएँ थीं। एक, क्या किसी तरह मारिया को बचाया जा सकेगा? और दूसरी, आखिर अपोलिनारिया ने यह क्यों किया? वह एक क्षण भी अपोलिनारिया को भूल नहीं पाता था और एक क्षण भी मारिया की सेवा-शुश्रूषा में कोई कमी नहीं आने पा रही थी। लेकिन मारिया सूखकर सलाई हो चुकी थी। उससे कुछ भी बरदाश्त नहीं होता था। यहाँ तक कि जब उसका लड़का पाशा सेण्ट पीटर्सबर्ग से उसे देखने आया तो वह उसे भी बरदाश्त नहीं कर पायी। पाशा पढ़ाई-लिखाई में बहुत लद्धड़ साबित हो रहा था और दॉस्तोवस्की के लिए समस्या बनता जा रहा था।

जाड़ा शुरू हो गया था। मॉस्को का भयानक जाड़ा! चारों तरफ़ बर्फ़ जमी हुई थी। वह दिन-रात मारिया के सिरहाने बैठा रहता था। उसकी आँखें हर क्षण मारिया की ओर लगी हुई थीं और कान हर क्षण दरवाज़े की ओर। शायद पोस्टमैन अपोलिनारिया की कोई चिट्ठी लाता हो। कुछ दिनों बाद अपोलिनारिया का खत आया और साथ में एक नयी कहानी भी, जिसे उसने किसी पत्रिका में छपने भेज दिया।

इन दोनों कामों से जो वक़्त मिलता था, उस बीच में उसने अपने नये उपन्यास 'द गैम्बलर' की रूपरेखा बनानी शुरू कर दी थी। मारिया अकसर उठकर आरामकुर्सी पर बैठ जाती थी। उसे चुपचाप लिखते देखती रहती थी। फिर अकस्मात् क्रोध से उबलकर दीवार पर टँगे उसके चित्र की ओर देखते हुए कहती—''क़ैदी'', ''सज़ायाफ़्ता अपराधी'', ''हत्यारों का साथी'' अकारण क्रोध के ये दौरे अकसर आने लगे थे। और फिर जैसे आते, वैसे ही चले भी जाते। कभी-कभी तो हफ़्तों तक वह आधे पागलपन की-सी स्थिति में रहती। वसन्त आया। बर्फ़ पिघली। पेड़ों में नयी कोंपलें फूटने लगीं। पक्षी लौट आये। और जब मौसम बहुत सुहावना हो रहा था, तभी एक दिन अकस्मात् मृत्यु आ गयी। मरते समय मारिया पूरे होश में थी। और उसने हर एक को अन्तिम समय का आशीर्वाद दिया। माईकेल को मृत्यु की सूचना देते हुए दॉस्तोवस्की ने लिखा—'वह इतनी यातना में से गुज़री है कि भला कौन ऐसा होगा जो उसको हमदर्दी देने से इनकार करे?' कुछ दिनों बाद उसने अपने मित्र रैंगेल को खत में लिखा कि 'मेरी पत्नी की मॉस्को में मृत्यु हो गयी। उसने मुझे प्यार किया था और मैंने उसे बहुत चाहा था। मरते वक़्त वह पूरे होश में थी और जब वह जीवन से अन्तिम विदा ले रही थी, उस वक़्त भी मेरे दोस्त, उसने तुम्हें याद किया था। मेरी तुमसे सिर्फ़ एक प्रार्थना है...जब उसे याद करना तो हमदर्दी से याद करना।'

दॉस्तोवस्की अब बाहर से बहुत अकेला था। अन्दर से बहुत निरर्थक। मारिया जा चुकी थी। रही-सही पूँजी खत्म हो चुकी थी। वह बेहद थकान महसूस करने लगा था। कभी-कभी लिखने से भी जी उचट जाता। उसने दूसरी पत्रिका शुरू की थी। लेकिन इतना क़र्ज़ उस पर चढ़ गया था कि उसे पत्रिका ही बन्द कर देनी पड़ी। वह समझ नहीं पा रहा था कि वह क्या करे। पेरिस में रहनेवाले रूसी मित्र कभी-कभी अपोलिनारिया की खबरें भेजते थे। वह जैसे आग की जलती हुई लपट हो गयी थी। कौन उसके रास्ते में आए और किसे वह अपनी उद्दीप्त कामना में जलाकर खाक कर दे!

उसके मुँह में सचमुच खून लग चुका था। उसे यह जानकर सचमुच सुख मिलता था कि पुरुषों के हृदय को जीतने और जीतकर मसल देने की शक्ति उसमें है। कुछ दिन वह एक प्रौढ़ अँग्रेज के साथ रही। फिर एक डच डॉक्टर उसका हमबिस्तर बना। फिर एक जार्जियन और फिर एक फ्रांसीसी, जिसकी पत्नी की आँखों के सामने वह मनमानी करती रहती थी। शायद इस बार इस फ्रांसीसी की पत्नी से वह मारिया का बदला ले रही थी। किसी ने उससे दॉस्तोवस्की के बारे में पूछा तो उसने कहा कि मैं उसे सिर्फ़ घृणा करती हूँ। उसने मुझे कितनी यन्त्रणा

दी है! जब कि वह चाहता तो उस यन्त्रणा से मुझे बचा सकता था। वह यन्त्रणा क्या थी? क्यों थी ? कभी-कभी वह इसे बैठकर सोचने की कोशिश करती। अपने एक प्रेमी से एक बार उसने बहुत क्रोधित होकर कहा था, "मुझे इस बात का चरम विश्वास है कि मुझमें पुरुषों को जीतकर उन पर मनमाना शासन करने की क्षमता है। वासना की इस ज्वलन्त अनुभूति में मैं अपने जीवन की पूर्णता पा सकती हूँ—चरम आनन्द, मुक्ति लेकिन दॉस्तोवस्की एकमात्र व्यक्ति है, जिसने मेरे इस आत्मविश्वास को हिला दिया था। मैं उसे, कम-से-कम उसे, तो जीवन में कभी क्षमा नहीं कर सकती।"

अपोलिनारिया हर एक से दॉस्तोवस्की की शिकायत करती थी। उसकी ही छोटी बहन रूस की पहली महिला डॉक्टर बनी। उसके मन में दॉस्तोवस्की के लिए आदर था। जब वह पेरिस में अपनी बहन से मिली तो अपोलिनारिया ने उससे भी दॉस्तोवस्की की बहुत निन्दा की। यूरोप-प्रवास के अनेक सच्चे-झूठे क़िस्से सुनाये। उसकी बहन ने दॉस्तोवस्की को लिखा, तो दॉस्तोवस्की ने जवाब दिया—'अपोलिनारिया चरम अहंकार की शिकार है। वह लोगों से उनका सर्वस्व माँगना चाहती है। उनमें किसी प्रकार की कोई अपूर्णता उसे सहन नहीं, जबकि अपने ऊपर वह किसी क़िस्म का कोई भी दायित्व ओढ़ना नहीं चाहती। जब मैं पेरिस में उससे मिलने जाता हूँ, तो वह बताती है कि तुम्हें आने में देर हो गयी। वह किसी और के प्यार में मुब्तिला है। लेकिन उसे यह याद नहीं रहता कि दो हफ्ते पहले वह मुझको आजीवन प्यार का दिलासा दिलाते हुए खत लिख रही थी! मेरी यन्त्रणा यह है कि मैं उसे आज भी प्यार करता हूँ, बहुत प्यार करता हूँ, मगर अब मैं कभी-कभी सोचता हूँ कि मैंने उसे प्यार न किया होता तो बेहतर था। वह मेरे उदात्त प्यार के लायक़ नहीं थी। मुझे उसके लिए अफ़सोस होता है, क्योंकि मैं स्पष्ट देख रहा हूँ कि वह जीवन में कभी सुखी नहीं रह पाएगी। उसे कोई भी सच्चा दोस्त नहीं मिल पाएगा। जो दूसरे से उसका सब कुछ माँग लेना चाहता है और अपना कुछ भी नहीं देना चाहता, सुख उसके भाग्य में नहीं होता।'

इस खत का असर न सिर्फ़ अपोलिनारिया की बहन पर हुआ, बल्कि अपोलिनारिया भी खामोश हो गयी। वह खामोशी पश्चात्ताप की नहीं थी, भरपूर जवाब पाये हुए दुश्मन की खामोशी थी, जो हारकर चुप हो जाता है, मन में अधूरे प्रतिशोध की घृणा लिये हुए।

दॉस्तोवस्की अब हर तरह से अकेला, निराश और टूटा हुआ था। उसके मिरगी के दौरे भी ज़्यादा बढ़ गये थे। वह लिख नहीं पाता था। लेकिन बिना लिखे उसकी आमदनी का कोई और ज़रिया भी नहीं था। उस तन और मन के अस्वस्थ उन्माद में उसे फिर यूरोप के जुआघरों की याद आयी। शायद इस बार उसकी किस्मत

पलटे। वह ढेर-सा रुपया जीतकर लाए। फिर किसी सीधी-सादी, निश्छल लड़की को चुनकर विवाह करे, अपने जीवन को कोई दिशा दे सके। लेकिन क्या संसार की कोई भी लड़की सचमुच सीधी-सादी और निश्छल होती है! लड़कियों के बारे में निश्चयपूर्वक नहीं कहा जा सकता। जुआघर भी कम-से-कम कभी लगायी हुई बाज़ी का आशापरक उत्तर दे देता है।

किसी तरह किराये का इन्तज़ाम कर दॉस्तोवस्की फिर यूरोप के जुआघरों की ओर चल पड़ा। रूस से बाहर! वह रूस, जहाँ मारिया के यन्त्रणादायी प्यार की कड़वी यादें थीं और उधार देनेवालों के तकाज़े और धमकियाँ और अपमान।

देश बदलने के साथ-साथ मौसम बदलता है। मौसम बदलने के साथ-साथ मनःस्थिति बदल जाती है। लम्बी यात्राओं में अकेले पता नहीं कहाँ से उसे उन यादों ने घेर लिया, जो पिछली यूरोप-यात्रा के समय अपोलिनारिया के प्यार की सुखद यादें थीं। उसकी बड़ी, नीली आँखें, उसकी लम्बी लहराती चोटियाँ, उसके तीखे नक़्श वाला चेहरा, उसका उद्दीप्त बदन, उसके होठ...सिर्फ़ यही सब याद आते थे, बाक़ी सब भूल जाता था। वह बीजबादेन में दॉस्तोवस्की से मिलेगी। और अपोलिनारिया आयी। वह अपोलिनारिया—भोग में आकण्ठ डूबा हुआ शरीर और भी गदरा आया था, गर्दन गर्व से कुछ और तन गयी थी। और इस बार जैसे अपोलिनारिया को किसी प्रकार का कोई एतराज़ नहीं था। दॉस्तोवस्की ने उसके होठ पर होठ रख दिये। दॉस्तोवस्की ने जो चाहा, वह अपोलिनारिया ने दिया। लेकिन एक अजीब बात थी, वह सब मिल जाने के बाद भी दॉस्तोवस्की ज्यों-का-त्यों अपने को अकेला और अपमानित महसूस कर रहा था। अपोलिनारिया सब कुछ दे रही थी, लेकिन समर्पण में नहीं, दान के तौर पर।

दो साल वे अलग रहे थे। और इन दो वर्षों में उसकी अपनी एक दुनिया थी। उस दुनिया के अनुभव वह बिना किसी असमंजस के दॉस्तोवस्की के सामने रख रही थी। वह दॉस्तोवस्की का किसी प्रकार का कोई अधिकार नहीं स्वीकार करना चाहती थी। यहाँ तक कि ईर्ष्या करने का अधिकार भी। ज़ाहिर था कि दॉस्तोवस्की का प्यार उसके मन में पूरी तरह मर चुका था। जो वह दर्जनों अजनबियों को देती है, वह इस एक अजनबी को भी देने में उसका क्या घटता है! असन्तोष देकर और लेकर वह पेरिस चली गयी।

दॉस्तोवस्की फिर जुए में डूब गया। इस बार उसकी हालत खराब थी। होटल वालों ने उसे मुफ़्त खाना देने से इनकार कर दिया। शाम होते ही वह अँधेरे कमरे में बिस्तर पर लेट जाता। एक-एक चीज़ गिरवी रखी जा चुकी थी। लेकिन विचित्र था उसका मस्तिष्क कि इसी ज़माने में, उस अँधेरे कमरे में उसने अपने विश्वविख्यात

उपन्यास 'क्राइम एण्ड पनिशमेण्ट' की रूपरेखा बनायी और एक प्रकाशक को अग्रिम धन भेजने के लिए लिखा। लेकिन कहीं से कुछ मदद नहीं मिली। अन्त में एक स्थानीय पादरी ने उसका रूस वापस जाने का किराया जुटाया और किसी तरह उसे वापस भेजा। वह रूस पहुँचा तो बुरी तरह बीमार था। डॉक्टर घोषित कर चुके थे कि उसकी मिरगी का अब कोई इलाज नहीं है। एक कठोर हृदय डॉक्टर ने तो यह भी कहा था कि ऐसे मिरगी के रोगी इस भयानक मिरगी से सिर्फ़ एक ही औषधि के द्वारा छुटकारा पाते हैं, वह है आत्महत्या। और दॉस्तोवस्की ही था कि इस प्रतिक्षण की दुर्वह मौत से जूझता हुआ 'क्राइम एण्ड पनिशमेण्ट' के प्रख्यात नायक की जटिल मनःस्थिति को शब्द दे रहा था।

अपोलिनारिया जब पेरिस लौटी तो अजीब उत्तेजित अवस्था में थी। उसने अपने पुराने प्रेमी डच डॉक्टर को खोजा और एक बार फिर उन्मुक्त विलास का दौर शुरू हो गया। दॉस्तोवस्की की प्रणय कामना मानो ईंधन थी, जिसे जलाकर उसकी सुखद आँच वह अपने डच प्रेमी को दे रही थी। लेकिन कभी-कभी उसे लगता था कि सब उसके दुश्मन हैं। सबसे बड़ा दुश्मन है दॉस्तोवस्की, जो उसकी स्वतन्त्रता छीनना चाहता था। उसने अपनी डायरी में लिखा—'यह बेहतर है कि कोई दुःख की यन्त्रणा सहते-सहते मर जाए, फिर भी आज़ाद मरे—किसी भी बाहरी दबाव से मुक्त, और ईश्वर से जाकर कहे कि यह मेरी आत्मा तुमने जैसी दी थी, मैं ज्यों-की-त्यों लौटा लायी हूँ...फिर कभी-कभी सोचती हूँ कि क्या जन्म लेना सचमुच ज़रूरी था? मैं क्यों पैदा हुई?' अपने समस्त विलास के बीच पेरिस में एक दिन उसे अकेलापन इस क़दर खलने लगा कि वह सेण्ट पीटर्सबर्ग लौट आयी। दॉस्तोवस्की उससे मिला और बोला, "अब भी एक रास्ता शेष है। शायद हम विवाह कर के सुखी हो सकें।" और इस वाक्य ने अपोलिनारिया की घृणा दुगुनी कर दी। अब वे कभी भी जीवन में एक-दूसरे की शक्ल नहीं देखेंगे। वह सचमुच अब स्वतन्त्र थी, पूर्णतया स्वतन्त्र। लेकिन क्या यह स्वतन्त्रता उसे सुख दे पायी? वह समाज-कल्याण की ओर मुड़ी। ब्लादीमीर के एक गाँव में उसने एक स्कूल खोला और किसानों के बच्चों को पढ़ाने लगी। पुलिस सशंकित हुई, उसका स्कूल बन्द कर दिया गया। उसका भाई गिरफ़्तार हो गया, क्योंकि वह निहिलिस्ट थी और अकसर ऐसी बातें करती थी, जो जार के खिलाफ़ होती थीं। बहुत बरसों बाद उसने वैसली रोजेनव से शादी की। रोजेनव पत्रकार और लेखक था और दॉस्तोवस्की को अपना गुरु मानता था। अपोलिनारिया से उम्र में सिर्फ़ 16 वर्ष छोटा था। लेकिन उसे इस बात की विचित्र अनुभूति थी कि वह उस स्त्री का स्वामी होने जा रहा है, जिसे दॉस्तोवस्की भी नहीं पा सका। अपोलिनारिया उस पर असाधारण प्रभुत्व जमाती थी। एक बार वह किसी स्त्री के

साथ सड़क पर जा रहा था, तो वहीं अपोलिनारिया ने उस स्त्री को मारना शुरू कर दिया। छह साल में उसका जी रोजेनव से भर गया। उसे छोड़कर वह एक गाँव में बस गयी। लेकिन सिर्फ़ रोजेनव को यन्त्रणा देने के लिए वर्षों तक उसने उसे तलाक़ नहीं दिया।

वह कठोरता का प्रतीक बन गयी थी। आते हुए बुढ़ापे का अकेलापन दूर करने के लिए उसने एक बच्ची को गोद लिया। वह बच्ची उसके कठोर अनुशासन से घबराकर एक दिन नदी में डूब गयी। वह अपने पिता के साथ रहने गयी। पिता उसके व्यवहार से खिन्न होकर घर छोड़कर चले गये। 78 वर्ष की उम्र में, 1918 में उसकी मृत्यु हुई। वह जब मरी तो बिलकुल अकेली थी।

दॉस्तोवस्की की लड़की ने जो संस्मरण लिखे हैं, उनमें उसने एक विचित्र घटना का वर्णन किया है। 1870 और '80 के बीच जब दॉस्तोवस्की का यश अपने चरम उत्कर्ष पर था, तब एक दिन एक अज्ञात महिला उससे मिलने आयी। उसके चेहरे पर फ्रांसीसी फ़ैशन का काली जाली का परदा था।

''मैं जान सकता हूँ कि किस भद्र महिला से मिलने का सौभाग्य मुझे मिल रहा है?'' बूढ़े और प्रसिद्ध लेखक दॉस्तोवस्की ने पूछा। महिला ने कोई उत्तर नहीं दिया, सिर्फ़ झटके से चेहरे का परदा हटा दिया।

''आपका शुभ नाम?'' दॉस्तोवस्की ने फिर पूछा।

''क्या आपने पहचाना नहीं?''

''नहीं'', दॉस्तोवस्की ने कहा, ''नाम बताएँ तो शायद पहचान लूँ।'' इस पर महिला ने परदा गिरा लिया और बिना एक शब्द बोले चली गयी। उसके जाने के कई घण्टे बाद दॉस्तोवस्की को सन्देह हुआ कि कहीं वह अपोलिनारिया तो नहीं थी !

दॉस्तोवस्की की ज़िन्दगी में एक अजीब किस्म की निराशा घर कर गयी थी। उसका अन्तरंग मित्र रैंगेल अब एक सुखी विवाहित पति था। उसने बड़ी पीड़ा से रैंगेल को लिखा—'मैं तुम-सा भाग्यवान् नहीं। ईश्वर तुम्हारे विवाहित जीवन को सुखी और सन्तुष्ट बनाये रखे!' दॉस्तोवस्की विवाह को दो शरीरों का आध्यात्मिक मिलन मानता था, जिसका साक्षी स्वयं ईश्वर होता है। उस स्थायी भूमि की खोज यदि असफल हो, तो उसकी निराशा में वह कहीं भी, कुछ भी सुख ढूँढ़ने की कोशिश क्यों न करे? लेकिन अन्ततोगत्वा बेचैनी ही हाथ आती थी।

बहुधा उसके सम्बन्ध एक अजीब स्तर पर कायम होते थे, जिसमें यौन-सम्बन्ध केवल यौन-सम्बन्ध न रहकर एक करुणा भरी मैत्री की अभिव्यक्ति बन जाते थे।

उदाहरण के लिए इसी दौरान उसकी दोस्ती मार्था ब्राउन से बढ़ी। मार्था ब्राउन उस समय यूरोप की सबसे आवारा, बदनाम और रूपवती वेश्या थी। सच तो यह है कि मार्था ब्राउन तमाम यूरोप की सबसे रहस्यमयी औरत थी, जिसके शयनकक्ष में यूरोप के बड़े-बड़े राजपुरुषों, नये उद्योगपतियों, पुराने सामन्तों, युवा कलाकारों, खुफ़िया जासूसों, यहाँ तक कि बैंक लूटने वालों और राजनीतिक वध करने वाले हत्यारों की छाप छूट चुकी थी। उद्दाम पौरुष से खेलने में उसे असाधारण सुख मिलता था। पेरिस, मासाई, जिबराल्टर उसके अड्डे थे। ऑस्ट्रिया और स्पेन उसकी विलास-भूमि थे। बेल्जियम और हॉलैण्ड की सरकारों ने राजनीतिक षड्यन्त्र की आशंका से उसके आगमन पर रोक लगा दी थी। लेकिन लन्दन में आकर अकस्मात् उस पर बुरे दिन आ गये। और फिर भाग्य का पलड़ा ऐसा पलटा कि उसे सड़कों पर अपना रूप बेचना पड़ा और लन्दन ब्रिज के नीचे तीसरे दर्जे की वेश्याओं के साथ फ़ुटपाथों पर सोना पड़ा। अन्त में एक दिन वह जेल में भी बन्द कर दी गयी। चर्च की कुछ भिक्षुणियों ने उस पर रहम खाया। उसे सुधारा और उसका विवाह एक जहाज़ी से कर दिया। एक छोटे से द्वीप पर गृहपत्नी की अनभ्यस्त भूमिका निभाते हुए वह बार-बार रूस लौटने के ख्वाब देखती थी। मूलतः वह रूस की थी। विवाह के बाद जब जहाज़ी अपनी पहली लम्बी यात्रा पर निकला तो उसने रोते हुए अपने पति को विदा दी, जल्दी लौट आने की प्रार्थना की और पहला मौक़ा मिलते ही घर का सामान बेच-बाचकर, किराया जुटाकर, रूस के लिए चल दी।

अब तक उसकी उम्र उतार पर आने लगी थी, लेकिन अभी भी उसमें काफ़ी आकर्षण शेष था। पहले वह फ्लेमिंग नामक एक प्रख्यात जुआरी की रखैल बनी। फिर उसे छोड़कर एक लेखक पीटर गोर्स्की के साथ रहने लगी। दॉस्तोवस्की से मार्था की पहचान उसी के ज़रिये हुई।

दॉस्तोवस्की इस असाधारण स्त्री में बेहद दिलचस्पी लेने लगा। मार्था की भाषा जानदार थी। उसमें एक अजीब खुलापन था। वह अपने जीवन के कुरूप से कुरूप यथार्थ को बेहिचक लिखने से डरती नहीं थी। एक बार वह सख्त बीमार पड़ी और अस्पताल भेज दी गयी। गोर्स्की की गन्दी, अँधेरी, सीलन-भरी कोठरी के मुकाबले में अस्पताल कहीं ज़्यादा सुखद जगह थी। गोर्स्की के पास भी अस्पताल के बिल का भुगतान करने के लिए पैसे नहीं थे। उसे सिर्फ़ यही तरीक़ा सूझा कि वह डॉक्टरों से प्रार्थना करे कि इसे जल्दी अस्पताल से वापस न भेजा जाए। अस्पताल में पड़े रहने की व्यवस्था से तीनों को सुख था—गोर्स्की को भी, मार्था को भी और डॉक्टर को भी। इस स्थिति में दॉस्तोवस्की ने अपने मित्र की मदद करनी चाही। उसको लिखा कि उसके पास एक कमरा खाली है, जिसमें वह चाहे तो आकर रह सकती है। उसके उत्तर में मार्था ने जो पत्र लिखा था, वह उसके चरित्र के छिपे हुए पहलू

को उजागर करता है : 'मैं तुम्हें इस संकट में नहीं डालना चाहती। मैं नहीं जानती, मैं तुम्हें मनचाहा शारीरिक सुख दे पाऊँगी या नहीं। वह आध्यात्मिक सामंजस्य, जो हमारे परिचय का आधार है, पूरी तरह फलित हो पाएगा या नहीं। लेकिन ...मैं ज़िन्दगी भर इस बात के लिए कृतज्ञ रहूँगी, कि तुमने एक क्षण के ही लिए सही मुझे अपनी मैत्री और सदिच्छा के योग्य समझा।'

इसके कुछ ही दिनों बाद दॉस्तोवस्की के जीवन में एक दूसरी लड़की आयी—नाम था अन्ना कोरविना क्रुबोस्ककाया। वह शिक्षित थी, सुसंस्कृत थी, साहित्य में उसकी रुचि थी, और पारिवारिक स्तर पर दॉस्तोवस्की अन्ना के पूरे परिवार से बहुत आत्मीयता पाने लगा था। उसके मित्रों को भी लगा कि शायद विवाह के लिए यह सबसे उपयुक्त लड़की साबित हो। लेकिन उसकी और दॉस्तोवस्की की उम्र में इतना अन्तर था कि रिश्तेदार इस सम्बन्ध के लिए किसी तरह राज़ी नहीं हुए।

अब यह नितान्त अकेला छूट चुका था। लेकिन ज़िन्दगी अजीब खेल खेलती है। सेण्ट पीटर्सबर्ग के पास समुद्र के रेतीले किनारे पर मध्यवित्त लोगों की एक बस्ती थी, जहाँ दो छोटे काठ के मकान थे। वे मकान एक सरकारी नौकर ग्रेगोरी स्निटकिन के थे, जिनमें से एक में वह अपनी पत्नी, एक लड़के और दो लड़कियों के साथ रहता था। बड़ी लड़की अन्ना स्निटकिन पढ़ने में तेज थी—पिता और पुत्री में अकसर दॉस्तोवस्की के साहित्य पर बातें होती थीं। वह दॉस्तोवस्की की प्रतिभा से बेहद प्रभावित थी। इसीलिए उस समय की बालकटी, उच्छृंखल, निहिलिस्ट लड़कियों की तरह वह स्वच्छन्द यौनाचार और ध्वंसात्मक जीवन-पद्धति में विश्वास नहीं करती थी। लेकिन उसके विचार प्रगतिशील थे। जब उसने प्रथम श्रेणी में अपनी शिक्षा पूरी कर ली तो स्टेनोग्राफ़ी का कोर्स सीखने लगी। स्टेनोग्राफ़ी उस समय नयी-नयी चली थी।

दॉस्तोवस्की के ऊपर बहुत बड़ा आर्थिक बोझ था। पाशा की शिक्षा पूरी हो गयी थी, लेकिन वह बिल्कुल निकम्मा निकला था। माइकेल की भी मृत्यु हो चुकी थी। उसके पूरे परिवार का बोझ दॉस्तोवस्की पर ही था। उस समय तक उसने अपना प्रख्यात उपन्यास 'क्राइम एण्ड पनिशमेण्ट' शुरू कर दिया था, लेकिन वह पूरा नहीं हो पा रहा था। एक-दूसरे उपन्यास 'द गैम्बलर' की भी पूरी योजना उसने बना रखी थी। उसके एक मित्र ने सलाह दी कि बजाय खुद लिखने के वह क्यों न एक स्टेनोग्राफ़र रख ले। उसने स्टेनोग्राफ़ी के शिक्षक ओलखिन से बात की। ओलखिन ने बताया कि वह अपनी सबसे योग्य छात्रा अन्ना स्निटकिन को भेज देगा। अन्ना को भेजते समय ओलखिन ने चेतावनी दे दी थी कि दॉस्तोवस्की लेखक तो बड़ा ज़रूर है, लेकिन ज़रा अजीब प्रकृति का आदमी है और बहुत भरोसे के

क़ाबिल नहीं है। अन्ना ने वाक्य का अन्तिम अंश ठीक से सुना ही नहीं। वह इसी बात से रोमांचित थी कि उसे दॉस्तोवस्की जैसे विश्वविख्यात लेखक से मिलने और उसके साथ काम करने का मौक़ा मिलेगा।

दूसरे दिन अक्तूबर की चार तारीख थी। सन् 1866। लिटलबर्गर स्ट्रीट पर स्थित दॉस्तोवस्की के मकान पर वह गयी। दॉस्तोवस्की के साथ पाशा रहता था और एक नौकरानी। उसके लिखने के कमरे में सस्ता फर्नीचर था, किताबें थीं और काली पोशाक में उसकी मृत पत्नी मारिया का एक चित्र टँगा था। दॉस्तोवस्की आया तो वह खड़ी हो गयी। दॉस्तोवस्की की ओर अन्ना ने देखा। उसके लाल, भूरे बाल बढ़े हुए थे। उसका सूट पुराना था। लेकिन सबसे ज़्यादा विचित्र थीं उसकी आँखें—गहरी और रहस्यमयी। अन्ना उसकी ओर देख रही थी और वे आँखें अन्ना के पार कहीं और। उसने जितने वृद्ध पुरुष की कल्पना की थी, दॉस्तोवस्की उसकी अपेक्षा तरुण दीख रहा था। लेकिन बाक़ी बातों में बहुत निराशाजनक। बार-बार वह अन्ना का नाम भूल जाता था। सवाल कुछ पूछता था, जवाब सुनने के पहले ही कोई और बात करने लगता था। आखिर में दॉस्तोवस्की ने कहा कि इस समय काम का मूड नहीं बन रहा है। शाम को आइए। विदा करते-करते उसने एक बात कही, जिससे अन्ना चौंक गयी। वह बोला, "मुझे खुशी है कि ओलखिन ने एक लड़की को भेजा।"

"क्यों?" धड़कते हुए दिल से, सहमी हुई अन्ना ने पूछा।

"क्योंकि लड़के निश्चित रूप से शराब पीते हैं। और फिर मुझे साथ देना पड़ता है। मुझे यक़ीन है आपके साथ वह झंझट नहीं उठेगा।" अन्ना खिलखिलाकर हँस पड़ी। दॉस्तोवस्की भी हँस पड़ा। इस हँसी ने जैसे दोनों के बीच की एक दीवार तोड़ दी।

शाम के वक़्त वह फिर आयी। चाय पीते-पीते दॉस्तोवस्की बातें करने लगा। फिर अपनी पिछली ज़िन्दगी बताने लगा। फिर मानो साइबेरिया के दिनों में लौट गया और अन्त में फाँसी की यातना का वह दारुण अनुभव और यह कि रिहाई का सन्देश मिलने के बाद जब वह वापस कोठरी में पहुँचा, तो बेसमझे-बूझे गाने लगा था। खूब ज़ोर-ज़ोर से। अन्ना को गौरव महसूस हो रहा था कि इतना महान् लेखक इतनी आसानी से उसके सामने खुल गया। दॉस्तोवस्की को अन्ना पसन्द आयी। दूसरे दिन से उसने 'द गैम्बलर' लिखना शुरू कर दिया। लिखते-लिखते बीच में बातें होती थीं। कभी मारिया के बारे में, कभी पाशा के बारे में। कभी-कभी अनजाने ही दॉस्तोवस्की की घरेलू समस्याओं पर वह परामर्श भी देने लगी थी। छोटी-सी अन्ना, जिसे किसी बात का कोई अनुभव नहीं, एक दिन आयी तो उसने देखा

कि दॉस्तोवस्की काठ के चम्मच से सूप पी रहा है। कमरे में जो दो पुराने कलात्मक चीनी के बरतन रखे रहते थे, वे अपनी जगह पर नहीं हैं। मालूम हुआ कि बरतन गिरवी रख दिये हैं। पूछने पर दॉस्तोवस्की हँसा। जो दुःख वह सह चुका है, उसके आगे तो यह कुछ भी नहीं है।

"आप हमेशा जीवन में भोगे हुए दुःखों को ही क्यों याद करते रहते हैं? जो सुख पाये हैं, उन्हें भी तो कभी याद करना चाहिए!" अन्ना ने कहा।

"सुख!" दॉस्तोवस्की उदास स्वर में बोला, "सुख अभी तक मेरे जीवन में नहीं आया। कम-से-कम वैसा सुख, जो मुझे सुख देता। लेकिन मैंने अभी आशा नहीं छोड़ी है। अभी पिछले ही दिनों मैंने अपने सबसे प्यारे मित्र रैंगेल को लिखा था कि मैं अभी भी इस आशा में ज़िन्दा हूँ कि शायद कभी मुझे भी सुख मिले।"

एक दिन अन्ना आयी तो दॉस्तोवस्की कुछ उद्विग्न था। उसने बताया कि उसके सामने तीन रास्ते हैं—एक तो यह कि वह टर्की होता हुआ जरुसलम की तीर्थयात्रा पर चला जाए और वहीं बस जाए। दूसरा यह कि फिर यूरोप जाए और जुआघरों में अपने को बरबाद कर दे। तीसरा यह कि अभी भी आशा न छोड़े, गृहस्थी बसाए और एक साधारण सुखी जीवन जीये। छोटी-सी अन्ना की गम्भीर सलाह थी कि इनमें से तीसरा ही रास्ता ज़्यादा अच्छा है। दॉस्तोवस्की ने पूछा, "लेकिन मुझे आखिर कैसी लड़की माफ़िक पड़ेगी?" अन्ना ने एक मिनट सोचकर कहा, "वह बहुत पढ़ी-लिखी और चतुर होनी चाहिए।" दॉस्तोवस्की ने सिर हिलाया, "नहीं। उसमें और कुछ हो या न हो, लेकिन उसमें करुणा और हमदर्दी होनी चाहिए।" इन बातों के बीच काम भी बहुत तेज़ी से चल रहा था। इतनी तेज़ी से कि छब्बीस दिन में ही वह विशाल उपन्यास 'द गैम्बलर' पूरा हो गया। अन्ना ने पारिश्रमिक लिया और खुश-खुश घर चली गयी।

6 नवम्बर को वह फिर आयी और पूछा कि 'क्राइम एण्ड पनिशमेण्ट' का काम कब से शुरू किया जाएगा? दॉस्तोवस्की उसे देखकर खुश हो गया। चाय मँगवायी और कहने लगा, बीच में एक-दूसरे उपन्यास की रूपरेखा उसके दिमाग़ में आयी है। एक बूढ़े और बीमार कलाकार का परिचय एक किशोरी लड़की से हो जाता है। जिसका नाम अनिया है। अनिया नाम से तुरन्त वह चौंकी। अभी पिछले ही दिनों दॉस्तोवस्की और अन्ना कोरविना के असफल प्रेम की घटना घट चुकी थी। हो न हो, यह अनिया वही अन्ना कोरविना है। कथानक बताते-बताते अकस्मात् दॉस्तोवस्की रुका और बोला, "लेकिन तुमसे एक सलाह लेनी है। क्या यह सम्भव है, मनोविज्ञान की दृष्टि से, कि इतनी कम उम्र की लड़की एक वृद्ध और बीमार कलाकार के प्रेम का प्रतिदान दे सके?" अन्ना गम्भीरता से सोचने लगी कि दास्तोवस्की ने फिर पूछा, "अच्छा, इस सवाल को यों मानो कि मेरे जैसा

एक अधेड़, अस्वस्थ कलाकार है। तुम अगर अनिया की जगह हो तो तुम्हारा क्या उत्तर हो?" अन्ना ने पलकें उठाकर दॉस्तोवस्की के चेहरे की ओर देखा। उसके चेहरे पर विचित्र-सी घबराहट, भय, असमंजस, ग्लानि, आशंका, कौतूहल और स्नेह, सब घुले-मिले थे। अन्ना ने फिर पलकें झुका लीं। दृढ़ स्वर में बोली, "मैं आपको प्यार करती हूँ, बहुत गहरे मन से प्यार करती हूँ। जीवन के अन्त तक प्यार करती रहूँगी।"

दॉस्तोवस्की और अन्ना की सगाई की बात बहुत तेज़ी से सारे शहर में और फिर सारे साहित्य-जगत् में फैल गयी। अन्ना की माँ ने सुना तो वह केवल खामोश होकर रह गयी। रिश्तेदारों ने अन्ना को समझाना शुरू कर दिया कि तुम अभी नासमझ हो। इतने वृद्ध, बीमार और निर्धन लेखक से विवाह करके तुम जीवन भर पछताओगी। इससे भी ज़्यादा विरोध दॉस्तोवस्की के परिवार में उठा। पाशा इस विवाह के खिलाफ़ था। दॉस्तोवस्की की भाभी भी बहुत ताने मारकर कह रही थी कि इस बुढ़ापे में एक बीस वर्ष की अल्हड़ छोकरी के साथ नयी गृहस्थी ज़रूर बसाओ। देखें उसका वास्तविक लाभ कौन उठाता है! पूरे परिवार ने दॉस्तोवस्की के सामने आर्थिक समस्याएँ खड़ी कर दीं।

दॉस्तोवस्की रोज़ नियम से शाम को अन्ना से मिलने जाता था। एक दिन वह गया तो उसका फरवाला गरम ओवरकोट उसके बदन पर नहीं था। मालूम हुआ कि परिवार की अनेक माँगों के कारण दॉस्तोवस्की ने वह कोट गिरवी रख दिया था। अन्ना की आँखों में आँसू छलक आये। "बिना उस कोट के तुम यह जाड़ा कैसे काटोगे? तुमने मुझे क्यों नहीं बताया?" लेकिन दॉस्तोवस्की अन्ना से एक पैसा भी नहीं लेना चाहता था। अन्ना के पिता ने मरते समय कुछ रुपये अन्ना के लिए छोड़ दिये थे। दॉस्तोवस्की चाहता था कि उनसे अन्ना अपनी ही गृहस्थी की ज़रूरतों की चीज़ें खरीदे। खुद वह मास्को गया ताकि 'क्राइम एण्ड पनिशमेण्ट' उपन्यास पर कुछ अग्रिम लाकर विवाह की तैयारियाँ कर सके। अन्त में 15 फ़रवरी, 1867 को शाम को गिरजाघर में वे विवाह-बन्धन में बँध गये। विवाह के तुरन्त बाद एक रस्म होती है। विश्वास किया जाता है कि विवाह-वेदी से चलकर वर-वधू में से जो भी क़ालीन पर पहले पाँव रखेगा, वही गृहस्थी पर शासन करेगा। चलते-चलते क़ालीन के पास आकर अन्ना रुक गयी। उसने दॉस्तोवस्की से कहा इस पर तुम क़दम रखो। पति के शासन के प्रति यह समर्पण उसने जीवन भर बनाये रखा।

लेकिन विवाह के बाद जिस शान्ति और सन्तोष की आशा उन्हें थी, वह मिल नहीं पायी। छोटा-सा नया घर। दॉस्तोवस्की का परिवार, आगन्तुक रिश्तेदार, छोटा भाई, भतीजे और भतीजियाँ, निजी और साहित्यिक मित्र, आधी-आधी रात तक चलनेवाली पार्टियाँ और इन सबके नीचे आनेवाली आर्थिक समस्याएँ। फिर पाशा

से लेकर नवागन्तुकों तक, अन्ना के प्रति जाने क्यों कठोर थे। इन उलझनों के बीच दॉस्तोवस्की खुद उद्विग्न, व्यावहारिक, नीरस और शुष्क-सा हो चला था। अन्ना ज़रा भी एकान्त पाती, तो सिसक-सिसककर रोने लगती। अन्त में उसने एक दिन दॉस्तोवस्की को सिसक-सिसककर अपने मन की बात बतायी। दास्तोवस्की स्थिति समझ गया। कुछ देर सोचता रहा। फिर बोला, "इस स्थिति से उबरने का सिर्फ़ एक तरीक़ा है। हम लोग कुछ दिनों के लिए विदेश चले जाएँ।" परिवार ने फिर इसका विरोध किया, लेकिन दॉस्तोवस्की का निश्चय दृढ़ था। विदेश जाने के पहले दॉस्तोवस्की अपनी बहन वेरा इवानोवा के यहाँ अन्ना को लेकर गया। पहले तो वेरा ने कोई उत्साह नहीं दिखाया, लेकिन दो-एक दिन में ही वह अन्ना के प्रति अत्यन्त ममतालु हो उठी। वेरा के स्नेह से अन्ना को बहुत बल मिला। जब वे फिर सेण्ट पीटर्सबर्ग लौटे, तब तक दॉस्तोवस्की के पूरे परिवार ने इतना बड़ा आर्थिक चक्र चला दिया था कि दॉस्तोवस्की हताश होकर यात्रा के कार्यक्रम को स्थगित करने लगा। उस समय यह जानकर कि उनका विवाह इस समय बिल्कुल टूटने की-सी स्थिति में है, अन्ना गयी और अपने पिता के धन से जितनी चीज़ें ख़रीदी थीं, सब फिर रेहन रखकर यात्रा के टिकट खरीद लायी।

एक बार फिर वही जर्मनी था, वही परिदृश्य, जिसके साथ अपोलिनारिया की बहुत गहरी यादें जुड़ी हुई थीं। लेकिन इस बार दॉस्तोवस्की की मनःस्थिति चिन्तापूर्ण थी। उसे अब भी घर की आर्थिक समस्याओं ने उलझा रखा था। अन्ना के लिए यह पहली विदेश-यात्रा थी। उसे हर चीज़ देखने का उत्साह था। दॉस्तोवस्की हर चीज़ से ऊबा हुआ था। लेकिन अन्ना में असीम धैर्य था। अन्त में घूमते-घामते वे ड्रेसडन पहुँचे और यहीं उन्होंने रहने का निश्चय किया। इस विदेश में बसी छोटी-सी गिरस्ती ने धीरे-धीरे उनके बीच एक अन्तरंग आत्मीयता नये धरातल पर उपजा दी। दॉस्तोवस्की अपनी इस छोटी-सी, नन्हीं दोस्त को बड़े कौतूहल और हमदर्दी से प्यार देने लगा। बहुत बरसों बाद अन्ना ने एक बार अपने इस वैवाहिक प्रेम की सफलता का रहस्य बताते हुए कहा कि उसमें दॉस्तोवस्की में बड़ा अन्तर था। उम्र में, दृष्टिकोण में, मिजाज़ में। लेकिन उसने कभी वह भूल नहीं की, जो अकसर दूसरी औरतें करती हैं। उसने उसका विश्लेषण कर उसके आन्तरिक जीवन में कभी बाधा पहुँचाने की कोशिश नहीं की। अधिक-से-अधिक यह जताया कि विवाह के बावजूद वह पूरी तरह स्वतन्त्र है। इतना है कि वह चुपचाप साथ चल रही है ताकि जिस वक़्त उसे सहारे की ज़रूरत हो, वह उसके पास मौजूद हो। शीघ्र ही जब वह माँ बनी, उसका भार भी उसने कभी दॉस्तोवस्की को महसूस नहीं होने दिया। बच्चे भी उनकी अन्तरंग आत्मीयता की कड़ी में मज़बूत गाँठ होकर आये।

इसी बीच एक दिन अन्ना कहीं से लौटकर आयी तो उसने दॉस्तोवस्की की

मेज़ पर एक खत पड़ा देखा। किसी अपोलिनारिया सुसलोवा का खत था। उसने धड़कते हुए हृदय से पूरा खत पढ़ा। पढ़कर जैसे उसे काठ मार गया। खत से मालूम होता था कि रूस से रवाना होने के पहले अपोलिनारिया ने दॉस्तोवस्की को कोई खत लिखा था। जिसके जवाब में दॉस्तोवस्की ने अपोलिनारिया को अपने विवाह का समाचार दिया था और अपनी प्रिया-पत्नी अन्ना की बहुत-बहुत तारीफ़ की थी। अपोलिनारिया का जवाब व्यंग्य भरा था। अन्ना बहुत देर तक रोती रही। उसे लगा कि अब अपोलिनारिया का प्यार फिर से सक्रिय होगा। दॉस्तोवस्की जब लौटा तो उसने वह खत उसके सामने रख दिया और अपने काम में लग गयी। दॉस्तोवस्की ने पहला पन्ना पढ़ा। फिर उस पन्ने को दुबारा पढ़ा और फिर पूरा खत पढ़ गया। अन्ना ने अनजान बनते हुए पूछा कि क्या वह बड़ी भतीजी सोनेश्का का पत्र है ? दॉस्तोवस्की ने कहा, नहीं, अपोलिनारिया का है। और खत उसकी तरफ़ बढ़ा दिया। अपोलिनारिया का नाम उच्चारण करते समय दॉस्तोवस्की के चेहरे पर बहुत कड़वी विषबुझी मुसकान थी। उसके बाद कभी उसने अपोलिनारिया का नाम नहीं लिया।

अब उसकी ज़िन्दगी का दूसरा संकट था जुआ। उससे उसे काफ़ी दिनों तक जूझना पड़ा। आर्थिक तंगी से घबराकर दॉस्तोवस्की ने तय किया कि वह जुआघर में जाएगा। और फिर जैसे उस पर जुनून सवार हो गया। पहले रहा-सहा रुपया खत्म हुआ। उसके बाद अन्ना ने चुपचाप अपनी कलाई की घड़ी, कान की बाली और अँगूठी उतारकर दे दी। कई दिनों के फाके के बाद एक दिन दॉस्तोवस्की चार हज़ार सिक्के जीतकर लाया और लाकर एक-एक पाई अन्ना को सौंप दी। उसके बाद घूमने निकल गया। थोड़ी देर बाद घबराया हुआ आया कि वह बाज़ी हार गया है, सिर्फ़ पचास सिक्के दे दो। सुबह होने तक सब सिक्के वापस जहाँ-के-तहाँ पहुँच चुके थे। यह जुए का जुनून क्या था? क्या ऐसा था कि कार्य और कारण, घटना और परिणाम की तर्कबद्ध दुनिया में हज़ारों असंगतियाँ पाकर दॉस्तोवस्की जुए की उस भाग्यवादी दुनिया में लौट जाता था, जहाँ सब कुछ आकस्मिक था—कारणहीन ? या किसी खोये हुए आत्मविश्वास की कमी वह जुए की जीत से पूरी करना चाहता था ? अन्ना धीरे-धीरे यह समझने लगी थी, यह एक प्रकार की मानसिक व्याधि है, जिसके लिए फटकारना, उसकी निन्दा करना या उसे लज्जित करना इसका इलाज नहीं है। किसी-न-किसी दिन वह खुद इससे उबरेगा। धीरे-धीरे दॉस्तोवस्की उसकी यन्त्रणा को खुद समझने लगा। अगर वह दो सिक्के भी जीतता तो कोई-न-कोई अन्ना की पसन्द की चीज़ लाता। फिर बिना कुछ कहे हुए चुपचाप उसके पास रख देता। एक दिन उसने तय किया कि परिवर्तन के लिए इटली चलना चाहिए। अन्ना तब माँ बननेवाली थी।

इटली में यद्यपि उन्हें आर्थिक परेशानी थी, मगर दिन अच्छे बीत रहे थे। वह

लिखने-पढ़ने में लगा था। पुराने कला-संग्रहालयों में घूमता रहता था। लेकिन बीच में कभी-कभी बहुत उद्विग्न हो उठता। एक-आध बार अन्ना ने खुद उसे रुपये दिये कि किसी जुआघर में जाकर जुआ खेल आए। फ़रवरी, 1868 में जेनेवा में उनके पहली सन्तान हुई—एक बच्ची, जिसका नाम सोनिया रखा गया। लेकिन वह बच्ची ज़्यादा दिनों ज़िन्दा नहीं रही।

घूमते-घामते वे फिर ड्रेसडन पहुँचे। और यहाँ अन्ना ने दूसरी लड़की को जन्म दिया, जिसका नाम ल्यूबोवा रखा गया। इस समय तक वे काफ़ी आर्थिक कष्ट में थे। लेकिन वह अपने लिखने-पढ़ने में बदस्तूर लगा हुआ था। आर्थिक हालत बद से बदतर होती जा रही थी। यहाँ तक कि उन्हें अपने ऊनी कपड़े भी बेचने पड़ गये थे। दॉस्तोवस्की बहुत उदास रहने लगा था। अन्ना ने कुछ बचे-खुचे पैसे उसके हाथ में रखे और कहा कि वह कुछ दिन बीजबादेन हो आये। वहाँ वह पहले भी रह चुका था। वहाँ का जुआघर उसे बहुत पसन्द था। अन्ध आवेश में दॉस्तोवस्की बीजबादेन चला गया। वहाँ से उसने हफ़्ते भर बाद अन्ना को पत्र लिखा—'मैंने आज रात एक बहुत विचित्र सपना देखा। मेरे मृत पिता मुझे दिखाई दिये। उनके चेहरे पर बड़ी यातना थी। उन्होंने एक ओर संकेत किया। मैंने देखा, उधर तुम हो। तुम्हारे चेहरे पर झुर्रियाँ पड़ गयी हैं और बाल सफ़ेद होने लगे हैं। मेरी आँख खुल गयी। उसके बाद मैं सो नहीं पाया।' उसके बाद वह जुआघर नहीं गया। जीवन भर फिर उसने दाँव नहीं लगाया।

अब वे रूस लौटना चाह रहे थे। दॉस्तोवस्की को दिन-रात रूस की याद आती थी। लेकिन रूस में स्थिति बहुत चिन्ताजनक थी। राजनीतिक संकट बहुत बढ़ गया था। दॉस्तोवस्की को भी जार की पुलिस शक की निगाह से देखती थी। सेण्ट पीटर्सबर्ग पहुँचने पर घण्टों उसकी तलाशी ली गयी। उसने अपनी कुछ पाण्डुलिपियाँ पहले ही जला दी थीं। रूस में प्रवेश मिलने की इजाज़त मिलने के बाद भी काफ़ी अरसा तक उस पर बराबर निगाह रखी जाती रही। रूस पहुँचने के दो ही सप्ताह बाद अन्ना ने एक पुत्र को जन्म दिया।

रूस पहुँचकर बच्चों का पालन-पोषण करते हुए एक क्षण भी अन्ना ने दॉस्तोवस्की के साहित्यिक विकास को नज़र-अन्दाज़ नहीं किया। दॉस्तोवस्की अब सर्वस्वीकृत, यशस्वी लेखक था। वह बड़ी-बड़ी सभाओं में अपने उपन्यासों के अंश पढ़ने के लिए बुलाया जाता था। जनता मन्त्रमुग्ध सुनती थी। ऐसे समय अन्ना सदैव बग़ल में बैठी रहती थी—उसकी किताबें लेकर, उसके गले के लिए गोलियाँ लेकर, उसके गर्म कपड़े लेकर। उसने उसकी सब नयी-पुरानी पाण्डुलिपियों को सम्पादित किया, प्रकाशकों से प्रकाशन का प्रबन्ध किया। यहाँ तक कि दॉस्तोवस्की को उत्साहित

किया कि नयी पत्रिका 'सिटीज़न' का सम्पादन अपने हाथ में ले ले। उसके सम्पादन में उसकी सक्रिय मदद की। दॉस्तोवस्की का अध्ययन-कक्ष फिर से व्यवस्थित किया। दोनों बच्चे सुबह-शाम एक बार उसमें जाते थे, जहाँ एक दराज़ में चॉकलेट और मिठाइयाँ रख दीं गयी थीं, जो उन्हें दे दी जाती थीं। दॉस्तोवस्की ने अपने सबसे परिपक्व और महत्त्वपूर्ण उपन्यास 'द ईडियट' और 'ब्रदर्स करमजोव' पूरे किये।

रूस में अराजकता बढ़ती जा रही थी। दॉस्तोवस्की की प्रतिष्ठा सर्वस्वीकृत थी, लेकिन अब वह बहुत वृद्ध हो चुका था। बहुत अन्तर्मन्थन चलता रहता था। क्या हिंसा और हत्या के द्वारा सचमुच मनुष्य का कल्याण हो जाएगा? लेकिन फिर इस अन्यायपूर्ण, अत्याचारी शासन की यातना से मनुष्य को मुक्ति कैसे मिले? वह बहुत बीमार रहने लगा था। जनवरी, 1881 में अकस्मात् उसके फेफड़े में हेमरेज हुआ। सबसे अच्छे इलाज के बावजूद उसकी हालत सुधर नहीं पायी। 28 जनवरी को उसने बाइबिल मँगायी। उसमें से एक पृष्ठ खोला और बोला, "इस पृष्ठ में जो वाक्य निकले हैं, उससे लगता है अब अन्तिम बेला आ गयी है।" उसने अन्ना को अपने पास बुलाया। उसका हाथ अपने हाथ में लिया और धीरे से कहा, "अनिया, मैंने हमेशा अपने पूरे हृदय से तुम्हें प्यार किया है। तुम्हारे प्रति कभी कृतघ्नता नहीं की—विचारों तक में नहीं।" शाम होते-होते दॉस्तोवस्की ने इस संसार से विदा ले ली।

□□